Reisen, leben und lieben auf Kreta.

Leidenschaften!
Oder: Alles, was ich brauche.

Teil 2

von
Elisabeth Katz

Verlag Olga Behrends

Kreta-Karte Süd-West, Chóra Sfakíon und umzu.

★

★

★

★

★

★

7. Oktober 2015
Taschenbuchausgabe
Verlag Olga Behrends
Alle Rechte vorbehalten.
Das Werk darf - auch auszugsweise - nur mit
Genehmigung
des Verlages und der Autorin wiedergegeben werden.
Titelfoto: Gabriele Philipp
Karten: Katharina Behrends
Fotos im Innern: Elisabeth Katz
Umschlaggestaltung: Elisabeth Katz
Satz: Print Media, Wiesmoor
Druck und Bindung: CPI - Clausen & Bosse, Leck
Printed in Germany

★

ISBN 978-3-00-050242-2

Lust

auf

Leben

Kreta-Liebende

Ich lebe und arbeite in Ostfriesland
in meinem Haus mit Laden, Garten und allem.
Seit Herbst 2011 verbringe ich zwei Monate im Jahr
auf Kreta. Als ich 1989 das erste Mal einen Fuß auf kretischen Boden setzte, füllte sich meine Lunge wie automatisch
bis in die Spitzen. Gleichzeitig dachte es in mir: „Zu Hause!"
Gefühle und Gedanken, die ich bis dato so nicht kannte.
Wo komme ich her? Wer bin ich? Wo gehöre ich hin?
Bin ich nun eine kretische Ostfriesin oder eine
ostfriesische Kreterin? Ich bin ein norddeutsches Kind, durch und durch,
zumindest denken das alle,
aber innen drin muss da
etwas anderes sein.
Griechenland?
Kreta!

★

Um in den vollen Genuss meiner Kreta-Gefühle zu kommen, empfehle ich das Lesen der Bücher in der Reihenfolge ihres Erscheinens:

Teil 1
Warrum nicht!
Oder: Als mein Leben wieder schön wurde.

Teil 2
Leidenschaften!
Oder: Alles, was ich brauche.

Teil 3
Verwachsen!
Oder: Da, wo ich zu Hause bin.

Liebe Leserin, lieber Leser,

drei Wochen Kreta lagen hinter mir. Drei lebendige Wochen, die mir bestätigt hatten, dass mein Gefühl für Kreta nicht nur in meiner Erinnerung existiert. Das besondere Empfinden von Heimat war beim erneuten Betreten kretischen Bodens im Herbst 2011 sofort wieder vorhanden. In allem, was mir in dieser Zeit geschenkt worden war, sah ich das Wohlwollen des Himmels, der es gut mit mir meinte, egal, wer oder was ihn, den Himmel, dabei auch ausmachen mochte.

Ich hatte herausfinden wollen, ob Kreta in meinem zukünftigen Leben eine Rolle spielen sollte, und bei Bestätigung meines Heimatgefühls damit geliebäugelt, künftig zwei Monate im Jahr auf Kreta zu verbringen. Gleichzeitig hatte ich mir Gedanken gemacht, was ich dort dann anderes tun könnte als wandern und wandern und sein. Schreiben kam mir dabei schnell in den Sinn. Ich wusste, dass ich schon immer gerne und viel herumgedacht und in meinem Kopf druckreif ausformuliert hatte, ohne es je groß notiert zu haben. Dann und wann wünschte ich mir ein Diktiergerät an meine Seite, um Gedachtes bei langen Autofahrten direkt festhalten zu können.

Während meiner dreiwöchigen Kreta-Zeit hatte ich beide Hände freigehabt, und so war es mir ein Leichtes gewesen, meine Gedanken zu Papier zu bringen. All die Tage tat ich, als ob ich ein Buch schriebe. Ich beobachtete das Leben um mich herum und meines gleich mit dazu und schrieb, was ich sah, von der Wandtafel des Lebens ab. Ich war Beobachter und Akteur zugleich. Die Reiseaufzeichnungen der ersten drei Wochen Kreta in meinem wiedergefundenen Leben wurden das Fachwerk des ersten Teils meiner Kreta-Erzählung „Reisen, leben und lieben auf Kreta."

Ich hatte mir etwas gewünscht, getan, als ob es so sei, und es bekommen.

Sollte Wilma unseren Laden in den drei Wochen meiner Abwesenheit gut, lustvoll und stressfrei hatte bewerkstelligen können und dazu bereit, solche Zeiten zweimal im Jahr für einen Monat zu wiederholen, hätte ich ab sofort Raum und Zeit, eine gewisse Art des Vorruhestandes zu leben.

Ich hatte mir gewünscht, etwas für mich und mein Leben zu finden, was mich außerhalb meiner Ladenzeiten erfüllte. Mein Wunsch schien erhört. Alles passte, alles war gut.

Wilma hatte die Zeit ohne mich gut verbracht und war zur Wiederholung bereit. Ich hatte mein Lebensgefühl auf Kreta bestätigt gefunden und meine Leidenschaft fürs Schreiben entdeckt. So veränderte ich meine Jahresarbeitszeit ab sofort von zwölf auf zehn Monate und meine Reisezeit von null auf zwei. Die Abende und Wochenenden verbrachte ich meist mit dem Schreiben erlebter, gefühlter und erinnerter Geschichten, in die das Spiel meiner Gedanken immer wieder Einzug hielt.

Nach nun sieben vierwöchigen Kreta-Aufenthalten und der Veröffentlichung des ersten Teils meiner Kreta-Erzählung „Warrum nicht! Oder: Als mein Leben wieder schön wurde", saß ich erneut in meinem Erkerzimmer und dachte darüber nach, mit welchen Worten ich den zweiten Teil meiner Kreta-Reihe beginnen sollte. Ob der Beginn der nächsten Reise ein guter Anfang wäre, oder ob sich die direkte Fortführung, der direkte Anschluss an den ersten Teil meiner Erzählung besser dafür eignen würde?

„Wie fängt man eigentlich so ein zweites Buch an?", dachte ich, „mittendrin oder an dem Punkt, an dem das erste endet?" Ich

dachte, dass ich damit beginnen könnte, dass mich der Flug einundsiebzigzwölf wohlbehalten nach Hannover zurückgebracht hatte und dass ich dort nicht nur von meinem Sohn erwartet wurde, sondern auch von meiner Tochter, die anlässlich meines 56. Geburtstages überraschend aus Hamburg angereist war.

Der Übergang vom Denken zum Schreiben erfolgte fast unmerklich. Die ersten Sätze waren gedacht und geschrieben, und so folgte ein Satz dem nächsten, ein Absatz dem vorangegangenen und ein Kapitel dem anderen auf dem Fuße.

Als das Manuskript für den zweiten Teil meiner Kreta-Reihe in der Rohfassung fertig war, folgten sieben aufeinander aufbauende Korrekturen. Wir kamen uns vor, als ob wir eine große Kumme Erbsen immer weiter feinsortierten. Als erstes entfernte ich die augenscheinlich fehlerhaften Wort- und Gedankenerbsen alleine. Dann folgte die zweite Korrektur gemeinsam mit Wilma, laut lesend, danach die dritte, nach demselben Verfahren, mit Martina. Peter nahm sich die Schüssel alleine vor, legte mir alle Auffälligkeiten zur Seite, auf dass ich sie noch einmal prüfen möge.

Peters Anmerkungen und Fragestellungen bedacht, geprüft und eingebessert. Die englischsprachige Konversation nach seinen Empfehlungen in ordentliches Hauptschulenglisch gebracht, zum besseren Verständnis und zum leichteren Nachschlagen der Worte und Sätze für Nicht-Englisch-Sprechende.

Die fünfte und letzte große Korrektur erfolgte über mehrere Tage bei gemeinsamer schwesterlicher Lesung. Wir rangen um einzelne Worte, um den einen oder anderen Satz. Diskutierten die Nebenschauplätze der reinen Kreta-Reise-Geschichte, nahmen eine Handvoll Passagen heraus, überdachten sie über Nacht und konnten am nächsten Tag meist leicht und ein-

deutig entscheiden, ob sie wichtig waren, verändert werden mussten oder einfach besser ganz gestrichen werden sollten.

Es folgte eine sechste Lesung mit Wilma, bei der wir hauptsächlich auf den Fluss der Geschichte achteten. Dennoch fanden wir ein paar fehlende Buchstaben, ein paar falsche „dass" und hier und da einen Ausdruck, den wir tauschten.

Nun schreibe ich diesen Brief als letzten Akt nach meiner nochmaligen und somit siebten Komplettlesung, die mich nach letzten kleinen Änderungen zufriedenstimmt.

Ob ich froh bin? - Na klar!
Und ich hoffe, dass meine Leser es mit mir sind.

Nun wünsche ich viel Freude beim Lesen und erneuten Mitreisen, Lieben und Leben auf Kreta.

Herzlichst
Elisabeth Katz

1.

Der Flug einundsiebzigzwölf hatte mich wohlbehalten von Heráklion nach Hannover zurückgebracht. Zu meiner großen Überraschung wurde ich dort nicht nur von meinem Sohn erwartet, sondern auch von meiner Tochter, die anlässlich meines 56. Geburtstages überraschend aus Hamburg angereist war.

Normalerweise bin ich keine Freundin geburtstaglicher Aufmerksamkeiten, weder bei mir noch bei anderen. Doch heute, an diesem so besonderen Geburtstag, mochte ich sie wohl genießen. Zu dieser Stunde, an diesem Tag hatte ich, wie meine Schwester vor drei Jahren, das Lebensalter unserer Eltern erreicht und sogar schon um ein paar Stunden überschritten. Wer ein Elternteil oder gar beide, Vater und Mutter, früh verloren hat, wird wissen, wovon ich spreche. Ich war erleichtert, dass ich noch da war, dass ich noch bleiben durfte. Ich fühlte so etwas wie einen Freifahrtschein ins Unermessliche. Wir Menschen nehmen leicht das Alter unserer Vorfahren als Maß für unsere eigene Lebenserwartung, und ich kann mir gut vorstellen, dass Nachkommen alt gewordener Eltern anders zum Leben stehen als mein Bruder, meine Schwester und ich.

Zum Begrüßungskaffee am frühen Abend hatte meine Schwiegertochter einen wunderbaren Apfelkuchen gebacken, der genauso vorzüglich war wie das darauf folgende späte Abendessen. Selbst gemachtes Hühnerfrikassee mit einem Hauch von Estragon. Auch Tante Katharina, wie meine große Schwester seit der Einschulung unserer Tochter genannt wird, betrat zum Abendessen die Bildfläche. Sie war nach Feierabend zu Hause losgefahren, um mit meinen Kindern und mir an meinem 56. Geburtstag familienmäßig ein wenig zusammen zu sein. In der

Nacht fuhren wir Schwestern bei schönster Radiomusik, immer wieder gerne laut mitsingend, von Esperke in der Nähe von Hannover zurück nach Ostfriesland.

Während einer Einschulung ist es bei uns üblich, dass die Schulanfänger nach der offiziellen Einschulungsfeier mit ihren jeweiligen Klassenlehrern in ihre zukünftigen Klassenräume gehen. Sie nehmen ihre Plätze ein, lernen sich und ihren Lehrer oder ihre Lehrerin ein wenig kennen und werden dazu animiert, etwas von sich zu erzählen. Eine der Lehrerfragen musste sich darauf bezogen haben, wer die Kinder an ihrem Einschulungstag heute begleitet habe. Ob denn außer Mama und Papa auch noch andere Verwandte dabei seien - die Großeltern vielleicht oder auch Geschwister, Onkel und Tanten.

Als diese erste Schulstunde zu Ende war, kamen die Kinder meist freudestrahlend zu ihren Familienangehörigen zurück. Sie erzählten oder lachten, schauten neugierig in die Runde oder schmiegten sich an ihre Eltern. Unser Kind tat nichts von dem. Unser Kind kam mit vorgeschobener Unterlippe und vorwurfsvollem Blick auf uns zu und fragte uns enttäuscht und entrüstet, warum sie denn keine Tanten habe. Hm! Sie hatte Tanten, gleich vier an der Zahl, und zwei davon standen direkt neben ihr.

„Mein Kind, du hast doch Tanten!", antwortete ich.
„Jaaa?", strahlte sie mir entgegen, „aber wo?"
„Hier, mein Kind, hier. Katharina ist deine Tante
und Barbara auch."

Eine größere Freude hätten wir unserem Kind in diesem Moment nicht machen können. Sie hatte Tanten! Tante Barbara, Tante Bettina, Tante Marion und Tante Katharina. Und Onkel gab es dazu auch noch. Welch ein Glück!

Die Begriffe Tante und Onkel hatten wir für unsere Generation bisher nicht verwendet. Wir fühlten uns jung und modern und empfanden diese Art der Anrede eher als altbacken, angestaubt und dazu vielleicht auch noch ein wenig negativ besetzt. Wenn ich's bedenke, konnte das nicht an unseren eigenen Onkeln und Tanten gelegen haben, die waren durchweg für uns in Ordnung gewesen. Ich denke, es muss „Der Vetter aus Dingsda" gewesen sein, der diesen Negativtouch in unsere Gedanken gepflanzt hatte. Die Worte des Refrains „Onkel und Tante, ja, das sind Verwandte, die man am liebsten nur von hinten sieht" könnte das Positive dieser Bezeichnungen verdreht haben, obwohl wir ihn mit seiner schönen Melodie immer wieder gerne laut, kraftvoll und frohen Mutes mit unseren Eltern mitgesungen hatten.

Barbara und Katharina, die beide keine eigenen Kinder haben, waren bei der Einschulung unserer Tochter dabei. Kinderlose Schwestern sind den Kindern ihrer Geschwister meist näher als andere Brüder und Schwestern, und so sind unsere Kinder für Barbara und Katharina von Anfang an etwas Besonderes gewesen, genau wie sie es im Gegenzug für unsere Kinder auch waren. Katharina war durch ihre räumliche Nähe dazu noch einen Tick mehr besonders. Sie gehörte von Beginn an zu unserem engsten Familienstamm. Nach diesem Einschulungsvormittag hießen Barbara und Katharina nur noch Tante. Tante hier und Tante da. Barbara fuhr am nächsten Tag zurück nach Berlin, und so musste Katharina ab sofort alleine mit dem Tanten-Wahn unseres Kindes zurechtkommen. Nach einiger Zeit war meine Schwester die alleinige Anrede mit dem Wort Tante jedoch leid, und so bat sie unser Kind um Tante Katharina. Gesagt, getan. Seither trägt meine Schwester das Wort Tante gerne zu ihrem Namen dazu, würdevoll und stolz, ja geradezu geadelt, stets in dem Bewusstsein, welch große und besondere Bedeutung der Besitz, das Haben einer eigenen Tante für unser Kind damals hatte.

Seitdem sind 24 Jahre vergangen. Die ganze kleine Welt um uns herum nennt meine Schwester seither Tante Katharina oder abgekürzt TK. Ob es nun wir selbst sind, unsere erwachsen gewordenen Kinder und ihre Freunde, die Kunden in meinem Laden und die Mitglieder der Feuerwehr oder des Rates ihrer Gemeinde, die frei nach dem Nummernschild ihres kleinen Flitzers WTM - TK 710 davon überzeugt sind, dass dies nichts anderes bedeuten kann als: „Wir tagen mit Tante Katharina."

Ich fand es schön an diesem Abend, an diesem meinen so besonderen Geburtstag mit solcher Aufmerksamkeit bedacht zu werden. Ich hatte das Gefühl, eine wichtige Hürde in meinem Leben genommen zu haben. Ich war jetzt genau wie meine Schwester länger am Leben, als unsere beiden Eltern es je gewesen sind. Kämen wir in dieser Nacht unversehrt nach Hause, würde auch ich den ersten Schritt ins 57. Lebensjahr getan haben.

2.

Die erste Arbeitswoche war lau. Ich war in meinem Laden, gewöhnte mich wieder an mein Hiersein, meine Kunden und an meine Arbeitszeiten. Meine Wilma ließ mir noch eine Woche Karenz, bevor sie selbst in den Urlaub ging. An den Vormittagen waren wir beide im Geschäft, an den Nachmittagen war nur ich es. Arbeit konnte man das nicht nennen, was ich hier in der ersten Woche tat. Ich war anwesend, erledigte das Nötigste, plauderte mit meinen Kunden und gab ihnen Hilfe, wo es erforderlich war. Zwischendurch sortierte ich meine wohl 1.500 Reisefotos. Ich löschte die blöden und wählte beste Ausschnitte aus den anderen aus. Zusätzlich schaute ich alle paar Minuten auf die Live-Web-Cam von Chóra Sfakíon. Damit hatte ich meine geliebte sfakiotische Bucht mit dem alten Hafen alle Zeit gut im Blick. Ich sah kleine und große Boote ein- und ausfahren, und natürlich sah ich auch Micháli mit seinem Taxiboot. Theoretisch hätte ich seine ungefähren Tageseinnahmen von hier aus berechnen können. Ich wusste um die jeweiligen Taxen, aber nicht, ob er nach Loutró oder zum Sweet-Water-Beach unterwegs sein würde. Ich war wieder zu Hause und dennoch gleichzeitig immer noch ein wenig auf Kreta. Ab und an, wenn ich gerade so gar nicht mit Micháli gerechnet hatte und ich ihn dann urplötzlich beim Einschalten meines Laptops auf dem Bildschirm zu sehen bekam, entglitt mir schon Mal ein kleiner Freudenschrei.

An den Vormittagen verließ ich dann und wann das Haus. Meine Wimpern und Augenbrauen wollten neu gefärbt werden, der Friseur rief, meinem Körper verlangte es nach künstlichen Sonnenstrahlen, und mir war danach, meinen beiden engsten Freundinnen einen Begrüßungsbesuch abzustatten.

Neli war die erste, die ich wieder in die Arme schließen konnte. Nachdem wir uns geküsst und geherzt und uns über das Nötigste ausgetauscht hatten, legte ich meine linke Hand auf den Tisch und wies auf den Ring an meinem Ringfinger:

„Ich habe übrigens wieder geheiratet."

„Du bist verrückt! Das glaub ich dir nicht! Du spinnst!"

„Neli, das kannst du mir schon glauben. In unserem Alter passiert das nicht alle Tage, dass wir auf einen Menschen treffen, mit dem es sich einfach nur gut anfühlt. Da darf man ruhig mal spontan sein und Nägel mit Köpfen machen."

„Elisabeth, das kann man doch nicht einfach so tun!"

„Nee, einfach so nicht, doch nach reiflicher Prüfung und mit den entsprechenden Verträgen geht das schon. Er kann nicht an meinen Besitz und ich nicht an seinen, und außerdem ist Kreta doch schon immer meine große Sehnsucht."

„Ist's ein Grieche?"

„Ja, ein Kreter. Ein waschechter Kreter. Ein Mann aus der Sfákia. Hochgewachsen, mit dunklem langen Zopf, rauschendem Vollbart, blauen Augen, etwas jünger als ich. Du wirst ihn eines Tages kennenlernen."

„Und wie heißt er?"

„Níkos Kazantzákis."

Was Schnelleres war mir in diesem Augenblick nicht eingefallen.

„Na ja", sagte sie, „ist ja wenigstens auch was mit Katz."

Sie holte zwei Gläser aus dem Schrank, die mit dem grünen Stiel, Erbstücke ihrer Tante Olga, schenkte uns je einen Marillenlikör ein und stieß mit mir auf meinen neuen Ehestand an. Wir erzählten weiter, tranken einen zweiten Kaffee, rauchten eine weitere Zigarette und genehmigten uns noch einen Likör, bis es für mich an der Zeit war, meine Wilma im Laden abzulösen.

Bevor ich ging, klärte ich sie über meine zweite Eheschließung auf. Sagte ihr, dass ich doch nicht mit Níkos Kazantzákis verheiratet sei, sondern mit mir selbst, erzählte von meiner kleinen Liebelei mit Micháli, der für die äußere Beschreibung meines Ehemannes hatte herhalten müssen, und fragte sie, ob ihr der Name Níkos Kazantzákis nicht irgendwie verdächtig vorgekommen wäre.

„Nö, irgendwie nicht. Hätte er es müssen?"

„Nicht unbedingt.
Sag, kennst du das Buch „Alexis Sorbas" oder den gleichnamigen Film mit Anthony Quinn in der Hauptrolle?"

Klar kannte sie diesen Film und dieses Buch und natürlich auch den Namen dieses griechischen Schriftstellers, doch nur so und ohne jeden Zusammenhang war er nicht stante pede in den vorderen Schubkästen ihres Langzeitspeichers zu finden gewesen.

„Ach ja, den kenn ich doch", sagte sie. Und so erging es vielen, denen ich später diese kleine Anekdote erzählte.

Ich hatte mich schon selbst geheiratet, und dennoch war der Name Níkos Kazantzákis gar nicht so verkehrt gewesen. Der Ort meiner zweiten Eheschließung war Heráklion. Der Flughafen von Heráklion trug seinen Namen - Níkos Kazantzákis. Und wenn ich einen männlichen Namen für meinen zweiten Ehebund nennen sollte, konnte ich doch nur diesen wählen.
Er war das erste, was ich nach meiner Landung auf Kreta sah, und das letzte, bevor ich wieder davongeflogen wurde. Groß und breit steht es oben, in leuchtend blauen Buchstaben auf beiden Seiten des Flughafengebäudes von Heráklion:

AIRPORT NÍKOS KAZANTZÁKIS

Der Flughafen Níkos Kazantzákis war der Eingang zu meinem Kreta, der Insel, mit der mich von Anfang an ein so großes Heimatgefühl verbunden hatte. Manchmal denke ich, dass ich dort am 6. Oktober 2011 in der kleinen Silberschmiede in Heráklion nicht nur mich geheiratet habe. Ein gutes Stück Kreta wird garantiert auch mit dabei gewesen sein.

Einige Tage später kam Klaus-Peter in meinen Laden. Natürlich fragte er mich als alter Kreta-Liebhaber nach meinem Urlaub. Ich erzählte ein wenig von allem. Von meinen Wanderungen, von meiner Reise mit dem Österreicher Ludwig, von meinem griechischen Gspusi und natürlich von meiner erneuten Eheschließung, die ich mit der kleinen Irreführung meiner Neli enden ließ. Klaus-Peter kannte Níkos Kazantzákis und seine Bücher und zitierte genau meine Lieblingsstelle mit dem verendeten Kanarienvogel aus dem Buch „Vom Zauber der griechischen Landschaft", das sich, wie zufällig, direkt oberhalb seines Kopfes in meinem Bücher-Café auf einem kleinen Spiegelregal befand.

Bevor er ging, hatten wir längst einen kretischen Abend in meinem Salon geplant, die dort von mir gewünschte, aber immer noch fehlende Bühne ausgemessen und beschlossen und uns gegenseitig versichert, dass es damit nun aber auch bald losgehen sollte.

„Ja!"
„Bald!"
„Síga, síga, óchi stress."
„All without any stress - ja, gemütlich!"

Am selben Tag, etwas später, hatte ich eine Mail in meinem E-Mail-Fach mit der Frage, ob ich ihm das Buch „Rechenschaft vor El Greco" von meinem so geliebten Ehemann besorgen könne. Und dass er durch unser Gespräch wieder richtig Lust bekommen habe, etwas von Níkos Kazantzákis zu lesen. Unterschrieben war die Mail mit Panajótis.

Ich konnte das Buch besorgen und fragte Klaus-Peter Panajótis in meiner Antwortmail, ob er denn wisse, wann mein Ehemann ungefähr geboren worden sei und ob er dazu noch wisse, ob er überhaupt noch unter uns weile?

Die nächsten beiden Mails zitiere ich wortwörtlich:

Mail von Klaus-Peter:

Es tut mir leid, Elisabeth,
dein Gatte schwebt seit dem 26.10.1957 über dem griechischen Himmel. Im Jahre 2001 hat sich Anthony Quinn zu ihm dazu gesellt. Seit dem wachen und lachen sie gemeinsam über die Arbeit am Bergwerk, von dem im Buch „Alexis Sorbas" die Rede ist und das dein Mann ja wirklich besessen haben soll. Geboren ist er übrigens am 18.02.1883. Gute Grüße Panajótis.

Rückmail von Elisabeth:

Ist es nicht wunderbar, Panajótis, dass durch bestimmte Ereignisse wieder neue Interessen geweckt werden? Auch ich schaute heute bei Wikipedia, um endlich zu erfahren, mit wem ich denn da die Ehe eingegangen bin. Ich kann sagen, dass es mich zufrieden stimmt, auch wenn er und ich in diesem Leben nur knapp zwei Jahre gemeinsame Lebenszeit miteinander haben teilen dürfen. Drei Fotos von ihm habe ich mir jetzt ausgedruckt, und so kann ich mich nun gut an ihn gewöhnen. Es ist nicht zu verleugnen, dass mein Ehemann eine gewisse Ähnlichkeit mit meinem Großvater väterlicherseits aufweist und dass die Ähnlichkeiten mit meinem griechischen Gspusi noch frappierender sind. Vielleicht kam Nikos' Seele zurück auf die Erde und begab sich dann nach siebenjähriger Himmelfahrt im Jahre 1962 direkt in den Körper von Micháli. Wir haben uns einfach wiedererkannt! What a Schicksal! Isn't it? Apó tin kardiá mou, von Herzen Elísabeth Kazantzákis.

P.S. Wusstest du, dass eins der Bücher von Níkos Kazantzákis „Kapitän Michális" heißt und dass es sich dabei um die Geschichte seines Vaters handeln soll? Und hatte ich dir weiter erzählt, dass mein Micháli in echt auch Michális heißt und auch eine Art Kapitän, also ebenfalls schifffahrtstauglich ist? Panajótis, sag: „Kann das alles Zufall sein?"

3.

Ich war zurück, fühlte mich gut und neu, hatte das Nötigste im Laden erledigt, gute Begegnungen mit meinen Kunden gehabt und meine vielen Fotos gesichtet, ausgeschnitten und sortiert. Dazu hatte ich, und das übertraf all meine Erwartungen, an den Abenden und an den Wochenenden angefangen, bis tief in die Nacht an meiner Kretageschichte zu schreiben. Mein ordnendes und dekorierendes Räumen und mein Laden waren mir immer schon eine große Lust gewesen, doch schien meine neue Lust am Schreiben diese beiden Leidenschaften geradezu noch überflügeln zu wollen.

Am 7. Oktober 2011, dem Tag meines 56. Geburtstages, war ich von Kreta nach Hause zurückgeflogen. Am Abend des

8. Oktober saß ich nach der Ladenarbeit und einem einstündigen Abendschlaf auf meinem kleinen grünen Biedermeier-Sofa in meinem Erkerzimmer. Vor mir mein Laptop auf dem kleinen ovalen Tisch, den ich bis an den Bauchnabel zu mir herangezogen hatte. Eine Textdatei mit dem Buchtitel „Warrum nicht!" war geöffnet. Den ersten Satz übernahm ich wortwörtlich aus meinem Tagebuch, genau, wie ich ihn vor drei Wochen auf meinem Hinflug nach Kreta dort hineingeschrieben hatte: „Wenn einer glaubt, es gäbe auf Reisen nichts zu räumen, der irrt."

Alleine in diesem Moment war ich schon stolz. Stolz und glücklich auf und über das, was ich ab jetzt in meinen ladenfreien Zeiten machen würde. Ich würde denken, schreiben und dichten. Meine Abende, meine Nächte und meine Wochenenden wären damit gefüllt. Ich hatte gefunden, womit ich in meinem Leben nicht mehr gerechnet hatte, eine mich einnehmende und erfüllende neue Leidenschaft!

Die Zeit der gelähmten Elisabeth schien vorüber, zu Ende, endgültig begraben zu sein. Ich saß da und wusste, dass das Glück zurück war, neu eingekehrt in mein Leben. Ob es für immer sein würde, konnte ich natürlich nicht wissen oder vorhersagen, doch fühlte es sich für mich in diesem Moment so an.

Glück auf immer und ewig!

Es sind die Leidenschaften, die unser Lebensgefühl über das normale Maß hinaus gut sein lassen. Nicht der normale Alltag und nicht die Dinge, die Leiden schaffen. Es ist das, was uns erfüllt, das, was wir machen und was wir, während wir es tun, um nichts in der Welt eintauschen möchten. Das, worauf wir uns im Vorfeld schon wieder freuen, weil wir es bald wieder tun können, und das, was uns im Hier und Jetzt völlig entspannt und zufrieden sein lässt.

Für meinen alten Freund Dieter ist es das Kochen und das Herumpuzzeln an kniffeligen Baustellen, für Jürgen das Fliegenfischen und für Gisela ihre Malerei.

Vor ein paar Monaten, als ich noch in meinem traurigen Lebensgefühl gefangen war, sprach ich mit Jürgen über sein Fliegenfischen. Er erzählte mir davon mit Enthusiasmus, mit Glanz in den Augen und dass es für ihn nichts Schöneres gäbe als das. Selbst das Basteln der künstlichen Fliegen wäre ihm eine große Lust. Er säße nur da, würde sich neue Nachbildungen lebender Vorbilder erdenken und sei stolz wie Oskar über jede gelungene neue Kunstfliegenvariante. Die Vorfreude aufs erneute Fliegenfischen sei ihm dabei allgegenwärtig.

Ich sagte ihm daraufhin, dass ich mir auch schon Gedanken darüber gemacht hätte, ob ich mir nicht ein Hobby zulegen sollte.

Oh, da hättet ihr den Jürgen mal sehen und hören sollen: „Hobby, Elisabeth, ein Hobby wird dir gar nichts nützen. Wäre mir das Fliegenfischen nur Hobby, wäre es austauschbar, fast ohne Bedeutung. Das Fliegenfischen ist mir eine Lust, eine Leidenschaft, und das ist es, was der Mensch braucht und was er für sich finden muss. Alles andere ist Bullshit! Elisabeth - du brauchst eine Leidenschaft!"

„Ja, toll, aber woher nehmen, wenn sie mich nicht einfach findet? Ich habe keinen Schimmer, was mich als private Elisabeth erfüllen könnte, was mich interessieren oder erfreuen würde, außer meine Familie und das Herumbauen und Perfektionieren meines Hauses. Alleine für mich gibt es nichts. Und ohne meine Familie und ohne einen Partner geht das andere auch nicht. Tagsüber habe ich ja meinen Laden, der ist mir schon Leidenschaft mit all seinen Räumen und Dekorieren und den geselligen Kundenkontakten, aber am Abend und an den Wochenenden, wenn ich nur mit mir bin, mich alleine aushalten muss, da fehlt mir alles. Da reicht meine Ladenleidenschaft nicht einmal bis zur fünften Treppenstufe auf dem Weg hinauf in meine Wohnung. Türen zu, Ladenlichter aus, und Lisbeths Lebensgefühl entschwindet wie die Luft aus einem prall gefüllten Luftballon, dem durch einen schnellen spitzen Einstich von hier auf jetzt alle Energie, alle Luft entzogen ist."

„Wart's nur ab, irgendwann kommt das, was du brauchst, einfach so. Ob Suchen da helfen wird, weiß ich nicht. Vielleicht musst du Dinge ausprobieren, doch meist kommen Leidenschaften aus dem Nichts. Zack-Peng-Blitz, und schon sind sie da!"

„Ja..., gut..., hm... ."

Keine zwölf Wochen später, am 8. Oktober 2011, saß ich zwischen Tischkante und Sofa-Rückenlehne und frönte meiner mir frisch zugeflogenen Leidenschaft. Kurz davor war ich aus meinem inneren Gefängnis befreit worden, das mich immer nur Familie und Familie und Kinderglück hatte denken lassen können. Ich hatte eine dreiwöchige Kreta-Reise hinter mir, in der mir eine Geschichte zugeflogen war, die sich als Grundlage, als ausgezeichnetes Gerüst, für mein erstes Buch anbot. Und nun saß ich grinsend und voller Freude an diesem Platz im heimeligen Erkerzimmer meines Zuhauses, nur mit mir und meiner neuen Lust und genoss mit 120 prozentiger Zufriedenheit den Fluss meiner Gedanken. In diesem Moment war da nichts anderes als Glück!

An diesem Abend hatte ich damit begonnen, meine gelebte und in meinen Tagebüchern festgehaltene Reisegeschichte in ein Buch umzuwandeln. Ich las die Ereignisse eines Tages, legte die Notizen zur Seite und schrieb aus dem Gedächtnis gerade Gelesenes und Erinnertes neu zusammen. Worte und Sätze reihten sich aneinander wie Perlen einer Kette. Ich war davon ausgegangen, meine erlebte und notierte Reisegeschichte verbessert, vielleicht in etwas ausführlicherer Form zu Papier zu bringen. Perle für Perle einer vorgegebenen Kette in bestmöglicher Kombination und Folge.

Mit dem Auffinden zusätzlicher Perlen aus vergangener Zeit hatte ich nicht gerechnet. Sie lagen einfach nur da oder rollten sich von wer weiß wo direkt in mein Gesichtsfeld. Ich schrieb Sätze, die aus der Tiefe meines Gedankenspeichers zu kommen schienen, an die Oberfläche wollten und so zwischen meine Reiseerlebnisse passten, als ob es gar nicht anders hätte sein können. Frisch erlebte Geschichten, Erinnerungen aus anderen Zeiten, vordem gedachte Sätze, gespeicherte Weisheiten, humorige Denkansätze, ehemals gelesene Postkartensprüche, alles spielte sich zur rechten Zeit in den Vordergrund und musste einfach mit aufgeschrieben werden.

So wurde meine dreiwöchige Kretareise zum Fachwerk dieses Buches. Zum roten Faden mit sicherem Anfang, klarer Mitte, vielen folgerichtigen Zwischendurchs und logischem Ende. Nachdem sich die ersten Erinnerungen aus meinem Leben gemeldet hatten und eindeutig mit in mein Buch aufgenommen werden wollten, wusste ich, dass ich mehr als einen reinen Reiseroman schreiben würde. Ich ließ alte und neue Perlen zusammenfließen, fädelte sie auf und spürte, wie gut sich alles ineinanderfügte.

Fragt mich nicht, warum, doch ich wusste vom ersten Augenblick an, vom ersten Satz, den ich auf dem Hinflug dieser Reise in mein Tagebuch geschrieben hatte, dass daraus ein Buch werden würde. Genau wie ich wusste, dass dieses „Warrum nicht?" mit dem so wunderbar gerollt gesprochenem doppelten R aus dem Munde dieses langen Griechen nur der Titel meines Buches sein konnte.

Aus diesem „Warrum nicht?" mit Fragezeichen wurde schnell ein „Warrum nicht!" mit Ausrufezeichen, genau, wie es in meinem Leben seitdem tausendmal mehr Aussagesätze als Fragen gibt.

Überraschenderweise rief Micháli mich an den ersten Abenden nach meinem Rückflug immer wieder an, doch nachdem ich bemerkte, dass ich damit nicht gut zurechtkam, nicht richtig zur Ruhe kommen konnte, ließ ich das Läuten meines Telefons immer häufiger unbeachtet. Für mich war er Annemaries Was-weiß-Ich und nicht meiner. Dazu waren die Inhalte unserer Telefonate bescheiden. Selten gingen sie über immer wieder gleichlautende Aussagen hinaus, wie:

Tí káne?	-	Wie geht's?
Pu íne?	-	Wo bist du?
Kaliníchta.	-	Gute Nacht.
Kaló hýpno.	-	Gut schlafen.
Pollá filákia!	-	Viel Küsse!

Dazu gab es noch einige Wortmöglichkeiten in englischer Sprache, doch inhaltsreich und aussagekräftig waren auch diese selten. Wir wechselten zu kleinen Grüßen per SMS, bis sich unser Kontakt auch dahingehend einstellte.

Ich wollte wieder in meinem ostfriesischen Leben ankommen. Wollte meinen Laden machen und schreiben. Darüber hinaus wollte ich eigentlich wenig bis nichts, und vor allen Dingen wollte ich keine Sehnsucht nach einem Mann haben, der nicht meiner sein konnte und der in einer ganz anderen Welt lebte als ich.

„Sie konnten zusammen nicht kommen, denn das Wasser war viel zu tief", fällt mir dazu ein. Bei uns war das Wasser nicht nur zu tief, sondern der Weg auch viel zu weit und die Zuneigungsbekundungen eines griechischen Taxibootfahrers mit erhöhtem Frauenaufkommen für mich dazu noch viel zu wenig glaubwürdig. Wir hatten es schön miteinander gehabt, ohne Frage, und ohne sein Mitwirken hätte meinem Buch auch sicher das Salz in der Suppe gefehlt. Wir würden uns wiedersehen oder auch nicht. Wir würden uns wieder wollen oder auch nicht. Wir würden Freunde bleiben oder auch nicht. Die Möglichkeiten waren vielfältig und eine Wiederbegegnung frühestens in sieben Monaten im Mai des nächsten Jahres wahrscheinlich. Zum Glück hatte ich die Gefühle der Liebe rechtzeitig kappen und im Zaume halten bzw. in die richtigen Bahnen lenken können. Dem Schürzenjägerwarner sei Dank!

„Es waren zwei Königskinder, die hatten einander so lieb, sie konnten zusammen nicht kommen, denn das Wasser war viel zu tief, das Wasser war viel zu tief." Und dann kam die falsche Nonne, und alles ging immer ganz tragisch aus in diesem Lied, das unsere Mutter uns, als wir klein waren, oftmals sang. Mir war dieses Lied immer zu traurig gewesen, und dennoch mochte ich es. Ich war drei oder vier, viel älter kann ich nicht gewesen sein. Meine Mutter stand an der Spüle und wusch das Mittagsgeschirr. Ich stand an der Seite der Spüle auf einem kleinen Hocker und half ihr. Eigentlich patschte ich nur im

Schaumwasser herum. Ich trug eine kleine karierte Schürze mit Rüschen, die einfach über den Kopf zu ziehen war und am Rücken mit einer Schleife zusammengehalten wurde. Meine Mutter sang das Lied, und ich sang es lauthals mit verändertem Text mit:

„Es waren zwei Königskinder, die hatten sich gar nicht lieb, sie konnten zusammen wohl kommen, denn das Wasser war gar nicht tief, denn das Wasser war gar nicht tief." Meine Nonne war auch nicht falsch, und sie hatte in der Dunkelheit auch nicht die Kerzen ausgeblasen, und alle waren am Ende miteinander glücklich, obwohl sie sich meinem Text zufolge ja eigentlich gar nicht hatten haben wollen.

In diesem Moment kam mein Vater durch die Hintertür vom Garten in die Küche, hörte meinen Antigesang und schimpfte, dass ich meine Mutter mit dem falschen Gesang nicht immer so ärgern solle. Verstanden hatte ich seine Rüge damals nicht, und ich glaube im Nachhinein fast, dass es sich dabei so oder so mehr um ein Spaßschimpfen gehandelt hatte. Schon damals müssen Ansätze in mir vorhanden gewesen sein, Probleme einfach wegzusingen oder sie durch simples Verdrehen der Tatsachen aus der Welt zu schaffen. So verdreht mochte ich das Lied, und alle Traurigkeit war dahin.

Es waren zwei Königskinder
Volkslied, 15. Jahrhundert

Es waren zwei Königskinder,
die hatten einander so lieb,
sie konnten zusammen nicht kommen,
das Wasser war viel zu tief.

Ach, Liebster, könntest du schwimmen,
so schwimm doch herüber zu mir,
zwei Kerzen will ich anzünden,
und die sollen leuchten dir.

Da war eine falsche Nonne,
die tat, als ob sie schlief,
sie tat die Kerzen auslöschen,
der Jüngling der sank so tief.

Und als der Jüngling zu Grunde ging,
so schrie sie und weinte sehr,
sie ging mit verweinten Augen,
wohl vor der Mutter Tür.

Ach Mutter, herzliebste Mutter,
der Kopf tut mir so weh;
ich möcht so gern spazieren,
an den tiefen, tiefen See.

Ach Tochter, liebe Tochter,
allein darfst du nicht geh'n,
nimm deinen jüngsten Bruder,
und der soll mit dir geh'n.

Ach Mutter, liebe Mutter,
mein Bruder ist ja noch ein Kind,
der schießt ja alle Vögel,
die auf der Heide sind.

Ach Tochter, liebe Tochter,
allein darfst du nicht geh'n,
nimm deine jüngste Schwester,
und die soll mit dir geh'n.

Ach Mutter, liebe Mutter,
meine Schwester ist ja noch ein Kind,
sie pflückt ja alle Blumen,
die auf der Heide sind.

Die Mutter ging nach der Kirche,
die Tochter ging ihren Gang,
sie ging so lang spazieren,
bis sie den Fischer fand.

Ach Fischer, liebster Fischer,
willst du verdienen großen Lohn?
So wirf dein Netz ins Wasser,
und fisch mir den Königssohn!

Er senkte sein Netz ins Wasser,
und nahm sie in den Kahn,
er fischte und fischte so lange,
bis sie den Königssohn sah'n.

Was nahm sie von ihrem Haupte,
eine goldene Königskron:
Sieh da, du edler Fischer,
das ist dein verdienter Lohn.

Was nahm sie von ihrem Finger,
ein Ringlein von Gold so rot:
Sieh da du armer Fischer,
kauf deinen Kindern Brot.

Sie schloss ihn in ihre Arme,
und küsst' seinen bleichen Mund:
Ach, Mündlein, könntest du sprechen,
so würde mein Herz gesund.

Sie schwang um sich ihren Mantel,
und sprang mit ihm ins Meer:
Gut' Nacht, mein Vater und Mutter,
ihr seht mich nimmermehr!

Da hörte man Glockengeläute,
da hörte man Jammer und Not,
da lagen zwei Königskinder,
die sind alle beide tot.

Das ist aber auch ein trauriges Lied, das selbst Menschen ohne gebrochene Herzen zum Weinen bringen kann. Mein Herz war damals rein, ungebrochen und frei, und dennoch nahm ich den Text lieber umgedichtet, auf dass alle am Leben blieben, um glücklich miteinander sein zu können.

Es war Oktober. Es wurde November. Ich fuhr zu einem Großhändler in unserer Nähe und kaufte kurzfristig einen ordentlichen Batzen Weihnachstkleinscheiß. Das Angebot war riesig. Es gab alles von schön bis hässlich, und die Kunst bestand darin, das Richtige für unseren Laden auszuwählen. Jede Ecke konnte noch ein kleines Weihnachtsdazu gebrauchen. Die rote Ecke brauchte Rotes, die blaue Blaues, die grüne Grünes und die violette Violettes. Unserem komplett weiß dekorierten Fenster stand Silber besonders gut. Garantiert war ich wieder ansatzweise maßlos, doch da es sich nur um viel und nicht um teuer handelte, wurde der finanzielle Rahmen kaum gesprengt.

Meine Wilma staunte schon sehr über den gut gefüllten Kofferraum meines schwarzen Volvo-Kombi, machte ein sorgenvolles Gesicht und ward aber ob der von ihr höher erwarteten Rechnung für all das Schöne schnell wieder beruhigt. Wir räumten alles ins Haus, packten gemeinsam aus und versahen es mit

Preisen. Nach und nach dekorierte ich das neu Erworbene farblich passend in die Regale. Wir waren mächtig zufrieden. So wunderbar weihnachtlich hatten wir unseren Laden all die Jahre zuvor nicht gesehen.

Ist das wohl irre? Da fährt die Chefin für drei Wochen in die Sonne, kommt recht spät im Jahr mit einer beglückenden Urlaubsgeschichte zurück, schreibt sie an den Abenden nieder und lebt gleichzeitig am Tage voll ihren Weihnachtsrausch aus.

Das Leben flutschte.
Und so konnte ich das alles gleichzeitig tun.

Unser Weihnachtsgeschäft lief gut, das Buchschreiben ging zügig voran, meine Sehnsucht nach allem war gestillt. Mein ewiger Wunsch, meine Familie wieder vereint sehen zu wollen, war durch meine Wunderheilung aufgelöst. Finanziell brauchte ich mich nicht zu sorgen, und eine eventuell aufkeimen wollende Sehnsucht nach Micháli konnte kaum zum Tragen kommen. Erlebte ich durch mein Schreiben doch jeden Atemzug meiner Kreta-Reise noch einmal. Meinen und seinen, Tilmans und Ninas, Georgos und Vannas, Ludwigs, Christions und den aller anderen, denen ich während meiner Buch-Reise noch einmal begegnete. Mehr Nähe wäre bei einem real wiederholten Beisammensein mit Sicherheit kaum möglich gewesen.

4.

Das Jahr 2011 ging ohne große Aufregung zu Ende. Ich weiß nicht einmal mehr, ob ich den Jahreswechsel alleine oder in Gesellschaft verbracht habe. Jetzt gerade schleichen sich zwei Gläser Grog in mein Gedächtnis. Süßstoff möchte hinein, in jedes Glas zwei. Wenn das die Wahrheit ist, war mein Schwesterherz bei mir, wie an fast jedem Silvesterabend, seit wir beide unseren Ehestand verlassen hatten. Sie hatte ihn freiwillig verlassen, ich wurde hinaus katapultiert, und so brauchte ich sie all die Jahre mehr als sie mich.

Unser Silvesterfeiern gestaltete sich jedes Mal gleich, mit kleinen Variationen. Wir waren entweder bei mir oder bei ihr. Blieben den ganzen Abend, die ganze Nacht zu Hause oder liefen, wenn wir den Wechsel in ihrem Zuhause in Oldenburg verbrachten, des Nachts auch gerne mal in die Innenstadt. Jubel, Trubel, Heiterkeit. Straßen und Plätze voller Menschen. Silvesterraketen wurden in die Luft geschossen, Knaller entzündet, auf dass die bösen Geister von dannen zögen und das neue Jahr unbelastet beginnen konnte.

Meine bösen Geister blieben all die Jahre, vom Ende meiner Familienzeit, der Jahrhundert-Silvesternacht 1999/2000, bis in das Jahr 2011. Zu allen elf Jahreswechseln dachte ich: „Wieder ein Jahr vergangen und wieder nichts passiert." Ich kam aus meinem schlechten Lebensgefühl, aus meinem traurigen Gedankenkarussell einfach nicht heraus. Ich bekam nicht das, was ich so sehr brauchte - das, was für mein Lebensmodell so dringend erforderlich war - das, was wie eingebrannt, unlöschbar auf meiner Festplatte gespeichert zu sein schien.

Der letzte Abend des Jahres 1999 ist mir vollkommen im

Gedächtnis. Es war der letzte Silvesterabend, die letzte Silvesternacht, die mein Ehemann und ich miteinander verbracht haben. Zu diesem Zeitpunkt war er noch mein Mann, wenn auch nur in den letzten Zügen unserer ausgemachten Kündigungszeit.

Als er mir von seinem Wunsch, unsere gemeinsame Zeit beenden zu wollen, erzählte, sagte ich nach einer gewissen Zeit des Geschocktseins:

„Okay, wenn das dein Wille ist, werde ich dich nicht halten können. Ich bitte dich aber um eine dreimonatige Kündigungszeit, wie es bei Arbeitsverhältnissen, Wohnungsauflösungen und Wer-weiß-was-sonst-Noch üblich ist." Nach all der Zeit hätte ich auch auf ein Jahr bestehen können. Es war traurig, und gleichzeitig war es auch noch irgendwie witzig.

Die Kündigungsfrist beinhaltete das abendliche und nächtliche Zuhausesein beider Parteien und ein normales Familien- und Eheleben, so als ob alles in bester Ordnung sei. Tagsüber betreuten wir beide unsere Läden, an den Abenden machten wir auf Familie bzw. Zweisamkeit.

Was das Ganze damals sollte, weiß ich heute auch nicht mehr. Wahrscheinlich hoffte ich, dass seine erneute außerhäusige Verliebtheit diese Zeit nicht überstehen und dass danach wieder alles normal und gut weiterlaufen würde. Ein weiterer Grund, den ich auch benannte, war das bevorstehende Weihnachtsgeschäft, das ich mir als verlassene Ehefrau ohne Kündigungsschutz einfach nicht zutraute. Zusammen mit der zu erwartenden Trauer- und Tränenzeit hätte ich das nicht auf die Reihe gekriegt. Tieftraurig zu sein und gleichzeitig vorne im

Laden mit den Kunden zu scherzen, wäre mir kaum machbar gewesen. Ich hoffte also darauf, dass der erneute Trennungsanfall meines Mannes vorübergehen würde wie all die anderen in den Jahren zuvor auch.

In meiner hoffnungsvollen Naivität überstand ich diese drei Monate ohne Blessuren. Es war alles wie immer, vielleicht sogar noch einen Tick netter und wohlwollender als sonst. Nein, er würde unsere Familie nicht verlassen, diesen zauberhaften Haufen vierer Menschen, die eine so wunderbare und witzige Gemeinschaft bildeten. So dumm konnte er nicht sein, und vielleicht wollte er auch nur mal wieder die Grenzen des Machbaren austesten. Wer wusste das schon?

Der 1. Januar 2000 wurde als Ende der Kündigungszeit festgesetzt. In der Silvesternacht wollten unsere Freunde kommen und den Familienmann feierlich die Treppe hinunter in die Gartenwohnung unseres Hauses tragen, die sich unterhalb der früheren Werkstatt meines Vaters, dem heutigen Salon, befindet. Von da an sollte die Familienfrau oben in der Familienwohnung weiterleben und der Familienmann getrennt von ihr eine Etage tiefer.

Die untere Wohnung sollte in den nächsten drei Monaten noch etwas hergerichtet werden, damit beide es nach der angedachten Trennung schön haben würden. Schön haben würden - welch ein Hohn! Es fehlten ein richtiges Bad und ein paar andere Kleinigkeiten, die der Hausherr im Laufe der Kündigungszeit erstellen wollte. Normalerweise hatte mich seine Langsamkeit bei anfallenden Renovierungsarbeiten immer etwas gestört. In diesem Fall war sie mir jedoch zur Freude. Ich deutete sie zu meinen Gunsten und als Zeichen für die Unernsthaftigkeit seines Trennungswunsches.

Wie sie sich täuschte, wie sie sich täuschte, genau wie die Taube im gleichnamigen Song von Milva, in der es in der letzten Strophe heißt, dass sie deinen Mund für deine Augen hielt und dein Herz für ihr Zuhause und dass sie sich in beidem täuschte. Als ich den kompletten Liedtext zur Erinnerung nachlas, musste ich bei der letzten Strophe mit den Tränen kämpfen. Ja, auch ich hatte das Herz meines Ehemannes für mein Zuhause gehalten, für alle Zeit, auch wenn es Gründe genug gegeben hatte, daran zu zweifeln. Ich habe sie nicht gesehen, nicht erkannt, sie nicht wahrhaben wollen. Ich habe nicht einmal darüber nachgedacht, ob ich daran zweifeln müsste. Mir war unsere eingegangene Partnerschaft mit Familiengründung sowas von für immer und ewig, dass ich trotz seiner aushäusigen Aktivitäten an unserem Jawort füreinander niemals hätte zweifeln müssen, können und wollen.

Mein Ehemann kümmerte sich von Anfang an um die Essenszubereitung in unserer Familie. Er tat es mit großer Lust und Liebe, und es schien ihm nie eine Last zu sein. Als Linkshänder erledigte er es quasi mit Links. Er kaufte ein, er probierte Neues, und er kochte, was die Kinder, er und ich uns zum Mittag wünschten. Meist machten wir den Essensplan für die ganze Woche. Jedes Familienmitglied durfte einen Wunsch äußern, der Vater bestimmte den Rest. Ich kann mich an Zeiten erinnern, in denen wir uns wochenlang das Gleiche wünschten. Schinkennudeln, Milchreis mit Zimt und Zucker, Pellkartoffeln mit selbstgemachtem Kräuterquark oder Spaghetti mit seiner speziellen Tomaten-Hackfleisch-Soße. Das Schinkennudelrezept war der Renner. Bei diesem Essen blieb nie etwas übrig, und darum folgen nun die Zutaten: Zwiebeln, Kochschinken, Champignons in Zitronensaft, Thymian, Salz, Pfeffer, Crème fraîche, Bandnudeln - lecker!

An diesem Millennium-Silvesterabend machte mein Mann keinerlei Anstalten, etwas für den Jahreswechsel-Schmaus vorzubereiten. Er hatte gebadet, lungerte danach im Wohnzimmer mit über den Kopf gezogener Kapuze seines großen flauschigen Bademantels herum und war irgendwie undefinierbar. Als gut konnte man seine Stimmung nicht bezeichnen. Er schien lustlos, war zu nichts zu bewegen.

So machte ich den Kamin an, so heizte ich den Backofen vor, und so kochte ich den Reis, den ich mir zum fertig gewürzten Fisch aus dem Gefrierschrank vorgestellt hatte.

Reis, wie kocht man Reis?

Ich dachte ans Nudelnkochen, ans Kartoffelnkochen und dachte, dass es mit dem Reiskochen doch ähnlich gehen müsste. Alles drei waren Beilagen, kohlehydrathaltig und brauchten Wasser und Salz zum Garen.

Vom Koch des Hauses erhielt ich keine Hilfe:

„Herr Katz, könnten sie mal...?"
Nein, Herr Katz konnte nicht!

So nahm ich zwei Tassen Reis und vier Tassen Wasser mit der Menge Salz, wie ich sie vom Nudel- und Kartoffelkochen her kannte. Während der Garzeit von Fisch und Reis zauberte ich einen kleinen Salat. Ich rückte die Sessel im Wohnzimmer vor dem Kamin zurecht, stellte einen kleinen Tisch zwischen die Polster, puderte mir die Nase und malte mir die Lippen. Ich wollte diese Henkersmahlzeit, und ich wollte dabei gut aussehen, auch wenn mein Göttergatte bis dato nur Bademantel mit nichts dazu wollte.

Zu meiner Freude hatte er sich zwischenzeitlich auf einen der Sessel niedergelassen, uns Wein und Gläser hingestellt und die Wache für das Kaminfeuer übernommen. Meine Laune war gut, und wenn der Grad einer Verliebtheit am Salzgehalt der vom Koch zubereiteten Speisen gemessen werden konnte, hätte ich an diesem Abend ungeheuer verliebt gewesen sein müssen.

Mein Mann war tapfer, und ich weiß nicht, wer ihm an diesem Abend mehr leidgetan hat? Ich, die bald gegen ihren Willen verlassene Ehefrau, die nicht einmal richtig Reis kochen konnte, oder er, der diesen versalzenen Reis mit ihr zusammen hatte essen müssen und der danach laut Vertrag in seine selbst gewählte Verbannung hinunter getragen werden sollte.

In echt ging es uns beiden nicht gut. Wie auch? Wir waren tapfer. Wir waren albern, und wir hatten versalzenen Reis gegessen. Ich wusste nicht, ob der Trennungsscheiß abgeblasen werden würde, und er wusste wahrscheinlich auch nicht, ob seine Entscheidung wirklich die richtige war. So hatten wir uns das Ende unserer Familie mit Sicherheit nicht vorgestellt, wenn wir uns denn überhaupt ein Ende hatten vorstellen können, als wir vor zweiundzwanzig Jahren freudvoll unser gemeinsames Leben beschlossen und begonnen hatten.

Ich dachte nur: „Verdammt Herr Katz - warum machst du uns das Leben nur so schwer? Es ist doch alles so gut! Wir haben alles, was wir brauchen. Wir sind ein schönes Paar, wir sind gesund, wir haben zwei bezaubernde Kinder, wir sind auf Augenhöhe und haben uns immer noch viel zu sagen. Unsere Nähe ist uns angenehm, wir fliegen dann und wann immer noch aufeinander, und wir haben ein tolles Zuhause und eine gute, selbstbestimmte Arbeit. Was ist mit dir, dass du dieses Glück nicht sehen kannst?"

Hätte ich ihn noch einmal fragen sollen, ihn wachrütteln aus dem, was sich für mich als Irrsinn darstellte? Er hatte mir seinen Kummer nicht erklären können, mir seine Sehnsucht nicht vermitteln, mir sein Innen nicht offenbart, zumindest nicht in dieser Zeit und in den darauf folgenden Jahren auch nicht.

Trotz der Silvesternacht gingen wir frühzeitig zu Bett. Lass es halb elf gewesen sein. Wir gingen in unser gemeinsames Ehebett, wie in all den Jahren zuvor und wir lagen Arm in Arm dort, mit durcheinanderen Beinen, auch wie in all den Jahren zuvor. Vielleicht waren wir schon im Halbschlaf oder noch etwas mehr wach, als es plötzlich an unserer Fensterscheibe rumste.

Schneebälle trafen unser Schlafzimmerfenster. Unten auf der Straße standen zwei Gestalten und wedelten mit den Armen, als sie uns oben am Fenster stehen sahen. Unsere beiden besten Freunde hatten an ihre Zusage gedacht. Sie wollten uns in dieser Silvesternacht dabei behilflich sein, unseren Kündigungsvertrag aufzuheben oder ihn zu erfüllen und den verlustig gehen wollenden Ehemann mit in seine neue Wohnung geleiten. Wir ließen sie herein. Wir gaben dem Kamin neues Feuer, wir rückten zwei weitere Sessel heran, und wir tranken um Mitternacht ihren mitgebrachten Apothekersekt.

Ein makaberes Schauspiel mit Gelächter und Galgenhumor, und ich glaube, dass drei der hier beteiligten vier Personen bei dieser ausgelassenen Stimmung das Heruntertragen des Ehemannes für erledigt gehalten hatten, nachdem selbst dieser als Initiator des Übels es an diesem Abend so absolut nicht wollte.

Mitte Januar des Jahres 2000 war es dann aber doch soweit. Das Badezimmer war fertiggestellt, die Wände gestrichen, die

Möbel aufgestellt. Tassen und Teller in die Küche eingeräumt und seine Anziehsachen hinunter getragen.

Der Ehekontrakt war damit beendet.

5.

Wie gut, dass unsere Kinder das Familiennest schon einige Zeit vor diesem unsäglichen Termin zum Studieren und Weltreisen verlassen hatten. Ich hätte ihnen in meiner ersten großen Trauerphase auch wirklich nicht begegnen mögen.

Die folgenden Silvester waren kaum besser. Sie waren anders, und manchmal waren sie sogar ausgesprochen gut.

Es mag im Jahre 2005 gewesen sein. Eine Bekannte hatte mich zu einer Single-Silvester-Party eingeladen. Ich mochte das Wort Single noch nie, damals nicht und heute auch nicht, und ich wollte es auch niemals sein. Single klang für mich immer nur unangenehm, unfreiwillig und mit einem Makel behaftet. Dennoch brauchte auch ich für mich und alle anderen allein lebenden Menschen eine passende Bezeichnung. Ich entschied mich für das Wort Einzelwesen. Allein lebend, allein verantwortlich, allein entscheidend, sich alleine genügend und mit meinem heutigen Lebensgefühl auch alleine zufrieden, ohne den Verzicht auf Glück.

Ein jedes damals eingeladene Einzelwesen sollte zu dieser Silvesterfeier gerne weitere allein lebende Menschen einladen und mitbringen. Der angemietete Saal sei groß genug für ein rauschendes Fest für viele Menschen beiderlei Geschlecht. Getränke seien im Kostenbeitrag enthalten. Für das Buffet möchte bitte jeder, der kommen wollte, etwas Gutes beisteuern.

Ich fragte meine Schwester, ob sie mich zu dieser Feier begleiten wolle. Spontan und ohne groß darüber nachzudenken sagte sie: „Ja!" Sie tat es wohl aus Liebe, aus lauter Liebe zu mir, auch wenn ihr nach solchen Zusammenkünften normalerweise und mit Sicherheit nicht der Sinn stand.

Wir zwei machten das bis vor einiger Zeit leicht einmal, dass wir aus Liebe zueinander Dinge taten, die wir selbst eigentlich gar nicht recht mochten. Inzwischen haben wir gelernt, dass das überhaupt nicht erforderlich ist. Wir fragen einander, und wir sagen uns dann Ja oder Nein, ganz wie es unserem eigenen Sinne entspricht. Bei Not ist das etwas anderes, aber ohne Not dürfen wir sein, wie wir sind, und sagen, was wir selbst wirklich wollen.

Ich sagte meiner Bekannten zu und teilte ihr mit, dass meine Schwester und ich etwas für den Süßspeisentisch beisteuern würden. Unsere Spezialität sei „Unverschämte Creme", die selbst ich ohne große Anstrengung in größerer Menge schmackhaft zubereiten könne.

Am 30. Dezember 2005 schichtete ich Mengen an glattgerührtem, gesüßten Quark, Sauerkirschen, Eierlikör, Schlagsahne und Schokostreusel in die größte Schale meines Hauses, zehn Zentimeter hoch, sechzig Zentimeter im Durchmesser. Am späten Nachmittag des nächsten Tages fuhr ich mit meinem Kombi-Volvo nach Oldenburg. In diesem Jahr war es ein roter. Im Kofferraum hatte ich die gut gekühlte Süßspeise, auf der Rückbank die notwendigen Kleidungsstücke für die Feiertage. Aus dem Radio tönte schönste Jahreswechselmusik. Meine Stimmung war ausgesprochen gut!

Ich erreichte das Stadthaus, in dem meine Schwester wohnte, parkte direkt vor dem Eingang, unterhalb der großen Rotbuche, stieg aus und betätigte den Klingelknopf neben ihrem Namensschild.

Nach einem kurzen „Wer da?" und der Antwort „Ich!" öffnete sich die Haustür mit einem Summen. Fröhlich pfeifend und mit ohne Gepäck stieg ich die Stufen bis in die obere Etage hinauf. An der Wohnungstür stand mein Schwesterherz in Bequemi.

„Und", fragte ich, „wie sieht's aus?"
„Hm, hab keine Lust."
„Nein? Keine Lust? Was machen wir denn da?"
„Zu Hause bleiben!"

Ich überlegte kurz.
War ich enttäuscht?
Hatte ich etwas anderes erwartet?
Wollte ich selbst unbedingt auf diese Silvester-Single-Party?

Wohl eher nicht!

In echt war ich sogar erleichtert. Erst nur ein wenig, dann immer mehr. War ich doch noch nie eine Freundin größerer Menschenansammlungen. Beim Dazukommen einer weiteren Person an einen Zweiertisch war die Zahl meiner Lieblingsgruppengröße schon fast überschritten. Also, was sollte es, hier waren wir zu zweit. Hier hatten wir es warm und gemütlich, zu essen und zu trinken, unsere Ruhe, unsere Musik und unsere gute Laune.

Ach, was wurde das auch für ein herrlicher Abend!

Ich holte meine Sachen aus dem Auto, trug die große Schale mit der süßen Speise in die dritte Etage des Stadthauses, wechselte von Chic ebenfalls auf Bequem und genoss die große Freude meiner Schwester über das nun Zuhause-bleiben-Dürfen. Der Zufriedenheitsfaktor an diesem Jahreswechsel war bei uns beiden ausgesprochen hoch.

Unser Kopf ist rund, damit das Denken seine Richtung ändern kann, hab ich mal irgendwo gelesen. Wir können es tun, einfach so, nur weil sich unsere Meinung oder unser Fühlen von jetzt auf gleich verändert haben.

Wir lasen uns gegenseitig vor, erzählten uns Geschichten über sogenannte Single-Partys und waren froh und dankbar, dass wir daran nun nicht teilnehmen mussten. Zwischendurch aßen wir immer wieder von unserer unverschämten Creme. Wir genossen sie am frühen Abend und am späten - kurz vor Mitternacht und gleich wieder danach - vor dem Schlafengehen und am nächsten Morgen - dazu am Mittag und am Abend und auch immer gerne mal wieder zwischendurch.

Dass es uns beiden an diesem Jahreswechsel nun so ausgesprochen, ausgelassen gut erging, darf uns dabei nicht verwundern. Wir lieben das Süße von Geburt an, und die zwei Flaschen Eierlikör, die bei dieser Creme-Menge nun mal zum Rezept dazugehören, taten mit Sicherheit ihr Übriges.

6.

Der Silvesterabend 2011 unterschied sich von den vorangegangenen enorm. Eigentlich war er keinen Deut anders als die anderen elf zuvor. Wir, meine Schwester und ich, verbrachten ihn wie immer zu zweit, hatten unsere Getränke, unser Essen, unsere Bücher, unsere Spiele und zu Mitternacht unser Gläschen Sekt oder auch unseren dünnen, süßen Grog.

Dennoch war dieser Jahreswechsel für mich eine Sensation! Es war der erste Jahreswechsel nach meiner Wunderheilung, nach der Entdeckung meiner neuen Leidenschaft und nach meiner Kreta-Reise mit dem Erleben meines „Warrum nicht!"

Es war etwas passiert in meinem Leben! „Wieder ein Jahr vergangen und wieder nichts passiert!" Dieser Satz stimmte für mich nicht mehr, denn es war alles passiert, alles, alles und alles!

Das Wort Glück war für mich nicht mehr unauflösbar mit dem Wort Familie verbunden. Ich war zurück in meiner Mitte, hatte meine Liebe zu Kreta bestätigt gefunden, liebte meinen Laden nach wie vor und hatte mit dem Schreiben eine wahre neue Leidenschaft für mich entdeckt. Alles war auf unerklärliche Weise plötzlich so wunderbar gut, und das schien man mir auch anzusehen. Die Leichtigkeit des Seins beflügelte meine Sinne, meinen Gang, mein Zugehen auf andere und löste meine doch eher strengen Gesichtszüge angenehm auf.

Die Katze war weicher geworden.

In den ersten Wochen des neuen Jahres räumte ich tagsüber die Weihnachtssachen zurück ins Lager, erledigte die Inventur und putzte mit meiner Wilma zusammen einmal, síga, síga, den kompletten Laden durch. Dazu braucht es gerne mal vier bis acht Wochen. An den Abenden schrieb ich bis weit in die Nacht beharrlich und lustvoll an meinem Buch weiter. Die Resultate trug ich meiner Wilma bei unserem täglichen Morgenkaffee in der ersten Stunde unseres Zusammenseins vor. Oh, was hatten wir auch einen Spaß beim Vortragen der Geschichte und beim Fehlerfinden. Als alte Legasthenikerin habe ich da wahrlich viel zu bieten.

Ende Februar war die Rohfassung meines Buches fertig geschrieben, der Laden komplett durchgeräumt und neu dekoriert. Mein „Warrum nicht!" hatte einen Anfang, einige Mittelteile und ein Ende. Die letzten Textergänzungen entstanden anhand meiner Reisefotos, detaillierte Ortsbeschreibungen wie kleine mir entfallene Episoden gleichermaßen.

Sollte mir meine dreiwöchige Reise auf die Insel meines Heimatgefühls im Herbst 2011 meine positiven Erinnerungen an Kreta bestätigen, wollte ich in jedem Jahr für zwei Monate dort hinreisen, dort leben.

Kreta war nicht nur genauso schön gewesen wie in früheren Jahren, Kreta war schöner. Mein Lebensgefühl dort war nicht nur gut gewesen, es war intensiver als je zuvor. Mein Gefühl sagte mir, dass ich irgendwie dort hingehörte, und so wollte ich, um mich insgesamt vollständiger zu fühlen, ab sofort zwei Leben leben. Mein ostfriesisches Ladenleben und mein kretisches Ich gleichberechtigt mit dazu.

Der April und der Mai, genau wie der September und der Oktober, waren für mein kretisches Leben die beste Jahreszeit. Die Temperaturen dort sind dann genau so, wie wir Mitteleuropäer den Sommer lieben. Dazu konnte ich meinen Laden in diesen Zeiten am besten verlassen. Es gab weder etwas vor- noch nachzubereiten. Weihnachten, die Inventur, Ostern und das Schulbuchgeschäft fanden in diesen vier Monaten nicht statt, und so würde es für meine Wilma am einfachsten sein, unseren Laden dann mit Unterstützung unserer kleinen Ladenfamilie alleine zu bewältigen.

Das ist schon ziemlich ideal. Seit es in meinem Laden das kleine Bücher-Café gibt, gibt es auch eine Gruppe von Frauen, die mehr sind als Kundinnen oder Café-Gäste. Sie gehören wie selbstverständlich zu uns. Kommen ein-, zwei- oder auch dreimal pro Woche auf einen Kaffee und einen Plausch, verabreden sich zu bestimmten Zeiten, bringen Kuchen oder anderes Gutes mit, und das Beste, was sie uns bringen, sind sie selbst. Wir geben einander ein gutes Gefühl, wissen, dass wir alle untereinander willkommen sind, im Zweifel füreinander da, und dass unsere Gespräche unseren Café-Raum nicht verlassen.

Als die Idee mit meiner zweimonatigen Laden-Abwesenheit geboren war, sprachen wir bei unseren Begegnungen auch darüber, ob Wilma diese beiden Monate wohl alleine hinbekommen könnte. Bis dato war sie ausschließlich mit mir gemeinsam im Geschäft tätig gewesen, abgesehen von den kurzen Zeiten, in denen mich der Friseur, die Kosmetikerin oder auch mal die Sonnenbank gerufen hatten. Wilma und unsere Café-Frauen waren sich einig. Sollte es im Laden während meiner Abwesenheit einmal eng werden, Wilma also Unterstützung benötigen oder gar mal einen halben Tag ausfallen, würden sie sie und den Laden sofort und jederzeit retten kommen.

Almine war dazu bereit, an jedem Nachmittag ein wenig Pate zu stehen. Sie kam zum Kaffee, aus Freundschaft und Lust und leistete unserer Wilma in den späten Nachmittagsstunden regelmäßig Gesellschaft. Sie hatte die Zeit, war von Natur aus patent und beherrschte somit schnell die wichtigsten Notwendigkeiten für unser Laden- und Kaffeegeschäft.

Meine ersten drei Wochen Abwesenheit im Herbst 2011 hatten wirklich gut geklappt, und so durfte ich erneut auf Reisen gehen. Ich buchte meine Flüge, bereitete mein Manuskript zum Versenden an mehrere Verlage vor und schrieb Micháli, dass ich ab dem 25. April wieder für vier Wochen auf Kreta sein würde.

Ich hätte das lassen können, hätte einfach so nach Kreta reisen oder ohne Vorwarnung in Chóra Sfakíon auftauchen können. Doch fand ich diese Variante klüger. Ich wollte weder für mich, für ihn, noch für irgendeine andere Frau Unannehmlichkeiten. Es ging nicht darum, ob wir Zwei wieder etwas miteinander haben sollten, könnten, wollten oder müssten. Es ging nicht um irgendeinen Anspruch oder eine Art von Erwartungshaltung. Es ging nur darum, willkommen zu sein, mich selbst zu schützen, niemanden zu überrumpeln oder denken zu lassen, dass ich, Elisabeth, denken könnte, dass... !

Stellen wir uns nur einmal vor, seine Annemarie wäre dort gewesen, just zur selben Zeit. Ach nein, danach stand mir wirklich nicht der Sinn. Kreta war für mich mehr als Chóra Sfakíon und mehr als Micháli. Es würde andere Orte, andere Plätze und es würde andere Menschen geben, durch die ich mich auf Kreta erneut richtig wohl und gut fühlen würde.

Mit Michális Reaktion:
„You're welcome, Elisabeth! I'll be happy, to see you again!",

konnte ich in vier Wochen ohne Umwege direkt nach meiner Ankunft auf Kreta in mein geliebtes Chóra Sfakíon zurückfahren. Dort anzukommen und von dort wieder abzureisen, entsprach meinem innersten Kreta-Gefühl. Ich freute mich auf mein Dortsein, auf mein Kommen und Gehen, auf mein Wegsein und wieder Dortsein, um erneut wieder wegfahren und zurückkommen zu können. Der einzige Grund, es anders tun zu wollen oder zu müssen, wäre mein Nichtwillkommensein an diesem kleinen Küstenort.

Bevor es wieder nach Kreta ging, stellte ich mein „Warrum nicht!" einigen großen deutschen Verlagen vor. Ich hatte auf ihren Webseiten gelesen, was dafür erforderlich war. Sie wünschten ein Anschreiben, ein Exposé und eine Leseprobe.

Es ist mir immer schon schwer gefallen, etwas genau so zu erledigen, wie es von mir erwartet wurde. Ich hielt mich an die Empfehlungen der Verlage und folgte dennoch meinem eigenen Stil. Entweder würde das Thema meiner Geschichte, meine Art zu schreiben gefallen und von Interesse sein oder nicht.

Alle Verlage nannten eine Bearbeitungszeit zwischen einem viertel und einem halben Jahr. Vorher bräuchten die Einsender nicht mit einer Antwort zu rechnen. Danach würde keine Antwort mehr kommen. Eine Eingangsbestätigung gäbe es nicht. Von Nachfragen bat man abzusehen. Die eingesandten Probeseiten würden nicht zurückgesandt. Bei Interesse setze sich der Verlag von sich aus mit den Autoren in Verbindung.

Klare Ansagen, da blieb kein Raum zum Rätselraten.

Oh, ich bereitete meine Materialien wahrlich liebevoll vor, und wenn ich diese Buchvorstellung von mir erhalten hätte, hätte ich mich als Verlag geradezu um mich und mein Werk gerissen! Ich denke, dass dies auch nur der einzige Weg sein kann. Wir müssen etwas so auf den Weg bringen, dass es uns selbst zu mehr als hundert Prozent gefällt. Das Beste tun. Das Beste geben. Das Beste abliefern. Das Beste erhoffen.

Ich bin schon dafür, andere Meinungen und Sichtweisen einzuholen. Ich halte es für wichtig, sie anzuhören und gründlich zu bedenken. Am Ende sollte das Maß der Dinge aber immer unser eigenes bleiben, dann ist es für uns passend und gut und das Ergebnis stimmig.

Mein Maß für mich und dein Maß für dich!

Mein Anschreiben mit Exposé enthielt alles, was gewünscht wurde, nur waren es nicht zwei voneinander getrennte Schriftstücke, sondern nur eines. Dazu kam die Leseprobe der ersten sechs Kapitel.

Die eingesandten Kapitel waren von mehreren Probelesern gelesen, korrigiert und mit Anmerkungen versehen worden. Ich hatte daraufhin alle Rechtschreib- und Zeichensetzungsfehlerfunde verbessert, die Anmerkungen studiert und bedacht und den Text nach meinem Maße verändert.

Für mich war es ungemein interessant, mein eigenes Verhalten dabei zu beobachten. Anfangs reagierte ich mit der Rechtfertigung meiner Worte und Sätze. Zu diesem Zeitpunkt befand ich mich noch in der Dummphase. Als Nächstes bedankte ich mich für die inhaltlichen Anmerkungen, tat mich aber weiterhin schwer, den Empfehlungen meiner Probeleser zu folgen. Wenn ich am Abend die Textstellen überprüfte, reagierte ich mit innerlichem Trotz. Immer noch voll Dummphase! Dann kam die Zeit mit dem Denken, dass an jeder Kritik doch wohl etwas dran sein musste und dass die Kritiker es, zumindest in diesem Stadium, gut mit mir meinten. Zuerst kam immer: „Und was soll daran jetzt falsch sein?" Kurz darauf aber schon: „Wie kann ich es besser machen?" In dieser Phase kam ich voran! Die Sätze wurden kürzer, die Aussagen prägnanter, der gesamte Text entschnörkelt, mein Schreibstil klarer, die Geschichte durch und durch besser.

Als tröstende Aussage gemeint, sagte mir eine Freundin zu dieser Thematik, dass, wenn es mit dem Buch auch nichts werden sollte, ich am Ende doch auf jeden Fall kritikfähiger geworden sein müsste!

Es wurde Ostern.

Die achtzehn Umschläge mit den Adressen der größten deutschen Verlage befanden sich ausgebreitet auf dem großen Eichentisch in meinem Salon. Auf jedem Umschlag lagen ein Probemanuskript und das Anschreiben an das jeweilige Lektorenteam der Verlage. Ein schöner Anblick, ein erhabenes Gefühl und ein wahrlich guter Grund, ein Erinnerungsfoto zu schießen.

Tief eingeatmet, ein Foto geschossen, von der anderen Seite noch eins, die Papiere in die Umschläge gesteckt, mit Briefmarken versehen und alle zusammen in einen Korb gelegt, auf dass meine Wilma sie am Osterdienstag mit zur Post nehmen konnte.

Ostermontag hatten wir unser obligatorisches Familienfrühstück. Dienstag brachte Wilma die wertvolle Fracht zur Post.

Mittwoch machten wir eine Liste noch zu erledigender Dinge. Donnerstag fing ich an, meine Reisesachen zurechtzulegen. Freitag wusch ich all meine schwarzen Kleider und Gymnastikanzüge durch. Samstagabend war Nähtag für all das Schwarze. Sonntag schrieb Micháli mir eine SMS mit den Worten:

„Only 9 more nights to sleep. Then we will meet again.
 Happy to see you! Kiss Micháli."

Natürlich war das nicht sein Englisch, doch nachdem, was mir aus seinen Worten zum Kombinieren zur Verfügung stand, hätte es so heißen müssen.

Bis zu meinem Abflugtag am 24. April rief er allabendlich an und erwähnte immer wieder gerne, wie viele Nächte wir bis zu unserem Wiedersehen noch zu schlafen hätten.

7.

Mein Dieter, der für die fünfte SMS am Ende meines „Warrum nicht!" verantwortlich war: „Wann fliegst du ab? Soll ich dich abholen? Dieter", wollte mich mal wieder endlich besuchen kommen. Es war nicht das erste Mal.

Seit nun mehr drei oder vier Jahren stand dieses Vorhaben im Raum. Vor dreiunddreißig Jahren sind wir zur selben Schule gegangen. Er war damals neunzehn und ich dreiundzwanzig. Da war immer etwas zwischen uns gewesen, was uns miteinander zu tun haben lassen wollte. Worte wie Sympathie, Freundschaft, Nähe, Anziehung, vielleicht auch Liebe, dürften da ihren Platz gehabt haben. Dennoch hatten wir nie wirklich etwas miteinander angefangen. Es gab da eine Nacht, damals in Hannover, eine wunderschöne Nacht, mit sehr viel Nähe und Zärtlichkeit, oben im hinteren Zimmer meiner kleinen Wohnung, mit Bettnische, Kerzenschein und leiser Musik, doch war es bis zum Äußersten nicht gekommen.

Vor dem Bett lag ein langer, schmaler, quer gestreifter Flickenteppich in hellen Beige-Tönen mit lachs-orange-farbenen Streifen. Über dem kleinen Ofen befand sich ein Setzkasten. Im Fenster daneben hingen an selbstgezwirbelten dünnen Kordeln eine auf einen dünnen Draht gezogene runde antike Häkeldecke, ein kleiner grüner Holzpapagei und ein zierlicher brauner Holztrog aus der Puppenstube meiner Kindheit. Den Streifenteppich hatte ich kurz zuvor von meiner ersten damals sechs Wochen andauernden Griechenlandreise mitgebracht. Im Setzkasten befanden sich Dinge, die mich an schöne Momente meines Lebens erinnerten.

Ich hab das alles noch, und es erinnert mich nach wie vor. Der Setzkasten hängt inzwischen in meinem Erkerzimmer über dem alten Holzbett, in dem ich meine Kinder zur Welt gebracht habe. Der Flickenteppich liegt im Flur zwischen Schlafzimmer und Bad, und der Papagei und der Holztrog übersommern alljährlich in der Weihnachtskiste, bis sie erneut, wie in jedem Jahr, ihren Platz am Weihnachtsbaum meines Familienhauses finden.

Auch Dieter hat immer noch einen Platz in meinem Herzen, seit immer und damals und der Nacht, in der wir ohne Ende miteinander rumgeknutscht haben.

Es gibt Dinge, die ändern sich nie.

Als er und ich uns nach dreißig Jahren wieder gesehen haben, war es genau wie damals. Worte wie Sympathie, Freundschaft,

Nähe, Anziehung und vielleicht auch Liebe hatten und haben nach wie vor ihren Platz, auch wenn wir bisher immer noch nicht wirklich etwas miteinander gehabt haben. Knutschen können wir nach wie vor, dauerhaft, zauberhaft und stundenlang, auch wenn die Stunden sich inzwischen etwas verkürzt haben.

Dieter lebt immer noch in Hannover, wie all die Jahre, ca. 250 km von mir entfernt. Unsere Wiedersehensgeschichte vor drei, vier Jahren, nach dreißig Jahren Nichts, lieferte mir Stoff zum Schreiben und war mein erstes Werk, das Buchlänge erreichte.

Den Auslöser gab damals ein Satz, der mich: „Jetzt erst recht oder, das woll'n wir doch mal seh'n!" hatte denken lassen. Ich war bei Freunden von Freunden zu Besuch gewesen, deren weiblicher Teil mit beachtlichem Erfolg Bücher schrieb und veröffentlicht hatte. Als wir über ihre neueste Veröffentlichung sprachen, sagte ich, dass auch ich bei all meinen erdachten und notierten Buchanfängen dringend ein Buch schreiben müsse. Der Freund des Paares entgegnete daraufhin, dass Buchanfänge ja wohl jeder könne, die wahre Kunst jedoch darin bestehe, sie weiterzuführen und zu Ende zu bringen.

Lilli und Dieter, die Geschichte rührt mich an und möchte vielleicht, wer weiß, eines Tages auch ans Licht der Welt.

Dieter wollte mich also mal wieder besuchen kommen. Ganz sicher und bestimmt und in echt. Wir schauten unsere Möglichkeiten und befanden, dass der 21. April 2012 ein sehr gutes Datum dafür sei. Seine angefangenen Baustellen wären bis dahin sicher fertig, und die nächste wollte er erst nach dem 1. Mai beginnen.

„Ja, super, dann kommst du also am Samstagabend, wahrscheinlich recht spät, bleibst Sonntag und Montag und nimmst mich dann am Dienstag mit nach Hannover, um mich am Mittwoch in der Früh zum Flughafen zu bringen. Wunderbar! Da freu ich mich! Und wenn was dazwischen kommt, sag Bescheid, dann werde ich meine Fahrt zum Flughafen anders organisieren."

„Brauchst du nicht. Dieses Mal komm ich garantiert!"

„Aaah ja."

Ich kenne ja meinen Dieter, bisher hatte er es nur einmal geschafft, sich zu mir auf den Weg zu machen, und selbst dieses eine Mal gab es eine kleine unvorhersehbare Komplikation. Dass er später losfuhr als gedacht, war normal. Dass er sich dazu aber noch elendig verfahren würde, lag nicht in unserer Erwartung. Als er losfuhr, rief er mich an und fragte, wie lange die Fahrt bis zu mir wohl dauern könne.

„Hm, zwei, drei Stunden, dann bist du hier.
 Kannst dich zwischendurch ja mal melden,
 wenn dir langweilig wird. Bin zu Hause."

Er wollte es tun, und er tat es auch, nachdem er sich völlig verfranzt hatte. Ohne Navi und Straßenkarte hatte er sich mit etwas zu vagen Vorstellungen nach Ostfriesland aufgemacht. Dieter war von Hannover über Bremen und Oldenburg Richtung Wilhelmshaven gefahren, kurz vor Varel Richtung Westerstede abgebogen, bis er sich irgendwo, irgendwann im Niemandsland zwischen Apen und Barßel vor einem Hinweisschild

Richtung Elisabethfehn wiederfand. Eine nächtliche Trecker-Parade in Augustfehn gab dieser Irrfahrt eine besondere Note. Dieter konnte sich dem Paradetempo nur anpassen, mich anrufen und nach dem richtigen Weg fragen. Ich führte ihn von Augustfehn über Remels am Nordgeorgsfehnkanal hoch in die Gegend von Wiesen und Moor, dem Ort, an dem ich lebe und schaffe.

Dieter kam damals nach über vier Stunden, weit nach Mitternacht bei mir an. Dieses Mal kam er gar nicht. Er sagte weder ab noch ließ er anderweitig von sich hören. Ich dachte nur: „Hatte ich etwas anderes erwartet?" und „Wohl eher nicht!", auch wenn ich es dieses Mal schon schön gefunden hätte, wenn er einfach da gewesen wäre, zuverlässig und pünktlich.

Sollte ich mich darüber aufregen?
Sollte ich ihm hinterhertelefonieren?
Sollte ich Abgemachtes einfordern?

Nein, das wär nicht ich,
das werde ich auch niemals sein,
und das bin ich auch noch nie gewesen.

Als nun klar war, dass Dieter mich nicht zum Flughafen bringen würde, fragte ich in der Runde meiner Ladenfrauen nach der Möglichkeit eines Flughafen-Transfers. Marilyn war dazu bereit.

Montag gefragt.
Dienstag ja gesagt.
Mittwochnacht gefahren.
Am frühen Morgen geflogen.

Geh aus mein Herz und suche Freud

Text von Paul Gerhardt, 1653
Melodie von August Harder, 1813

Geh aus mein Herz und suche Freud
In dieser schönen Sommerzeit
An deines Gottes Gaben
Schau an der schönen Gärtenzier
Und siehe wie sie mir und dir
Sich ausgeschmücket haben

Die Lerche schwingt sich in die Luft
Das Täublein fliegt auf seiner Kluft
Und macht sich in die Wälder
Die hochbegabte Nachtigall
Ergötzt und füllt mit ihrem Schall
Berg Hügel Tal und Felder

Die Glucke führt ihr Völklein aus
Der Storch baut und bewohnt sein Haus
Das Schwälblein speist die Jungen
Der schnelle Hirsch das leichte Reh
Ist froh und kommt aus seiner Höh
In's tiefe Gras gesprungen

Die Bächlein rauschen in dem Sand
Und malen sich an ihrem Rand
Mit schattenreichen Myrten
Die Wiesen liegen hart dabei
Und klingen ganz vom Lustgeschrei
Der Schaf' und ihrer Hirten

Die unverdroßne Bienenschar
Fliegt hin und her, sucht hier und da
Ihr edle Honigspeise
Des süßen Weinstocks starker Saft
Bringt täglich neue Stärk' und Kraft
In seinem schwachen Reise

Ich selber kann und mag nicht ruhn
Des großen Gottes großes Tun
Erweckt mir alle Sinnen
Ich singe mit, wenn alles singt
Und lasse was dem Höchsten klingt
Aus meinem Herzen rinnen

Das sind nicht alle Strophen dieses alten deutschen Volksliedes von Paul Gerhardt. Insgesamt sind es fünfzehn. Der zweite, wohl mit bekannteste Vers mit seinen Narzissus und Tulipan will nicht recht zu meinem kretischen Sommergefühl passen. Die übrigen sind mir zu sehr mit dem Jenseits befasst und gehören derzeit weder zu meinem Lebensgefühl noch in diese Geschichte - hab ich doch gerade noch so Lust auf alles!

Die Bäume stehen voller Laub
Das Erdreich decket seinen Staub
Mit einem grünen Kleide
Narzissus und die Tulipan
Die ziehen sich viel schöner an
Als Salomonis Seide

Diese Strophe klingt für mich urdeutsch und gehört mit seinen Narzissen und Tulpen nach meinem Empfinden zu den Beneluxstaaten und uns, aber doch nicht zu den Kretern.

Mit Kreta verbinde ich die Sommerzeit, die Zier der Gärten, die Täublein, die Berge, die Hügel und Felder. Die Täler lassen mich an die Schluchten Kretas denken. Schafe und Hirten finden sich überall, genau wie die Bienenschar, die mich ohne Umwege an die Bienenstöcke denken lässt, die ich immer wieder am Rande weitflächiger Blumenwiesen und zwischen duftenden Kräutern in der sonst kargen Bergwelt Kretas stehen sah. Dem Weine wird hier schon am Mittag zugesprochen und am Abend sowieso. Alle Sinne sind geschärft und stehen auf Empfang. Kreta soll in den nächsten Wochen mir gehören, und so kann ich aus meinem Innern heraus nur noch froh sein und singen und die Welt umarmen, dass mein Herz nur noch überlaufen kann vor Glück.

Wenn einer eine Reise tut, sollte er vordem alles gut geklärt und erledigt haben. Er sollte gesund sein und für seine Abwesenheit, so er selbstständig ist, eine tüchtige, verlässliche und gesunde Vertretung haben.

Ich hatte das alles!

Zumindest bis knapp drei Wochen vor meinem geplanten Abflug. An diesem Wochenende besuchte ich die kleine Familie meines Sohnes. Es war herzig. Ich schleppte mit meinem Enkel herum, genoss es, bei ihm Ähnlichkeiten mit Familienangehörigen zu entdecken, fütterte ihn und machte es, wie Mütter und Väter es immer wieder gerne tun. Was dem Kinde beim Essen aus dem kleinen Mündchen fällt, wird schnell mal mit den Fingern geschnappt und verschwindet im eigenen Mund. Da bin ich ganz Katze, geradezu Tiergroßmutter par excellence.

Ich hätte es nicht tun sollen! Ich hätte jeden Spucke-Kontakt mit meinem Enkelkind vermeiden sollen. Hätte mir nach all unseren Sabber-Berührungen ordentlich die Hände waschen sollen, mit Seife, auch unter den Fingernägeln, und alles wäre gut geblieben. Ich tat es aber nicht, und so hatte ich zwei Tage später einen ordentlichen Grippevirus mit Fieber, Gliederschmerzen, Schnupfen, Husten und Stimmverlust.

Ich, die Großmutter väterlicherseits, die in dieser Zeit von ihrem Enkelsohn O'Lilli genannt wurde, gab den aufgenommenen Virus gleich an Wilma weiter, die dann tags darauf auch ins Grippe-Koma fiel. Ich hätte ja noch halb krank in den Urlaub fliegen können, doch meine Wilma hätte nicht krank oder nur halb gesund im Laden stehen können. Also ging Wilma für die nächsten vierzehn Tage in häusliche Quarantäne und ich unter Tabletten in den Laden. Wilma schnell wieder gesund zu sehen, war für meine Reise unerlässlich.

Es funktionierte. Nachdem ich die ersten Tage mit Hilfe von Schmerzmitteln überstanden und mich an den beiden Wochenenden einigermaßen gesund geschlafen hatte, verbrachte ich die letzte Woche vor meiner Reise ohne Stimme. Da ging nichts mehr. Flüstern war verboten. Richtig sprechen nicht möglich. Meine Kunden hatten schon ihren Spaß mit mir, insbesondere am Telefon.

Am Abreisetag war alles einigermaßen im Lot. Wilma trat mit Unterstützung von Almine ihren Ladendienst an. Marilyn fuhr mich zum Flughafen. Ich fühlte mich jung und voller Freude. Mein grüner Reiserucksack war dieses Mal besser gepackt als bei meiner Reise im Herbst, so, dass selbst meine Reisejacke und mein Handgepäck darin oder daran noch einen Platz finden würden. Um die Taille trug ich meine obligatorische rote Bauchtasche, um die Schulter die lederne Umhängetasche, die meine Tochter mir im Tausch gegen ihr viel zu teures Ostergeschenk hiergelassen hatte. Mein Kind trug jetzt Volker Lang, eine feine dunkelblaue Schaffner-Tasche mit Bügelklippverschluss. Sie steht ihr ausgezeichnet.

Bei ihrem letzten Osterbesuch hatte mein Tochter-Kind zwischen all die in meinem Geschäft vom Sims der Ladeneinrichtung herunterhängenden, farbigen Taschen gegriffen und mit verschmitztem Lächeln bemerkt, dass ich dort also ihr Ostergeschenk versteckt hätte. Konnte ich dem Kind da etwas anderes sagen als „Ja!"?

Es war gegen 4 Uhr in der Früh als Marilyn und ich am Flughafen unseren Abschiedskaffee tranken, bevor sie sich auf den Rückweg machte und ich mich in die Wartezone begab. Hätte es etwas zu räumen gegeben, ich hätte es getan! Doch da gab es nichts. Alles war am rechten Ort. All meine Sachen, genau wie das Innere meines Kopfes. Ich war in meiner Mitte, und auch wenn ich mich inzwischen fast daran gewöhnt hatte, fand ich es dennoch erstaunlich. Ich war geradezu begeistert von diesem guten Lebensgefühl, das ich nach elfjähriger Trauerzeit nun schon seit sieben Monaten durchgängig in mir trug. Nein, es gab keinen neuen Mann an meiner Seite, was gerne mal vermutet und auch ausgesprochen wurde. Die Befreiung meiner Seele, das Neubespielen meiner Festplatte, das Aufbrechen alter Muster machten es mir möglich, dass ich das, was ich jetzt hatte, einfach nur genießen konnte.

Langsam kam Bewegung ins Spiel. Die ersten Reisenden konnten ihre Koffer abgeben. Die ersten Flüge hatten Boarding Time. Alles um mich herum wurde wacher. Irgendwann war auch mein Flug nach Kreta für die Gepäckabgabe an der Reihe. Als ich meinen Rucksack aufgegeben hatte, beobachtete ich aus der Ferne ein Paar. Es war damit beschäftigt, den Inhalt seiner beiden großen Koffer neu zu ordnen. Sie packten Sachen aus und hin und her und versuchten, gewichtige Dinge aus den Koffern in ihrem Handgepäck unterzubringen. Ich fragte mich, wohin ihre Reise wohl gehen mochte und wie lange sie unterwegs sein würden. Ich tippte auf ein Land mit schwankenden Temperaturen und auf mindestens vier Wochen. Ich hatte einen Rucksack mit 10 kg Inhalt für vier Wochen Kreta. Übergepäck begann bei 23 kg pro Person. Nach einer Weile erkannte ich die beiden als zwei Menschen aus meiner Heimatstadt. Ich ging auf sie zu und sagte fragend: „Astrid?" Gleich darauf fielen wir uns lachend in die Arme. Astrid und Jörg wollten, wie ich, nach Kreta reisen - zum ersten Mal und für eine ganze Woche. „Ja doch", dachte ich, „da brauchen sie wahrlich so viel Gepäck!"

Sie hatten in Georgióupolis, einem Strandbad zwischen Kalíves und Réthimnon, ihre Unterkunft. Ich schwärmte von der schönen Sfákia, erzählte ihnen von meinem Reiseziel Chóra Sfakíon und dass ich dort wohl die nächste Woche verbringen würde. Wir tauschten unsere Handynummern für den Fall, dass sie mich in ihrer Urlaubswoche besuchen kommen wollten. Nachdem ich ihnen den Weg in die Sfakía beschrieben hatte, gingen wir unserer Wege und freuten uns auf ein vielleicht baldiges Wiedersehen.

8.

Um 10:30 Uhr war unser Flugzeug in Heráklion gelandet. Es war weniger aufregend für mich als beim letzten Mal, wenngleich auch nicht weniger spannend. Ich dachte so bei mir, ob ich wohl all meine Erfahrungen der letzten Reise würde anwenden können. Mein Gepäck war schon mal eindeutig besser organisiert und besser zu händeln als im Herbst 2011. Ich fühlte mich wohl und befreit.

Was bin ich mit meinem Wohlbefinden auch abhängig von meinem Äußeren. Ich verbrachte eine geraume Zeit im Vorraum einer wenig besuchten Flughafen-Damen-Toilette, tauschte meinen langarmigen und langbeinigen Gymnastikanzug gegen einen kurzbeinigen und ärmellosen und mein langes Kleid gegen ein kürzeres. Ich ersetzte die Gleitsicht-Brille durch meine neue Gleitsicht-Sonnenbrille und ging mit frisch gepuderter Nase und neu gemalten Lippen Richtung Stadtbus.

Was sind es auch für unterschiedliche Leben, das Leben der ostfriesischen Geschäftsfrau Elisabeth und das der Kreta-Reisenden Katz.

In meinem ostfriesischen Laden-Leben bin ich fast ausschließlich in meinem Haus. Ein bisschen davor, ein bisschen dahinter, und das war es dann auch schon. Das Leben kommt zu mir, in Form meiner Wilma, unserer Ladenfrauen und all der anderen Kunden, mit denen es immer wieder gute Gespräche gibt. Selten bleibt es beim oberflächlichen Small Talk. Wir haben Spaß miteinander, und wir geben uns eine gewisse Sicherheit. Ich weiß, dass sie immer wieder zu mir in den Laden kommen, und sie wissen, dass ich fast immer zugegen bin.

Um Brot und Käse, Obst und Gemüse brauche ich mich nicht zu sorgen. Meine Wilma ist Frühaufsteherin und versorgt mich mit allem, was ich von außerhalb brauche. Einzig das Färben der Wimpern, das Schneiden der Haare, die Solarium-Sonne vor meinen Reisen und die wenigen Besuche bei Freunden und Verwandten bringen mich dazu, meine Burg zu verlassen.

Auf Kreta ist es das Gegenteil. Da bin ich das Leben. Da bin ich nur draußen, immer irgendwie unterwegs. Ich gehe auf die Menschen zu und öffne uns mit einem Lächeln die Türen. Auf mein Zimmer gehe ich nur zum Duschen und Schlafen oder vielleicht, wenn ich mit einer gewissen Person alleine sein möchte. Es ist nichts um mich herum, keine Schutzhülle aus Glas, Stein oder Beton. Kreta ist mein Haus. Es gibt kaum einen Unterschied zwischen drinnen und draußen. Auf diesem Eiland, mit dem ich mich so verbunden fühle, bin ich grenzenlos frei.

Wenn ich darüber nachdenke, mit wie wenig ich in den vier Wochen meiner Kreta-Zeit auskomme und was in meinem Laden-Haus alles um mich herum ist und zu mir gehört, versetzt es mich in Erstaunen. Zum Glück mache ich meinen Laden nicht nur, weil ich davon leben muss. Ich muss davon leben, aber ich würde ihn auch betreiben, wenn mein Einkommen aus einer anderen Quelle fließen würde. Müsste ich gegen meine Lust arbeiten, mir mein Geld mit einer Tätigkeit verdienen, die meinem Lebensgefühl widerspräche, würde ich eher auf Materielles verzichten, als einer unliebsamen Arbeit nachgehen zu müssen.

Im Zusammenhang dazu fällt mir auch Micháli mit seinem Verhältnis zum Geld ein, das mich spontan an die Geschichte Fischer und Tourist, eine Anekdote zur Senkung der Arbeitsmoral von Heinrich Böll, denken lässt. Darin versucht ein wohlhabender Tourist einen einfachen Fischer davon zu überzeugen, dass er durch ein Mehr an Fleiß und Arbeit eines Tages dazu in der Lage sein würde, mehr freie Zeit unter der Sonne des Südens arbeitsfrei zu verbringen. Erst am Ende der Geschichte bemerkt der Tourist, dass der Fischer, ohne den Umweg des großen Geldverdienens, allein durch das Weglassen materieller Wünsche, schon im Hier und Jetzt dazu in der Lage war.

9.

Das Erste, was mir am Flughafen ins Auge fiel, war der gelbe Briefkasten am Ausgang. Auf der Briefschlitzklappe stand Post, unten auf dem Kasten EVTA mit umgedrehtem V, darunter hellenics Post, davor ein skizziertes Portrait des Götterboten Hermes mit seinem Flügelhut.

Hermes, der göttliche Tausendsassa, Sohn von Zeus und der Pleiade Maia, gilt als wendig, verschlagen und erfindungsreich. Schon am Tag seiner Geburt soll er seine Wiege verlassen, aus einem Schildkrötenpanzer die erste Lyra gebaut und die Rinderherde seines Bruders Apollon gestohlen haben. An ihren Schwänzen zerrte er sie in eine Höhle, sodass die Spuren vom Versteck wegzuführen schienen. Als sein Bruder ihn nach dem Verbleib der Tiere befragte, schwor er einen heiligen Eid, dass er nichts von den Rindern wisse. Selbst vor den Göttern des Olymp log er unverschämt weiter. Zeus lachte darüber, gebot ihm aber, seinem Bruder das Versteck zu verraten, was er dann auch tat. Als Hermes seine Erfindung, die Lyra, vorführte, war Apollon so entzückt, dass er sie im Tausch gegen seine Rinder nahm und seinem Räuberbruder obendrein noch einen güldenen Zauberstab vermachte. Zu den Attributen des Hermes gehören nun dieser Zauberstab, mit dem er Träume schickt, in tiefen Schlaf versetzt und die Toten in die Unterwelt geleitet, und ein Geldbeutel, der ihn als Gott raschen Gewinns und glücklicher Funde ausweist, für die ihn Händler und Diebe gleichermaßen verehren. Sein mit Flügeln versehener Reisehelm und seine Flügel-Stiefel sorgen für die rasche Erledigung seiner Aufträge. Hermes, der Rinderdieb, ist Beschützer der Herden und der Vater des Hirtengottes Pan. Redner verehren ihn als cleveren Wortverdreher und die Philologen benennen ihre Kunst des Textauslegens nach seinem Namen - Hermeneutik.

Ich lief direkt zum Kartenverkaufshäuschen für die Busse nach Heráklion. Das große Schild auf der Rückseite wies darauf hin:

BUS STATION FOR CENTER

Der Fahrpreis zum Busbahnhof betrug in diesem Jahr ein Euro fünfzig. Neben dem Häuschen saßen im Schatten einige Männer, rauchend und palavernd. Die Busse an der Straße warteten auf Gäste. Ich kaufte mir eine Fahrkarte und stieg in den ersten Bus Richtung Stadt. Wieder war ich die Einzige, die diesen Busservice vom Flughafen Richtung Stadt nutzte. Ökonomía? - Nein, ökonomisch war das nicht!

Der Busfahrer saß vorne auf seinem Fahrersitz, ich in der Mitte mit dem Po auf der Kante einer Sitzbank. Ich sitze immer auf Stuhl- oder Sofakanten, aufrecht und gerade, auch wenn ich keinen Reise-Rucksack auf dem Rücken trage. Ausgestreckter

Arm, in die Kamera gelächelt und abgedrückt - schönes Foto! Lisbeth strahlt, der Busfahrer lächelt dazu im Rückspiegel. Der Bus füllte sich von Haltestelle zu Haltestelle. Am Ende waren über die Hälfte der Sitzplätze besetzt, und damit war es um die Ökonomía dann doch nicht mehr so schlecht bestellt.

„Busstation!", wie letztes Mal - verspiegeltes Haus, wie letztes Mal - Begrüßungsfoto, wie letztes Mal - und alte Steinmauer und mächtige, hohe Tamarisken und alte grüne Holzbänke, wie letztes Mal, und schon stand ich am Fahrkartenschalter am Busbahnhof von Heráklion und kaufte mir die nächste Busfahrkarte für den nächsten Abschnitt meiner Reise nach Chóra Sfakíon. Es war Viertel vor zwölf, der Bus Nummer 38 über Réthimnon nach Chaniá fuhr wie immer um 12:30 Uhr. Ich kaufte die Karte bis Vríses, war stolz wie Oskar, dass alles so gut lief, und setzte mich vor das Busbahnhofsgebäude auf meine so geliebte alte, grüne Holzbank. Ich genoss die Atmosphäre des kleinen Trubels und das Ankommen und Abfahren der Busse. Auf meinem Schoß lagen mein diesjähriges Rosentuch und meine Fahrkarte. Dieses Tuch ließ mich etwas erwachsener wirken als das schwarz-rot-grüne vom letzten Jahr. Nicht älter, aber gereifter und irgendwie mehr in mir ruhend. Der schoko-braune Untergrund mit seinen eher stilisierten hell- und mittelbeigen Blätterornamenten war zurückhaltend und ließ die scharlachroten Rosen leuchten wie mich auch. Die Karte nach Vríses hatte zehn Euro zehn gekostet, und wenn ich meine selbst kombinierten Busverbindungen zwischen Heráklion, Réthimnon, Chaniá und Chóra Sfakíon richtig erinnerte, müsste ich in Vríses am Bushalteplatz angekommen sein, bevor der 14 Uhr-Bus aus Chaniá dort eintreffen würde.

Nun saß ich im Bus nach Chaniá. Dieses Mal hatte ich mich gleich vorne auf die erste Bank gesetzt. So hatte ich den Busfahrer links vor mir immer gut im Auge und er die Frau, die ihm eine Fahrkarte nach Vríses vorgelegt hatte, ebenso. Sollte er mich dennoch vergessen, könnte ich ihn notfalls schnell und kurzfristig an mein Aussteigen erinnern. Der Bus fuhr auf den Hafen von Heráklion zu, passierte die Uferpromenade und bog nach kurzer Fahrt rechts auf die New Road. Da waren sie wieder, die rot-weiß-geringelten Schornsteine, die mir im letzten Jahr, am letzten Tag meines fünfundfünfzigsten Lebensjahres, kurz vor Heráklion so besonders ins Auge gefallen waren. Im letzten Jahr war es der 6. Oktober und Herbst, heute der 24. April und Frühling.

Ja, es war Frühling auf Kreta. Es wucherte an allen Ecken und Enden. An den Straßenrändern sattes Grün in Grün, dazwischen leuchtend gelb der Ginster. Dicke, kugelrunde, grell orangefarbene Dolden tauchten auf, und beidseitig der Straße blühte der Oleander rosa und weiß, getrennt voneinander oder im farbigen Zusammenspiel. Fódele stand auf einem Straßenschild, und ich dachte an das Buch von Klaus Modick und seinen Kretischen Gast. Fódele wird dort im Zusammenhang mit dem Maler El Greco genannt, dessen wirklicher Name Doménikos Theotokópoulos war. Er wurde 1541 auf Kreta hier in Fódele geboren und starb 1614 in Toledo in Spanien.

Mir fällt der Zahlendreh auf. 41 geboren, 14 gestorben. Vier und Eins ergeben Fünf, genau wie Eins und Vier Fünf ergeben, die Hauptzahl aus meinem „Warrum nicht!" Ich kann daraus die Fünfundfünfzig erdenken oder sie weiter zusammenzählen, dass aus den beiden Fünfen eine Zehn wird und daraus addiert wieder eine Eins. El Greco wurde 73. Sieben und Drei ergeben wiederum Zehn. Eins und Null addiert eine neue Eins, und schon ist sie wieder da, die so genannte göttliche Zahl. Das ist jetzt überhaupt nicht wichtig. Aber so geht es mir mit der

Kombination von Zahlenzusammenhängen, ganz automatisch, einfach so. Mystik oder erdachte Zufälle - einerlei, sie wirken oder eben auch nicht. El Greco, der Grieche, malte übrigens hauptsächlich Porträts und Bilder zu religiösen Themen.

Zur Rechten das Meer, zur Linken immer wieder Berge mit mehr oder weniger tiefen Einschnitten. Ich sah Hunderte von weißen Vögeln zwischen zwei Bergkuppen fliegen, Auswüchse von Kamillengewächsen und immer wieder Männer und Frauen, die am Straßenrand hinter ihren Ständen und Tischen saßen und im Schatten großer Bäume Obst und Gemüse feilboten. Hauptsächlich waren es Orangen.

Kreta hatte sein Frühlingskleid angezogen, die Busfahrer grüßten sich mit Handzeichen und Hupen, wir näherten uns Réthimnon, und ich bekam mit jedem gefahrenen Kilometer mehr Sehnsucht nach Chóra Sfakíon und diesem Micháli.

Während der gesamten Busfahrt begleiteten mich die schneebedeckten Hänge und Bergkuppen der Lefká Óri, der Weißen Berge. Ob der Schnee der Grund für die Namensgebung gewesen sein mochte? Bis dato dachte ich immer, dass das Gestein der Berge vielleicht hell und kalkartig wäre und dass dies der Grund für ihre weiße Bezeichnung sei.

Buchschreiben macht neugierig, und so erfuhr ich in meinen Recherchen zu den Lefká Óri, dass dort Kalkstein vorherrscht, der extrem erosionsanfällig ist, also schnell auf Sandkorngröße verwittert, und der Vegetation nur wenig Halt bietet. Den zentralen Teil der Lefká Óri bildet ein als Hochwüste bezeichneter Teil mit meist durchgängigen Höhen von über 2.000 m. Oberhalb der Baumgrenze zwischen 1.600 und 2.000 m befindet sich die Mádares mit festerem Gestein. Der sogenannte Plattenkalk verwittert weniger schnell und bietet den Pflanzen bessere Wachstumsmöglichkeiten.

Also doch der Kalkstein und nicht der Schnee!

Oh, ich lese gerade von meinem Lieblingskäse, dem Myzíthra. Fragt mich nicht, wie ich dieses Wort bisher geschrieben habe, auf jeden Fall ganz anders. Misetra oder Mesetro oder Mesitro - egal. So geschrieben bleibt mir sein Name besser haften. Der Myzíthra, der wie Mystik anfängt, ist immer wieder ein absoluter Hochgenuss und lässt mich spontan an nichts anderes denken als an die Lýkos-Bucht und das Small Paradise mit Theo und seinen Brüdern und dem besten aller griechischen Salate.

Die Käseherstellung soll früher die Hauptarbeit der Madarítes gewesen sein. Sie produzierten den würzigen, sfakiótischen Hartkäse Graviere und meinen so geliebten Myzíthra-Brösel-Weichkäse. Beide Käsesorten bekommen ihren speziellen

Geschmack durch die würzigen Kräuter, die für die Schafe in diesen Höhenlagen der Hauptbestandteil ihrer Nahrung sind. Darunter ist auch das Malotýra-Kraut, aus dem unter Aufguss kochenden Wassers der kretische Bergtee, der sogenannte Mountain-Tea wird. Immer wenn ich bei der Einkehr in eine Taverne nicht so recht wusste, nach welchem Getränk mir der Sinn stand, entschied ich mich für eine große Kanne dieses so typisch kretischen Tees.

Das war schon komisch. In den sechs Monaten zwischen meinen beiden Reisen hatte ich kaum Sehnsucht nach Micháli gehabt. Warum auch? Zum einen war unsere Liebelei am Endes des Urlaubes doch eher vorbei gewesen, ich sage nur Annemarie, und zum anderen war ich all die Zeit während meiner Schreibereien mehr oder weniger gefühlt mit ihm verbunden gewesen. Seine Anrufe vor der jetzigen Reise hatten dieses Nichts zwar irgendwie aufgebrochen, doch bis zur wirklichen Sehnsucht hatten sie nicht geführt. Nun kroch sie aber in mir hoch, und ich wusste nicht, ob ich sie wirklich wollte. Sehnsucht kann schön sein und ihre baldige Erfüllung erst recht. Nur - würde meine Sehnsucht erfüllt werden und - wie sah meine Sehnsucht überhaupt aus?

Wir würden uns wiedersehen. Die Freude und das Strahlen unserer Augen würden unübersehbar sein, und wir würden es kaum abwarten können, endlich auf meinem Zimmer alleine und miteinander sein zu können.

Elisabeth, Schluss jetzt mit diesen Träumereien und weiter Gegend bestaunen und genießen und dem Ziele näherkommen.

Das Zusammenspiel zwischen dem in voller Blüte stehenden Frühling mit dem andauernden, gleichzeitigen Blick auf die vom Schnee bedeckten Hänge und Bergkuppen der Weißen Berge kann uns nur staunen lassen. Vor lauter Begeisterung vergaß ich oft den Blick aufs rechtsseitig liegende Meer, das durch meine Gleitsicht-Sonnenbrille dunkelpetrol zu sein schien. Tatsächlich war es eine ständige Mischung aus allen Blautönen, von hellblauem Türkis bis hinein ins tiefste Tintenblau. Kurz vor Réthimnon erhoben sich hohe Schilfgewächse am Straßenrand. Fährt man so von Heráklion kommend in Réthimnon ein, hat die Stadt eigentlich nichts Schönes. Die Häuser sind bunt und geschmacklos durcheinander gewürfelt. Wer ein zweites Mal so in Réthimnon einfährt, weiß, dass das nicht so bleibt. Nach kurzer Zeit passiert der Bus den Stadtpark, und plötzlich ist es schön.

Als Katharina und ich das erste Mal in diese Stadt kamen, stiegen wir genau hier am Stadtpark aus. Vom Busbahnhof, zu dem wir hätten fahren müssen, hatten wir noch keine Ahnung. Nun standen wir da, viel zu warm gekleidet, aber glücklich über die Schatten spendenden hohen Bäume des Parks. Die nächste grüne Bank war unsere. Am gegenüberliegenden Kiósko holten wir uns etwas zu trinken. Eine kleine Pause, etwas luftiger gekleidet, ein bisschen denken und Stadtplan gucken - ja, wir wollten dieses Réthimnon erkunden. Wir mochten diesen Park. Uns gefielen die schmalen, mit groben Steinen gepflasterten Straßen und die Häuser drum herum. Gleich um die Ecke fanden wir ein Zimmer. Wir lustwandelten durch die schmalen Gassen der Altstadt, bewunderten die Gebäude mit den vergitterten Holz-Erkern, den vornehmen Türbögen und Portalen und standen am Ende am kreisrunden, venezianischen Hafen von Réthimnon. In allem waren die venezianischen und türkischen Einflüsse gut zu erkennen. Wüssten wir es nicht besser, hätten wir denken können, wir seien in Italien. Hohe Fensterläden, schmiedeeiserne Balkone und pastellfarbene, verblasste, teils abgeblätterte Anstriche. Ich erinnere mich an unser Lieblingsspeiselokal für die frühen

Abende. An der rückwärtigen Seite des Stadtparks, an der grob gepflasterten schmalen Straße mit direktem Blick auf die geöffnete Rückseite der Parkbühne. Hier saßen wir in der ersten Etage auf einem hölzernen Balkon mit vier kleinen Tischen und genossen verschiedene kleine Speisen in der Abendsonne.

Heute kam ich nur an, um wieder abzufahren. Vor mir sah ich das blaue Meer, rechtsseitig die mächtige Fortezza mit ihren dicken Sandsteinmauern. Die Festungsanlage der Stadt, die höher als alle umliegenden Dächer auf einem Hügel an der Spitze dieser Halbinsel thront, bildet den Abschluss des historischen Zentrums von Réthimnon.

10.

Das Herausfahren aus Réthimnon war schöner. Der Busfahrer hielt an einem Kiósko, einem Períptero, und einem kleinen Laden, einem Pantopoleío. Er übergab den Besitzern einige Pakete, fuhr noch ein wenig durch die Stadt und dann zurück auf die New Road weiter Richtung Chaniá. Die schneebedeckten Berge kamen näher, wurden mächtiger und größer und beeindruckten mich immer mehr. Bald würde der Wegweiser nach Vríses kommen, dann die Brückenunterführung mit den unordentlich beklebten Brückenpfeilern, dem immer überfüllten Papierkorb, den Hunderten von Zigarettenstummeln und dem Gedenkhäuschen für einen hier verunglückten Menschen. Der Busfahrer stoppte den Bus, sah mich an und sagte: „Vríses!" Ich bedankte mich mit einem Lächeln, dem üblichen „Efcharistó polý!" und nahm meinen Reiserucksack aus dem schon geöffneten Kofferraum.

Ich stand genau an der Stelle, an der ich im Oktober letzten Jahres nach dem Irrlauf und der wirren Führung des Busvorstehers von Vríses in den Bus nach Heráklion gestiegen war. Rucksack auf den Rücken und durch die schmale Öffnung zwischen Brückenpfeiler und dichtem Heckengrün auf den großen Parkplatz mit Basketballkorb getreten. Nun war ich in Vríses, ca. zehn Minuten vom Bus-Café, dem Dreh- und Angelpunkt der ankommenden und abfahrenden Busse hier im Ort, entfernt. Ich erkannte alles wieder, die hohen Platanen mit ihren grau-weißen Stämmen, das Stoppschild an der Querstraße, die lange Straße, an der ich von einem erhofften Bushaltepunkt zum nächsten gehetzt worden war, und die Kirche von Vríses mit ihrem gelb-beigen Anstrich, ihrem mittigen, kupferfarbenen Kuppeldach und ihren beiden Kirchtürmen. Die Kirchturmuhr zeigte halb drei. Ich wusste nicht genau, wann der Bus aus Chaniá am Bushalte-Cafeneíon ankommen würde, und so ging ich zügig.

Angekommen. Der Bus nach Chóra Sfakíon fuhr um Viertel vor drei. Die nächste Fahrkarte gekauft und auf der gegenüberliegenden Straßenseite in der Sonne sitzend auf den Bus gewartet. Vríses war mein letzter Halt vor Micháli. Nein, mein letzter Haltepunkt vor Chóra Sfakíon. Meine Sehnsuchtskurve stieg an.

Ich fahre gerne mit dem Bus durch die Berge. Die Sicht auf alles ist höher und weiter. Ich bemerkte das erste Mal die weite Hochebene von Askífou mit ihren Feldern und Wegen und spürte den spontanen Wunsch, sie eines Tages durchwandern zu wollen.

Gegen 16 Uhr hielt der Bus direkt am kleinen Wartehäuschen auf dem großen Busplatz oberhalb Chóra Sfakíons. Ich stieg aus. Langsam. Nahm als letzte meinen Rucksack aus dem großen Bus-Stauraum und wartete, bis sich alle Mitreisenden auf den Weg hinunter zur Uferpromenade gemacht hatten. Ich wollte hier einen Moment alleine sein, wollte mein Ankommen genießen, fühlen und spüren, was dieser Ort mit mir machen würde. Ich setzte mich oben auf den rechten Sockel der Steintreppe, schaute auf meine kleine „Stadt", den alten Hafen mit der Uferpromenade, an deren Ende das Hotel Xenia steht. Tränen liefen mir über die Wangen, mein Herz füllte sich mit Freude bis über den Rand und konnte nichts anderes mehr tun, als vor lauter Glück überzulaufen.

Nein, mit Micháli hatte das in diesem Moment nichts zu tun. Es war wirklich dieser Ort, der das in mir auslöste. Das Schlimmste, was ich mir hier vorstellen konnte, war, mit irgendeinem Menschen vor Ort im Unfrieden zu sein. Ich möchte es mit niemandem hier und schon gar nicht mit Micháli, dem vermeintlichen Schürzenjäger von Chóra Sfakíon, dem ich im letzten Herbst so nahe gewesen war.

Der erste Mann in meinem neuen befreiten Leben konnte nicht ohne Bedeutung bleiben. Welche Bedeutung ich ihm allerdings zuschreiben wollte, war mir noch nicht klar, zumindest nicht zu diesem Zeitpunkt. Inzwischen weiß ich seine Rolle in meinem Leben gut einzuschätzen und zu benennen. Er ist mein Freund. Mein kindlicher Freund, der nach seinem siebten Lebensjahr zu meinem großen Gefallen noch enorm in die Höhe geschossen ist. Männer werden sieben, und danach wachsen sie nur noch, las ich kürzlich auf einer Postkarte und musste dabei sehr an Micháli denken. Äußerlich ist er eine wahre Erscheinung. Aufrecht und stolz, mit geradem Gang, einem guten griechischen Gesicht, das Götterreife besitzt, einem Herzen, groß und warm, für alle Kinder und viele weibliche Wesen. Er liebt sie, die Kinder. Und er liebt es, Frauen zu erobern, sie zu begeistern und sie rumzukriegen für ein Schäferstündchen oder auch zwei oder drei. Ob das nun wirklich so ist? Ich weiß es nicht, doch ich hörte davon, am zweiten Abend unserer ersten gemeinsamen Zeit, und bin nach wie vor froh über diesen damals gut gemeinten Hinweis. So konnte ich Micháli und alles, was mit ihm zusammenhängt, gleich in den richtigen Fächern meiner Gehirn- und Gefühlswindungen unterbringen.

Stellen wir uns nur mal vor, ich hätte alles in die falschen Fächer bugsiert, in den Zuständigkeitsbereich von Liebe, Sehnsucht, Mein und Schmerz. Er und ich für immer und ewig. Das wäre ein Hallo geworden - vielleicht? Möcht nicht wissen, wie viel Zeit und Mühe es mich gekostet hätte, all das dort Eingelagerte zu entsorgen und wieder von den Wänden zu kratzen.

Der Himmel meinte es gut mit mir, damals wie heute. Er schickte mir mein Gleichgewicht zurück, meine innere Mitte, entsorgte all meine Lebenslasten, ließ mich gesund, entspannt, fröhlich, frei und munter sein und schickte mir für meine neue

Leidenschaft gleich die passende Muse mit dazu. Ja, das ist das richtige Wort. Micháli ist meine Muse.

Hatte man je von männlichen Musen für weibliche Schreiberlinge gehört oder von männlichen Musen für weibliche Malerinnen? Geschlechtlich andersherum hatte es sie immer gegeben - na, da will ich jetzt doch mal wieder ein wenig googeln!

Also: Ursprünglich waren neun Schwestern, allesamt Töchter des Vatergottes Zeus und der Quellengöttin Mnemosyne, die Göttin der Erinnerung, die Musen von Apoll, dem griechischen Gott der Künste. Die Metapher „Von der Muse geküsst" wird hinreichend bekannt sein. Durch den Kuss einer Muse, durch deren besonderen Charakter oder Ausstrahlung, ihre menschliche und auch oft erotische Zuwendung fühlen sich kreative Köpfe beschwingt, animiert und inspiriert. Doch so lange es den Begriff der Muse in der Geschichte auch schon gibt, so kurz kann auch die Haltbarkeit ihrer Wirkung sein. Einige Musen begleiten ihren Künstler ein halbes Leben, manchmal reicht ihre Wirkung aber auch nur zur Inspiration eines Bildes, eines Musikstückes oder auch nur für einen einzigen Satz. Die Urmuse ist weiblich, doch das Bild scheint überholt. Eine bekannte Designerin, Ikone des britischen Punk, verliebte sich in ihren fünfundzwanzig Jahre jüngeren Schüler. Ungewöhnlich wie ihre Mode war auch die Wahl ihrer Muse. Männlich, mit breiten Schultern und Vollbart, entsprach er nicht dem ursprünglichen Bild. Doch warum sollte uns auch nur ein weiblich angehauchter Mensch Muse sein können? Auch Micháli ist Mann, hat breite Schultern, einen Vollbart, dazu ein markantes Gesicht, lange Beine und diesen unverschämt aufrechten Gang. Musen gibt es also solche und solche. Männliche, weibliche, zarte, herbe, kleine, große, junge und sicher auch alte. Wichtig ist doch nur, dass sie etwas in uns auslösen, etwas, das uns beflügelt und uns kreativ sein lässt oder uns einfach nur glücklich macht.

Micháli ist meine Muse für meine Schreibereien, mein Gspusi für meine Zeiten in Chóra Sfakíon, meine kleine Ablenkung für zwischendurch und der Stern meiner Augen. Astéri tis ta mátia mou. Ja, ich schaue ihn einfach zu und zu gerne an, besonders am Morgen und am Mittag und am Abend und zwischendurch. Also, ich wollte hier in Chóra Sfakíon keine negativen Schwingungen, mit niemandem, und mit Micháli wollte ich sie schon gar nicht. Mit ihm wollte ich das, was uns miteinander möglich sein würde, und was das sein sollte, würden wir ja gleich sehen. Ich war doch nicht hierher zurückgekommen, um des Schürzenjägers einzige oder liebste Liebste zu sein. Ich war hier, weil es sich in dieser Region von Kreta für mich immer wieder so gut und stimmig anfühlte und weil ich mich selbst hier als meine liebste Liebste wiedergefunden hatte.

Lisbeth is the star of her heart,
not the only, but the brightest,
und so soll das auch bitte bleiben!

11.

Nun stand ich hier oben, sah auf meinen kleinen Ort, der sauber und herausgeputzt auf seine Gäste zu warten schien. Die Uferpromenade wirkte leer, und irgendwie hatte ich das Gefühl, zu früh angekommen zu sein, quasi vor der Saison. Mehr als sechs Monate hatte mich mein Chóra Sfakíon fast täglich auf dem Bildschirm meines Laptops begleitet. Seine Live-Webcam wurde am Morgen bei Arbeitsbeginn mit geöffnet und am Abend nach Sonnenuntergang wieder mit geschlossen. Ludwig hatte mir davon erzählt, und ich kann seine Sucht danach inzwischen gut nachvollziehen. Könnt ihr euch das vorstellen? Ich stehe da, schaue quasi auf das vertraute Dauer-Foto meines Laptops und weiß, dass ich gleich selbst ins Bild treten werde. Das ist wie die Verknüpfung aller Zeiten - Gegenwart, Vergangenheit und Zukunft - alles zusammen, óloi mazí.

Ich wagte es kaum, die Steintreppe hinunterzugehen.
Ein paar Schritte nur, und schon würde ich mittendrin sein.

Langsam ging ich die 49 Stufen der Steintreppe zur Uferpromenade hinunter, kehrte für meinen ersten Yaurti me Meli in die Taverna-Obrosgialos ein und begrüßte Claudiu und Manoúsos. Für mich ist dies der richtige Platz zum Ankommen. Hier kann ich für mich sein, kann aufs Meer schauen, kann die ein- und ausfahrenden Boote sehen, das Xenia und das kleine Taxiboot von Micháli. Es war nicht da, und er war auch nirgends zu sehen. Kein Boot - kein Micháli. Das gleiche galt für ihn und sein rosa Moped, seiner kleinen Porsche. Porsche da, Micháli da oder eben auch nicht. Waren beide Fahrzeuge in der Nähe des Xenia zu sehen, konnte auch Micháli nicht weit sein. Ich wusste jetzt gar nicht, ob mich das mit dem abwesenden Boot nun eher beunruhigte oder nicht. Wenn ich's recht überlege, fand ich es gut. So hatte ich mehr Zeit zum Mich-Gewöhnen und Ankommen. Ich ging die Uferpromenade hoch, grüßte alle, die ich kannte und mir zulächelten, bemerkte, dass kaum Touristen in den Tavernen saßen, und bog am Ende der Promenade nach links zum Xenia.

Aus dem Schankraum kam: „Elisabeth, you're back. Micháli told us that you come today. Welcome - kalosórisma. Nice to see you again - chaíromai pou sas vlépo kai páli." Georgos hatte sich von seinem Schreibtischstuhl erhoben und kam mir mit ausgebreiteten Armen entgegen - schön, wirklich schön! Nein, ich werde nicht wieder jede gerauchte Zigarette aufzählen und benennen, doch für unsere gemeinsame Willkommens-Zigarette will ich mal eine Ausnahme machen.

Als Georgos und ich gerade dabei waren, das richtige Zimmer für mich auszuwählen, hörte ich Michális Porsche. So ein Geräusch vergisst man nicht. Er kam auf die Terrasse, stellte sich hinter meinen Stuhl, legte seine rechte Hand auf meine rechte Schulter, bückte sich zu mir hinunter, gab mir einen Kuss auf die Wange und flüsterte: „Nice to see you again, my Lady." Als er sich wieder aufrichtete, ließ er seine Hand auf meiner Schulter. Ich berührte sie kurz mit meiner linken und ergänzte, leicht zu ihm über die Schulter hinaufschauend: „Nice to see you again too, Micháli."

„Keine Gefühle fühlen sich anders an", dachte ich,
und es machte den Eindruck, als ob unsere Anziehung
füreinander nicht nachgelassen hatte.

„Which room do you want?", fragte Georgos.
„Number 103, 105 or 204 on the second floor?"
„Let me try number two hunderd and four.
I never slept on the second floor before."

Micháli blieb wohl eine halbe Stunde, flutterte wie immer etwas aufgeregt über die Terrasse und durch den Schankraum, kam mit einem Bier zurück, setzte sich zu mir, rauchte ein, zwei oder auch drei Zigaretten und sagte mir, dass er gegen 19 Uhr zurück sein würde. Ein Streichen übers Haar, ein weiterer Kuss auf die Wange, und weg war er. Ich nahm meinen Zimmerschlüssel und mein kleines Gepäck und schritt Stufe für Stufe hinauf in die zweite Etage.

Das Zimmer war genauso geschnitten wie das in der ersten. Gut, dass es hier oben zwei Betten gab. Ein doppeltes und ein einzelnes. Es ist immer schön, ein Zweitbett zum Ablegen der Kleidung zu haben oder zum Ablegen eines Liebsten bei Nacht, damit es sich für beide besser schlafen lässt. Ich tat, als ob ich für länger einzöge, dabei hatte ich weder den einen noch den anderen Plan. Ich wusste nur, dass ich erst einmal ankommen und bleiben wollte, um zu schauen, wie es sich zwischen Micháli und mir anfühlen würde. Ich wusste, dass ich nicht die ganze Zeit bleiben würde. Ein Teil meiner Kreta-Liebe bestand schon immer im Ankommen und Gehen, im Weiterziehen und Wiederkommen. Ohne sich fortbewegt zu haben, hatte noch nie jemand an einen Ort zurückkehren können.

Ich packte meine Sachen aus dem Rucksack aufs Bett, bestückte die Kleiderbügel mit allem, was sich zum Aufhängen eignete und ordnete den Rest auf die beiden langen Regale gegenüber der Badezimmerwand, bis alles meinem Auge Genüge tat. Die Dusche war herrlich erfrischend. Die Zähne freuten sich über mein Putzwerk, mein Gesicht sich über eine Fingerspitze Nivea-Soft und Augen, Mund und Nase über verschiedene kleine neue Farbgebungen.

Ich warf mir eins meiner schwarzen Kleider über, schnappte mir meine Bauchtasche und ging barfuß durch den rückwärtigen Eingang vom Hotel über den großen Parkplatz hinunter zu den Terrassen am Meer. Im letzten Herbst nahm ich hier die letzten Sonnenstrahlen auf und jetzt im April sollten es die ersten sein. „Irgendwas ist immer", heißt es doch gerne mal, wenn wieder etwas falsch ist. Heute waren es meine fehlenden Sandalen. Ich hatte sie aus Platzgründen zu Hause gelassen. Zum einen trug ich noch nie wirklich gerne solches Schuhwerk, und zum anderen hatte ich sie im letzten Herbst kaum genutzt.

„Sandalen sind blöd!",

war von Kindheitstagen an tief in meinem Kopf eingemeißelt. Lisbeth trug von jeher richtige Schuhe oder keine, und barfuß war eins ihrer Lieblingsworte. Hier, im Zusammenwirken mit der von Kieselsteinen bedeckten Parkfläche, stellte sich meine Barfußliebe jedoch etwas anders da. Hier hätte ich jetzt doch gerne ein paar Sandalen dabei gehabt. Ich trocknete meine Haare in der Sonne, steckte sie zu einem Knoten zusammen und ging direkt von hier aus ums Xenia herum zum Minimarket an der Uferpromenade. Hier gab es Flip-Flops und Flip-Flops und Flip-Flops und etliche Badeschuhe noch dazu. Flip-Flops sind für mich noch einen Tick schlimmer als Sandalen. Ich mag dieses Gedüdel zwischen den Zehen nicht, und ich mag es noch weniger, wenn die Hacken beim Laufen immer wieder vom Schuh rutschen. Ich ging zu Georgos und fragte ihn, wie lange wohl ein Paket von Deutschland nach Kreta bräuchte.

„Three or seven days, then it would be here.
 Whats your problem?"
„Nothing real, I just forgot my summer-shoes."
„How long will you stay? - Póso kairó tha meínete?"
„For weeks - tésseris evdomádes."
„Then let them come! Here is my address."
„I will do it. Efcharistó polý, Georgos."

Ich ging zurück auf mein Zimmer. Zog mich wärmer an und sandte meiner Wilma eine SMS mit meinen Wünschen.

Danach ging ich mit meinen halbhohen Wildlederstiefeln, dem halblangen Kleid und meiner fast zu Hause gelassenen Reisejacke um eine halbe Stunde verspätet auf die Terrasse des Xenia hinunter. Heute, Ende April war es nach Sonnenuntergang um einiges kühler als im September letzten Jahres. Micháli wartete schon auf mich, nahm ohne viel Aufhebens und mit größter Selbstverständlichkeit meinen Zimmerschlüssel und verließ die Terrasse mit den Worten:

„I take a shower!"
„Do it, Micháli, do it!"

Kurze Zeit später ereilte mich der Ruf des Frischgeduschten auf mein Zimmer. Mit tropfnassen Haaren und einem Handtuch um die Hüften saß er dort vor meinem Spiegel und bat mich, ihm die Haare zu scheiden:

„Not much, only a little. Till they are back on a level."

Wie gut, dass er keine richtige Frisur gewollt hatte.

Durchbürsten, geradeschneiden und trockenfrottieren, das sollte ich doch wohl hinbekommen. Er hatte sich seine langen Locken selbst gekürzt, irgendwie. Zopf zur Seite genommen, schnipp, schnapp und ab. Zehn Zentimeter durften nun dran glauben, damit das Level, die Länge, wieder auf einer Höhe war.

Natürlich konnte diese Begegnung nicht einfach so vorbeigehen. Da waren ein Mann und eine Frau nach langem Getrenntsein wieder alleine zusammen. Da wehte ein Hauch warmen Frühlings durch die offene Balkontür ins Zimmer, zog beide sanft mit hinaus und ließ das Meer und den Sternenhimmel an ihrem Glück teilhaben. Wer sollte sich dagegen bitte wehren wollen.

Micháli ging vor mir zurück auf die Terrasse. Mit Sicherheit nahm er wieder den Weg über die hintere Treppe, genau wie ich im letzten Herbst immer schon die vordere Treppe, den direkten Weg von den Zimmern hinunter zur Terrasse gegangen war. Im Nachhinein wäre das an diesem Abend nicht erforderlich gewesen. Georgos und Vanna waren die einzigen Anwesenden und hatten eigentlich nur noch auf unser Kommen gewartet. Das Essen war bereitet. Michális Spaghetti mit Tomaten, Schinken und Zwiebeln mussten nur noch einmal durch die Pfanne gezogen werden und meine Fleischspieße an grünen Bohnen nur noch einmal unter den Grill. Vanna brachte uns den Wein und ein paar Teelichte. Sie setzte sich zu uns, hieß mich mit einem Raki willkommen und erzählte ein wenig von der Winterzeit, bis Georgos Stimme sie in die Küche rief, um uns das Essen zu servieren. Die Süßspeise und die kleine Flasche Raki aufs Haus brachte sie gleich mit dazu. Georgos löschte die Lampen, schloss die Türen zum Schankraum und wünschte uns mit Vanna zusammen eine gute Nacht. „Kaliníchta and good sex!", kam dazu noch lachend aus dem kleinen Weibermund. Ich lachte zurück mit: „Thank you Vanna, and I wish you the same!"

So hatte ich noch nie mit Micháli zusammengesessen. Beim Essen, nur wir zwei, ohne fremde Augen, bei Kerzenschein. Candle-Light-Dinner will ich das nun nicht gerade nennen, auch wenn einzig die Teelichte unseres Tisches den Terrassenraum erhellten. Ich fand es sehr angenehm, meinen Micháli einmal nicht mit anderen Menschen hier in Chóra Sfakíon teilen zu müssen. Nicht, dass alle Welt verrückt nach ihm war oder etwas von ihm wollte, doch meist war irgendjemand anwesend, mit dem es etwas zu teilen gab, auch wenn es nur ein wiedererkennender Blick war. Ich genoss sein entspanntes Bei-mir-Sein, seine ungeteilte Aufmerksamkeit und seine Weichheit. Der Kasper schien am heutigen Abend frei zu haben.

Nachdem ich das Geschirr auf den nächsten Tisch am Eingang geordnet hatte, setzten wir uns für eine letzte Zigarette unten an einen seiner Taxiboottische.

Ich fühlte mich sehr an meine Stimmung nach der ersten gemeinsamen Nacht mit Micháli hier im September 2011 erinnert, und darum stibitze ich sie jetzt, schwubb di wubb, aus meinem ersten Buch und füge sie hier ein:

Auf der Terrasse des Xenia war kein Mensch. In ganz Chóra Sfakíon war kein Mensch wach. Zumindest war niemand zu sehen. Die Wellen plätscherten leise an den kleinen Kieselstrand, das Meer klatschte leicht an die Wände des Bootsanlegers. Die Straßenlaternen leuchteten in gelblichem Licht. Das Leuchtfeuer blinkte in seinem Rhythmus. Auf der anderen Seite der Bucht war die Spitze des hohen Felsens angestrahlt. Die Hafenstraße war bis zum Fähranleger von grellen Laternen beleuchtet. Ein tiefes Gefühl großer Weite durchströmte meinen Körper. Alles war gut, alles war richtig. Ich war völlig im Reinen mit mir und ganz in meiner Mitte.

Heute gingen wir gemeinsam die Treppe zu meinem Zimmer hinauf. Wir liebten uns erneut und schliefen danach, jeder in seinem eigenen Bett, ohne große Schlafgeräusche ein. Schläft Micháli auf dem Bauch, lässt es sich wunderbar mit ihm in einem Zimmer übernachten.

12.

Gegen acht verließ Micháli das Zimmer, das erste Mal durch die Tür, wie es sich gehört. Über den Balkon wäre es in diesem Fall auch kaum möglich gewesen. So lang seine Beine auch sein mochten, zur Überwindung eines ganzes Stockwerkes hätten selbst sie nicht ausgereicht. Ich schlief lange. Mindestens bis elf. Ich machte mich fertig und war froh, einen Teil meines ausgefallenen Nachtschlafes nachgeholt zu haben. Dennoch, und obwohl hier alles so angenehm begonnen hatte, war ich quer im Kopf. Das ist typisch für mich. Ich mag keine Umstellungen. Immer und überall habe ich Anlaufschwierigkeiten. Ob das vielleicht auf einen unbeweglichen Charakter schließen lässt?

Wie oft habe ich schon gedacht, dass ich besser mit dem zweiten Tag beginnen sollte oder mit der zweiten Stunde, mit der zweiten Woche oder auch mit dem zweiten Jahr. Das bezieht sich bei mir auf fast alles. Am Morgen ist mir das Aufstehen eine Last, die erste Stunde, im Urlaub der erste Urlaubstag und wenn ich zurück nach Hause komme, die erste Arbeitswoche. Hatte mich irgendjemand verlassen, war es der erste Monat, bei längeren Geschichten auch gerne mal ein Jahr und nachdem es sogar mein Familienmann getan hatte, legte ich zu den zehn Jahren, die diesem Zyklus hätten folgen müssen, gleich noch zehn Prozent oben drauf und erhöhte auf elf.

Seitdem ich um meine Anfangsschwierigkeiten weiß, ist meine Panik bei allem fast auf Null. Der ersten Stunde eines Tages schenke ich keine große Beachtung mehr. Ich folge meinem Bio-Rhythmus, meinen Ritualen, den notwendigen Handlungen und weiß, dass nach der ersten Stunde alles gut sein wird. Bei anderen gewöhnungsbedürftigen Umstellungen mache ich das ebenso. Ich übe mich in Geduld, mit mir und der Zeit, und verändere, was mich stört, so lange, bis mein gutes Lebensgefühl wieder ungehindert fließen kann. Meistens muss ich ein wenig räumen und ordnen, mir etwas anderes anziehen, die Haare wieder öffnen oder doch wieder zusammenstecken, etwas essen oder mir einfach nur die Lippen erneut dunkel malen. Manchmal muss ich aber auch Vorgehabtes absagen oder verändern. Es gibt für mich genügend Mittel und Wege, etwas von schlecht in gut umzuwandeln. Ist es nicht gut, mag ich damit nicht sein.

Nehmen wir doch einfach mal diesen ersten Morgen, diesen ersten Tag hier auf Kreta, in meinem so geliebten Chóra Sfakíon, am 25. April 2012. Es gab für mich überhaupt keinen Grund, mich auch nur ansatzweise schlecht oder daneben fühlen zu müssen. Alles war optimal gelaufen. Ich hatte eine gute Anreise. Alle, die mich kannten, waren mir am ersten Tag freundlich begegnet. Mit Micháli war alles gut, und ich war ausgeschlafen. Die Sonne schien im rechten Maß, der Himmel war blau, und ein leichter Wind zog über das Meer. Trotzdem war ich immer noch auf Anfang - erste Stunde, erster Tag, erste Woche. Da fraß etwas an meiner Seele, was ich nicht bestellt hatte. Ich war unsicher, planlos und unorganisiert. Ich hatte es nicht angefordert, dieses blöde Gefühl der Unsicherheit, und ich wusste auch nicht, wieso es jetzt bei mir sein wollte. Es hatte wirklich keinen Anlass gegeben, und so konnte es sich nur um eine alte Fehlformatierung auf meiner Festplatte handeln, die es jetzt taktisch klug auszutricksen galt.

Ich weiß, dass ich mit mir einverstanden sein muss, dass ich Kleidung brauche, in der ich mich absolut wohlfühle und die mir gefällt. Das hat nichts mit Chic zu tun, und ich weiß, dass ich meinen Geschmack dahingehend hauptsächlich mit mir teile. Das Gleiche gilt für mein Gesicht, meine Haare, meinen Gang und meine Haltung. Es gilt sicher auch für mein Benehmen und für alles, was sonst noch mit mir zusammenhängt. Natürlich möchte ich gefallen, nicht jedem und nicht um jeden Preis. Wenn ich's recht bedenke, möcht ich mir gefallen und sein können, wie ich bin. Wie so oft kam - an diesem Tag wie an fast all meinen Tagen - das Gleiche dabei heraus. Jeder kann nur mit seinen Augen sehen, mit seinem Denken denken und nach seinem Urteil urteilen. Wir alleine sind das Maß unserer Dinge, da kann um uns herum gedacht und geurteilt werden, was will. Und würden wir unser Denken verlassen und dem eines anderen folgen, gingen wir uns wahrscheinlich sehr bald selbst verloren.

Zu meinem inneren und äußeren Gefallen und Gleichgewicht brauche ich auch noch den rechten Ort, die rechten Schwingungen und die rechten Menschen. Auf einer mit Horoskopen bedruckten Würfelzuckerverpackung las ich vor vielen Jahren zum Sternzeichen Waage auf der positiven Seite unter anderem: schönheits- und ordnungsliebend mit großer Sehnsucht nach Harmonie. Für mich passt das absolut, und weil eine anwesende Freundin das für mich ebenso sah, veränderte sie die Worte damals in: schönheitswahnsinnig, harmoniesüchtig und ordnungsfanatisch.

Um mich an diesem Tag aus meiner Schieflage zu befreien, zog ich alle Register. Ich verbesserte die kleine Ordnung in meinem Zimmer, wählte die richtigen Kleidungsstücke aus meinem Fundus und gestaltete meine gesamte Optik so, dass ich damit gut klarkam. Eigentlich war es wie immer nichts und schwarz und schlicht mit kleinem Beiwerk. In meiner Bauchtasche war alles am rechten Platz und in meiner Umhängetasche ebenso. Reisetagebuch, Stifte, Kaugummi, Fotoapparat, Sonnencreme und so weiter. Bei solchen Gefühlsverwirrungen muss ich für alle Eventualitäten gerüstet sein. Ich brauche es schön, zurückhaltend und schlicht. Ich möchte nicht auffallen. Am besten werde ich gar nicht bemerkt und wenn doch, dann bitte positiv.

Heute durfte mich mein blaues Rosentuch begleiten. Die kleinen pinkfarbenen und weißen Rosen mit ihren braun gefärbten Ästen und Blättern lassen mich lieb aussehen. Noch hing es etwas unauffällig am Gurt meiner Bauchtasche. Meine dicken, braunen Wanderschuhe gaben mir den rechten Halt und mein kurzes, schwarzes, schwingendes Kleid mit den darunter hervorblitzenden schwarzen Stoffbeinen meines Unterzeugs den richtigen Schutz, verbunden mit angenehmer Leichtigkeit. So fühlte ich mich wohl, so konnte ich meine kleine Kammer verlassen und in den öffentlichen Raum treten.

Um diese Uhrzeit war die Terrasse des Xenia leer. Es war weder Frühstücks- noch Mittagszeit. Von Micháli, seinem Taxiboot und seinem kleinen Moped war nichts zu sehen, und selbst das Taxibootwerbeschild, das im Herbst letzten Jahres an einer der Säulen vorm Xenia gestanden hatte, war noch nicht an seinem angestammten Platz. Am Wasser fehlten noch die Strohmatten für den Sonnenschutz und die dekorativen, mächtigen Topfpflanzen. Es ging langsam an, hier am äußeren Zipfel von Chóra Sfakíon. Vorsaison.

Mir war's recht - síga, síga, ochí stress.

Vanna brachte mir mein Joghurt-Schiffchen mit Erdbeeren, Kiwi und Birne und einen Kaffee. Ich hatte keinen Plan. Ich wusste nur, dass ich dringend noch etwas mit mir alleine sein musste. Ich wollte in Ruhe irgendwo sitzen, meine Gedanken sammeln und ordnen und zu Papier bringen. Vanna erzählte mir, dass um Ostern herum viele Gäste dagewesen seien und dass sie mit dem nächsten Ansturm erst in frühestens einer Woche rechne. Bis dahin wären sie und Georgos an den Abenden nur so lange hier, bis alle Hausgäste gegessen hätten. Gut zu wissen. So konnte ich mich darauf einstellen.

Am frühen Nachmittag schlenderte ich über die Uferpromenade Richtung Hafen. Ich kaufte bei der Zigarettenfrau eine Packung Karelia blue, die für mich typischste griechische Zigarettenmarke, wechselte ein paar Worte mit Claudiu, grüßte Manoúsos, bog an der Ecke beim großen Kiósko Richtung Hafen ab und fotografierte alles, was mir wieder gefallend ins Auge sprang. Mit Sicherheit hatte ich das meiste im letzten Jahr schon einmal aufgenommen. Fotografieren ist neben dem Kommen und Gehen meine zweite große Reiseleidenschaft. Kurz nach dem 350-Meter-Hinweisschild zum Diving-Center kam Micháli mir mit seiner kleinen Porsche entgegen. Er verlangsamte das Tempo, ohne anzuhalten, lächelte mich an und berührte mich sanft streichend an Hand, Arm und Schulter. Dann folgten wir weiter unseren jeweiligen Wegen.

Ich liebe alles hier, die aufstrebenden, hohen Bäume am Ortseingang, die gelben Mittagsblumen, die den ganzen Hang bedecken, und den Blick zurück auf die weiße Häuserfront der Uferpromenade. Ich liebe das türkisblaue Meer, den alten, schräg abfallenden Fähranleger mit seinen großen Felsbrocken zur Linken und die schmale, bergab führende Straße hinunter zum neuen Hafenbecken. Hier oben muss ich immer ein wenig verweilen, um auf all die kleinen Boote zu schauen, die vor Anker liegen. Natürlich habe ich einen besonderen Blick auf Michális Schlafboot, wenngleich dies auch nicht der alleinige Auslöser für mein Entzücken ist. Am heutigen Tag lagen hier gezählte siebenundzwanzig Boote vor Anker.

An Land steht ein alter aufgebockter Fischkutter, komplett aus Holz. Sein Unterleib ist leuchtend orange. Der obere weiße Rand ist von zwei blauen Linien eingefasst, und der kleine Aufbau, das Führerhaus oder die Kajüte, ist ebenfalls weiß gestrichen. In der Nacht steht Michális Moped häufig unter dem ausladenden Schiffskörper. Stelle ich mir jetzt ein ausgebautes und eingerichtetes Innenleben vor, möchte es sofort meins sein. Den Eingang würde ich Richtung Hafen an der Breitseite wählen, mit einer doppelflügeligen Tür, die auf eine kleine Veranda führt. Dass „mein Schiff" danach für immer völlig fahruntüchtig sein würde, wäre mir egal. Ich eigne mich eh nicht fürs Meer, ich eigne mich für seine Nähe. Für den Lichteinfall bräuchte es dazu zwei Fenster, ebenfalls Richtung Wasser, und ein paar Sonnenschlitze in der Rückwand, Richtung Berg. Das Deck wäre unsere Sommerstube zum Verweilen und die Kajüte unser Ausguck oder unsere Küche. Wie schnell aus meins doch unser werden kann, binnen zweier Sätze hatte ich Micháli schnell mal mit in mein neues Zuhause einziehen lassen. Wir passten gut zu diesem alten Kahn, beide, er das ganze Jahr und ich zu meinen Kreta-Zeiten.

Wer Neues erdenken will, muss von Zeit zu Zeit etwas spinnen, sonst kommt da nichts. Oder, jede Tat beginnt mit dem ersten Gedanken. Lassen wir uns also überraschen, ob aus diesem kleinen Spleen etwas Wirkliches erwachsen kann.

Der Hafenbereich steht im krassen Gegensatz zur Uferpromenade. Die Uferpromenade wird bestimmt durch ihre vielen überdachten Sitzplätze am Wasser und die mehrstöckigen weißen Häuser im kretischen Stil. Im Hafenbereich ist nichts. Bis auf die kleine weiße Kirche am Hang und das Diving-Center am Ende der Bucht. Ich möchte das Hafenbecken fast mit einem Sechseck vergleichen. Ich habe die Ecken und Winkel

nicht gezählt, doch als ich gerade vom runden Hafenbecken berichten wollte, bemerkte ich, dass diese Beschreibung nicht richtig ist. Dieses Hafenbecken ist ein mehreckiges, quadratartiges Meer-Eck. Drumherum sind großflächige Betonplatten mit einer zum Teil abgrenzenden halbhohen Mauer. Der gesamte Hafenbereich liegt in den Armen eines mächtigen Felsen.

Ich ließ meinen Blick den Fels hinauf zum Himmel gleiten. Hoch oben konnte ich die Terrassenwand der Taverne am Hang ausmachen, in der Micháli und ich letzten Herbst am späten Abend während unseres zweiten Treffens einen Wein getrunken hatten. Ich erinnerte mich gut an die warnenden Worte über den Schürzenjäger an meiner Seite und an den faszinierenden Blick hinunter auf die beleuchtete Hafenanlage, die von dort oben einer Miniatur glich.

Ich lief hinunter bis an die äußere Ecke des Hafenbereiches. Riesige Betonkegel bilden hier den Abschluss zum Meer hin. Sie liegen dort herum, als ob man sie eben mal kurz abgelegt hätte, einfach so ohne jede Anstrengung. Dabei muss jeder einzelne Tonnen wiegen. Sie halten die Brandung fern und lassen das Wasser der Bucht auch bei starker See noch recht moderat plätschern. Hier am äußeren Ende ist die zweite Anlegestelle der großen Fähren Samariá und Daskalogiánnis. Gegen Abend verlassen täglich Hunderte von Samariá-Schlucht-Wanderern die Fähre aus Ágia Rouméli, um zu den wartenden Bussen oben am Busplatz von Chóra Sfakíon zu gelangen.

13.

Ich setzte mich auf einen der geflochtenen, braunen Lehnstühle am Diving-Center und bestellte mir bei einem jungen Mann Namens Ahmed einen frisch gepressten Orangensaft ohne Eis. Es tat mir gut, hier an diesem abgeschiedenen Platz, am anderen Ende Chóra Sfakíons, zu sein. Ich blieb lange, verweilte mindestens drei Stunden. Ich saß und schrieb und schrieb und saß.

Zwischendurch plauderte ich mit Ahmed, der seit einem Jahr im Diving-Center einen Job hatte und für alle am Haus anfallenden Arbeiten zuständig war. Das Servieren der Getränke gehörte genauso dazu wie das Reinigen der Tauchanzüge oder das Anbinden der zu lang gewachsenen Rankgewächse. Ahmed wollte in seinem Heimatland Marokko Lehrer werden, doch da das Studium Geld koste und seine Familie nicht wohlhabend genug sei, sei es für ihn erforderlich, die Mittel dafür zuvor selbst zu verdienen.

Das Diving-Center wurde vor ein paar Jahren von einem jungen Griechen mit griechisch-österreichischen Wurzeln gegründet. Ich fand es schon beeindruckend, mit welcher Lust er seiner Arbeit nachging. Damúlis spricht zu seinem Griechisch perfekt Englisch und Deutsch mit einem charmanten österreichischen Akzent. Sein Französisch ist allerdings auch nicht zu verachten, auch wenn ich von seiner Unterhaltung mit einem französischen Paar kaum ein Wort verstanden hatte, schien es mir recht fließend.

Ich fragte die Jungs, ob es für sie in Ordnung sei, wenn ich mir dieses Plätzchen in ihrem Kafeníon vor ihrem Tauch-Center als Zweitbüro wählte. Sie versicherten mir beide glaubhaft, dass es sie erfreue.

„Sitz du nur schön werbefreundlich da,
das kann unserem Kaffeegeschäft nicht schaden.
Ist ein Platz besetzt, füllen sich die nächsten leichter."

Dieser Platz war für mich ideal. Wenn ich wollte, konnte ich ganz für mich sein, meinen Gedanken nachhängen oder schreiben. Wollte ich reden, ging auch das. Immer wieder kamen Leute vorbei. Sie lustwandelten bis ans Ende der Bucht und zurück, warteten auf das nächste kleine Fährschiff nach Loutró oder Ágia Rouméli oder interessierten sich für das Angebot des Diving-Centers. Ab und an setzten sich Gäste ins Café, auf ein Bier, ein Wasser, einen Kaffee oder auch ein Glas frisch gepressten Orangensaft - offen für einen kleinen Plausch oder auch nicht.

Die Bucht lag vor mir. Boote fuhren ein und aus. Damúlis bekam einen Anruf, um Gäste mit seinem Wasser-Taxi vom Mármara-Beach abzuholen. Der Sfakía Express hatte seinen Dienst ebenfalls aufgenommen, genau wie Micháli mit seinem Taxiboot. Dann und wann sah ich ihn mit Gästen ein- oder ausfahren. Die Delffíni stand noch aufgebockt an Land. Für die täglichen Fahrten zum Sweet-Water-Beach und nach Loutró waren noch zu wenig Gäste vor Ort, genau wie für das Platzieren des Taxibootes im alten Hafen im Bereich des Xenia.

Saß ich nun hier am Diving-Center, um Micháli bei seinem Tun besser beobachten zu können? Hatte ich diesen Platz gewählt, um meine innere Schieflage zu richten? Oder saß ich hier, weil ich hier sitzen wollte, genau, wie ich es mir am vorletzten Tag meines letzten Aufenthaltes bei meinem Abschiedsspaziergang vorgenommen hatte?

Ich saß hier aus jedem Grund. Besonders aber, weil ich wissen wollte, wie es sich hier am anderen Ende der sfakiotischen Welt

für mich anfühlen würde. Es fühlte sich gut an, sehr gut. Ich war zu Hause in meinem Chóra Sfakíon und gleichzeitig war ich es nicht. Ich kam mir vor, wie auf einem entfernten Beobachtungsposten. Alles im Blick und gleichzeitig unerkannt, quasi unsichtbar anwesend. Natürlich wussten die, die wissen wollten, wo ich war, wo ich mich befand, und wahrscheinlich wollte es eh nur einer wissen. Dieser Eine fuhr ein und fuhr aus, beachtete mich in keiner Weise und wusste am Abend genau zu berichten, wo ich mich wie lange und mit wem aufgehalten hatte. Wenn er sein Taxiboot verließ, tat er es immer genau dort, wo unser zukünftiges Zuhause sein würde, direkt vor unserem orangefarbenen, alten, aufgebockten, noch nicht hergerichteten Fischkutter. Ob er etwas von meinen Gedanken wusste? Ob er so etwas ohne mich vordem auch schon gedacht hatte? Ich sollte ihn danach fragen.

Ist es nicht schön, wenn Liebende sich gegenseitig beäugen, sich beobachten und mit Aufmerksamkeit bedenken? Ich weiß, dass man da sehr geteilter Meinung sein kann, doch in diesem Stadium dieses deutsch-griechischen Miteinanders fühlten sich beide Parteien eher geschmeichelt. Für mich war das kleine Taxiboot mit dem langen Mann, dem kairó o ánthropos, ein guter Beitrag zur Kurzweil. Der Querstand in meinem Kopf war verflogen. Ich hatte mich hier am Diving-Center in allem üben können. Im Ankommen, im Mit-mir-Sein, im Sein mit anderen, im Schreiben und im Small Talk in englischer Sprache.

Dieter rief an.
Er wollte mir seinen Besuch zum Wochenende bestätigen. Es würde spät werden am Samstag, aber er würde auf jeden Fall kommen und mich am Dienstag mit nach Hannover nehmen, um mich dann am Mittwoch in aller Früh zum Flughafen zu bringen, ...und, ja, er würde sich sehr auf mich freuen!

„Oh!", sagte ich, „gute Idee, aber Dieter, ich bin doch schon auf Kreta." „Nee!", sagte er, „wir wollten doch am 1. Mai, und das passte doch so gut."

Ich sagte ihm, dass er herrlich sei. Dass ich ihm quasi auf gewisse Art sogar dankbar sein würde, weil ich an ihm in den letzten Jahren wahrlich Geduld hatte lernen dürfen. Geduld, Langmut und Großzügigkeit, und das würde meinem allgemeinen Lebensgefühl sehr zuträglich sein.

„Das meinst du jetzt nicht ernst?"

„Doooch, ich meine es genau, wie ich es sage. Es ist alles in Ordnung. Wir werden uns schon wiedersehen und wenn nicht jetzt, dann vielleicht im nächsten Leben oder in vier Wochen, falls du mich dann vom Flughafen abholen magst?"

„Ja, ich mag! Lass es uns gleich jetzt und hier beschließen. Wann bist du in Hannover zurück, und wie spät kommt dein Flieger an? Datum? Uhrzeit? Wunderbar! Alles klar! Ich hol dich!"

Während des Gesprächs hatte ich meinen Platz am Diving-Center verlassen. Ich finde es unhöflich, anderen Menschen die eigenen Telefongespräche aufzudrängen. Ich schlenderte langsam am Hafenbecken entlang, erfreute mich an den in der Sonne zum Trocknen ausliegenden gelben Fischernetzen mit ihren rotbraunen Schwimmern und über die verschiedenen Boot-Poller, aus denen sich mit etwas Fantasie und gutem Willen gerne mal ein Herz oder auch ein dreiblättriges Kleeblatt erdenken ließ.

Der braune Hund von Damúlis, ein Rhodesian Ridgeback, wechselte vom Sonnenplatz in den Schatten und zurück. Ein kleines Boot brachte Katja und Sascha mit Tochter Maja an Land. Maja war neun Monate. Die jungen Eltern nutzten ihre gemeinsame zweimonatige Elternzeit für diesen ausgiebigen Kreta-Aufenthalt. Sie hatten einen festen Platz in Kalamáki und reisten von dort aus immer wieder für ein paar Tage in andere Gegenden Kretas. Kastélli-Kíssamos war ihr erstes Ziel gewesen und die Gegend um Chóra Sfakíon nun ihr zweites. Sie waren im selben Alter wie das Elternpaar meines ersten Enkelkindes, und sie waren ebenso schnell ein Paar geworden wie mein Sohn und meine Schwiegertochter - zehn Jahre, und schon war alles klar gewesen!

Eine SMS:
He Süße, wir wollen dich Morgen besuchen kommen.
Astrid und Jörg

Wer waren Astrid und Jörg?
Und wo wollten sie mich besuchen kommen?
In meinem Erinnerungsspeicher war nichts zu finden.

14.

Klar - Astrid und Jörg! Zwei Leute aus meiner Heimatstadt. Flughafen - Übergepäck - eine Woche - von allem zuviel. Alleine das war schon ein Spaß gewesen. Sie wollten sich also wirklich zu mir auf den Weg machen. Schön! Georgiópolis - Chóra Sfakíon, nicht nur für Neu-Kreter eine sehenswerte und beeindruckende Strecke. Ich schrieb zurück, dass ich mich freue und freute mich dann auch wirklich sehr auf meinen morgigen Besuch und meine kleine Aufgabe als Fremdenführerin.

Nachdem die Fähre aus Ágia Rouméli angekommen war, ging ich zurück ins Dorf. Heute waren nur wenige Menschen an Bord der Daskalogiánnis gewesen. Die Wanderer der Samariá-Schlucht hatten gefehlt, und so waren nur die Reisenden aus Paleóchora, Soúgia, Ágia Rouméli und Loutró an Bord gewesen. Damúlis klärte mich auf. Die Samariá-Gorge sei noch nicht freigegeben. Es käme noch zuviel Tauwasser von der Schneeschmelze durch die Schlucht.

Als ich zurück am Xenia war, traf ich auf Micháli. Er hatte auf mich gewartet, um mir mitzuteilen, dass wir heute Abend nicht zusammen essen könnten. Erst wolle er nach seiner Mutter sehen, danach sei er mit seiner Tochter und ihrem zukünftigen Mann an der Uferpromenade zum Essen verabredet.

„Katalavaíneis? Do you understand?"
„Katalavaíno! Ich habe verstanden!"

Nein, er fragte mich nicht, ob ich dazu kommen wollte, und ich fragte mich das auch nicht. Ich wusste um seine Befindlichkeiten und dass es für ihn ein absolutes Unding wäre, sich vor den Augen seiner Tochter mit einer Frau zu zeigen. So wünschten

wir uns gegenseitig einen guten Abend und freuen uns auf die gemeinsame Nacht.

„Kalispéra, Micháli."
„Kalispéra, Elisabeth. Pollá filákia."

Ich ging auf mein Zimmer, zog mich wärmer an und schlenderte dann über die Hinterstraße hinunter zur Taverna-Obrosgialos. Claudiu strahlte wie immer. Ich möchte fast behaupten, dass dieser junge Mann das bezauberndste Lächeln aller Männer hier in Chóra Sfakíon hat. Freundlich sind viele, aber aus ihm strahlt es einfach so heraus.

Weil die Küche vom Xenia schon geschlossen hatte,
fragte ich Claudiu:

„The kitchen is still open?"
„Yes, of course! What would you like?"
„I would like some meat with vegetables.
 No bread, no potatoes, no rice and no pasta."
„Something specific?"
„No, a surprise!"
„Yes, my lady, I will do my very best!"
„Some wine?"
„Some white wine, please."
„Krasí áspro?"
„Né!"

Ist es nicht süß mit diesem Né. Wie häufig brachte ich es schon durcheinander. Ja heißt né, und nein heißt ochí, aber né klingt wie nee und das heißt bei uns nunmal nein und nicht ja, wie né eben.

Hier war ich an einem guten Platz. Die Taverne für meinen liebsten Yaurti me Meli machte sich auch am Abend gut. Ich saß gern hier, am Anfang der Uferpromenade. Am Anfang oder am Ende, rechts oder links, hinten oder vorne fühlte ich mich immer schon am wohlsten. Irgendwo dazwischen war nie mein Platz. Das Xenia liegt am Ende der Promenade, kurz vor der Mole, am alten Hafenbecken, und das Diving-Center direkt gegenüber, am ganz anderen Ende der Bucht von Chóra Sfakíon.

Das Essen war gut!
Kretische Frikadellen an gegrilltem Gemüse - Aubergine, Zucchini, Paprika und Rote Beete - dazu etwas Tsatsíki.

Irgendwann kam die Müdigkeit, und irgendwann ging ich zurück zum Xenia. In den meisten Tavernen waren die Lichter erloschen. Im Café Déspina mit dem Zigarettenverkauf, ziemlich mittig an der Uferpromenade, schienen sich die letzten wachen Menschen dieses Abends versammelt zu haben. Als ich darauf zulief, erkannte ich Michális Hinterkopf. Das war nicht schwer. Er ist hier der einzige so hochgewachsene Mann mit langem Zopf. Mit ihm am Tisch saß eine junge Frau mit üppig schwarzem Haar und ein junger Mann ohne jede Auffälligkeit. Micháli konnte mich nicht übersehen. Was das anging, taten wir uns nicht viel. Ich ging aufrecht meinen Weg zum Xenia und setzte mich auf eine Gute-Nacht-Zigarette ans Wasser unter die Balustrade. Als Micháli mit seinem Moped angefahren kam, saß ich immer noch dort.

„I saw you, and so I told my children that I am tired",

sagte er, als er einen Stuhl neben den meinen zog und sich setzte. Wir saßen dort noch eine ganze Weile, einfach so, ohne viel zu reden. Seine rechte Hand lag auf meinem Oberschenkel, mein Kopf war an seine Schulter gelehnt, und meine beiden Hände trafen sich auf seinem rechten Oberarm.

Für gewisse Dinge muss ich nicht auf den zweiten Tag warten und auch nicht auf die zweite Woche. Sie sind einfach da und gut, weil sie einfach gut und da sind. Quietschende Betten sollten dabei allerdings gemieden werden und öffentliche Auftritte ebenso. Wir schliefen gut in dieser Nacht. Irgendwann weckte mich ein lautes Schnarchen. Ich stand kurz auf, legte dem fremden Mann meine Hand auf die Schulter und flüsterte:

„Micháli, change your body."

Zum Glück tat er es nicht. Er blieb schön in seinem Körper und drehte sich einfach nur auf seinen Bauch, genau so, wie ich es eigentlich gemeint hatte. Micháli turned on his belly.

15.

Heute war der Tag, an dem ich Besuch bekommen sollte. Astrid und Jörg, die sich für ihren ersten Kreta-Aufenthalt Georgiópolis ausgesucht hatten, wollten für einen Tag nach Chóra Sfakíon herüberkommen. Vielleicht begann mein zweiter Morgen alleine dadurch schon besser als der erste gestern. Ich ließ die erste Stunde langsam vergehen, ging dann hinunter zu Vanna und bestellte mir mein Frühstück. Míro brachte es mir hinunter ans Wasser. Er kommt, genau wie Vanna, aus Bulgarien, ist dunkelhaarig, groß und schlank und vielleicht dreißig Jahre alt. Durch seine ruhige, umsichtige und freundliche Art ist er der ruhende Pol hier im Tavernen-Karussell des Xenia. Um mich herum, geschäftiges Treiben.

In der Taverne nebenan, der Bar des Lefká Óri, wurden die letzten Strohmatten für den Sonnenschutz auf das Gestänge am Wasser gelegt und befestigt. Micháli brachte das Hinweisschild für die Bootsfahrten zum Sweet-Water-Beach und nach Loutró an seinen gewohnten Platz, und Míro und Georgos stellten weitere Tische und Stühle an die blau gestrichene Balustrade ans Wasser. Die großen Topfpflanzen wurden aus ihrem Winterquartier vorne an die erste Terrassentreppe gezogen, von den Männern mit vereinten Kräften hinunter getragen und vor die Stützpfeiler des Sonnendaches am Wasser platziert. Vanna und Anna, die ebenfalls aus Bulgarien stammt, deckten die Terrassentische mit grünen Unterdecken und weißen Zierdecken ein. Gegen das Wackeln der neu aufgestellten Tische am Wasser erschien Vanna mit zerrissenen Pappkartonstreifen.

„Wackelige Tische sind das Letzte!"
„Wobbly tables are the last!"
„Kouniménes pínakes ítan i teleftaía!",

sagte Vanna in einem Sprachenmix, für dessen Richtigkeit ich bei meinen Sprachkenntnissen keine Verantwortung übernehmen mag. Nach getaner Arbeit gab es für die Männer ein Bier.

„Mannlü moten moi na d' Hand gahn",

sagte eine Tante meiner Mutter immer wieder mal in unserem ostfriesischen Platt. Als junge Frau musste ich diesem Satz energisch widersprechen. Heute bin ich da etwas milder geworden. Ich bin zwar immer noch der Meinung, dass man Männern nicht alles vor- und nachräumen muss, aber ich habe gelernt, sie ausreichend zu loben, wenn es erforderlich und passend ist. Das tut allen Menschen gut, doch ich glaube, dass Männer und Kinder dies in größerem Maße brauchen. Das Lob des heutigen Vormittages bestand aus „Bravo!", meiner Bewunderung und einem kühlen Bier.

Nach dem Bier verließ Micháli die Bühne zu Fuß, und zwar nicht nur bis um die Ecke zum Lefká Óri. Bis dorthin, eineinhalb Tavernen weiter, ging er immer zu Fuß. Heute marschierte er weiter und weiter. Er kehrte auch nicht im Café Déspina ein. Die nächste Möglichkeit wäre die letzte Taverne vor dem Ecklokal Delfíni, mit nur einem F geschrieben, gewesen oder das Delfíni selbst. Nirgends kehrte er ein. Er lief weiter und weiter. Um den Kiosk herum, die freie Strecke bis zum Fahrkartenhäuschen für die Fähren und weiter bis zum Taxiboatoffice. Hier verlor ich ihn aus den Augen. Das hatte ich noch nicht erlebt. Micháli unterwegs, zu Fuß, ohne Boot und ohne sein rosafarbenes Moped. Lady Porsche stand gelassen in der Mittagssonne vor der flachen Sandsteinwand mit Blumenbeet am Xenia.

Ich wusste, dass mir etwas gefehlt hatte, als ich vor zwei Tagen hier angekommen war. Die üppigen hellgrünen Zypressen-Gewächse waren fort. Hinter ihrem Grün hatte ich diesen langen Griechen im Herbst 2011 das erste Mal bemerkt. Statt ihrer wuchsen dort nun spärlich rote Geranien. Schön war das nicht, aber das wollte ja vielleicht noch kommen.

Ich hatte das Vormittagstreiben beobachtet und mit meinem Fotoapparat dokumentiert, hatte mein Frühstück gegessen und war dem langen Mann mit meinen Augen rund um das gesamte alte Hafenbecken gefolgt. Nun fotografierte ich als Letztes das rasante Einfahren Kapitän Michális mit seinem Taxiboot. Mit großer Wahrscheinlichkeit ist davon auszugehen, dass das Ritual des Michálischen Fußmarsches nur zwei Mal im Jahr erfolgte. Jetzt Ende April, wenn Boot und Porsche hier vor Ort gebraucht wurden, und ein weiteres Mal Anfang November, wenn alles für den Winterschlaf zurückbereitet wurde.

Mein Handy piepte. Astrid und Jörg würden gleich da sein. Sie kämen mit einem gelben Fiat. Ich erzählte Micháli, der inzwischen mit Vannas kleinem Hund auf seinem Schoß am Nachbartisch saß, dass mein Besuch gleich da sei und dass ich jetzt los müsse. Mein Gott, ich hatte einen Termin! Mein erster unbezahlter Job als Fremdenführerin sollte gleich beginnen. Ich huschte noch kurz auf mein Zimmer, und schon stand ich auf halber Höhe der Steintreppe, die zum Busplatz hinaufführte, um Ausschau zu halten.

Wie sind die Freuden solcher Wiederbegegnungen auch groß. Da lächelt man sich zu, da nimmt man sich in die Arme, und da geht man leichtfüßig, plaudernd den gemeinsamen Weg, den man zuvor beschlossen hat. Wir starteten vom großen Kiósko an der Ecke in Richtung des neuen Hafens zum Diving-Center. Wir gingen langsam, denn auch Jörg blieb die große Anzahl fotowilliger Motive nicht verborgen. Bei uns zu Hause liegen nicht einfach zwei angerostete Ölfässer am Wegesrand, so selbstverständlich, als ob das gar nicht anders sein könnte. Es ist Schrott, eigentlich, aber hier erscheint es uns reizend, ja, geradezu dekorativ. Drumherum Sträucher mit gelben Blüten. Dann folgte das nächste Entzücken in Form einer halbhohen Tamariske, unter deren Stamm dicke Wackersteine lagen und über deren Äste grobes Tauwerk hing. Der daneben stehende blaue Container dient einem Fischer als Lagerraum. Alles war einfach, und alles war schön.

Als wir am Diving-Center ankamen, kehrten wir ein und bestellten drei Orangensäfte. Ahmed brachte zwei mit und einen ohne Eis. Wirklich aufmerksam, dieser junge Mann. Wir lernten Damúlis Vater kennen, einen grauhaarigen, gut aussehenden Griechen mit vollem Haar. Vielleicht fünf Jahre älter als ich und ein wenig länger gewachsen. Genau weiß ich das gar nicht, denn soweit ich mich erinnern kann, haben wir nie nebeneinander gestanden, einer von uns hatte immer gesessen. Heute saß er auf der breiten Stufe vorm gelben Container-Gebäude des Diving-Centers, mit Blick auf die breite Betonplatte, die schräg zum Meer hin abfällt. Hier werden flachkielige Boote zu Wasser gelassen und mit Hilfe von Auto und Trailer wieder an Land gezogen.

Durch die langjährige Ehe mit der österreichischen Mutter seiner Kinder spricht auch Stélios ein ausgezeichnetes Deutsch. Seit ich das weiß, ist die Familie des Damúlis in einem meiner Schubfächer als Griechisch und Deutsch sprechend einsortiert. Als ich später seinen Bruder Leftéris kennenlernte, musste ich meine Meinung dahingehend revidieren. Leftéris spricht Griechisch und Englisch, doch sein Deutsch ist anders als das von Vater und Bruder. Beide sprechen unsere Sprache mit großer Selbstverständlichkeit. Man hätte glauben können, dass Leftéris zu einer anderen Familie gehört.

Als Damúlis geboren wurde, war seine Mutter neu in diesem Land und mit der griechischen Sprache nicht sehr vertraut. So sprach sie mit ihrem ersten Sohn ausschließlich Deutsch. Als Damúlis zur Schule kam, perfektionierte sie ihr bis dahin Learning by Doing erlerntes Griechisch, indem sie intensiv mit ihrem nun schulpflichtigen Sohn mitlernte. Dadurch wurde in dieser griechisch-österreichischen Familie auch zu Hause immer mehr Griechisch gesprochen. So wuchs der kleine Leftéris, der wohl sechs Jahre jünger ist als Damúlis, ohne den konsequenten Gebrauch der deutschen Sprache heran.

Auf dem Rückweg zur Uferpromenade trafen wir auf Micháli und einen seiner Neffen. Normalerweise arbeitet er in der familieneigenen Taverne am Sweet-Water-Beach. Noch ein paar Tage, dann würde die Saison auch dort wieder beginnen. In der Öffentlichkeit war die Verbindung zwischen Micháli und mir nicht offensichtlich, da war er der Taxibootfahrer Micháli und ich die Touristin Elisabeth. Wir sagten uns „Hallo" und „Ti káne?" und antworteten mit „Kalá" oder „Polý kalá" und gingen weiter unserer Wege. Hallo, wie geht's? Gut oder sehr gut.

Der Weg von Astrid, Jörg und mir führte uns über die Uferpromenade zurück zum Xenia, auf drei griechische Salate und drei kühle Alster. Ich zeigte ihnen das Hotel, mein Zimmer und die Sonnenterrassen hinterm Haus. Ohne einen Blick auf den versteckten Strand am Ende Chóra Sfakíons und die oberhalb liegende Taverne der Drei Brüder hätte unserer Ortsbegehung ein wichtiges Juwel gefehlt. Ja, ich liebe diesen kleinen Ort mit all dem, was er hat. Auf dem Rückweg über die verwaiste Hinterstraße tranken wir oben am kleinen Dorfplatz der Stavros-Brüder jeder noch einen Kaffee. Dieser Platz ist an heißen Tagen besonders zu empfehlen. Die drei Zuwegungen, Straße, Straße und Treppe, lassen die Luft zirkulieren. Die umliegenden Gebäude spenden Schatten. Wir schlenderten die rückwärtige Straße weiter hinunter. Der Duft von frischem Brot zog Jörg in die kleine Bäckerei, die gleich am Anfang der hinteren Straße ihren angestammten Platz hat. Gleich danach verbindet sich der graue Niemandsweg mit der Uferpromenade zu einer Straße, die uns an der Taverna-Obrosgialos wieder das Meer sehen lässt. Ja, Chóra Sfakíon ist wirklich überschaubar, geradezu klein, und dennoch bietet es so viele unterschiedliche Momente.

Für Astrid und Jörg war es an der Zeit, sich auf den Weg zurück nach Georgiópolis zu machen. Im Dunkeln durch die Berge zu fahren, hätte ich ihnen auch nicht raten mögen. Zu viele Kurven, zu wenig Licht und dann und wann ein paar Ziegen am Straßenrand.

16.

Als ich zum Xenia zurückkam, war der linke Tisch in der Nähe vom Schankraum auffallend schön eingedeckt. Blumen standen bereit, Kerzen und Stoffservietten mit Monogramm. Hinter dem Reserviert-Schildchen lag die Speisekarte dekorativ schräg auf dem Tisch.

„Oh", sagte ich, „something special?"
„Yes, a nice couple will come and eat here in the early evening."
„Oh, là, là!"

Ich lächelte, nahm meinen Zimmerschlüssel und ging für einen kleinen Schlaf auf mein Zimmer. Als ich gerade wieder wach war, kam eine SMS von Micháli, die ich als Aufforderung zu einem nicht so späten Abendessen verstand.

„Come down at half past seven, we eat at Xenia.
But don't come with your sexy big brown shoes."

Er mochte sie nicht, meine dicken braunen Wanderschuhe. So wählte ich für diesen Abend meine halbhohen Wildlederstiefel, mein etwas feineres Kleid und drei Teile meines Silberschmucks. Den Silber-Ring, der das Zeichen für meine mit mir selbst eingegangene Ehe war, die silbernen, ovalen Ohrclips mit dem schwarzen Onyx und ein hellgraues Lederband mit daran hängendem Bergkristall und einem schlichten großen Silberring als Verschluss.

Ich schreite Treppen eher hinauf und hinunter, als dass ich sie gehe. Im Kleid und bei aufrechtem Gang, mit hochgestecktem Haar, Geschmeide und erhöhten Absätzen, wird diese Wirkung noch verstärkt. Als ich an diesem Abend die Treppe zur Terrasse hinunterging, wehte ein kleiner Wind die Stufen hinauf und verlieh dem Rock meines Kleides ein sanftes Schweben. Vanna konnte mich in diesem Moment nur von den Stiefeln an aufwärts bis zur Hüfte gesehen haben, als ihre reibige Stimme den Terrassenraum füllte:

„Oh, our Princess is coming, no, our Queen!
Queen Elizabeth from England."

Sie machte einen angedeuteten Hofknicks. Lachte dabei mit ihrem Mund von einem Ohr zum anderen, mit strahlend, braunen Knopfaugen, und hielt mir ihre Hand zum Grüße hin. Ich reichte ihr die meine, lächelte zurück und sagte:

„Yes, Vanna, it's me, Queen Elizabeth from England!"

Von da an ging es nur noch vornehm zu, zumindest zwischen ihr und mir. Sie führte mich an den so schön eingedeckten und reservierten Tisch, mit den Stoffservietten mit Monogram. Der Herr Galan kam dazu, und so stellte sich für mich heraus, that we were the nice couple, that was been expected here in the early evening - dass wir das nette Paar waren, das hier am frühen Abend erwartet wurde. Na, das hatten die beiden doch wirklich schön eingefädelt.

Ich fragte Micháli, wie ich zu dieser Ehre käme, und er antwortete mir: „Because I had no time for you last evening."

Wir aßen Fleisch vom Grill, das Georgos in diesem Jahr zum ersten Mal kurz nach Mittag vor der Terrasse des Xenia an einem langen Drehspieß über Kohlenglut den ganzen Nachmittag hatte langsam vor sich hin garen lassen. Dafür hatte er einzelne Scheiben von Schweinefleisch im Wechsel mit rotem Paprika und Zwiebeln auf einen wohl zwei Meter langen Spieß gesteckt. Heute waren dazu noch zwei komplette Hähnchen von seiner Animal-Farm mit dabei. Beide Fleischsorten waren wieder absolut zart und schmackhaft. Dieses Grillen bietet mehrere Vorteile. Es ist für den Koch wenig aufwendig, das Fleisch wird ausgesprochen zart, und der Anblick und der Duft des Grillgutes machen vorbeigehenden Touristen Appetit.

Zum Nachtisch gab es Sfakiá Pie mit gezuckerten Blaubeeren.

Blaubeeren sorgen für blaues Blut, zumindest könnte diese haltlose These mein durch Vanna angenommenes königlich blaues Blut erklären. Wir haben bei uns im Ort eine kleine Blaubeer-Farm am Nordgeorgsfehnkanal. Erntezeit ist im Juli, August und September. In dieser Zeit gibt es zwei Mal pro Woche drei Kilogramm Blaubeeren für mich, direkt vom Feld. Yaurti me Meli, griechischer Joghurt mit Honig, und dazu diese ostfriesischen Blaubeeren - meine Sommerkur und Leidenschaft!

Die in den Blaubeeren enthaltenen Pflanzenstoffe sollen den vorzeitigen Alterungsprozess der Haut aufhalten, vorbeugend gegen Falten wirken und die Adern stabilisieren. Die blauen Früchte gelten als kleine Vitaminbomben. Die reichlich enthaltenen Vitamine C und E kurbeln die Produktion von Kollagen an, polstern die Haut quasi von innen auf. Beide Vitamine zählen zu den Antioxidantien. Sie helfen, freie Radikale abzufangen, zu neutralisieren und stärken das Immunsystem. Kalorienarm, wie sie sind, darf man sie in Mengen verzehren.

Meine Kilo-Ration für den Tag hat gerade mal 360 Kalorien.

Gegen zehn rief Micháli s Mutter an.
Sie wünschte, ihn zu sehen.

„Elisabeth, I have to go home, my mother needs me.
 Maybe I come back in the night, maybe not."

Die Brüder teilten sich die Sorge um die Mutter, und da Micháli zum einen im Haus seiner Mutter sein Zuhause hatte und zum anderen für die heutige Nacht zuständig war, musste es so sein.

„No Micháli, don't come back to night.
 It will be good for our night sleep.
 Stay with your mother.
 See you tomorrow.
 All good."

Mit einem Kuss auf die rechte Wange der Königin und dem üblichen Kalinίchta verließ der Hauptdarsteller die Bühne. Er stieg auf seine Mechanáki-Porsche-Rosa und fuhr leise knatternd über die Uferpromenade von dannen. Ob er nun wirklich zu seiner Mutter nach Hause fuhr, ob sie es wirklich gewesen war, die ihn angerufen hatte, ob er diese Nacht nun dort in ihrem Hause verbringen würde oder auch nicht, wer wusste das schon? Für die Königin des Abends war diese Wahrheit nicht von Bedeutung. Wenn es so wäre, wäre es gut. Wenn er sie es nur hatte glauben lassen wollen, ebenso. Sie hoffte auf nichts, sie hatte keine Angst, sie war frei.

17.

Mit den Gedanken an die Worte meines erdachten zweiten Ehemannes: „Ich hoffe auf nichts! Ich habe keine Angst! Ich bin frei!", schlief ich wunderbar ein. Es ist klug, nicht mehr zu wollen, als möglich ist. Es macht unabhängig, jedem anderen seinen eigenen Weg zu lassen ohne Anspruch auf ihn und sein Tun. Es macht frei, das Glück in sich selbst zu suchen, zu finden und zu haben. Glück ausschließlich von außen, durch andere bekommen zu wollen, macht abhängig und kann nicht von Dauer sein, ist es doch immer nur geliehen.

Ich schlief lange an diesem Morgen. Das Geräusch der Zehn-Uhr-Fähre ließ mich endgültig aufwachen und aufstehen. Als ich unten auf der Terrasse des Xenia beim Frühstück saß, sandte ich Micháli eine SMS: „Where is my man?" Fast zeitgleich hörte ich aus der Nähe das Piepen seines Handys. Ich drehte meinen Kopf zur Seite und sah ihn, halb verborgen durch das Taxibootwerbeschild, an seinem üblichen Platz sitzen. Er las die Nachricht, beugte sich vor, schaute auf mich, zeigte auf sich, lächelte und rief:

„Bravo, Elisabeth! I'm here!"

Langsamkeit, nichts müssen, Gelassenheit und genießen, ist das, was hier hergehört, da kann das Frühstück dauern. Sitzen, den ersten Kaffee trinken, ein bisschen lesen oder schreiben. Den Joghurt mit dünnen Fäden griechischen Honigs völlig bedecken, um ihn dann Löffel für Löffel mit den verschiedenen Obstsorten im Mund zergehen zu lassen. Einen zweiten Kaffee. Himmel gucken, Meer schauen, Menschen beobachten, lächeln und wieder ein bisschen schreiben oder lesen, bis es Zeit ist für die erste Zigarette. Zum Rauchen wechselte ich zu Micháli an den Taxiboatoffice-Tisch.

„You know my mother is sometimes a little confused, a little crazy?" „Yes, Micháli, you told me. Her body is strong and healthy, and her head sometimes a little confused - Alzheimer, I know."

Sein Handy klingelte. Einer seiner Neffen. Er wollte mit Micháli Sonnenliegen und Sonnenschirme mit dem Taxiboot zum Sweet-Water-Beach hinüberbringen.

„Elisabeth,
would you like to stay in my office during this time?"
„Yes, no problem, I'll sit down here reading a book."
„Please call me, if anyone would like a taxiboat."
„Yes boss, I will do it. Have a good trip."

Ein breites Lachen schmückte sein Gesicht.

Ich holte meine Sachen, drapierte sie um mich herum, setzte mich parallel zum Taxibootschild an einen der Tische, mit Blick zum Lefká Óri und las in meinem Buch über „Das wahre Leben des Buddha Siddhartha."

Der Platz am Taxiboottisch ist toll für mich. Irgendwie ist er dem Ladenplatz in meinem kleinen Bücher-Café ähnlich. Ich bin da, erledige, was am Laptop zu tun ist, trinke Kaffee, mache meine Bestellungen, korrigiere meine Texte, schaue aus dem Fenster, informiere mich über neue Bücher und plaudere mit meinen Kunden.

Natürlich habe ich hier in Chóra Sfakíon keine Kunden. Ich sitze jedoch genauso dort, als könnte ich welche haben. Von Kindheit an ist es für mich normal, den Menschen ins Gesicht zu schauen und zu ergründen, was sie wohl möchten. Ein Lächeln, ein Kopfnicken, eine Begrüßung. Möchten sie nach ihren Wünschen gefragt werden? Kann ich behilflich sein? Oder möchten sie sich einfach nur umschauen?

Alle Menschen, die hier am Xenia vorbeikommen und zum Ende der Mole spazieren, sind für Micháli potentielle Kunden. „Do you want a taxiboat?", ist dann seine übliche Frage, sobald Passanten sich dem Taxibootschild zuwenden. Meist wollen sie nur schauen, und so wird diese Frage häufig mit „No, thank you" oder auch gar nicht beantwortet.

Ich mochte diesen Platz gegenüber der Terrasse des Xenia. Am Taxiboottisch hatte ich die Möglichkeit, ohne Probleme mit anderen ins Gespräch zu kommen. Ich fragte nicht, ob jemand ein Taxiboot wünsche. Das Einzige, was ich sandte, war ein Lächeln, ein willkommener Blick oder die Frage, ob ich helfen könne. Ansonsten las ich weiter in meinem Buch, schaute aufs Meer oder auf die Promenade und horchte nebenher auf das, was die Werbeschildbetrachter sprachen. Beim Lauschen ihrer Worte horchte ich auf ihre Sprache. Verstand ich Deutsch oder Niederländisch, sagte ich: „Falls ihr etwas wissen möchtet, erzähle ich es euch gerne." Meist ergänzte ich, dass ich auch Touristin sei. Mit „I know everything" und einem verschmitzten Lächeln beendete ich den gleichen Satz für alle Anderssprachigen auf Englisch.

Manche Leute sagten „Nein danke", andere wollten etwas zu den Fahrzeiten der Delffíni wissen oder welche Möglichkeiten es sonst gab, um nach Loutró oder zum Sweet-Water-Beach zu gelangen. Einige wollten nach Ágia Rouméli, zum Einstieg der Samariá-Gorge, und wieder andere interessierten sich für Wandermöglichkeiten, Gegend und mehr.

Die schönste Begegnung an diesem Nachmittag hatte ich mit Anja, Susanne, Jutta und Uwe, einer kleinen Familie aus Hessen.

Ich saß an Michális Taxiboottisch und war vom Lesen aufs Schreiben gekommen. Die kleine Familie war die Uferpromenade hochgelaufen und Richtung Xenia zur alten Mole abgebogen. Am Taxibootinformationsschild schauten sie auf die abgebildeten Fotos, zeigten auf das eine oder andere Motiv und unterhielten sich darüber. Als ich es passend fand, sagte ich meinen Satz mit dem „Falls ihr etwas wissen möchtet?" Sie wollten. Ich stand auf, stellte mich zu ihnen und erzählte etwas zu den einzelnen Aufnahmen. Sweet-Water-Beach, Loutró, Mármara und Samariá-Gorge. Als wir ins Plaudern kamen, ließen wir uns auf den Stühlen am Taxiboottisch nieder.

Die Vier hatten sich ihre Kretareise von einem Reisebüro zusammenstellen lassen. Ihre erste Unterkunft hatten sie in Kastélli-Kíssamos, ihre zweite jetzt zwischen Vríses und Chóra Sfakíon, mit Blick über die Hochebene von Askífou, und ihre dritte würde eine alte Ölmühle sein, irgendwo östlich von Réthimnon. Mit meinem Wissen über Kreta waren sie ausgesprochen gut beraten worden. Wir bestellten bei Vanna Wasser und fünf Frappé medium - kalten, aufgeschäumten Nescafé mit Milch und etwas Zucker. Ich erzählte ihnen von den Wanderwegen, den kleinen Orten und Buchten und den Verkehrswegen per Auto, Bus und Boot in der Sfákia. Jutta, die Mutter, war Hausfrau und arbeitete zeitweise in einem Bioladen. Anja, gerade achtzehn geworden, machte eine Ausbildung zur Altenpflegerin. Susanne, sechs Jahre älter, war ausgelernte Hotelfachfrau und der Familienvater Uwe Polizist. Das mittlere Kind, ein Sohn, war daheimgeblieben, bewachte Haus und Hof und folgte seinem Studium. Die vier Erwachsenen genossen ihre neue Freiheit, endlich außerhalb der üblichen Ferienzeiten unterwegs sein zu können, und ich genoss die guten Schwingungen dieser heilen Familie.

Es war ein wenig kühl geworden unter dem Strohmattendach des Xenia, und so setzte ich mich nach unserer Verabschiedung direkt vor die Sandsteinmauer gegenüber. Hier konnte ich mich neu wärmen, etwas Sonne auf meine Haut scheinen lassen und aus dem Augenwinkel heraus durch meine Sonnenbrille unauffällig einen Blick auf die vorbeikommenden Menschen werfen. Zwischenzeitlich las ich in meiner Lektüre „Vom wahren Leben des Buddha Siddhartha" weiter.

Als ich gerade achtzehn war und den Jungmädchenbüchern entwachsen, wagte ich mich an Kafka, Hesse und Böll. „Hanni & Nanni" waren überstanden und Berte Bratts leichte Lektüre für junge Frauen ebenso. Das letzte ihrer von mir gelesenen Bücher hieß „Meine Tochter Lisbeth". Irgendwie liebte ich schon immer alles, was mit mir, meinem Namen und meinen Zahlen in Bezug zu setzen war.

Kafkas „Prozess" hatte ich tapfer zu Ende gelesen, auch wenn ich dieses Buch kaum verstanden hatte. Ich erinnere einen engen Flur im Dachgeschoss eines Mehrfamilienhauses, auf dessen an der Wand entlang stehenden Stühlen Menschen ohne jede Unterhaltung auf ihren Aufruf in ein Besprechungszimmer warteten. Dieser Flur war düster wie das ganze Buch. Allein aus diesem Grund fand ich hier keinen Zugang, genau wie zu seinem Roman „Die Verwandlung".

Als ich als nächstes Buch Hermann Hesses „Siddhartha" las, ging für mich die Sonne auf. Dem eigenen Sein und Denken zu folgen, in sich hineinzuhorchen und zu spüren, was unser eigener Weg ist und was unsere eigenen Gedanken hervorbringen, war, wonach ich wohl unbewusst gesucht hatte. Ich genoss dieses Buch von Anfang bis Ende und fühlte meine bisher unbewussten Gedanken bestätigt. Dieses Buch gab meiner Entwicklung einen ordentlichen Schub.

Hesses „Narziss und Goldmund" traf einen anderen Teil meines Wesens. Es war plötzlich so in Ordnung, mir selbst gefallen zu dürfen. Mit „Narziss und Goldmund" sprach Hermann Hesse einen großen Teil meines Bedürfnisses nach Schönheit an. Dabei ging es nicht um wirkliche oder allgemeingültige Schönheit. Für mich brauchte ich es immer schlicht, wenig und in einem guten Zusammenspiel. Das Sich-selber-Mögen und -Gefallen und daran Freude haben zu dürfen, schien mir plötzlich erlaubt. Mein Spiegelbild war mein Freund, und auch ich hätte, wie Narziss, die klare dunkle Oberfläche eines Sees gerne als Spiegel genutzt.

Die schönen Worte und Gedanken des Goldmund taten mir ebenfalls gut. Es war mir schon immer eine Freude, aufkommende Gedanken so weiter und zu Ende zu spinnen, bis sie mir optimal erschienen.

Ich liebe schöne Worte. Ruhige entspannte Geschichten, aus denen ich etwas für mich ziehen kann, in guter schlichter Sprache. Bei einem Zuviel an außergewöhnlichen Bezeichnungen wird mir ein Text leicht über. Schlichte, unauffällige Worte können durchgängig benutzt werden, spezielle eher sparsam. Sie fallen ins Auge und sind beim dritten Gebrauch schon abgenutzt.

Oh, was hätte ich in jungen Jahren für Aufsätze schreiben können, wenn ich allein vom Schreiben her dazu in der Lage gewesen wäre. Ich war es nicht. Meine Rechtschreibung war eine einzige Katastrophe. Knapp verfehlte ich die von meinen Eltern beantragte Anerkennung als Legasthenikerin, und so musste das leidige Üben zur Richtigschreibung der Worte weitergehen. Schrieb ich ein Wort heute so, schrieb ich es am nächsten Tag wieder anders. Die richtige Schreibweise wollte und wollte einfach nicht in meinem Kopf hängen bleiben. Ab der achten Klasse wurde es besser. Als Mathematikbegabte, als Logikerin, näherte ich mich dem Problem von einer anderen Seite. Ich fasste alle in meinen Texten als falsch angestrichenen Worte in einer Statistik zusammen. Meine Fehlerflut wurde übersichtlich. Plötzlich waren da nicht mehr 178 Fehler auf fünf DIN-A4-Seiten, sondern 17 Fehlersorten. Es gab eine Spalte für -heit, -keit und -ung. Diese Wortendungen sagten mir, dass das dazugehörige Wort großgeschrieben werden musste. Alle vergessenen i-Punkte versammelten sich in der nächsten Spalte, der am Ende eines Wortes vergessene letzte Buchstabe in einer weiteren, dann kam das gedehnte kleine H, das ich entweder zuviel eingebaut hatte oder zu wenig, d statt t oder t statt d, i oder ie, v oder f, s oder z, vergessene Ä-, Ö- und Ü-Punkte und die fehlerhafte oder fehlende Doppelung eines Buchstabens. Gesondert davon, das heute mit doppeltem s geschriebene daß, das sich durch dieses, jenes oder welches nicht ersetzen lassen konnte.

Fehlersorten ließen sich für mich leichter erlernen und merken als jedes einzelne Wort. Spontan machte ich immer noch viele Fehler, wenn der Schreibfluss nicht gestört werden sollte. Gab man mir danach ausreichend Zeit, mein Geschriebenes selbst nach Fehlern zu durchsuchen, wurde mein Fehlerfinden im Laufe der Zeit besser.

Heinrich Bölls „Billard um halb zehn" war mein nächstes Buch nach den Büchern von Franz Kafka und Hermann Hesse. Es beflügelte meine logischen Denkansätze. Es verhalf mir, mehr hinter die Kulissen zu schauen, Zusammenhänge besser zu erkennen und unterschiedliche Sichtweisen gleichberechtigter zu betrachten. Der Irrsinn, dass eine Generation etwas entwickelt hatte, die nächste es im Krieg wieder zerstörte und die dritte versuchte, es erneut aufzubauen, wurde deutlich im Schmerz aller dargestellt. Der Großvater war Architekt mit dem Auftrag, eine Abtei namens St. Anton zu entwerfen und zu bauen. Der Sohn, ebenfalls Architekt und Sprengmeister im 2. Weltkrieg, erhielt am letzten Tag des Krieges den Befehl, diese Abtei zu sprengen. Und der Enkel, auf dem Weg zum Architekten, war am Wiederaufbau dieser Abtei beteiligt.

Ich wollte „Das wahre Leben des Buddha Siddhartha" immer schon lesen, wollte mehr über diese Romanfigur Hesses erfahren, doch irgendwie war nie der richtige Zeitpunkt. Hier und jetzt nun, fast vierzig Jahre nach dem Lesen von Hesses „Siddhartha", schien es an der Zeit, mich diesem Buch zu widmen.

Es gibt so vieles im Leben, was uns von anderem fernhält, vieles, was gerade Vorrang hat. Erste Liebe, zweite Liebe, dritte Liebe, Liebeskummer, Ausbildung, Studium, Beruf, Mutter sein, Vater sein, nichts mehr sein. Alles verloren, nichts halten können, nicht einmal sich selbst. Ja, und dann ist da nichts mit Buch-lesen-Können, mit Selbstverwirklichung oder selber wissen, was gefällt oder gewollt oder gekonnt wird. Da ist dann nur das große Loch, durch das alles hindurchfällt. Wäre doch nur ein Sieb darinnen, in dem zumindest etwas hängen bliebe. Doch selbst das war bei mir verschwunden, zertreten, verlustig. Nee, lustig war das nicht. Aber, und das ist das Gute, nichts währt ewig. Alles ist im Wandel und vergeht, selbst die dunkelste Stunde.

Ich hatte mich wiedergefunden, war meistenteils in meiner Mitte und liebte das Leben, wie lange nicht. Nichts konnte und wollte mich davon abhalten, nun endlich das Buch „Vom wahren Leben des Buddha Siddhartha" zu lesen. Ich blieb an der Sandsteinmauer der Terrasse des Xenia sitzen, bis die Sonne hinterm Hotel verschwunden war. Wechselte auf eine der hauseigenen Terrassen am Meer, wusch mir zwischendurch kurz die Haare und nahm beim Weiterlesen die letzten Sonnenstrahlen mit, bis die Sonne gänzlich hinter dem dritten flach auslaufenden Felsvorsprung der sfakiotischen Bucht untergegangen war.

18.

Natürlich gab es immer wieder kleine Anlässe, die mich schwanken ließen, die es zu erkennen galt, die meine volle Aufmerksamkeit brauchten, damit ich nicht wieder ins Trudeln kam, nicht wieder mein Gleichgewicht verlor.

Die Auflösung, der auf mich durch meine weiblichen Vorfahren übertragene Aufgabe, immer und an erster Stelle und um jeden Preis eine gute Mutter sein zu müssen, war erfolgreich gewesen. Sie beinhaltete aber nicht, dass sich sämtliche anderen mir in den Weg rollenden Steine und Schwierigkeiten ohne mein eigenes Zutun ganz automatisch und von alleine auflösen würden. Ich musste aufmerksam sein, damit mir mein angenehmes Lebensgefühl erhalten blieb. Ich war schon sehr bei mir, und dennoch fiel ich dann und wann auf gewisse Abhängigkeiten herein, die ich eigentlich nie wieder hatte haben wollen.

Lisbeth war, wie wir alle, nicht frei von äußerlichen Einflüssen und wurde somit weiter geprüft und immer wieder dazu aufgefordert, gut und selbst und aufmerksam auf sich zu achten.

Hätte ich es mir aussuchen können, hätte ich das gesamte Paket der Rundumfür- und -vorsorge gleich mit dazugenommen. Doch so rundum versorgt geht es im Leben nun mal nicht zu. Selber denken und schauen und selbst achtsam sein, wird immer angesagt bleiben, um die in unseren Lebensweg hineinrollenden Stolpersteine rechtzeitig erkennen und beiseiteräumen zu können.

Als Micháli am späten Nachmittag von seinem Liegen- und Sonnenschirm-Transport zurückgekommen war, ging es ihm nicht gut. Er hatte versucht, ein wenig zu schlafen, doch hatten ihn seine Leberschmerzen nicht recht zur Ruhe kommen lassen. Selbst die drei Biere vom Vormittag hatten sie weder vertreiben noch lindern können. „Toller medizinischer Ansatz", dachte ich und empfahl ihm, seine Biere im Wechsel mit der gleichen Menge Wasser zu sich zu nehmen. „Water is only for the night", war seine Antwort, die er mir mit weiteren Informationen in seinem für mich zu schnellen griechischen Englisch übermittelte. Zusammenfassend hatte es wohl heißen sollen, dass er am Abend nicht mit mir zusammen essen könne, weil seine Mutter ihn zum Essen erwarte, dass er aber später, „in the night", zum Duschen und Übernachten wieder zurück sein würde - „aaah, ja!"

Mit einem Klaps auf den Popo und „See you later!" und einem Kuss auf die Wange, mit „Yes, see you later!" trennten sich unsere Wege für diesen Moment.

Eine Freundin rief an, Marianne. Sie fragte, ob ich zum Maibaumfeiern zu ihr nach Leer kommen wolle? Gewollt hätte ich schon, doch schien uns beiden der Weg etwas weit. Ihre Einladung zur Maifeier erinnerte mich wieder an die frühe Jahreszeit. Es war erst Ende April, und ich saß hier im schönsten Sommerwetter auf Kreta.

Als meine Haare von Wind und Sonne getrocknet waren und sich die dunkle Luft nach Anbruch der Dunkelheit immer weiter ausgebreitet hatte, war ich auf mein Zimmer gegangen, um mich fürs Abendessen anzukleiden. Ich begab mich zum Essen auf die Terrasse des Xenia. Ohne Gesellschaft fühlte ich mich am hinteren Tisch am Geländer, gleich vor der hinteren Steintreppe, am wohlsten. Der Gedanke an die sich ausbreitende dunkle Luft ließ mich an Ludwig denken, mit dem ich hier vor einem halben Jahr gemeinsam zu Abend gegessen hatte. Gegen 22 Uhr verließ ich zufrieden mit auf den Stand gebrachten Tagebuchaufzeichnungen meinen Platz.

Micháli war am frühen Abend noch einmal kurz auf der Terrasse erschienen. Er hatte ein kleines Bla-Bla mit Georgos, einem am Nachbartisch sitzenden älteren Herrn auf die Schulter geklopft, mit einem anwesenden Hund gesprochen, mit dem im Nachbarzimmer wohnenden schwedischen Ehepaar ein wenig herumgeschäkert und in Richtung zweier mit jeweils vier Personen besetzter Tische „kalí órexi" gewünscht, und schon war er wieder verschwunden. Einzig ich blieb unbeachtet. Kein Blick - kein Lächeln - kein Augenzwinkern.

Oberflächlich betrachtet, machte mir das nichts. Ich deutete es als Zeichen seiner Zuneigung, schob es auf unser Geheimsein, lächelte in mich hinein, schrieb weiter und dachte:

„Auffälliger geht es nicht!"

In meinem Zimmer, zu später Stunde, noch weit vor Mitternacht: Ich hatte eine Weile auf meinem Balkon gesessen. Sterne geguckt, Meer gelauscht und auf die Geräusche der Nacht geachtet. Hatte beim Flackern eines Teelichtes, das windgeschützt in einer abgeschnittenen Wasserflasche stand, eine Zigarette geraucht und wusste plötzlich, dass es Zeit war, weiterzuziehen. Ich hatte bemerkt, dass ich anfing, auf Micháli zu warten und dass sich das nicht gut anfühlte.

Er hätte nach dem Essen bei seiner Mutter unplanmäßig eingeschlafen sein können oder erneut Beschwerden bekommen haben, die ihn nicht mehr dazu in der Lage hatten sein lassen, mich anzurufen. Er hatte ein Zusammensein mit Freunden dem mit mir vorgezogen oder, und das wollte ich jetzt gar nicht erst denken, das Zusammensein mit einer anderen Frau, von deren Anwesenheit ich nichts wusste. Was es war, war fast egal, und ob es etwas davon sein würde, war nicht spruchreif. Es war noch reichlich vor Mitternacht, und es wäre nicht das erste Mal gewesen, dass Micháli erst kurz vor zwölf im Bereich des Xenia zurückgewesen wäre. Sein Kommenwollen war also noch längst nicht passé.

Die kurze Eingebung, eine Wartende zu sein, war mir jedoch Zeichen genug. Ich ging auf mein Zimmer, legte meine Anziehsachen für den morgigen Tag zurecht, ordnete alles andere sorgsam und liebevoll nach Wichtigkeit aufs lange braune Regal gegenüber der Badezimmertür und packte alles langsam, Stück für Stück in meinen Rucksack.

Ach, wie mein Aufräumen mich doch
auch immer wieder so wunderbar aufräumt.

Ich setzte mich für meine Gute-Nacht-Zigarette noch einmal auf den Balkon. Das Teelicht flackerte immer noch. Ich spürte, dass ich wieder klar und gut sortiert war, bei mir zurück und völlig Herrin meiner Lage. Fünf vor halb zwölf. Ich verschloss die Zimmertür, ging zu Bett und freute mich auf meine morgige Weiterreise, ob Micháli heute Nacht nun noch kommen würde oder auch nicht.

Normalerweise macht es mir kein Problem, wenn Verabredungen nicht eingehalten werden. Ich fülle die Wartezeiten mit kleinen Erledigungen, bis der erwartete Besuch eintrifft oder klar ist, dass er nicht kommen wird, der Termin gecancelt ist, ob nun durch eine Absage oder durch einfaches Nichterscheinen der erwarteten Person. Geht es um Herzensdinge, ist das etwas anderes, obwohl ich auch da weder groß enttäuscht, verzweifelt oder todtraurig bin. Es wird einen Grund geben, warum eine Verabredung nicht eingehalten wird. Selten wird es böse Absicht sein. Vor Jahren kam mir der Gedanke, dass sich vorherige Sorge oft als unnötig herausstellt und nachträgliche so oder so zu spät ist. Es bereitet dem Sich-Sorgenden schlechte Momente und hilft, dem, dem die Sorge gilt, kaum. Wer kennt den Satz: „Ich hab mir solche Sorgen gemacht!" nicht, wenn der Partner nicht zur erwarteten Zeit auf der Bildfläche erschienen ist? Auch ich habe ihn benutzt, bis ich ihn als verschleierte Variante eines verhinderten Wutausbruches entlarven musste. Seither schwenke ich nach einer halben Stunde des Wartens um, beschäftige mich anderweitig und lass mich überraschen von dem, der da dann noch kommen wird oder auch nicht. Seit ich mir selbst genügend erlaubte Aufmerksamkeit schenken kann, ficht mich so etwas nicht mehr an, zumindest in den meisten Fällen.

Ich hoffe auf nichts. - Ich habe keine Angst. - Ich bin frei.

Mein Miteinander mit Micháli war nicht definiert. Wir mochten uns, hatten etwas miteinander, schienen etwas voneinander zu wollen. Was und mit welchem Anspruch oder welcher Planungssicherheit war nicht besprochen, und so tat ich einen Deibel, etwas von ihm zu erwarten. Mein Kopf wusste das. Meine Gefühle versuchten, meinem Verstand zu folgen, scheiterten aber zeitweise an seiner Umsetzung. Man kann auf jemanden warten, wenn eine Beziehung auf ein Wir, auf Paarigkeit, auf Verlässlichkeit ausgerichtet ist. Doch hier, in dieser oberflächlichen und ungeklärten Verbindung, wie sie zu diesem Zeitpunkt zwischen Micháli und mir bestand, war das nicht ratsam. Waren wir allein oder in kleiner Öffentlichkeit mit Georgos und Vanna, benahm er sich mir gegenüber vertraut und zugewandt. Aßen wir gemeinsam auf der Terrasse des Xenia, sah es unverfänglich freundschaftlich aus. Kam er wie am heutigen Abend, ohne mit mir verabredet zu sein, an den uns sonst so vertrauten Ort, kannte er mich nicht. Als er gegen 21 Uhr kurz auf die Terrasse des Xenia gekommen war, hatte er fast alle Terrassen-Gäste begrüßt und war nicht in der Lage gewesen, ein kleines Hallo, ein unverfängliches Lächeln oder auch nur ein verbindendes Augenzwinkern in meine Richtung zu senden.

Er war er, und ich war ich, und so hatte ich, ohne das Gefühl zu haben, es vorher mit ihm besprechen zu müssen, den Entschluss gefasst, morgen mit der großen Fähre nach Loutró weiterzureisen. Nach Loutró, hoch nach Livanianá zu Nina und Tilman oder zum Small Paradise, zu Theo und seinen Brüdern.

19.

Als ich am nächsten Morgen zum Frühstück auf die Terrasse ging, zahlte ich mein Zimmer, gab Vanna einen Beutel mit Michális Sachen, die noch zum Trocknen an meiner Wäscheleine gehangen hatten, und erzählte ihr, dass ich nun nach Loutró weiterreisen würde, um anschließend zu Nina und Tilman nach Livanianá zu wandern. Es war gegen Mittag, als ich über die Uferpromenade den Weg zur Fähre ging. Im Café Déspina kaufte ich vorsichtshalber zwei Schachteln Karelia blue und ein kleines Feuerzeug, wusste ich doch, dass der Zigarettenkiosk in Loutró nur in den späten Nachmittagsstunden geöffnet hatte und dass es oben in Livaniana und unten im Small Paradise keine Zigaretten zu kaufen gab. Zigaretten zu haben und keine rauchen zu wollen, war von jeher angenehmer, als es umgekehrt der Fall ist. Kurz vor dem Fahrkartenhäuschen traf ich auf Micháli. Er war verwundert, mich hier jetzt mit meinem Gepäck auf dem Rücken anzutreffen.

„What's this? Why are you going?
I drank so much last night that I slept on the boat."

Hatte da jemand ein schlechtes Gewissen?

„No problem, Micháli, although I would have liked to see you last night. Now I'm going to Loutró and in the evening I'm walking up to Livaniana to Nina and Tilman. In a few days I'll be back. And if you have a desire, call me, maybe I'll be back earlier."

„Kein Problem, Micháli, obwohl ich dich letzte Nacht gerne gesehen hätte. Nun fahre ich nach Loutró, und am Abend wandere ich hoch nach Livaniana zu Nina und Tilman. In ein paar Tagen bin ich zurück. Und wenn du Sehnsucht hast, ruf mich gerne an, vielleicht komm ich dann früher zurück."

Ich lächelte ihn an, gab ihm einen Kuss auf die Wange und ergänzte: „And when I'm back, do not drink so much, then it's nicer between us." Nein, es gefiel ihm nicht, dass ich ging. „Doch Liebster", dachte ich bei mir, „wenn du mich hier haben willst, lass es mich auch spüren."

Er schien mir beleidigt, in seiner Ehre verletzt, doch wenn ich nicht zu seinem Spielball werden wollte, musste ich jetzt erst einmal gehen. Natürlich dachte ich darüber nach, ob das jetzt richtig war und warum ich es tat. Ich wollte nicht Opfer sein, nicht in die Position einer wartenden oder gar lästigen Frau kommen. Außerdem wollte ich wirklich und sowieso zu Nina und Tilman.

Während meiner Zeit in Deutschland war ich über E-Mail mit Nina in Kontakt geblieben. Dabei hatten wir verabredet, dass ich während meiner nächsten Kreta-Zeit ein paar Tage oben bei ihr in ihrem Häuschen in Livanianá verbringen sollte, wollte und dürfte.

Ich kaufte mir ein Ticket, bestieg die Fähre und war plötzlich todtraurig. Verdammt, ich mochte diesen Schürzenjäger mehr als mir lieb war oder mehr als es für mich gut war und ich es mir erlauben wollte. Allein aus diesem Grunde musste ich jetzt erst einmal weg von ihm. Am liebsten hätte ich meine Traurigkeit gründlich aus mir herausgeheult. Doch da ich zum einen nicht alleine an Bord war und zum anderen keine Lust auf erneute Tränensäcke hatte, ließ ich es schön bleiben. Ich freute mich auf Loutró und auf mein Wiedersehen mit Nina und Tilman.

Auf der Fähre traf ich meine netten Gesprächspartner vom gestrigen Nachmittag wieder. Uwe, Jutta, Anja und Susanne waren meiner Empfehlung gefolgt. Sie wollten nach Loutró und zwei Mal 'ne halbe Stunde über den Berg bis nach Lýkos wandern und zurück. In Loutró angekommen, ließ ich mich im Café Loutró nieder, dem Café mit dem wunderbaren Omelette Speziale. Regiestühle am Wasser in Gelb, Orange und Türkis. Kopf in den Schatten. Beine in die Sonne. Bei meinem ersten frischen Orangensaft schickte ich Nina die SMS, dass ich nun in Loutró sei und dass ich gegen 18 Uhr, wenn der Sonnenstand nicht mehr ganz so hoch wäre, den Berg hinauf nach Livanianá wandern wolle. Gleichzeitig fragte ich, wo sie denn gerade sei und ob das mit meinem Besuch heute auch passend wäre. Die Antwort kam schnell:

„Bin in Heráklion. Bring den Tilman zum Flughafe. Bleib zwei Nächte. Bin Übermorge zurück. Komm am späte Nachmittag nunter nach Loutró. Dann könne mir gmeinsam hochlaufe nach Livanianá. Freu mich! Nina."

Hm - was machen?

Sollte ich mir nun hier in Loutró ein Zimmer nehmen, oder wollte ich lieber zurück nach Chóra Sfakíon, um meine Unsicherheit, mein kleines Unwohlgefühl mit Micháli zu klären? Ungeklärte zwischenmenschliche Angelegenheiten auszuhalten, gehörte noch nie zu meinen großen Talenten, und so entschied ich mich, Micháli eine SMS zu schreiben:

„Dear Micháli, Nina and Tilman are not in Livanianá. If you want, I'll come back in the evening to Sfákia. I'd like to talk to you. Do you have time tonight? I stay in Loutró up to 5 o'clock. Maybe you like to drink a beer with me in Loutró, at your next taxi boat trip? Filákia Elisabeth."

Nun konnte er sich aus meinen vielen Worten die passenden für sich heraussuchen.

Gesprächsnachfragen sind für viele Männer ein Graus. Es muss ja auch fürchterlich sein, wenn Frauen mal wieder etwas geklärt haben möchten, was für den Mann entweder gar nicht vorhanden oder längst geklärt oder vergessen ist.

Muss Mann sich dann auch noch mit einer wortgewandten Frau auseinandersetzen, die hinter jede Aussage noch ein Aber setzen kann, weil sie dazu in der Lage ist, noch einen und noch einen anderen Blickwinkel mit in Betracht zu ziehen, muss es doch geradezu unerträglich werden.

Jetzt kommt mir der Gedanke, ob mir vielleicht genau deshalb ein solcher Mann in mein Leben geworfen wurde, weil ich bei ihm mit meinen vielen Wortmöglichkeiten so gar nichts würde ausrichten können. Wir haben weder eine ausreichende gemeinsame Sprache noch ein ähnliches Bedürfnis, Dingen auf den Grund gehen zu wollen. Na, denn mal prost Mahlzeit.

Erst einmal kam keine Antwort - später auch nicht.

Ich vertrieb mir die Zeit bis zur Entscheidung meines Tun-wollens mit guten Dingen. Trank meinen Orangensaft, aß ein Omelette Speziale und nahm hernach einen Mountain-Tea vom Malotýra-Kraut. Dazwischen fabulierte ich herum. Gedankenspiele bewegen den Geist und räumen ihn auf - manchmal.

Ich sah meinen Macho-Griechen einige Male mit dem Boot in Loutró ein- und ausfahren. Kein einziges Mal verließ er seine wackeligen Planken, nicht einmal auf ein Bier für zwischendurch. Es konnte sich dabei um Zufall handeln oder um gezielte Absicht zwecks Ignorierung meiner SMS-Worte. Es konnte sein, dass er den Inhalt meiner SMS nicht verstanden hatte oder dass er mich strafen wollte, weil ich einfach entschieden hatte, weiterzureisen, ohne ihn vorab darüber informiert zu haben.

Ich schwankte zwischen dem Bleiben in Loutró, der Rückkehr für zwei Tage nach Chóra Sfakíon und dem Weiterziehen in die Lýkos-Bucht, zu Theo und seinen Brüdern. Ich würde es gegen 18 Uhr entscheiden. Meine Gefühle würden mich lenken - wozu hatte ich einen Bauch.

Ich mochte Micháli. Wenn ich mich mit einem Menschen verbunden fühle, stören mich solche nicht ausgesprochenen Unklarheiten. Diese Sprachlosigkeit behindert meinen guten Energiefluss. Dachte er nichts, fühlte er nichts, kippte er über alles sein Bier?

Ach, könnte ich doch nur in seine Seele schauen, herausfinden, was er denkt, was er fühlt und was er will, was ihm wichtig ist und ernst und was nur Spiel und Kasperkram. Es wäre interessant zu wissen, ob es ihm nur um die reine Körperlichkeit geht oder ob bei ihm auch Herz und Seele mitspielen. Warum ist er, wie er ist? Was hatte ihn verletzt oder geprägt? Vielleicht kann man an einem solchen Ort als Frauen-Fischer nur überleben, wenn man seine Gefühle völlig isoliert, sie aus allem heraushält, alles schön an der Oberfläche belässt? War da nicht auch das Bedürfnis nach Zweisamkeit, nach Beständigkeit und danach, sich vertraut fallen lassen zu können?

Ich dachte, dass ich ihn vielleicht für einen Winter nach Deutschland einladen sollte, um herauszufinden, wer dieser Mann ist, um ihn ergründen und verstehen zu können. Ja, und danach würde dann ein Wunder geschehen, wie im Märchen, oder die größte Katastrophe aller Zeiten! Prinz oder Frosch - Engel oder Teufel. Am Ende würde ich ihn gar erschossen haben, im Affekt. Mein Gartenteich musste sowieso zugeschüttet werden. Alte Blätter, faules Wasser und viele quakende Frösche, da käme es auf einen mehr oder weniger auch nicht mehr an.

Ich musste schon sehr in mich hineinlächeln, nachdem ich das alles gedacht hatte, und ich spürte gut, dass ich die ganze Zeit in meinem Innern lebhaft mit ihm diskutiert hatte. „Mr. Mich́ali, ich brauche Antworten, um unser Miteinander richtig einschätzen zu können, auch wenn ich weiß, dass du sie mir nicht ausreichend geben können wirst, selbst wenn du es wolltest."

Ich würde ihn nicht nach Hause holen wollen als meinen Mann, als einen potentiellen Partner. Ich bin zwar manchmal etwas verblendet und unrealistisch, aber so - wohl eher nicht. Ich würde ihn als Freund einladen, als Menschen, den ich verdammt gern hatte, den ich immer und immer wieder gerne anschaute, hinter dessen Fassade ich gerne blicken wollte und mit dem ich dann und wann auch immer wieder gerne schlief. Warum sollte ich einem Menschen, den ich so mochte, nicht für drei Monate ein Gastquartier geben? Ich würde daran nicht zu Grunde gehen, und es würde allemal spannend werden - schön spannend oder grauselig spannend.

Wohl zwei Stunden saß ich hier auf der Terrasse am Wasser. Ich spürte, dass ich fast alles akzeptieren könnte, doch dass Unausgesprochenes, Unklarheiten oder Ergebnisse aus einem Missverständnis heraus für mich nur schwer zu ertragen wären. In diesem Moment spürte ich, dass meine Harmoniesucht mörderisch sein konnte. Ist es vorstellbar, dass mich dieser Gedanke verrückt machen kann, dass sich da all die Trauer aus meinem Innern zusammenschließt und ich dann aus der tiefsten Tiefe meines Schmerzspeichers an Tränen verbluten könnte? So schön es mit meinem Bedürfnis nach Harmonie auch sein mochte, so wünschte ich in manchen Momenten doch, dass ich es verscheuchen und einfach dickhäutig, trotz solcher Ungereimtheiten, glücklich, unangetastet und entspannt bleiben könnte.

Diese kleine ungeklärte Sache zwischen Micháli und mir war nun kein Drama. Sie erinnerte mich nur an Verletzungen aus meinem bisherigen Leben, an denen ich schwer zu knapsen gehabt hatte. Ignoranz bei dem Bedürfnis, etwas klären zu wollen, war für mich immer schon ausgesprochen hart, besonders, wenn es um zwischenmenschliche Angelegenheiten ging. Je näher mir eine Person stand oder je lieber ich sie hatte, umso schwerer war es mit dem Abstellen verletzter Gefühle und dem Verscheuchen quälender Gedanken.

Jetzt wollte ich mich etwas bewegen. Ich fragte den Kellner vom Café Loutró, ob ich mein Gepäck kurzzeitig unterstellen dürfte, und machte mich auf, Loutró zu begehen. Es waren nur wenige Menschen im Ort, was für den April und außerhalb der Ferienzeiten auch nicht verwunderlich sein durfte. Ich kaufte mir in meinem Lieblingsladen ein neues Tuch, mit dem ich schon im letzten Herbst geliebäugelt hatte. Schwarzer Grund mit vielen bunten Blumen und kleinen blauen und grünen Vögeln. Lieblich war's und als Andenken für diese Reise im Frühjahr 2012 äußerst passend.

Ich schlenderte bis ans Ende des Ortes, kehrte um und bog in eine schmale Gasse, die mich zur hinteren Häuserreihe führte. Hier waren Häuser oder auch keine. Abgegrenzte wilde Flächen mit Blumen und Blumen und Gräsern. Ihr rostiger Zaun hielt sie nicht in Schach, er diente ihnen eher als Rankhilfe. Ihre bunten Blumenköpfe schauten hindurch und verbreiteten sich munter diesseits des Zaungewusels weiter. Steinruinen, durch deren Fensteröffnungen Blumen rankten, uralte Olivenbäume, die durch ihre knorrigen Stämme noch älter aussahen, als sie es in Wirklichkeit sein mochten, ein schmaler, bewachsener Weg zwischen alten Steinmauern und eine an einem dicken Ast hängende Schaukel aus zwei langen Tauen und einem

einfachen Holzbrett. Folgte man dem felsigen, treppenartig aufsteigenden Pfad jenseits dieser Schaukel, befand man sich direkt auf dem Weg zum Sweet-Water-Beach. Dieses Paradies schenkte mir wunderschöne Aufnahmen, ruhige Gedanken und ein friedliches Herz. Ich wusste wieder genau, warum ich mein Kreta so liebe. Es tat gut, zwischen all dem Schönen hier zu wandeln. Wohl eine Stunde genoss ich die kleine Hinterwelt Loutrós mit seiner Urwüchsigkeit und seinem imposanten Farbenspiel. Meine Augen wurden satt, meine Seele frei und leicht, und meine Mitte hatte sich gut wieder eingependelt.

So friedlich mit allem, überlegte ich, wie viel von meiner gefühlten Schieflage zwischen Micháli und mir wohl hausgemacht und was davon real oder nur von mir hineingedacht war. Es war wohl alles real gewesen, und dennoch hatte es an Wichtigkeit verloren.

Ich bewegte mich in Richtung Anleger, dem ins Meer hinein gebauten Betonsteg, an dem die kleineren Boote in Loutró anlegen, holte meinen Rucksack vom Café Loutró ab, erfreute mich an den im nächsten Lokal an braunen Balken hängenden gelben Fischernetzen und begrüßte Papagei Coco, der wieder einmal all seine ihm möglichen Laute im Wechsel von sich gab - das Miauen einer Katze, das Schnalzen mit der Zunge, einen anerkennenden Pfiff, nach dem ich mich immer wieder automatisch, gerne und lachend umdrehte, und dazu ein eindeutig deutsches „Hallo".

Bevor ich mich endgültig für ein Zimmer hier entscheiden wollte, setzte ich mich rechts auf die kleine Steinmauer, die beidseitig am Bootsanleger endet. Ich wählte Michális Nummer. Er war ausgesprochen freundlich. Spürte er nichts von der Schieflage zwischen uns? Ahnte er nichts von meinem inneren

Kampf? So ist das zwischen Mann und Frau immer wieder, und mir fällt und fällt einfach kein Rezept dazu ein, wie beide Parteien, besonders wir Frauen, aus diesem Schlamassel herauskommen können. Nähmen wir alles doch nur nicht so schwer oder so wichtig. Könnten wir Weibsen aus diesem Schlamassel heraus, hätten wir unseren inneren Ärger nicht und die Männer ihre Ruhe vor diesen sie nicht sonderlich interessierenden Diskussionen.

„Where are you, Elisabeth?"
„I'm in Loutró and I'm a little confused."
„Are you coming back?"
„Yes, I take the ferry at 6 o'clock."
„Do we eat tonight at Xenia, together?"
„Yes, but I would like to talk with you before, alone."
„No problem agápi mou."
„Can we meet at the taxi boat office?"
„Yes, I will be there, when the ferry has arrived."

Er schien mich verstanden zu haben - na wunderbar!
Und agápi mou - meine Liebe - ließ ebenfalls Gutes hoffen.

Ich setzte mich an einen Tisch in Cocos Taverne und bestellte einen weiteren Orangensaft. Es war gegen 16 Uhr. Am Nachbartisch saß ein deutsch sprechendes Paar. Wir lächelten über Cocos Laute und darüber, dass sich immer wieder Menschen umdrehten, wenn er sein Hallo oder sein anerkennendes Pfeifen von sich gab. Es dauerte nicht lange, bis wir drei miteinander im Gespräch waren. Zur Beendigung unseres „Ferngespräches" baten sie mich an ihren Tisch. Eine weitere Freundin kam hinzu und der dazugehörige Gemahl ebenso. Die vier reisten gemeinsam. Allesamt waren wir der Sechzig näher als der Fünfzig.

Oft beginnen Gespräche hier auf Kreta mit warum? Warum Kreta? Seit wann? Wie oft und wo gewesen? Wie die meisten hier in der Sfákia hatten auch wir fünf vorher einiges von der Insel gesehen, um am Ende festzustellen, dass diese Gegend die ist, in die wir immer und immer wieder zurückkehren wollen. Es begann eine wunderbare Plauderei. Und warum man wem auch immer was erzählt, das Gespräch zwischen Bille, Gerd und mir schien mir ungemein reich und tief. Vielleicht fing es mit der Frage nach meinem Rucksack an und wie es sich so anfühle, alleine unterwegs zu sein.

Sie konnten davon ausgehen, dass ich wie die meisten Menschen auch den Traum der Zweisamkeit geträumt hatte. Dass ich lange davon überzeugt gewesen war, dass nichts anderes als eine gut gelebte Familie bzw. Paarbeziehung die absolute Voraussetzung für Glück sei.

Ich erzählte kurz, dass ich zweiundzwanzig Jahre verheiratet gewesen sei, mit meinem Mann zwei Kinder großgezogen hätte und dass ich nach dem Weggang meines Familienmannes elf Jahre lang das Wort Glück mehr oder weniger als ungefüllte, leere Worthülse empfunden hätte.

„Ja, und dann?"

„Dann ging es mir noch einmal schlechter als schlecht, und dann bin ich durch welchen Glücksfall auch immer an meine Heilerin geraten."

Ich erzählte von Susanne, von meiner zweieinhalbstündigen Sitzung bei ihr und dass ich danach wie völlig neu im Leben zurück gewesen sei. Verstanden hätte ich das auch nicht, aber gefühlt, deutlich gefühlt und gelebt. Was mir im Leben in

Zukunft noch alles geschehen sollte, wüsste ich zwar auch nicht, doch sei ich zumindest von den Geistern der Vergangenheit gründlich befreit. Ich erzählte von meinem Buch und der Leidenschaft, die ich beim Schreiben empfand, und von dem Satz, den ich meiner Wilma nach der Rückkehr von meiner letzten Kreta-Reise gesagt hatte. Genau:

„Wilma, der Himmel
oder wer auch immer hat mir ein Buch geschickt."

Bille war Sozialarbeiterin, Gerd Controller,
Marion und Nils Psychologen.

„Na, da habe ich jetzt aber den richtigen Leuten
von meiner Wunderheilung erzählt, was!",

sagte ich, nachdem sie mir von ihren Tätigkeiten erzählt hatten. Meine Bedenken waren völlig unnötig. Marion und Nils meinten, dass nicht jeder einen Therapeuten bräuchte, wichtig sei doch nur, von unguten Gedanken und lebensbehindernden Gefühlen freizukommen, auch wenn mir eine frühzeitige psychologische Begleitung vielleicht gut getan hätte.

„Aber, wer weiß, vielleicht waren dieser Weg, dieser Zeitpunkt und diese Art deiner seelischen Befreiung genau richtig für dich und du vorher dazu noch gar nicht bereit."

Bille erzählte daraufhin von ihrer Freundin Elisabeth. Auch sie hatte genau wie ich nach dem Weggang ihres Mannes bisher nicht recht ins Leben zurückfinden können. Sie sei seit Jahren in psychotherapeutischer Behandlung und käme dennoch nicht über diesen Verlust hinweg. Vielleicht sei sie auch ein Fall für Susanne.

„Genau!", sagte ich, „Manche Fälle sind derart schwierig, dass sie nur wundergeheilt werden können. Ich selbst halte mich mit meinem Eigensinn für absolut therapieungeeignet, und vielleicht trifft das ja grundsätzlich auf Frauen mit dem Namen Elisabeth zu."

Bille wollte ihrer Elisabeth von Susanne erzählen und mich bei Bedarf um Vermittlung bitten. Ich gab ihr meine Karte mit dem Zusatz „Susanne und Wunderheilung". Wie ich solche Gespräche doch liebe und brauche! Das Leben war wieder wunderschön, und ich war es auch. Die Fähre kam. Ich musste mich sputen. Hatte ich meine Getränke bezahlt? Zu spät!

Ich freute mich auf Chóra Sfakíon und auf mein Gespräch mit Micháli. Das war immer so. War ich klar, war das Leben leicht für mich. Ich konnte über mich hinausstrahlen und anderen von meinen Strahlen abgeben. „Dieter, ich liebe dich!", schoss es mir durch den Kopf, auch wenn er mich so gut wie nie besucht hatte und er es sogar vergessen hatte, mich rechtzeitig bzw. mich überhaupt zur Fahrt zum Flughafen abzuholen. Irgendwie war für all meine Männer, die ich in diesem, meinem Leben geliebt hatte, ein Fitzelchen Platz in meinem Herzen verblieben, und ich spürte gut, dass ich gerade dabei war, auch einen für Micháli einzurichten. War das Gefühl der Liebe einmal in mir ausgelöst, blieb etwas davon für immer. Ich kann lieben, ohne zu leiden, aber ich mag, wie gesagt, keine ungeklärten Verhältnisse.

20.

Die Fähre kam pünktlich in Chóra Sfakíon an. Ich begab mich mit meinem Rucksack zur Taxi-Boot-Zentrale, lief einmal um das kleine kastenförmige Gebäude herum, schaute durchs Fenster und sah, dass niemand zu Hause war. Ich an Michális Stelle wäre ja schon am verabredeten Platz gewesen, bevor die Fähre überhaupt eingelaufen wäre. Alleine um mir eine Freude zu machen. Nun war ich aber nicht Micháli und Micháli nicht ich. Vielleicht war er ja auch mit seinem Taxiboot unterwegs. Ich setzte mich auf einen der Stühle auf das Plateau vor der Taxi-Boot-Zentrale in die Abendsonne mit Blick aufs Meer, Richtung Xenia. Genau hier auf diesem Plateau hatte unser Tête-à-Tête vor genau sieben Monaten begonnen.

Nach einer kleinen Weile rief ich Micháli an und fragte, wo er sei. „I'm at Xenia. Come, then we can talk." „No Micháli, I don't come to Xenia, first I have to talk to you alone." „Why?" „Because I need it now!" „Ok, I will come."

Er kam schnell. Er nahm mich in den Arm und sagte: „What's your problem, kardiá mou?" „To próvlimá mou eísai, Micháli! My problem is - you. You're really a big mystery for me." „Why?" „Because I do not know what you want, what do you want from me?"

Ich erklärte ihm, dass es nicht wirklich ein Problem sei. Ich müsse nur wissen, wie wir miteinander umgehen wollten. Fragte, ob er mich nur auf meinem Zimmer kenne oder auch auf der Terrasse des Xenia. Fragte, ob er mich dort immer kenne oder nur, wenn gewisse Leute nicht anwesend seien. Ich müsste das einfach nur wissen, dann könnte ich mich darauf einstellen und auch damit umgehen.

„Mal sagst du ‚My baby is back', with a kiss and everything, und ein andermal begrüßt du die ganze Welt um mich herum und schickst mir nicht einmal ein Lächeln oder ein kleines Hallo."

Das sei nicht normal und damit käme ich so nicht zurecht.

„Do you only want sex, tell me. And if you feel more, if you want friendship, or feel love, tell me also. I need just to know. My heart wants to love you, but if you can not love me too, I can stop it!"

Natürlich gingen diese Worte nicht ohne Tränen. Mein Herz wollte lieben, und mein Verstand sagte stopp. Und im Wechsel herrschte dann das eine über das andere, wobei mein Verstand zum Glück meist überlegen war.

„I know what you mean", sagte er etwas betrübt.
„I want to love you, but I can not. My heart is broken."

Was wusste ich denn schon von dem, was sein Leben bisher war. Wie oft er eine Frau geliebt hatte und wie oft er enttäuscht wurde, weil er eben doch nur der griechische Lover war. Herzlos ist zu Beginn keiner, aber bei zu viel Herzschmerz muss man sein Herz irgendwann schützen, gar ganz verschließen. Ob der Schlüssel ganz in der Nähe war oder irgendwo in des Meeres Tiefen verschollen - wer wusste das schon?

Zum Schluss sagte er: „You know, I'm sometimes crazy, but not because of you. Between you and me all is good."

Dann gingen wir wieder unserer Wege. Meiner führte mich zur Uferpromenade, seiner ihn wer weiß wohin. Um neun wollten wir uns auf der Terrasse des Xenia zum gemeinsamen Abendessen wiedersehen.

„And if I'm not there, I'm drunken, or between you and me everything is finished!", grinste er beim Abschied, und wahrscheinlich meinte er das jetzt witzig. Genau konnte ich das nicht wissen, was wusste ich denn schon vom Humor dieses griechischen Mannes?

Als ich gegen acht mit meinem Rucksack auf dem Rücken an der Taverna-Obrosgialos vorbeischlenderte, konnten Manoúsos und Claudiu sich das Lachen kaum verkneifen:

„Oh, you had a real long trip."
„Yes, I had. I spent all Sunday in the big city Loutró."
„And you have a new Fularó.
It's beautiful with the flowers and the birds."

Wie aufmerksam diese Jungs doch wieder waren. Ich kam schon zum Frühstück hierher wegen des besten Yaurti me Meli, aber ich kam auch wegen dieser netten Gesellschaft.

Als ich am Xenia ankam, rief Georgos mir entgegen:

„Your summer-shoes have not yet arrived!"

Ich lachte und bat um ein Zimmer mit nicht quietschenden Betten, bekam den Schlüssel für Nr. 203 ausgehändigt und setzte mich an meinen Lieblingstisch ganz ans Ende der Terrasse. Mein Rucksack stand in Sichtweite in der Nähe des Treppenaufganges zu den Zimmern. Sollte Micháli mich, aus welchem Grund auch immer, versetzen, saß ich zumindest an einem für mich günstigen Platz.

Wie schön, dass die Waschräume hier im Xenia gleich an der Terrasse liegen, dass sie immer so ordentlich sind und so wunderbar ausgeleuchtete Spiegel haben. Ich mag das Türkisblau der Fliesen, aus denen auch die Ablage zwischen den beiden Handwaschbecken gebaut ist. Ein guter Platz für meine rote Bauchtasche oder was ich sonst dabei habe. Der Vorraum ist großzügig und hat am Ende ein Außenfenster, durch das man, wenn es geöffnet ist, die frisch gewaschenen Laken und Handtücher der Hotelzimmer zum Trocknen hängen sehen kann.

Dann und wann muss ich von der Bildfläche verschwinden, um kurz für mich sein zu können, um Atem zu holen, um mir die Hände zu waschen und für einen Blick in den Spiegel. Ich brauche diese kleinen Momente und die damit mögliche Kontrolle meines Selbst. Ich muss wissen, ob ich noch da bin, ob ich noch so da bin, wie ich mich im Kopf habe. Natürlich male ich mir dann auch die Lippen neu oder pudere mir die Nase. Das ist ein Teil des Rituals. Ich gehe mir durchs Haar, mache sie auf und wieder zusammen und noch mal auf und wieder zusammen oder auch nicht.

Doch wichtiger als das, ist mir der direkte Blick in meine Augen. Ich schaue in mich hinein, und wenn's pling macht und der Kontakt mit mir wieder hergestellt ist, kann ich mich wieder auf die Öffentlichkeit einlassen. Seit ich es als eine Art Reset, als einen Neustart für mich erkannt habe, geht es mir wunderbar damit.

Ich brauche aber nicht nur den Blick in meine Augen und in mein Spiegelbild, um mich gut zu fühlen, ich brauche ebenso den Kontakt mit anderen Menschen. Begegnungen machen mich lebendig. Sie holen mehr aus mir heraus, als ich alleine je dazu im Stande wäre. Wäre ich alle Tage nur mit mir, wäre mir das Leben sicherlich schwerer. Ich sollte es probieren, zumindest für eine Woche, um danach zu wissen, ob ich es kann oder nicht und wie es sich für mich anfühlen würde.

Eine weitere Spiegelung oder Reflexion ist mir das Schreiben geworden. Gedanken zu Papier zu bringen, Dinge, Gefühle oder Begebenheiten so zu beschreiben, so auszuformulieren, bis sie mir zu hundert Prozent gefallen, scheint mir meine neue große Lust zu sein.

Ich habe nicht den Anspruch, dass jeder meine Worte mögen muss, oder die Erwartung, dass jeder meinen Gedanken folgen möchte oder daran Interesse finden wird. Wie sollte das auch funktionieren. Jeder ist das Maß seiner Dinge. Jeder beurteilt und denkt mit den Möglichkeiten seines Denkens, und ich tue es mit meinen.

Vor Jahren ließ ich mir auf Anraten einer Heilpraktikerin mein Horoskop erstellen. Sie erhoffte sich daraus Anhaltspunkte für meine Lebensthemen.

Das Horoskop zeigte einen Kreis, der an einer bestimmten Stelle durch eine Linie mittig geteilt war. Beide Hälften zeigten die Planeten, die während meiner Geburtsstunde am Himmel standen. Die eine Hälfte zeigte nach Aussage meiner Heilpraktikerin meinen Bezug zur Außenwelt, die andere das, was ich aus mir selbst heraus zur Verfügung hatte. Auffällig war die immens hohe Planetendichte in der einen und die fast freie Fläche in der anderen Hälfte meines Horoskops.

So extrem habe sie es zuvor nie gesehen. Die gefüllte Hälfte sollte mein Kontaktbedürfnis nach außen zeigen, die fast leere mein eigenes Depot. Im ersten Moment fand ich das erschreckend.

Ich wusste zwar, wer ich war und was ich konnte oder eben auch nicht, aber so viel im Außerhalb suchen zu müssen oder von dort zu brauchen, gefiel mir überhaupt nicht. Ich muss recht ratlos ausgeschaut haben, und ich weiß noch, wie mir ohne ein Laut Tränen aus den äußeren Augenwinkeln die Wangen hinuntergelaufen sind.

„Was mach ich denn jetzt damit?", war meine ratlose Frage. Marlies stand auf, setzte sich auf die linke Lehne meines Sessels und nahm mich beruhigend in den Arm.

„Elisabeth, alles ist gut. Beobachte dich unter diesem Aspekt neu und schau, was dran ist. Nachdem, was du mir von dir erzählt hast, passt das geradezu perfekt. Du weißt doch, wie du tickst. Du brauchst Menschen, damit du dich lebendig fühlst, und du brauchst den Blick in den Spiegel, um zu sehen, ob du noch da bist, so da bist, wie du dich vom letzten Spiegelbild her in Erinnerung hast. Mit dem Wissen darum, dass du und dein Horoskop stimmig sind, sollte es einfacher für dich werden, dich so anzunehmen, wie du bist."

„Kannst du dir vorstellen, dass mir das manchmal tierisch auf den Geist geht, dass es mich nervt, wenn ich meine Unruhe spüre, nur weil sich meine Lippen trocken anfühlen und ich dann davon ausgehen kann, dass die rote Farbe ab ist? Ich mag mich nun mal lieber mit dunklen Lippen und mit mattem Gesichtsteint. Weißt du, dass ich schon auf halber Strecke wieder umgedreht bin, nur weil ich meinen Lippenstift oder meine Puderdose zu Hause hab liegen lassen. Das ist doch lächerlich!"

„Na und? Was ist denn diese kleine Lächerlichkeit gegen dein Wohlgefühl? Nichts! Akzeptiere dich, wie du bist, und das Leben wird dir leichter sein. Ich finde, du und dein Horoskop passen ausgezeichnet zueinander. Freu dich drüber, nimm es an und lebe es!"

Ich habe es angenommen und ich lebe es. Zumindest fühlt es sich für mich seither so an. Ich lebe entspannt und zufrieden mit mir und dem Kater meiner Tochter, alleine in meinem großen Familienhaus.

Davor war das anders. Abends, wenn es dunkel war, ging es noch. Da war die Welt klein. Ich konnte sie alleine füllen. Anfangs war es nur mein 12 qm großes Schlafzimmer. Später konnte ich die Tür zum kleinen Flur und zum großen Badezimmer wieder offen stehen lassen und bald auch die Tür zur Küche und zu meinem muckeligen Erkerzimmer. Als ich die 60 qm meiner nestartigen Wohnung wieder komplett ausfüllen konnte, war ich schon auf einem guten Weg.

Vom Tage gut aufgefüllt durch meine Ladenkontakte, konnte ich die Abende in meinem kleinen Zuhause gut verbringen. Ich las, ich sah fern und ich schrieb kleine Geschichten und Briefe. Vielleicht telefonierte ich auch, und vielleicht flickte ich auch irgendwelches Zeug.

Über Nacht schien jedoch alles am Vortag Erhaltene aufgebraucht zu sein. Ich lag alleine in meinem großen Bett, sah die große helle Welt um mich herum und war kaum dazu in der Lage, sie mit mir alleine auszufüllen. Ich lag da mit offenen Augen und wagte es kaum, mich zu bewegen. Als ich noch mit meiner Familie zusammenlebte, hatte ich dieses Problem nicht. Ich war zwar nie ein wirklich fähiger Morgenmensch, doch fühlte ich diese Leere, diese Unbeweglichkeit und dieses Aufgebrauchtsein damals nicht.

Nach der ersten mit mir geduldig verbrachten Stunde, in der ich mich wieder unter Mithilfe meines Spiegelbildes zu meiner Zufriedenheit hatte herrichten können, konnte ich in meinen Laden gehen, mich auf meine Wilma freuen und mit ihr gemeinsam unseren ersten Morgenkaffee trinken. Wir taten das immer ausgiebig, bis der erste Kunde kam oder wir uns für den Tag warm und lebendig geredet hatten.

Trotzdem dachte ich bei der ersten Erläuterung meines Horoskops, dass mir das alles nicht gefallen wollte. Diese Abhängigkeiten von Spiegelungen aller Art waren mir nicht angenehm. Dieses Horoskop erklärte zum einen meine Verhaltensweisen und löste zum anderen ein gewisses Gefühl von Gefangensein in mir aus.

„Nein, Elisabeth, da brauchst du dich jetzt nicht zu sorgen, es erklärt nur, warum du, um dich lebendig zu fühlen, so dringend ein Gegenüber brauchst. Du spürst dich sonst nicht oder zu wenig. Du lebst über die Spiegelung deines Gegenübers oder durch die Spiegelung deines eigenen Bildes. Dein Halbgefühl ohne einen Partner lässt sich daraus gut erklären und dein Bedürfnis, dich selbst immer wieder suchen zu müssen, auch. Es ist kein Narzissmus, keine Eitelkeit, die dich immer wieder dein Spiegelbild suchen lässt, du brauchst es, um dich genügend wahrzunehmen."

„Heißt das jetzt, dass ich alleine nicht tauge, dass ich irgendwie alleine nichts bin? Schwubs, unsichtbar wie Luft, wie nicht vorhanden, wie... ?"

Die Waage ist ein Luftzeichen, was hatte ich anderes erwartet?

„Nein, so ist es nicht. Du bist gut, doch vielleicht solltest du an deinem Nur-du-und-mit-dir-alleine-sein-Können arbeiten.

Vielleicht findest du etwas, was dich erfüllt. In deinem Laden fühlst du dich doch gut, auch wenn keine Menschen anwesend sind. Da tust du Dinge, die du magst und die du kannst und die dich erfüllen. Selbst wenn du mitten in der Nacht mutterseelenallein die Regale oder die Schaufenster in deinem Laden neu dekorierst, bist du doch geradezu glücklich. Eigentlich fehlt dir nur etwas Lustvolles für die private Elisabeth."

21.

Heute ging ich nur zum Händewaschen, Lippenmalen und Nasepudern in den türkisfarbenen Raum. Auf der Terrasse waren außer mir höchstens fünf weitere Gäste. Vorne am Wasser saßen an zwei getrennten Tischen zwei einzelne Männer. Beide saßen mit Blick zum Wasser und lasen in ihrer jeweiligen Lektüre. Ihre Füße schienen wie abgesprochen auf der unteren Stange des Geländers platziert. Kleine Rucksäcke standen neben ihren Stühlen. Sie hatten bereits gegessen. Ihre Weingläser waren noch gefüllt. Vom Nachtisch und vom Raki sah ich noch nichts.

Ich saß gut an meinem Einzeltisch. Hatte Apfelsaft und Wasser zum Mischen, ließ meine Gedanken in mein Tagebuch fließen und wartete unauffällig auf Micháli. Vorsichtshalber wartete ich natürlich nicht. Es ist immer klüger, mit dem zu rechnen, was eigentlich nicht gewünscht ist, auch wenn wir innerlich gerne auf das wirklich Gewollte hoffen dürfen. Bei Nichteintreffen sind wir dann vorbereitet und können uns mit der Erfüllung des Erwarteten beruhigt zu Bett begeben.

Mr. Micháli kam vor der Zeit. Ich blickte kurz auf und schrieb weiter. Er gab Miró einen Plastikbeutel mit irgendetwas, nahm sich ein Bier aus dem Getränkeschrank, ging zu Georgos in die Küche und bestellte sein Essen. Kurz darauf setzte er sich zu mir auf den gegenüberliegenden Platz an meinen Tisch. Mit einem Lächeln nahm er meine linke Hand, drückte mir einen Handkuss auf und sagte:

„You see, I'm here, before nine. And so our love story can go on. What do you want to eat, Elisabeth. Go to Georgos into the kitchen and tell him. I will invite you. He knows what I want."

Micháli hatte seine üblichen Spaghetti, ich Huhn vom Grill mit Gemüse. Auch wenn hier oftmals alles ein wenig zu lange gegart war, war es dennoch immer besonders schmackhaft. Vom Würzen versteht der Georgos was, und er nimmt nie zu viel Salz.

Irgendwie schien Micháli bemüht. Unsere Unterhaltung war aufmerksamer und ernsthafter als sonst. Wenn er wollte und sein Bierkonsum am Tage mäßig, war unser Austausch in englischer Sprache gut und ausreichend.

Nach dem Essen musste er noch einmal kurz weg. Er musste immer noch mal kurz weg. Dieses Mal sollte es für eine kleine Lieferung frischgefangener Fische an seine Mutter sein. Plastikbeutel von Miró zurückgefordert, mir gesagt, that he will be back soon, aufs Moped geschwungen, und schon war er verschwunden.

Meinen Nachtisch nahm ich alleine, fast alleine. Der eine Herr vom Wasser hatte sich inzwischen an unseren Nachbartisch gesetzt. Nachdem Micháli sich von seinem Platz erhoben hatte, saßen wir uns nun quasi gegenüber. Auf diese kleine Entfernung kann man sich gut zulächeln. Wahrscheinlich sagte ich etwas über diesen herrlichen Nachtisch, worauf er mir dann mit seinem Raki zuprostete. So war es ein Leichtes, für ein paar Sätze miteinander ins Gespräch zu kommen.

Er käme jedes Jahr zwei Mal, für nur eine Woche. Einfach nur zum Wegsein, zum Entspannen, zum Abschalten. Hier könne er am besten seinen Kopf freibekommen. Er wolle keine Abwechslung, keine großen Kontakte. Er stehe jeden Morgen früh auf, frühstücke, wandere zum Sweet-Water-Beach, erhole sich dort, nehme seinen Mittagssalat, erhole sich weiter, nehme ein, zwei, drei oder auch vier Bäder und wandere am späten Nachmittag zurück nach Chóra Sfakíon. Abendessen ohne Kohlehydrate, ein wenig Blabla und rechzeitig zu Bett. Nach einer Woche fühle er sich dann wie neu. Seine Haare lasse er vor jeder Reise ritzeratze kurz schneiden und sein Name sei Franz.

Ich sagte: „Kaliníchta", nahm meinen Rucksack und mein anderes Gedöns und verabschiedete mich auf mein Zimmer.

Als ich die Tür zu meinem Zimmer aufschloss, den Lichtschalter betätigte und meinen Rucksack abstellte, dachte ich so bei mir, ob Micháli wohl zurückkommen würde? Ich kannte ihn kaum, wusste wenig von seinen Verhaltensweisen, vom Spiel des Schürzenjägers, von seinen wahren oder gespielten Gefühlen. Ich wusste nur, dass ich bei allem, was ich hier mit ihm tat, immer schön bei mir bleiben musste. Ich sollte mich auf keinen Fall verlassen, um mich dann auf ihn zu verlassen. Täte ich es, wäre Enttäuschung vorprogrammiert.

Ich hatte ein paar meiner Sachen ausgepackt, das Bettlaken und die wärmende Wolldecke auf dem Doppelbett ausgebreitet, die Kissen zurechtgelegt, geduscht und mich für einen Moment zum Vortrocknen im großen Badetuch auf den Balkon gesetzt, als sich die Tür zu meinem Zimmer öffnete.

„Oh, you've already taken a shower?
I thought we shower together, too bad."
„Yes, Micháli, too bad. Do it alone,
and then káthise lígo on the balkóni."

Ich liebe diesen Wortmix, und wo immer ich eins meiner wenigen griechischen Worte in mein Deutsch klingendes Touristen-Englisch einbauen konnte, tat ich es.

Káthise lígo - Katze ligo - Setz dich kurz.

Eselsbrücken waren und sind für mich oft die einzige Möglichkeit, um etwas zu behalten. Das Erlernen der griechischen Sprache wäre ohne sie für mich gar nicht machbar. Als Beispiel: „Káthise lígo", gesprochen: „Katze ligo". Katzen liegen häufig auf den geflochtenen Stühlen unterhalb der Tavernen-Tische. Ich bin eine Katze, und ich lege mich kurz ab. Setz mich also kurz. Mit Hilfe dieses langen, unnützen Denkvorganges, dieser Eselsbrücke, kann ich nun ohne sie je wieder benutzen zu müssen, den kurzen Weg gehen. Ich will „Setz dich kurz" sagen und sage „Katze lígo" für „Káthise lígo", und alles ist klar.

Eselsbrücken müssen weder von anderen verstanden werden noch einen Sinn ergeben. Sie dienen einzig dem Zweck, den Eselsbrückeninhabern über die Brücke zu helfen, damit sie am Ende das im Kopf und vor Augen haben, was ihnen ohne Brücke sonst einfach wieder verloren gegangen wäre.

Micháli duschte kurz und gesellte sich dann für eine Weile zu mir auf den Balkon. Es war etwas kühl an diesem Abend, und so verkrochen wir uns bald in unser Bett, auf unsere Kopfkissen und unter unser Bettlaken mit der flauschig blau-blauen Fleecedecke darüber. Doch, doch, an diesem Abend, in dieser Nacht, hatten wir es mal wieder richtig schön miteinander.

22.

Micháli stand gegen 8 Uhr auf. Heute schien es für ihn nicht erforderlich zu sein, den Ort des Geschehens vor der Zeit zu verlassen, also bevor Vanna und Georgos ihren Betrieb im Xenia wieder aufgenommen hatten. Was sind das auch für lange Tage für all diejenigen, die in der Saison von früh bis spät in ihren Tavernen tätig sind. Sie arbeiten bis in die Nacht und sind am Morgen vor allen Gästen wieder zurück an Ort und Stelle.

Gegen zehn verließ ich mein Zimmer. Ich gab meinen Schlüssel an der Rezeption ab. Rezeption ist gut. Geplant war sie ursprünglich an anderer Stelle. Im alltäglichen Miteinander war sie jedoch vorne an den Tresen gewandert. Hier war sie praktikabler für alle. Alles war in Sicht, und irgendjemand von den Mitarbeitern war hier im eigentlichen Restaurant, dem großen Vorraum zur Küche, immer anwesend. War keiner in Sicht, konnte man Georgos links im Schankraum an seinem Schreibtisch sitzen sehen. Heute übergab ich meinen Schlüssel an Vanna.

„Elisabeth, you're looking especially nice today!
 All okay between you and Micháli?
 Did he find you in your room last night.
 I sent him by SMS the number of your new room,
 befor I left yesterday evening."

„All wonderful, thank you, Vanna.
Did you think he would otherwise
knock at the wrong door?
You're so clever!"

Diese Frau ist einfach herrlich! Zum einen tat sie mir und Micháli einen Gefallen, und zum anderen hielt sie so unnötigen Ärger vom Hause fern. Das Klopfen des Gigolos bei Nacht an falscher Zimmertür könnte sich ungünstig auf die Nachtruhe der anderen Gäste auswirken.

Mein Frühstück zog mich heute zur Taverna-Obrosgialos. Dann und wann brauche ich meinen Yaurti me Meli genau hier. Inzwischen konnte ich ihn sogar mit Karýdia bestellen, mit Walnüssen. In mir war nichts als Ruhe und Glück. Zwischen Micháli und mir war alles geklärt. Wir waren uns gut. Wir waren uns willkommen, und wir wollten etwas miteinander haben. Im Bereich des Xenia waren wir verbandelt. An der Uferpromenade tabu. Auf anderen Territorien wohlwollend befreundet. Was hatte Micháli noch gesagt: „You know, I'm sometimes crazy, but not because of you. Between you and me all is good." Und darüber wollte ich jetzt auch nicht weiter nachdenken.

Ich schlenderte zum Diving-Center. Sie hatten mir gesagt, dass ich mit meinem Büro dort willkommen sei, und genauso verhielten sie sich auch.

„Na, Elisabeth, willste wieder ein wenig arbeiten?"
„Ja, hier ist für mich wirklich der beste Platz. Es ist ruhig,
 es ist luftig, es ist entspannt, und ihr scheint mir wohlgesonnen."
„Davon darfst du ausgehen, richte dich nur ein!"

Damúlis und Ahmed waren immer irgendwie beschäftigt, ohne Anzeichen von Stress. Zwischendurch gab es einen Kaffee oder ein Wasser, eine kleine Plauderei oder eine Fahrt mit ihrem Taxiboot nach Loutró oder Mármara.

Ich saß den ganzen Nachmittag dort. Wechselte genau wie der braune Hund vom Diving-Center vom Schatten in die Sonne und wieder zurück. Man hätte denken können, dass es sich bei uns um zwei neue Reptilienarten handele. Genau wie diese regelten wir unsere Körpertemperatur an diesem Nachmittag durch Sonne und Schatten. Katze-Reptil und Hund-Reptil, beide voll zufrieden.

Mit dem Sechzehn-Uhr-Bus waren Aalke und Joachim aus Leverkusen angekommen. Sie wollten mit dem nächsten Schiff nach Loutró fahren. Er, ein pessimistischer Steinbock, dem Kreta noch nicht so recht gefallen wollte. Sie, eine weltoffene Waage, die unsere Insel genauso gerne in den Arm nahm wie ich. Sie waren mehr als dreißig Jahre verheiratet, hatten zwei kluge Töchter und etliche Haustiere. Joachim arbeitete seit einem halben Jahr im Außendienst, der ihn ständig zwischen der Schweiz, Frankreich und Deutschland unterwegs sein ließ. Seither führten sie eine Wochenendehe, die beide für grauselig gewöhnungsbedürftig hielten. Sie befanden sich gerade in einer Umbruchphase und spielten stark mit dem Gedanken, in die Schweiz überzusiedeln. Von dort aus ließe sich Joachims Abwesenheit von zu Hause auf ein Minimum reduzieren. Alle hätten Mitspracherecht, denn auch die erwachsenen Töchter sollten das neue Domizil als ihr neues Familienzuhause annehmen können, auch wenn sie schon längst nicht mehr zu Hause wohnten. Das jetzige Familienhaus aufzulösen, sei ohne die Tiere schon schwer genug. Dreißig Jahre Familienleben durchzuforsten und zu entscheiden, was bleiben solle und was weg dürfe, nein, darüber mochten sie jetzt noch nicht nachdenken. Aalke fragte, was ich an Kreta besonders mochte.

„Alles!", sagte ich, ohne groß zu überlegen.
„Oder besser gesagt, fast alles, was ich kenne."

Das Einzige, was ich bisher nicht gemocht hatte, waren die an der Straße liegenden Touristenorte, die einfach nichts anderes sind als das. Ich kann nicht einmal ihre Namen nennen. Ich sah nur Straßen mit unattraktiven Bauten und Badeartikeln, sah Luftmatratzen, Flip Flops und Strohhüte, Sonnencremes und Fähnchen, Autovermietungen, Geldautomaten und vielleicht noch eine Disco und ein paar Straßentavernen. Mit Sicherheit gab es jenseits der Straßen auch schöne Strände und Plätze, doch hatte ich sie bisher nicht gesehen.

Dann erzählte ich von meinem Kreta zwischen hier und Paleóchora. Überzeugungstäter schwärmen, und am Ende hatte ich das Gefühl, dass ich selbst Joachim ein bisschen kretaverliebt gemacht hatte. Auch er wollte das jetzt alles sehen. Als die Neptun kam, gab Aalke mir ihre Handynummer, mit der Bitte, ihr meine Lieblingsorte und die Namen meiner bevorzugten Pensionen mitzuteilen. Sie hatten noch genau zehn Inseltage, und die wollten sie gut nutzen.

„Elisabeth", sagte Damúlis, der während unserer Unterhaltung am Nachbartisch im Schatten gesessen hatte, „du kannst aber auch begeistern! Willste dich nicht für das Amt der Touristikmanagerin für unsere Gegend bewerben?" „Unbedingt!", antwortete ich mit einem Lachen. „Aber gibt's das denn überhaupt?" „Weiß nicht - aber wenn, wärst du die Richtige." „Na", sagte ich, „dann finde du doch mal heraus, was da möglich ist, und dann schau'n wir weiter."

Ich schrieb, bis die Abendfähre festmachte. Den Anblick der anlegenden und abfahrenden Fähren mag ich immer wieder aufs Neue. Irgendwie sind die Fähren Daskaligíannis und die Samariá das Zeitmaß für Chóra Sfakíon, Loutró, Ágia Rouméli, Soúgia und Paleóchora. Sie kommen ein, zwei oder auch drei Mal am Tag zu bestimmten Zeiten und teilen die Tage ein. Die Vormittagsfähre hier in Chóra Sfakíon zum Beispiel beendet den geruhsamen Start in den Tag, und die Abendfähre sagt uns, dass es Zeit ist, den Tagesausklang vorzubereiten. Jeden Abend füllt sich die Straße vom Fähranleger bis zum Busplatz mit den Wanderern der Samariá-Gorge. Es ist wie ein letztes Aufbäumen, ein letzter Kraftakt, der hernach die Geruhsamkeit und das Entspanntsein dieses kleinen Ortes noch deutlicher macht. Auch wenn die Schluchtenwanderer für die Gastronomie von Chóra Sfakíon kaum von Bedeutung sind, geben sie diesem Ort für die Hierverweilenden einen besonderen Kick. Es ist wie Kino, wie „Und ewig grüßt das Murmeltier."

Ich schlenderte zurück, ohne jede Erwartung. Am Taxiboot-Info-Kasten saß Theodórus - Chef vom Ganzen, Michális Bruder und Vater seiner Neffen Giórgos und Nikos. Alle hatten ihren Aufgabenbereich im „Familienimperium". Ein freundlicher Gruß, ein paar Worte und die Info mit einem Fingerzeig in Richtung Xenia, dass Micháli overthere sei. Ich hatte gar nicht danach gefragt.

Micháli saß mit Xenia-Georgos auf der Terrasse meiner Herberge und wartete auf seine letzte vorangemeldete Taxifahrt für diesen Tag. Um acht sollte er eine junge Frau vom Sweet-Water-Beach abholen, danach wollten wir gemeinsam zu Abend essen. Ich ging aufs Zimmer ohne viel Tamtam und setzte mich gleich danach unten ans Wasser unter das Strohdach an den letzten Tisch Richtung Mole. Wegen der Abendkühle hatte ich meine Reisejacke übergezogen. Schwarze Ohrclips, passend zum kleinen Schmetterling an meiner Jacke mit dem bordeauxfarbenen Schildchen und dem Satz:

„Die Freude und das Lächeln sind der Sommer des Lebens."

Eine Frau meines Alters, mit weißgrauem Haar und Zopf, kreuzte meinen Weg. Sie schlenderte Richtung Mole. Ich lachte ihr zu, sie lächelte scheu zurück. Auf ihrem Rückweg kam sie an meinen Tisch und fragte, ob ich ihr eine gute Unterkunft empfehlen könne.

„Frag doch hier im Xenia oder da drüben im Lefká Óri."

In diesem Moment kam Micháli mit seinem Taxiboot um die Ecke gerauscht. Er liebt es, mit Schmackes hier einzufahren. Er legte an, vertäute das Boot, stieg aus, hob den Rucksack der jungen Frau an Land und reichte ihr die Hand für einen sicheren Ausstieg. Sie ging voran bis zur Treppe. Micháli drehte sich zu mir, streckte seinen Arm hoch und umfasste mit seiner Hand kurz meine rechte Fessel mit einem Griff durchs Geländer. Unser Lächeln traf sich in der Mitte.

Micháli folgte der jungen Frau, streckte ihr die Hand entgegen und sagte: „Forty euros." Sie hielt ihm zwanzig hin. „No", sagte er, „forty euros! Twenty euros for one way. I brought you in the afternoon and you said get me at eight again. I did it and now I get forty euros. Twenty for each way."

Damit hätte alles klar sein können. Ich fand's einleuchtend und freundlich erklärt. Sie hielt ihm weiter ihren Zwanzig-Euro-Schein hin. Wollte nicht mehr zahlen. Er forderte seine vierzig. So ging es ein paar Mal hin und her, immer lauter werdend, bis ihm der Kragen platzte. Ob sie dumm sei, ein bisschen blöd, schwer von Begriff, zusammengefasst einfach:

„Are you stupid!
Twenty for each way!
Forty euros! Now!"

Wie gut, dass ich die beiden nicht kannte. Wäre mir geradezu peinlich gewesen, als Touristin wegen solch eines Missverständnisses so einen Aufstand zu machen. Ich hätte dem Taxifahrer oder wem auch immer sein Geld gegeben und für mich daraus gelernt, dass ich das, was ich mir nicht leisten wollte oder konnte, einfach nicht zu buchen hatte!

Sie knallte ihm die vierzig Euro vor die Füße, spuckte auf den Boden und sah zu, dass sie aus seinem Greiffeld kam. Es gibt Grenzen, alleine zur Vorsicht. Niemals würde ich einem erregten Mann vor die Füße spucken und einem südländischen schon gar nicht. Micháli war sauer, stinksauer. Er schwang sich, ohne einen Blick zu mir, auf sein Moped und knatterte über die Hinterstraße, wahrhaftig aufgebracht, von dannen.

Auch wenn ich den Vorfall genau beobachtet hatte, fühlte ich mich nicht zuständig. Bei Gefahr wäre ich vielleicht eingesprungen, aber immer mit vorherigem Abwägen möglicher Folgen. Ich bin nicht der Meinung, dass das Messer, was einem anderen gelten soll, unbedingt meine Rippen durchstoßen muss. Bin ich in der Lage, Frieden zu stiften oder Gefahren abzuwenden, mach ich das gerne, doch niemals unbedacht.

Wie war das noch: Die Zeit der Wartenden war vorbei. Ich bestellte mir mein Essen und ein Glas Krasí áspro - Weißwein. So hatte ich mir das letzte Dinner meines vorerst letzten Abends hier in Chóra Sfakíon zwar nicht vorgestellt, und so hätte ich die Geschichte dahingehend auch sicher nicht schreiben wollen, aber was soll's, das Leben macht, was es will, und wir machen mit und nach Möglichkeit das Beste daraus.

Mein Blumenkohlgericht - hervorragend. Ich kann das gar nicht beschreiben, kann ja nicht kochen, aber der Geschmack, lecker. Die Röschen klein, die Bechamelsoße sämig und gut gewürzt, mit etwas Gorgonzola. Dazu gab es einen Suflaki-Spieß.

Von Micháli war nichts zu sehen oder zu hören. Dafür kam die weißhaarige Frau mit Zopf vom frühen Abend noch einmal zu mir an den Tisch. Sie hatte ihr Zimmer im Xenia bezogen und wollte nun zu den Drei Brüdern oberhalb des heimeligen Strandes zu Abendessen.

„Möchtest du, dass ich dich begleite?",
 fragte ich, und sie antwortete: „Gerne!"

Ich sagte Vanna, dass wir zu den Drei Brüdern auf einen Wein gehen würden. Man wusste ja nie! Chóra Sfakíon war etwas belebter als an den Tagen zuvor. Es war der 30. April 2012, und morgen wäre frei. Alle hätten frei, außer die, die an solchen Tagen nie frei hatten. War Saison, war Saison, und da war jeder Tag gleich, ob es nun ein Sonntag war oder ein Montag oder wie morgen, der 1. Mai.

Auf der hochgebauten Terrasse der Drei Brüder war ein ausgesprochen angenehmes Licht. Es war nicht dieses grelle Weiß wie in vielen Tavernen, es war angenehm warm, ein wenig gelblich. Dazu das satte Grün der Rankgewächse, die blau gestrichene Bestuhlung und die gelb-grün-blau karierten Tischtücher und Kissen, harmonisch - armoniká.

Der Oberkellner, einer der drei Brüder, mit pomadig zurückgekämmten Haaren, meinte, mich wiederzuerkennen. Ich wusste zwar nicht woher, doch kam auch er mir nicht unbekannt vor.

"Maybe from last autumn?", sagte ich. "Maybe?"

Heidrun aus Dresden, einundfünfzig, bestellte beim russischen Ober ihr Essen. Some vegetables und zwei Spinattaschen, dazu ein großes Bier. Der Kellner fragte nach: "Two spinach bags?" "Yes, two!" Ich nahm quasi als Nachtisch einen Sfákia Pie me Meli and a second Krasí áspro - einen zweiten Weißwein.

Heidrun und ich sprachen über uns und unser Reisen. Sie war das erste Mal auf Kreta. Hatte in der Nähe von Réthimnon ein pauschal gebuchtes Zimmer und am Flughafen meines Níkos Kazantzákis in Heráklion gleich ein Auto gemietet. Sie hatte in den drei Tagen ihrer bisherigen Reise schon einiges gesehen. Sie war in Ágios Nikoláos, auf der Lassíthi-Hochebene und in Mírtos gewesen. Dazu in zwei kleinen Bergdörfern, deren Namen sie vergessen hatte. Von Chóra Sfakíon aus wollte sie nach Loutró und am liebsten auch noch nach überall hin. Sie war neugierig. Sie wollte viel mitkriegen in den 10 Tagen ihrer Reise. Und ja - sie wollte wiederkommen. Kreta gefiel ihr ausgesprochen gut.

Mein Reisen war so anders. Auf der einen Seite war ich ein kleiner Angsthase und auf der anderen ohne Furcht. Ich würde niemals mit dem Auto durch die Gegend fahren, um neue Welten zu erkunden, zumindest nicht alleine und außerhalb Deutschlands. So neugierig konnte ich gar nicht sein. In Zeiten des Navis, so es deutsch mit mir spräche, könnte sich das ändern. Ich brauche bekanntes Terrain oder jemanden, der mich an die Hand nimmt, so wie mein Ludwig zum Beispiel. Mit Ludwig würd ich zu gern wieder reisen. Mutig bin ich im Kontakt mit anderen, aber das wissen wir ja schon. Kontaktscheu ist Lisbeth nicht, und fragen mag sie auch alles. Einer meiner Lieblingssätze lautet: Auch ein Nein muss man sich abholen.

Das Essen kam. War 'n büschen viel für Heidrun, das ganze Gemüse und die zwei Portionen Spinattaschen. Zwei mal zwei große Spinattaschen. Sie wollte reklamieren und ich sagte: „Komm lass, wir haben Servietten, und kalt schmecken sie morgen auch noch gut." Wir zahlten und verließen nach je drei Raki etwas überheitert die Stätte.

23.

Heidrun war müde. Ich war es nicht. Es war kurz nach 23 Uhr. Ich begleitete sie zum Xenia. Das Xenia lag im Dunkeln, menschenleer. Ich lief Richtung Uferpromenade. Im Lefká Óri waren noch etliche Tische besetzt. Ich habe den Eindruck, dass dieser Familienbetrieb hier in Chóra Sfakíon den besten Zuspruch hat. Wissen kann ich das natürlich nicht, aber irgendwie schienen mir die Tische hier häufiger besetzt als in den anderen Tavernen der Uferpromenade. Micháli aß hier gern zu später Stunde - am rechten Tisch - auf dem rechten Stuhl - direkt am Haus - mit dem Rücken zur Wand - alles gut im Blick. Heute Abend saß er nicht dort - hm - hatte er immer noch zu viel Wut im Bauch? War ihm der Appetit restlos vergangen?

Ich ging weiter. Beim Hotel Alkyon lief der große Fernseher, wie immer. Er stand direkt im ersten der großzügigen Türbögen, die in den Loungebereich des Hotels führen. Die meist jungen Männer, die hier gerne den späten Abend verbringen, saßen palavernd auf der anderen Seite der Uferpromenade, alle mit dem Blick zum Fernsehbild. Ich musste ihnen unwillkürlich durchs Bild laufen, was sie aber in keiner Weise zu stören schien. Sie grüßten allesamt freundlich.

Café Déspina - Samariá - Obrosgialos - Delfíni. In jedem der Lokale saßen noch ein paar Menschen. Ich lief um den kleinen Eck-Laden herum, weiter an allem vorbei, bis ich die Taxiboot-Info-Box, neonbeleuchtet, direkt vor Augen hatte. Micháli war gut hinter dem halb geöffneten Schiebefenster zu erkennen.

Hatte ich Angst? Hatte ich Bedenken? War mir da irgendetwas peinlich? Nee! Wenn es zwischen Micháli und mir gut war, wie er es gesagt hatte, dann konnte ich ihn jetzt ohne Bedenken für einen kleinen Plausch zur guten Nacht besuchen gehen. Einfach so, weil mir danach war, ohne auf große Überraschungen gefasst sein zu müssen.

„You know, I'm sometimes crazy, but not for you.
 Between you and me everything is good."

Ein bisschen putzig war es dennoch. Es war das erste Mal, abgesehen von den unverfänglichen Zigaretten, die ich nach dem Frühstück gerne mit ihm an seinem Taxiboottisch genoss, dass ich von mir aus auf ihn zuging.

Er saß da, in seiner Box hinter dem geöffneten Fenster. Die Tür an der gegenüberliegenden Seite stand offen. Der Bildschirm seines Laptops war hochgeklappt. Die Neonröhre unverschämt grell. Für mich gehörte dort sofort warmes, weiches Licht hinein. Doch damit scheinen die Griechen es im Allgemeinen nicht so zu haben. Er lächelte, als er mich kommen sah, und als ich an sein Fenster trat und ihn fragte, ob er alleine sei oder ob ich störe, lachte er geradezu und sagte:

„Do you see someone sitting here?
 Come in. I'm glad to see you. Sit down."
„You did not come to eat?"

„I was so angry about this stupid woman.
But you know, between you and me there is no problem!"

Wie er das so genau wusste? Aber, wenn er grad kein Problem mit uns hatte, wollte ich es bitte auch nicht haben. Und so warf ich ohne Bedenken gleich eine weitere Frage in den Raum.

„Micháli, you know that I'm going tomorrow up to Livanianá, to stay with Nina for a week. Tilman is in Germany and so she can need my help. We also wanted to spend some time together. So I'm asking you now, what about this night?"

Micháli, du weißt, dass ich morgen nach Livanianá hochgehe, um eine Woche bei Nina zu bleiben. Tilman ist in Deutschland, und da kann sie meine Hilfe gut gebrauchen. Außerdem wollten wir sowieso ein wenig Zeit miteinander verbringen. Und so frage ich dich jetzt, was wollen wir heute Nacht?

Ich war ja geradezu mutig! War ich ja im Umgang mit Menschen normalerweise sowieso, zumindest in meinem Laden und hier auf Kreta.

„If you like, I will come to you for a good night of love."

Verführerische Stimme - verführerischer Blick - verführerisches Lächeln - verschmitzter Gesichtsausdruck. Im Grunde konnten wir uns beide gut händeln. Da war allezeit etwas Leichtes, außer wenn die Schatten der Vergangenheit ans Licht wollten. Bei mir wie bei ihm. Meine kannte ich, seine konnte ich nur erahnen.

Er fischte sich etwas zu Essen aus der Gefriertruhe. Irgendein fertiges Pastagericht. Fürs Nötigste war hier alles vorhanden, und jeden Tag Essen zu gehen, war bei seinem Budget auch nicht unbedingt möglich. Bier kostete auch und Mädels einladen ebenso. Ich wartete noch, bis sein Essen heiß war. Rauchte mit ihm eine Zigarette - Arm in Arm - in der Dunkelheit - mit dem Rücken an die Taxiboot-Infobox-Seitenwand gelehnt, und den Blick aufs Meer und auf unser gegenüberliegendes Hotel Xenia.

Romantik geht genau so!

Ich wandelte alleine zurück über die Uferpromenade, an der nun nur noch ein paar Insider im Café Déspina saßen. Der Rest der Promenade lag eher im Dunkeln. Ich ging die neun Steinstufen zur Terrasse hinauf, überquerte dieselbige, ging weiter über die nächste Treppe ins Hotel-Erdgeschoss und noch eine höher in die erste Etage, die eigentlich die zweite hätte sein müssen und es auch war. Alle Zimmernummern lagen im Zweihunderter-Bereich.

Als ich auf meinem Balkon stand, sah ich gerade noch, wie das Licht in der Taxiboot-Infobox erlosch. Sah, wie ein kleines rundes Licht außerhalb ins Leuchten kam und sich langsam tuckernd die Hafenstraße hinauf bewegte. Es hätte von dort aus überall hinfahren können, doch es kam zu mir, direkt zu meinem Hotel. Ein langer, dunkler Schatten bewegte sich lautlos über die neun Steinstufen zur Terrasse hinauf. Nahm den direkten Weg zur inneren Treppe, die ins Hotel-Erdgeschoss führte, und eine weitere, die ihn in die erste Etage brachte, die eigentlich die zweite hätte sein müssen und es auch war. Die Zimmernummern lagen alle im Zweihunderter-Bereich, auch meins mit der Nummer 203. Die Tür öffnete sich, ein Klopfen war nicht erforderlich. Er wusste, er wurde erwartet.

24.

Nun war er da - der 1. Mai. Micháli und ich ließen den Morgen langsam angehen. Gehörte er heute etwa zu den Menschen, die diesen Tag der Arbeit heute ohne Arbeit verbringen konnten? Sollte sein Taxiboot heute etwa unbemannt bleiben?

„No work today?"
„No, I'll go later, it's kaló mína, first of maío."
„Kaló mína? What is it?"
„We say kaló mína for a good month and the first of may
  is a special. We work, but not so much, and the people
  bind wreaths of flowers and hang them above their doors,
  or to the front wall of her houses for happiness."

Ich hatte ihn gefragt, ob er heute nicht arbeite. Er würde, aber erst etwas später. Es sei der 1. Mai, ein besonderer Monatsbeginn, und da wünsche man sich „Kaló Mína" für einen guten neuen Monat. Sie arbeiteten, aber nicht so viel, sie bänden Blumenkränze, um sie für Glück an ihre Hauswände oder über ihre Eingangstüren zu hängen.

Nach dem Duschen schmiss ich mir eins meiner schwarzen Kleider über, cremte mir das Gesicht ein und malte mir ein wenig die Lippen. Barfuß mit hochgestecktem Haar verließ ich das Zimmer, hüpfte die Treppen hinunter bis auf die Terrasse des Xenia und bestellte zwei Nescafé. Anna machte sie mir und Vanna bemerkte mit einem Augenzwinkern:

„Oh, coffee for the room today, Elisabeth! Do you need two coffees after a drunken night or do you have a visitor?" „I need two!", gab ich mit einem Grinsen und einem Fingerzeig unter mein linkes Auge zurück und sie erwiderte: „Say kaliméra to Micháli and kaló mína!"

Sie stellte mir die beiden Kaffeebecher aufs Tablett und legte mir eine Rose und eine Handvoll Kekse dazu. Als ich die Treppen zu meinem Zimmer wieder hinaufstieg, summte ich leise „Der Mai ist gekommen" vor mich hin, auch wenn die Bäume hier auf Kreta längst ausgeschlagen waren.

Micháli saß in unserem Bett mit dem Rücken an der Wand und las mit seiner Lesebrille auf der Nase im Sonntagsblatt vom 29. April. Irgendwie schien ihm dieses Blatt heilig zu sein. Er trug es immer in seinem Hin- und Herbüdel mit sich herum und studierte zwischendurch sämtliche Anzeigen rauf und runter. Ich stellte ihm seinen Kaffee auf den Nachttisch ans Bett und setzte mich mit meinem in der Hand zu ihm auf die Innenseite des Bettes. Kaffee getrunken, Zeitung gelesen, geduscht, geküsst. Dann war Micháli durch die Tür in den Flur der zweiten Etage ins Nichts verschwunden.

Ich räumte meine Sachen zusammen, präparierte meinen Reiserucksack und alles andere zum Weiterziehen und verließ gut aufgeräumt mit Sack und Pack mein Zimmer. Dieses Mal stellte ich mein Gepäck zu Micháli an den Taxiboottisch.

„May I invite you to a hangman's meal?", fragte ich ihn.
„Hangman's meal, Elisabeth, what's this?"

Ich schaute ihm in die Augen, bewegte meine linke Hand im rechten Winkel abgeknickt zackig in Halshöhe von rechts nach links und sagte ihm:

„It's the last meal, before you get hanged and die,
  a Henkersmahlzeit eben, you know?"

„You're crazy Elisabeth, that's my job!"

„Yes, I know, but today it is mine!
So what Micháli, what do you want for breakfast,
I will invite you."

Ja, normalerweise war das Verrücktsein sein Job, doch heute war es meiner. Er wollte Rührei von drei Eiern mit Schinken, Käse und Toast, ich meinen üblichen Joghurt mit allem und einen zweiten Kaffee.

„You leave today?"
„Yes, Micháli, for one week, then I'll be back."

Als ich unser Frühstück bestellte, bemerkte ich erst die vielen Blumen auf dem Haustisch vom Xenia, dem nächsten Tisch zum Tresen. Er ist der Ausschau- und Pausentisch für Georgos und die Xenianer, wenn es ihre Zeit erlaubt. Heute lag er voll mit Grün und schönsten Rosen in Rosé, Pflaume und Rot aus Vannas Garten und Xenia-eigenen Bougainvilleen und Geranien. Anna stellte für den Tisch am Pfeiler einen schönen Rosenstrauß zusammen. Vanna begann den Glücks-Kranz vorzubereiten, den Georgos dann zu Ende band. Alle anderen Tische bekamen ebenfalls passend gesteckten Blumenschmuck.

Rituale sind schon was Tolles. Hier schienen sie froh zu machen und alle zu vereinen. Ringsherum in den Tavernen wurde ebenfalls geschmückt. Franz kam auf die Terrasse, auch er machte heute frei, zumindest am Vormittag. Am Nachmittag wollte er nach Loutró fahren, um heute von dort aus seinem Bewegungsdrang zu folgen.

Als wir fertig gefrühstückt hatten und Franz sich zu uns gesellt, war auch der Glücks-Kranz gebunden. Als Erster versuchte

Georgos sein Glück. Er wählte den Platz über der Schankraumtür, rechts unterhalb des Hotel-Xenia-Restaurant-Café-Bar-Schildes. Weil Georgos nun aber weder mit Hammer noch Nagel ausgestattet war, übernahmen Micháli und Franz die Platzsuche und das Anbringen. Sie entschieden sich für den mittleren Treppenaufgang zur Terrasse und versuchten mit Hilfe eines Stuhles als Leiterersatz, den Kranz zu befestigen. Hammer und Nagel lagen inzwischen bereit. Franz auf dem Stuhl, Micháli daneben, Kranz haltend. Mit dem Franz und dem Stuhl zusammen reichte die Länge nicht aus. Es wurde getauscht. Franz war nun der Kranzhalter, der ihn, ähnlich wie the real Queen ihre Handtasche trug, am Arm hängen hatte. Micháli, mehr als einen Kopf länger, war nun der Stuhlbesteiger. Das Gesamtmaß war nun besser. Mit hochgestreckten Armen mögen es nun 46 cm mehr gewesen sein. Doch, verflixt, damit reichte es immer noch nicht. Es brauchte eine Leiter. Franzens Handy piepte - eine SMS, die es zu beantworten galt. Franz, immer noch mit dem Glücks-Kranz am Arm, nun mit Lesebrille bestückt, tippte konzentriert den Rücksendetext. Micháli versuchte, eine Leiter zu finden. Der Rumpelraum an der Terrasse gab keine her. Irgendjemand hatte sie nicht dorthin zurückgestellt.

Während der gesamten Aufführung saß ich am Taxiboottisch und beäugte das Schauspiel. Auch ich hatte den für mich richtigen Platz längst erkannt und ausgewählt. Ich nahm den Stuhl, stellte ihn an das Geländer neben den linken Pfeiler am Terrassentor, nahm Hammer und Nagel an mich und den Kranz vom Franz. Ich probierte und markierte die Stelle für den einzuhauenden Nagel. Zum Nageleinhämmern gab ich den Kranz noch mal zurück an Franzens Arm, der immer noch konzentriert simste. Nagel rein, Glücks-Kranz befestigt, fertig.

Ach, was sah das auch schön aus! Unten am Pfeiler die schwarze Tafel mit: Special offer - fresh!! For two - Lobster with Spaghetti for 25 €. Darüber ein holzfarbenes Schild mit griechischen Buchstaben für: Yaurti me Meli with Fruits for 4,50 €. Und darüber nun der rosenreiche Glücks-Kranz fürs Xenia und seine Bewohner, ergänzt mit Grün, roten Geranien und erikafarbenen Bougainvilleen.

Alles war gut, alles war schön, und alle waren zufrieden. So konnte ich wunderbar entspannt zum nächsten Abschnitt meiner Reise aufbrechen. Ich zahlte mein Zimmer und die erhaltenen Speisen und Getränke, verabschiedete mich für eine Woche von Vanna, Georgos, Anna und Míro, küsste meinen Micháli und wanderte mit Franz zusammen zum Diving-Center, dem Anlegeplatz der kleinen Mittagsfähre Neptun.

Wenn zwei so zusammen zur Fähre wandeln, fragen sie sich schon mal nach ihrem Tun. Ich - Geschäftsfrau mit Büchern und schönen Dingen und so, und du? Franz war in der Musikbranche tätig, erzählte ein wenig, was interessieren könnte, ich aber dennoch nicht kannte. So etwas liegt bei mir selten am wirklichen Unbekanntsein, sondern eher an meinem Nichts-davon-Wissen. Bis er auf Felix de Luxe zu sprechen kam. „Ja, die kenn ich. Oder war das nur einer? Auf jeden Fall hatten die doch den Hit ‚Mit einem Taxi nach Paris'. Ein wunderbarer Song. Ich glaub, ich kann den noch!" Ich fing mit der ersten Strophe an, sang, dass es spät genug sei, um nach Hause zu gehen, dass die Sterne im Dunkeln funkeln, von französischen Küssen und von Mona Lisa, die mir die Zunge herausstreckte. Franz summte inzwischen mit. Den Refrain brachten wir gemeinsam über die Bühne, genau wie die zweite Strophe mit dem Licht und der Elektrik und dem Eiffelturm. Danach drei weitere Refrains und fertig.

„Mann Franz, was is das für'n schönes Stück. So fröhlich!
Da ging doch nur noch gute Laune."
„Ja, da ging nur noch gute Laune!"
„Und, war's nun 'ne Gruppe oder ein Einzelsänger?"
„'ne Gruppe."
„Gibt's die noch?"
„Als Gruppe nicht, aber mich gibt's ja noch."
„Ja, ja, und du warst dann der Felix, was?"
„Das nicht", sagte er mit einem Grinsen,
„aber ich war ein Teil von Felix de Luxe."
„Was?"
„Ja, genau, ich war ein Teil von Felix de Luxe."

Wie schön, wie süß, wie wunderbar.
Plötzlich war unser Blumen-Franz Felix de Luxe.

„Und sach mal", fragte er,
„hast du was mit dem Micháli?"

„Wieso, haste was gehört?"
„Nee, aber was man nicht hört, sieht man!"
„Ach, dabei sind wir doch so geheim."
„Ebend!"

25.

Wir lösten am Fahrkartenhäuschen zwei Fährkarten nach Loutró. Ab heute, dem 1. Mai 2012, kostete die Überfahrt einen Euro mehr. 4,50 € pro Person und Weg. Am Diving-Center war's geradezu voll. Sind alle Plätze besetzt, handelt es sich meist um Fähr-Wartende. Ich winkte Damúlis und Ahmed aus kleiner Entfernung zum Abschied. Durch unsere Hand- und Armzeichen war klar, dass ich nach sieben Tagen wieder zurück sein würde.

Ich setzte mich auf einen der gelben Poller am Hafenbecken, Franz auf einen anderen. Es war alles so schön síga, was immer das jetzt auch heißen mochte. Síga, síga, ochí stress - ruhig, ruhig, nein stress und genau so fühlte es sich für mich hier jetzt auch an. Entspannt im Hier und Jetzt - Ruhe pur.

Der Kartenkontrolleur kam mit seiner Mechanáki angefahren. Er stellte das Moped hinter das Diving-Center und lief gemächlich zur Neptun. Beim Betreten des Schiffes läutete er die Schiffsglocke, die mir gleichermaßen für die Fährgäste wie für den Kapitän als Zeichen für die baldige Abfahrt zu dienen schien. Die Fahrgäste setzten sich in Bewegung. Der Kapitän kam mit leicht verschlafenem Blick aus der Kajüte. Der Kontrolleur prüfte die Karten. Riss sie ein und ließ die Gäste an Bord.

Hier trennten sich unsere Wege. Franz setzte sich zu Bekannten ans hintere Ende der Neptun, ich vorne an die Spitze zu zwei jungen Griechinnen, die für eine Woche aus Athen angereist waren.

Auf dem gelben Poller sitzend hatte ich mit Nina telefoniert:

„Ja, i bin dann gege 16 Uhr unte."
„Wo wollen wir uns treffen?"
„Irgendwo zwische Fähranleger und Zigarettekiosk,
 i werd die scho finde, oder schaust plötzlich ganz anders aus?"
„Nein, nein, unverändert, immer noch dieselbe.
 Schwarz gekleidet mit rotem Haar, Rucksack und Rosentuch."

Vielleicht waren siebzehn Personen an Bord der Neptun. Ein paar saßen vorne, ein paar hinten und ein paar in der Kajüte. An der braun getäfelten Holzaußenwand hingen beidseitig drei orangefarbene Rettungsringe. Am Geländer waren ausgediente Autoreifen befestigt, die uns Reisenden jetzt als Rückenlehne dienten. Zu anderen Zeiten waren sie Schutzpuffer zwischen Boot und Kaimauer. Das Meer war tintenblau, die Gischt weiß, die Reling grau gestrichen.

Natürlich gab es an Bord der Neptun auch eine Bar. Ihr Anblick amüsierte mich. Im Hintergrund das rote Plakat einer koffeinhaltigen Limonade. Davor auf kleinstem Raum eine Orangensaftpresse, eine Porzellandrückflasche für ein evtl. vorgeschriebenes Handreinigungsmittel, ein grüner Plastikbehälter mit Frischwasser und ein durchsichtig gelber Einkaufsbeutel mit Tabak und anderen Utensilien. Links oben eine Preistafel. Rechts in großer Schrift das Wort BAR auf einem weißen Zettel. Bei näherer Betrachtung entpuppte sich das Plakat als Seitenwand eines Getränkekühlschrankes, der mit einem gelben Spanngurt am Schiff befestigt war.

So oft ich nun auch schon von Chóra Sfakíon nach Loutró gefahren war, so oft sind mir auch die markanten Punkte der Küstenlinie aufgefallen.

Immer schau ich aufs Xenia. Immer sehe ich die drei aus dem Meer ragenden, dicken, wasserumspülten Felsbrocken. Immer liegt dort der einsame, kleine Strand, der nur mit dem Boot zu erreichen ist, und immer warte ich sehnsüchtig auf den Anblick vom Sweet-Water-Beach, ob nun mit oder ohne aufgespannte Sonnenschirme. Es folgt die kleine weiße Kirche am Hang, nach deren Vorbeifahrt dann urplötzlich Loutró mit seinem konsequent blau-weißen Häuserkranz in Sicht kommt.

Ach ja, das is scho schee - schon schön!

Auch wenn ich die beiden letzten Male lange im Café Loutró verweilt hatte, gab es für mich in Loutró selbst derzeit keinen Platz, an dem ich mich zu Hause fühlen konnte. Der Platz am Café Loutró war schön, aber nicht meiner. Und ich dachte, dass das so für die neue Königin von Chóra Sfakíon, the Queen Elisabeth from England, nicht bleiben konnte. Als alle das Boot und den Steg verlassen hatten, blieb ich dort noch seelenruhig stehen. Ich hatte mich bewusst ganz ans äußere Ende des Betonsteges gestellt, um den besten Blick auf Loutró zu haben. Der Steg ist grau mit einer breiten weißen Farb-Umrandung. An der Farbgrenze sind vielleicht sechzehn Eisenringe eingeschlagen, an denen die Schiffer ihre Boote festmachen können.

Nun stand ich da und ließ meinen Blick von links nach rechts und wieder zurück wandern. Die kleine Terrasse am Wasser vom Café Loutró war schon schön, aber nichts zum Hofhalten. Hätte ich wieder für mich sein wollen, wäre dieser Platz richtig gewesen. Eine weitere Möglichkeit wäre die vorgebaute blaue Holz-Terrasse, gleich hinter dem Zigarettenkiosk, auf der ich im letzten Herbst, genau am 3. Oktober mit Christion an seinem dreiundvierzigsten Geburtstag zu Abend gegessen hatte. Der gleiche Platz übrigens, an dem ich auch den ehmaligen Arbeitskollegen meiner Schwester Katharina, den Paulo Sowieso, wiedergetroffen und erkannt hatte. Ein guter Platz zum Schreiben und Lesen und zum Für-mich-Sein, direkt am

Rande des Stadtstrandes. Doch nein, das suchte ich hier in Loutró nicht. Hier wollte ich Leben und Lebendigkeit, irgendwie mittendrin sein können, aber nicht müssen. Loutró war für mich, so klein es auch sein mochte, Stadt. Hier fanden sich alle am Abend zum Stelldichein, Essen, Trinken und Verweilen wieder, die den Tag am Strand verbracht hatten oder durch Berge und Schluchten gewandert waren.

Die Terrasse links vom Steg zog mich an. Sie war durch ihre gelben und orangefarbenen Regiestühle einladend farbenfroh, irgendwie sonnig. Die braune Holzterrasse war in zwei Stufen zum Meer hin erweitert worden. Das dazugehörige Gebäude, wie alle Häuser in Loutró, weiß mit blauen Fensterläden. Die Rückwand der Taverne im Erdgeschoss war allerdings gelb gestrichen, genau wie die flache, abgrenzende Mauer zum Meer hin, die die vorgebaute Terrasse vom wirklichen Loutróer Festland trennt. Zu all dem Schönen war es auch noch das erste bzw. das letzte Haus am Platz. Das erste, wenn man vom großen Fähranleger aus kommend in den Ort hineinläuft, und das letzte für alle, die sich vom Sweet-Water-Beach hierher auf den Weg gemacht hatten, um vielleicht vor dem Ablegen der Abendfähre noch eine Kleinigkeit zu sich zu nehmen.

Ich hatte mich entschieden.
Wenn es einen Platz für mich in Loutró geben sollte,
dann könnte er nur dort sein.

Es war fast wie eine erste Verabredung mit einer Unbekannten. So bedächtig hatte ich mich noch nie einem Ort genähert, und so gründlich hatte ich noch nie einen Ort vordem für mich ausgewählt. Ich schulterte meinen Rucksack links, gegenüber der auf der rechten Schulter hängenden Umhängetasche, die auf meiner Hüfte oberhalb meiner roten Bauchtasche endete.

Direkt vor mir lag das Hotel Daskalogiànnis. Auch wenn die Häuser hier Hotel heißen, fühlen sie sich für mich nicht so an. Die dazugehörige Taverne hat linksseitig des Steges helle Regiestühle und rechts wetterfeste, dunkelbraun geflochtene Sofas und Sessel. Die linke Seite erinnert an ein Eiscafé, die rechte mit ihren blaugepolsterten Sofas an eine Tee-Lounge zum Verweilen und Zeitunglesen. Der Star des Hauses war und ist Coco Papagei. Rechts davon sah ich auf die Fisch-Taverne mit den gelben Fischernetzen und gleich daneben auf das Café Loutró.

Mein Gefühl führte mich nach links.

Diesseits der flachen, gelben Grenzmauer meiner ausgewählten Taverne wuchsen rote Geranien in großen Pflanzgefäßen. Unter weißen Sonnenschirmen standen die gelben und orangefarbenen Regiestühle an runden und ovalen Tischen mit Marmorplatten auf schmiedeeisernen Gestellen.

Ich stellte meinen Reiserucksack jenseits der Mauer auf die vorgebaute Holzterrasse und wählte mir einen Platz, über dessen Stuhllehne ich mein Rosentuch legte. Nein, setzen konnte ich mich noch nicht. Es war alles so phantastisch, so liebevoll, so nichts dem Zufall überlassen und dennoch leicht und locker, wie dahingeweht. Es war wie in meinem Laden zu Hause, und ich spürte, dass hier jemand sein musste, der seine Arbeit, seinen Laden, sein Haus genauso lieben musste wie ich.

Ich muss staunend dagestanden haben, als ich ein Motiv nach dem anderen mit meinem Fotoapparat einfing. Die gesamte Terrasse in ihrem Gelb und Orange auf braunem Holz, genau wie die blau gestrichene Tür mit ihren beiden rechts- und linksseitigen Schiebefenstern. Unter dem ersten stand ein langer, schmaler Tisch mit Lampe und dicken Steinen, unter dem zweiten zwei Stühle mit kleinem runden Mitteltisch für Zwiegespräche.

An der nächsten Wand hingen zwölf gerahmte Schwarz-Weiß-Fotos. Alle zeigten Menschen aus früherer Zeit in unterschiedlichen Posen. Eine neue blaue Tür, ein nächstes blaues Fenster mit dekorierter Fensterbank und darunterstehendem Tisch mit zufällig abgelegten Zufälligkeiten.

Nun stand ich vor der gelb gestrichenen Tavernen-Wand, dem Herzstück vom SÍFIS. Über dem dreiflügeligen Fenster mit rechts- und linksseitiger Tür steht es geschrieben: SÍFIS HOUSE. Der Schriftzug im Blau aller Fenster, Türen und Geländer. Die linke Tür führt zur Rezeption, die rechte zu den Toiletten, die daneben hinaufführende Treppe zu den Zimmern.

Unterhalb des Fensters der Rezeption stand auf der oberen von zwei breiten Stufen ein alter Holzschreibtisch. Darauf eine Schreibmaschine mit runder Tastatur. Davor ein alter Thonet-Stuhl. Daneben eine alte Lederschultasche. Links der Schreibmaschine glänzte ein großer grüner Weinballon, auf dem danebenstehenden zweiten Thonet-Stuhl ein zweiter. Es folgten große grüne Weinflaschen und kleine rote. Auf der unteren Stufe lugten aus einer geöffneten alten Holztruhe allerlei Zeitschriften hervor. Dazu Bilder - überall Bilder.

Gerahmte Bilder neben der Holztruhe, auf dem Fenstersims und auf der ersten Sprossenreihe des waagerecht dreigeteilten Fensters zur Rezeption.

In diesem Bereich wirkt das Hotel wie ein Bistro. Am Aufgang zur Rezeption standen zwei rote, gerillte Steingallonen. Auf der gelben Steinmauer stapelten sich etliche Tavli-Spiele, die griechische Variante des Backgammon.

In diesem Moment kam eine Frau auf mich zu und fragte: „May I help you?", worauf ich sagte: „Yes please, who did all these wonderful, beautiful, nice things?" Sie strahlte mich an und sagte: „It's me!" Ich schüttelte mit dem Kopf und sagte, dass es hier bei ihr genauso schön sei wie in meinem Laden zu Hause, nur dass ich kein Hotel und keine Taverne hätte, sondern einen großen, vollen Laden mit Café-Ecke und vielen bunten Sachen, die alle genau so angeordnet seien, wie ich es haben wolle.

Ich glaube, es war Liebe auf den ersten Blick. Christina und ich waren magic, und sie sagte es immer wieder gerne:

„It's magic Elisabeth, it is like it is, we are connected!"

Ich zeigte auf meinen erwählten Tisch und bestellte mir eine Kanne Tee. Der Blick von Loutrós Terrassen ist von jedem Platz aus schön. Komm ich in die Bucht von Loutró hineingefahren, denke ich jedes Mal, dass das kleine Städtchen daliegt wie eine Braut in den Armen ihres Geliebten. Loutró sieht beschützt aus, und wenn Micháli nicht so ein Heiopei wäre, ein Mann ohne Verantwortung für seine Frauen, könnte ich mich bei ihm genauso wunderbar beschützt und geborgen fühlen. Zum Glück war das ja nicht erforderlich, und wenn hier einer von uns beiden eines Tages Schutz bräuchte, wäre wohl eher er der Schutzbefohlene.

Oberhalb der Häuserreihen grünte es. Bäume, Büsche, Blumen. Der Fels vor meinen Augen, jenseits der Bucht, wirkte eher karg. Auch dort grünte etwas, nur war es von hier aus mit dem bloßen Auge nicht auszumachen. Die Sonne ließ das Meer wie immer blau-türkis glitzern.

Maria, die junge Saisonkraft vom Sífis House, brachte mir den Tee.

Sie stellte eine kleine, ovale Platte mit Möhren- und Gurkenstreifen dazu und zwei Gläser mit Wasser aufgefülltem Ouzo. Als ich gerade fragend schauen wollte, kam Christina aus ihrem Kabäuschen auf mich zu, um mehr über meinen Laden zu erfahren.

„Elisabeth, tell me something about your store. I've got an idea. Look, here are some rooms behind the wall from our taverna, we don't use. Long time ago it was my first evening bar. Someday I'd like to open a small shop here, with books and other odds and ends. What do you think about it?"

Kann man sich vorstellen, wie zwei Menschen dieses Kalibers dann ausschweifend ausschweifen können? Bis in die kleinste Kleinigkeit hatten wir ihre Räume schnell mal eben durchdacht, renoviert, eingerichtet und mit Ware bestückt. Und natürlich würde ich mich an der Ladenarbeit beteiligen - was sonst?

Und wieder passte der Satz: Wer Neues erdenken will, muss von Zeit zu Zeit etwas spinnen. In diesem Moment betrat Nina mit dem Hund der Taverna- Livanianá den Bereich vom Sífis House und somit auch unser beider Spinnstube.

26.

Nina war von Livanianá herunter gelaufen, ohne Pause. Sie kann das, ist gut daran gewöhnt, gut im Training, und da macht es sich leichten Fußes, geradezu schwebend, federleicht.

Christina und Nina kannten sich nur vom Hörensagen, obwohl beide hier im selben Gebiet lebten. Christina irgendwie schon immer und Nina immer mal wieder auf ihren Reisen und nun schon bald ein ganzes Jahr am Stück. Es ist leicht so, Menschen leben nicht weit voneinander entfernt und begegnen sich dennoch nicht, weil sie meist an ihren angestammten Plätzen verweilen. Christina hat während der Saison kaum die Möglichkeit, ihren Betrieb zu verlassen, und wenn sie es dennoch tut, führt sie der Weg nicht nach Livanianá, sondern nach Chaniá, der Haupteinkaufsstadt Westkretas, dem Ort, an dem sie mit ihrer Familie ein Haus bewohnt.

Nina und ich freuten uns aufrichtig, uns wiederzusehen, und nachdem wir uns umarmt und geherzt hatten, machte ich die beiden Frauen miteinander bekannt. Sie wussten viel voneinander, ohne sich vorher je gesehen zu haben. Es ist hier wie überall auf der Welt. Je weniger Menschen in einem bestimmten Gebiet leben, umso mehr wird ihnen voneinander erzählt, vielleicht auch unter der Prämisse, dass sie sich doch eigentlich kennen müssten.

Nina wusste von Christinas wunderschöner Musik, die am Tage eher zurückhaltend gespielt wurde und zum Abend hin passend etwas lauter. Man hatte ihr erzählt, das Christinas Mann Michális nur an den Wochenenden in Loutró sei und die Woche über in Chaniá lebe und dort in einem Krankenhaus arbeite, dass eine ihrer Töchter Medizin studiere und der Sohn irgendetwas mit Technik. Von Elisabeth, dem jüngsten der drei Kinder, wusste Nina nichts. Sie war zu diesem Zeitpunkt vielleicht fünfzehn und besuchte das Gymnasium in ihrer Heimatstadt Chaniá. Ich konnte gut spüren, wie wunderbar stolz Christina auf ihre drei Kinder ist. Mutterliebe und Mutterstolz sind etwas ausgesprochen wunderbar Wunderbares. Vaterstolz natürlich ebenso, doch war dieser ja nun gerade nicht anwesend.

Natürlich wusste Christina auch etwas über Nina. Wie sollte das auch anders sein? Die Reisenden, die eine gewisse Zeit im Sífis House Urlaub machten, wanderten meist, zumindest einmal, hoch nach Livanianá - welchen Weg sie dorthin auch immer wählten. Da blieb es gar nicht aus, dass das eine oder andere erzählt und ausgetauscht wurde.

Es gab Menschen, die diesen Fußmarsch auf sich nahmen, um eine gute Zeit in der Tilmanschen Taverna-Livanianá zu verbringen, und es gab andere, die eher um des Wandernwollens wanderten und die Taverne als willkommenen Pausenort für eine kleine Rast nutzten. Es gab aber auch die, die beides wollten und es lustvoll miteinander zu verknüpfen wussten.

In beiden Lokalitäten, ob hier unten am Wasser bei Christina oder oben in Tilmans Taverne, gab es Gäste, die einfach nur Gäste waren, und andere, die sich nach ihrem ersten Besuch, hier wie dort, angenommen, wohl und zugehörig fühlten. Bei Tilman gab es dazu noch Menschen, wie Luc, mich und ein paar andere, die sich nicht nur zugehörig fühlten, sondern sich auch nützlich machten, wenn es erforderlich schien.

Informationen brauchen eine gewisse Zeit, um von hier nach dort zu gelangen, und so wusste Christina weder von Tilmans plötzlichem krankheitsbedingten Flug nach Deutschland noch von meinem nun beginnenden einwöchigen Aufenthalt bei Nina oben in Livanianá.

Gegen sechs machten Nina, Hund Jackomo und ich uns auf den Weg nach Hause. Bei zügigem Gang sollten wir gegen halb acht oben in Livanianá angekommen sein. Jackomo und sie würden es auch in kürzerer Zeit schaffen, doch mit mir und meinem Reiserucksack würde es etwas gemächlicher zugehen müssen.

Wir nahmen den Weg am Zigarettenkiosk vorbei zur hinteren Häuserreihe Loutrós, passierten den kleinen Lebensmittelladen und die letzte Taverne am Berg und stiegen gemächlich hinauf. Das erste Stück strengt kaum an. Es geht ein wenig bergauf, doch die Steigung ist selbst mit einem Reiserucksack auf dem Rücken gut machbar. Nach der ersten Rechtsbiegung wird es für einen kurzen Abschnitt etwas anstrengend. Der Weg ist hier serpentinenartig, treppenstufig und luftraubend. Da beginnt das Herz zu pochen. Wer den Weg kennt, geht ihn langsam und freut sich auf das weite Plateau mit dem beruhigenden Blick auf die Burgruine und ihre alten Begrenzungsmauern. Die weite Fläche mit dem flachen Buschwerk und ihren windschief gewachsenen Bäumen ließ uns wieder entspannt weitergehen. Es ging ebenerdig, mal ein wenig rauf und runter und wieder hinauf. Gelbgrüne Pflanzenblätter leuchteten überall in der Abendsonne. Wir liefen oberhalb des Old Fínix, genossen den Blick aufs leicht krisselige Meer und auf die späte Fähre aus Ágia Rouméli.

Nina fotografierte eins dieser Steinmännchen, die ohne jede Befestigung alleine durchs Ausbalancieren tagelang so stehen bleiben können, und war überzeugt davon, dass ihr Freund Reto es fabriziert haben müsse.

Auf halbem Weg zwischen dem Old Fínix und der Lýkos-Bucht wies ein blau beschrifteter Stein mit dem Wort Livanianá uns die Richtung. Kurz darauf folgte ein typisch griechisch verwittertes, blauweißes Schild:

TAVERNA-LIVANIANÁ
Von hier aus geht es hinunter in die Schlucht.
And from here you start your way down to the gorge.

Es war ein handgefertigtes und -gemaltes Schild von Tilman himself, das zwischen einigen groben Felsbrocken etwas schief in den Boden gerammt war.

Nina hätte den Weg auch ohne diesen deutlichen Hinweis gewusst, und Jackomo wusste ihn sogar, ohne überhaupt lesen und schreiben zu können. Als er in Richtung Berg und Livanianá abbog, schaute er sich nur kurz um, um sich Ninas Okay für diese Richtung einzuholen. Wir gingen durchs Ziegentor, folgten dem leicht ansteigenden, schmalen Pfad mit Begrenzungssteinen, Begrenzugszaun und blauen Farbklecksen und genossen die weite Bergwelt. Irgendwann wurde es steiler und ich bemerkte, dass ich unser Tempo nun noch mehr drosseln musste.

„Nina, was hältst du davon, wenn Jackomo und du vorgehen und ich meinem langsamen Tempo folge. So ist es für beide Seiten unbefriedigend."

„Ja, das hab i au scho denkt, und ab hier kannscht den Weg auch nicht mehr verfehle. Gibt nur noch den eine. Muscht nur den Steine folge. Hascht noch genug Wasser dabei, wär gut!"

Ich hatte - noch einen ganzen halben Liter. Wir umarmten uns kurz und sagten uns: „Bis gleich." Dieses Gleich dauerte jedoch länger, als Nina und ich es erwartet hatten. Sie und Jackomo schritten voran. Ich ging gemächlich hinterher.

Während meiner letzten Reise war ich zwar schon einige Male zu Fuß oben in Livanianá gewesen, doch hatte ich nie diesen alten Eselspfad genommen - weder hinauf noch hinunter. Ich war von Lýkos aus, ohne Gepäck, gemeinsam mit Luc die Schotterstraße hochgelaufen und am selben Abend mit Ludwig in seinem Wagen über die kurvenreiche Straße zurück nach Chóra Sfakíon gefahren. Nach unserer langen Wanderung, von Ágios Ioánnis, vorbei an der kleinen Kirche Ágios Pávlos am Strand, war ich mit Ludwig um den Schattenberg herumgegangen und weiter über Mármara den Berg bis zur Schotterstraße wieder hinaufgestiegen, von der wir uns dann von Simon, Tilmans Sohn, mit dem Auto hatten abholen lassen. Ob ich im letzten Buch, also auf meiner Reise im Herbst 2011, schon einmal die Arádena-Schlucht nach Livaniuná hoch oder runter gegangen war, erinnere ich jetzt nicht.

Der Eselspfad war neu für mich, ohne jedes Gefühl für Länge, Anstrengung und Zeit. Er hätte hinter jeder Kurve zu Ende sein können oder eben auch nicht. Nina und Jackomo waren längst aus meinem Blickfeld verschwunden. Der Berg stieg stufenartig in Serpentinen an. Die Sonne schien bald untergehen zu wollen. Hätte ich einen Wunsch gehabt, dann den, heute heile, ohne Blessuren, vorm Dunkelwerden oben in Livaniuná anzukommen.

An diesem Abend kam alles zusammen. Es war meine erste körperliche Anstrengung auf dieser Reise. Ich hatte meinen Reiserucksack zu tragen. Es wollte bald dunkel werden, und der Weg war für mich neu, ohne jedes Erkennungsmerkmal, auf welchem Teil des Pfades ich mich wohl gerade befinden mochte. Zum Glück neige ich nicht zur Panik, und zum Glück war die Hitze des Tages mild geworden. Ich ging weiter. Schritt für Schritt. Felsstufe für Felsstufe. Stein für Stein. Mein Herz klopfte wie wild, und immer wenn es mir zu dolle wurde, blieb ich stehen und wartete auf ein aushaltbares Maß. Ich nahm einen Schluck Wasser, ging ein paar Schritte und wartete wieder, immer so, wie mein Körper es mir riet. Bei dem Gedanken, was wohl das Schlimmste wäre, was mir passieren könnte, dachte ich, nichts, außer dass ich den Weg bis zum kompletten Einzug der Dunkelheit vielleicht nicht würde schaffen können.

Ich schaute in Ziegenaugen. Sah in der Ferne das ohne Sonnenlicht nun grau gewordene Meer. Blickte über Felsen. Sah weit unter mir die nach Livanianá hinaufführende Schotterstraße und dachte, dass jeder Weg einmal ein Ende haben würde. Schwarze Ziege vor grauem Fels - und damit meine ich jetzt nicht mich. Ich sah hinunter auf die Lýkos-Bucht, auf die Häuser von Theo und seinen Brüdern und auf die des nächsten Nachbarn, dessen Erstgeborener Pávlos heißt. Von Chicken Georges Haus war nichts zu sehen. Es ist im Gegensatz zu den anderen Gebäuden der Lýkos-Bucht nur zweigeschossig und somit von hier oben nicht auszumachen. Ich ging weiter, Biegung für Biegung und erfreute mich selbst hier oben, ohne Sonne, an den gelblich-grün-leuchtenden Pflanzenblättern. Ich dachte, wenn Nina sich sorgen würde, würde sie sich sicher mit Taschenlampe und Hund auf den Weg machen, mich zu finden.

Plötzlich sah ich die alten Häuser von Livanianá am Hang, in Augenhöhe. Auge in Auge mit mir. Den Höhenunterschied musste ich also bald geschafft haben. Wie schön und wie erleichternd. Noch eine treppenartige Steigung, und dann ging es wirklich nur noch geradeaus. Ein Gedenkhäuschen am Fels. Ein erstes bewohntes Haus mit schwarzem Wassertank und roter Dachumrandung. Das Erkennen der grauen Dorfstraße in kleiner Ferne. Ruinen, Restgemäuer alter unverputzter Felssteinhäuser und ein letzter schmaler Felsweg mit zum Abhang hin abgrenzendem Maschendrahtzaun.

Da war sie nun, die ersehnte Dorfstraße von Livanianá mit den direkt auf die Straße gepinselten großen Ortshinweisen für den hier beginnenden Weg hinunter nach Loutró, Fínix und Lýkos, den ich gerade nach wohl zweistündiger Zeitüberschreitung in umgekehrter Richtung glücklich hatte beenden können.

Auf der Straße kamen Jackomo und Nina mir mit Taschenlampe, Leuchthalsband, wärmender Alu-Iso-Decke und etwas zu essen und zu trinken entgegen. Nina hatte wirklich gerade angefangen, sich zu sorgen, und wollte mich lieber retten kommen, bevor die dunkle Luft sich hier oben völlig ausgebreitet hatte.

27.

Als Nina mich erblickte, rief sie mir: „Da bischt du ja!" entgegen, und selbst der Hund freute sich schwanzwedelnd im Schweizer Dialekt mit uns. Nach dem Ende einer Anstrengung oder einer Sorge sind wir schnell wieder auf Normal, entspannt, froh und erleichtert, und das Gefühl, etwas geschafft oder überstanden zu haben, lässt uns danach gern noch einen Tick besser gestellt sein als zuvor.

Wir schlenderten die Straße entlang bis zum eingezäunten Grundstück mit Gittertor, auf dessen Boden sich Ninas angemietetes Haus befindet. Von hier aus konnten wir nur die beiden Flachdächer des Hauses und die berankte Terrassen-Überdachung erkennen. Sie öffnete das kleine goldfarbene Hängeschloss, das ein Ketten-Gewusel zusammenhielt.

„Wilscht den Rucksack ins Haus bringe,
 bevor wir zur Taverne nüber gehe?", fragte sie mich,
 und ich antwortete ihr mit: „Ja, gerne!"

Ach, was war es auch schön, jetzt ohne jede Rückenlast weitergehen zu können. Am Telegraphenmast wies ein Schild die Schotterstraße hinunter zum Old Fínix. Die schmale Schotterstraße lag schon ein wenig im Dunkeln. Ihre erste Kurve führt im 90 Grad-Winkel um zwei alte Olivenbäume herum.

An der im letzten Jahr frisch grün-blau gestrichenen betonierten Geröllschutzwand gegenüber der Tavernen-Terrasse hingen nun in kretischem Blau gestrichen große leere Bilderrahmen unterschiedlicher Formate. Die Wandfarbe war verblichen. Nina öffnete das Rollengittertor zur Terrasse und hieß mich mit einer königlichen Verbeugung willkommen. Wusste sie etwas von meinem Queen-Sein, oder fühlte sie es nur oder gar oder so?

Wir tranken noch einen Sekt auf meine Ankunft und unsere Freude und waren danach so müde, dass wir nur noch in unsere Betten fallen wollten. Nina begab sich auf ihre Matratze, die sich unten auf einem Holzpodest befand, und ich mich, eine halbe Treppe höher, auf das Stein-Podest hinter die halbhoch gemauerte Trennwand. Wir schliefen in einem Zimmer und dennoch hatte jede von uns ihr eigenes kleines Reich.

„Kalinίchta Nina."
„Kalinίchta Elisabeth."
„Kalinίchta Katze Einauge."

Einauge war Ninas liebste Katze, die ohne zweiten Augapfel zur Welt gekommen war. Mit ihrer stark ausgeprägten sozialen Ader und ihrem großen Herzen für bemitleidenswerte Wesen konnte dieses lädierte Kätzchen nur zu Ninas liebstem werden.

28.

Der nächste Morgen war schön! Ich hatte ausgeschlafen, war beim Aufstehen extra leise gewesen, um Nina nicht zu stören, bis ich sah, dass sie ihren Schlafplatz schon verlassen hatte. Ihr Bett war ordentlich gemacht. Katze Einauge lag schlafend eingerollt am Fußende. Sie öffnete nur kurz ihr Auge, um zu schauen, wer Verursacher dieser ungewohnten Hausgeräusche war.

Gesehen - registriert - weiter gedöst.

Ich stieg die Steinstufen hinunter, ging durchs ganze Haus, samt Zwergenbad, externer Küche und den beiden Außenterrassen und beschloss meinen Tagesbeginn. Mit dem Auspacken meines Rucksacks nahm ich das kleine Hochplateau hinter der hoch gemauerten, weiß getünchten Wand für mich ein.

Auch wenn es in Ninas Haus diese kleine Zwergenbadewanne gab, zog ich das Duschen auf der geschützten Innenterrasse vor. Zwischen der Küche und dem Schlafraum duschte es sich mit dem durch die Sonne erwärmten Wasser des langen Gartenschlauches viel urlaubiger. Schwarz-Wäsche war angesagt. Wie ist es hier auch alles nah am Leben. Wasser aus der Zisterne in eine grüne Plastikschüssel hinein, etwas Haarshampoo dazu und alles Schwarze - Socken, Kleid und Unterzeug. Durchgewaschen, durchgewrungen, durchgespült, wieder ausgewrungen und an die Leine zum Trocknen in die Sonne gehängt. Einauge schlich mir um die Beine, als ich mich barfuß auf den Weg zur Taverne machte.

Welch possierlicher Anblick! Vorne, gleich hinter dem Cockpit der Tavernen-Terrasse, saßen drei Katzen bei ihrer Morgenwäsche. Die erste unterbrach und schaute etwas angespannt zu mir herüber. Die zweite putzte sich unbeirrt weiter, und die dritte saß, mit dem Rücken zu mir, statuengleich da, ohne jede Regung. Jackomo lag unterhalb der blau-grün gestrichenen Bierzeltgarnitur in der Nähe seiner Schlaftonne und äugte zu mir hinauf.

„Kaliméra Nina. Da bin ich!
Wann warst du denn schon wach?"

„I steh immer um siebe auf, da hab i mei Ruh.
Bevor die erschte Gäste komme, möcht i alles rein habe.
Sonst hab i an Stress."

Oh, wie gut ich das verstehen konnte, auch wenn ich eher zu den Menschen gehöre, die ihre Arbeiten am Abend so zu Ende bringen, dass sie am Morgen erst einmal gar nichts machen müssen. Wie es bei uns Menschen nun mal so ist, gehören wir entweder zu den Eulen oder zu den Lerchen. Nina ist eine Lerche, ich ein Eulentier. Möchte ich am Abend etwas abgeschlossen wissen, etwas zu Ende bringen, mache ich so lange weiter, bis ich mein Ziel erreicht habe. „Müde, müde?", könnte ich in solchen Momenten sagen, „was bitte ist müde, so etwas kenne ich nicht!" Zur Beendigung einer solchen Wachphase, bei der ich es einmal sogar auf sechzig Stunden gebracht hatte, braucht es nur eine Zigarette, um Lisbeth von einem Moment zum anderen schlafbereit zu machen.

Während Ninas Livanianá-Tavernen-Managements hatte die Taverne eine angenehme Ordnung. Im Grunde wäre eine partnerschaftliche Zusammenarbeit zwischen Nina und Tilman für die Taverne optimal gewesen. Sein Charisma, sein handwerkliches Geschick und seine Kreativität, gepaart mit ihrer Ruhe, ihrer Ordnungsliebe und ihrer Wanderlust, wären eine gute Kombination. Doch wer weiß, vielleicht sind sie auch zu sehr Feuer und Wasser, wobei Tilman eigentlich ein Luftzeichen ist wie ich. Wir können beide gut in Sphären schweben und Luftschlösser bauen, doch irgendwie scheine ich mehr Bodenhaftung zu haben.

An Tilmans Seite sorge ich für Ordnung und Klarheit, an Ninas fürs Unterhaltende. Hm - beide Kombinationen waren irgendwie gut. Hätte ich meinen wunderbaren Laden nicht, wäre ich sicher gerne während der Saison hier oben, voll erfüllt von allem, solange ich nichts von dem zu tun hätte, was ich so absolut nicht mag. Müsste ich weder kochen noch anderweitig fürs Essen sorgen oder bügeln oder Fenster putzen, wäre die Voraussetzung für Glück hier oben - oh, là, là - schon enorm!

Am Tage Taverne mit allem Drum und Dran und an den Abenden einfach nur sein oder schreiben über wahre, halb wahre oder gar ganz erfundene Geschichten, vom Tage inspiriert. Der Glücksfaktor hier wäre dem in meinem Ladenleben zu Hause wohl sehr ähnlich.

Nina war gerade dabei, die letzten Stühle abzuwischen. Schätze mal, dass Tilman das einmal im Monat für erforderlich gehalten hätte oder nach einem ordentlichen Platzregen. Nina tat es jeden Morgen. Alles blitzte. Nichts klebte. Alles war von allem Unrat befreit. Der Hund war versorgt, genau wie die Katzen und die Pflanzen auch. Doch..., das hatte etwas! So konnte ich einfach nur hier anwesend sein, ohne vorher das, was meine Augen nicht sehen wollten, beseitigen oder verändern zu müssen. Ich brauchte weder spülen noch räumen, noch ordnen. Alles war hier selbst schon am Morgen ausgesprochen gut und am richtigen Platz.

Ich hatte es wirklich gut. Nina und ich hatten am Abend abgemacht, dass ich zum einen ein ganz normaler Gast sein würde, was die Bezahlung für Essen, Trinken und Schlafen anging, und zum anderen eine selbstverständliche Helferin für alles, was ich sah oder aus ihrer Sicht anderweitig hilfreich und erforderlich wäre.

„Gut, fürs Esse und Trinke ist's okay, aber für das Schlafe bei mir brauchst nichts zu zahle - da bischt mei Gast!" „Ja, das bin ich auch gerne, aber du musst auch deine Miete zahlen, und so lass mich bitte daran teilhaben, ja?" „Gut, dann gibscht mir halt'n paar Euro pro Nacht, aber ned mehr!"

So war es gut, und so konnte ich jetzt am Morgen bei Nina in Tilmans Taverna-Livianá ein ganz normaler Frühstücksgast sein.

„Was darf i bringe?"
„Éna Yaurti me Meli kai Froúta,
 kai éna Nescafé megálo, parakaloúme."

Diesen Satz hatte ich inzwischen wirklich gut drauf, und ich glaube nicht, dass ich ihn hier jetzt noch einmal übersetzen muss. Dass mein Frühstück immer und überall aus Joghurt, Honig, Früchten und Nescafé bestand, dürfte inzwischen weltweit bekannt sein.

Nina brachte mir einen wunderbaren megálo Nescafé. Ich schätze mal, dass diese große, türkisfarbene Tasse mindestens einen halben Liter Flüssigkeit aufnehmen konnte, eben megálo - groß. Sie servierte ihn mir vorneweg und kam dann mit zwei tiefen Tellern „Yaurti mit allem" zu mir an den Tisch für unser erstes gemeinsames Frühstück.

Rubinrote Rosen, orangefarbene Kapuzinerkresse, gelbblühende Mädchenaugen mit schwarzer Mitte, rosa Oleander und noch mehr Rosen und noch mehr Grün und alles schön! Jaaa, die Taverna-Livavianá ist eine wahre Oase in dieser vom Fels dominierten Landschaft.

Der erste Gast an diesem 2. Mai war Karl-Heinz. Er kam just zu Beginn unseres Frühstück-Zeremoniells. Schnell machte Nina noch einen Kaffee, und schon saßen wir zu dritt am langen Tisch neben dem Cockpit und erzählten uns von dem, was uns bewegte, wer wir sind und was wir hier auf Kreta so lieben. Jackomo lag immer noch unter diesem Tisch, und es schien, als ob ihn unsere sich inzwischen dazu gesellten sechs Füße und Beine nicht besonders störten. Die Katzen hatten sich nach ihrem Frühstück und ihrem Putzgehabe allesamt dekorativ ins Sträucher- und Blumenbeet gelegt, das die Straße von der Terrasse so wunderbar trennt. Diese grüne Wand macht den Terrassen-Raum zu einem heimeligen Ort. Zur Straße hin verborgen und für den Blick übers Tal zum Meer hinunter unendlich offen und weit.

Am Gestänge der Dachkonstruktion der Tavernen-Terrasse hing an zwei zierlichen Ketten ein langes Olivenholzbrett mit naturbelassener Rinde. Tilman hatte es in der Arádena-Gorge gefunden, es glatt gehobelt und danach liebevoll geschliffen. Die Enden waren uneben, wie die Natur sie hatte wachsen lassen. Im mittleren der drei unterschiedlichen ovalähnlichen Öffnungen hatte Tilman eine hauchdünne, durchscheinende, bernsteinfarbene Scheibe eingefügt. Linksseitig, direkt über der ersten ovalen Öffnung saß eine der beiden Terrassen-Tauben. Ob es nun Clara oder Luigi war, vermag ich nicht zu sagen, nur dass sie dort saß, zwischen Himmel und Himmel und einen wunderbaren Anblick bot, der die spezielle, entspannte Atmosphäre der Taverna-Livnianá gut widerspiegelte.

Oberhalb sah ich durch das Strohmattendach der Terrasse den hellblauen Himmel und den dicken Hauptast der Weinrebe, deren Verästelungen mit ihren nach und nach dazukommenden grünen Blättern bald das gesamte Terrassen-Dach bedecken und für angenehmen Schatten sorgen würden.

29.

Karl-Heinz, vielleicht einsachtzig groß, ein schlankes Kerlchen mit dunkelblondem Lockenschopf, wohl in meinem Alter, war uns ein angenehmer Frühstücksbegleiter. Nickelbrille, knielange Trekkinghose, rotes Poloshirt, Rucksack und Wanderschuhe. Er ist, wie Nina und ich, ein Kreta-Verliebter. Er und Nina waren sich hier in den letzten Jahren schon einige Male begegnet, und so war es für sie leicht, alte Themen aufzugreifen oder Fragen nach diesem oder jenem zu stellen.

„Bischt wieder in der Höhle obe?", fragte Nina, was Karl-Heinz bestätigte. Am ersten Tag habe er eine Putzaktion durchführen müssen ob all der Überbleibsel seiner Vorbewohner, die zum größten Teil Ziegen gewesen sein mussten. Nun aber sei wieder alles schön, ja geradezu gemütlich. Er habe genügend Proviant hinaufgeschafft, für gute und schlechte Wetterlagen alles dabei und das meiste vom Vorjahr dort Eingelagerte unversehrt wieder vorgefunden. Er freute sich auf seine Höhlenzeit. Er brauchte sie als Ausgleich zu seinem überzivilisierten Leben in der Schweiz und lebte sie hier in absoluter Einfachheit. Er hatte Lust darauf, ja geradezu ein Bedürfnis danach, mit fast nichts um sich herum auszukommen. Karl-Heinz malt Bilder und schreibt dazu Geschichten, ganz anders als ich, aber ebenso lustvoll und befriedigend für ihn.

An diesem Morgen waren außer uns kaum Gäste in der Taverne. Wolfgang kam hinzu, setzte sich in die Nähe des rosa Pianos an die Balustrade und konzentrierte sich nach einer gewissen Plauderzeit auf seine Lektüre. Wanderschuhe ausgezogen, Füße auf dem Stuhl vis-à-vis, ein Mýthos-Bier auf dem Tisch, mit der rechten Hand Jackomos Nacken kraulend. Dorothea kam gegen Mittag, ebenfalls mit Buch und Lust aufs Lesen und dem Wunsch auf ein zweites Frühstück mit Kaffee und Yaurti mit allem. Während Nina ihr das Frühstück machte, plauderten wir zwei Frauen ein wenig miteinander, bis Nina den Joghurt an Dorotheas Wunschtisch servierte und sich wieder zu Karl-Heinz an die blau-grün gebeizte Bierzeltgarnitur setzte. Eine der Katzen saß nun im blitzeblank geputzten Spülbecken, die anderen im Blumenbeet und ich in Tilmans Ohrensessel am anderen Ende der Terrasse nahe der Küchentür, mit den Füßen auf der flachen Steinmauer, die die Terrasse zum Tal hin begrenzt. Ich las die letzten Einträge meines Reisetagebuches und ergänzte sie mit dem Fehlenden.

Die Taverna-Livianá ist ein Ort, an dem nichts passieren muss, es muss auch nichts los sein, was unterhält. Das macht sich in der Atmosphäre der Tilmanschen Taverne ganz von selbst. An diesem Tag war es die himmlische Ruhe, die wir grenzenlos genossen.

Am späten Nachmittag verließen Karl-Heinz, Nina, Dorothea und Wolfgang die Taverne. Nina wollte mit Jackomo durch die Arádena-Schlucht hinunter zum Mármara-Beach, Wolfgang den Berg hoch nach Arádena, Dorothea gemächlich die Schotterstraße hinunter nach Lýkos und Karl-Heinz zurück in die Abgeschiedenheit seiner Höhle. Ich verweilte noch eine Zeitlang auf der Terrasse meines Wohlgefühls, saß ein bisschen hier, ein bisschen dort und ein wenig im Cockpit, immer gerade so, dass die Sonnenstrahlen mich finden und berühren konnten. Ich schrieb, ich dachte, ich machte ein paar Langarmfotos von mir, und ich fühlte mich königlich. Zumindest sah ich auf einem meiner Fotos so aus. Kopf im Profil auf langem Hals, mit stolzem 90 Grad-Würdewinkel. Die rotbraunen, leicht welligen Haare hochgesteckt, mit Gleitsichtsonnenbrille auf der Nase und Olivenholzclips an den Ohren.

Ich betrachtete, erst versonnen und dann immer genauer, das gestaltete Tavernen-Gebäude. Oberhalb des Gemäuers, hinter dem die Küche, der private Winter-Essplatz und Tilmans Winter-Bett untergebracht waren, sah ich auf drei Holzfiguren. Auch wenn es im herkömmlichen Sinne keine Figuren sein mochten, stellten sie für mich dennoch welche dar. Die erste Skulptur bestand aus einem geschliffenen Holzbrett, bei dem mir nicht ganz klar war, welche der Zeichnungen durch die natürliche Maserung gegeben war und was durch Tilman hinzugefügt. Ich erkannte zwei kurze Beine, zwei Füße, eine angedeutete Hüftpartie, einen kurzen Oberkörper mit lang gestrecktem Hals. Der Schnabel wies zum Himmel, das

Haupthaar schien mir gelockt, das Nackenhaar bis zum Po zu reichen. Der Kehlkopf, ausgeprägt, das sichtbare Auge rund, blau-türkis leuchtend. Dazu schmückten zwei aufgesteckte weiße Federn das Haupt. Auf dem aufstrebenden Schnabel war eine gerade, klare Mundlinie zu erkennen. Anfangs sah ich in dieser ersten Skulptur immer ein Vogelwesen, doch inzwischen plädiere ich ebenso für einen Pudel. Den Blick gen Süden gerichtet, der Mittagssonne entgegen.

Das mittlere Gebilde, ein dunkel türkis gestrichener Baumstamm. Obenauf glänzte etwas Goldfarbenes. Ich hielt es auf den ersten Blick für eine riesige Krabbe, deren einziges, mittig angebrachtes Auge im Sonnenlicht ebenfalls in leuchtendem Türkis glitzerte. Bei genauerer Betrachtung enttarnte ich das Krabbentier jedoch als zwei goldangesprühte Ziegenbockhörner samt Schädel, was mich dennoch nicht davon abhalten konnte, das güldene Gebilde in meiner Phantasie dann und wann leise krabbenähnlich zischen zu hören.

Das dritte Objekt bestand aus einem absolut schlichten, rechteckigen, glatt geschliffenen Holzbrett, etwas niedriger als die anderen beiden. Ich sah vier mal zwei eingebrannte Klammerzeichen, vier Anfangs- und vier Endklammern mit leeren Zwischenräumen. Das Gebilde schien acht mal so hoch wie breit zu sein und hatte als Abschluss ein pickeliges Aststück oder ein kurzes, verwarztes Kupferrohr. Obenauf, mittig angebracht, ebenfalls einer dieser türkisfarbenen glitzernden Glassteine.

Die ganze Außenwand darunter war blau-türkis gestrichen. Schon irgendwie in einer Farbe und dennoch nicht ebenmäßig. Durch die unterschiedlich dick und dünn aufgetragenen Schichten hatte sie einen lebendigen Charakter. Rechts und links zwei alte, ebenfalls blau-türkis gestrichene Tür-Elemente, dazwischen ein Wandgemälde.

In einem gemalten, ovalen, länglichen Kosmos, einem Weinballon ähnlich, schien im unteren Teil Meerwasser zu sein, im oberen Drittel Himmel. Eine kleine gelbe Sonne warf ihre leuchtenden, ebenfalls gelben Strahlen aufs Meer, die unterhalb der Meeresoberfläche endlos weit, in weißer Farbe nachwirkten. Hier verloren sie nicht nur ihre Farbe. Durch die Bewegung des Meerwassers wurden ihre geraden Linien schlängelig. Im Strahlengeschlängel erkannte ich ein gelb-beiges Treibholzstück, das die Farbe der gemalten Sonne noch einmal, wenn auch etwas blasser, wieder aufnahm.

Manchmal ist es mir wichtig, etwas ganz genau zu betrachten, um es für alle Zeit in mir abrufbereit zu bewahren. Diese Kunstwand der Taverna-Liviananá ist so etwas für mich. Ich genieße ihren Anblick immer wieder gerne, wenn ich zu Hause mit geschlossenen Augen in meinem ostfriesischen Bett liege. Ist Sehnsucht da, kann ich in meine gespeicherten Bilder und Erinnerungen eintauchen und bin damit dann genau dort, wo ich gerade sein will.

Oberhalb des auf der Tavernenwand gemalten Meeresballons blickte ich auf ein hell gestrichenes, handbeschriebenes Holzbrett mit der Aufschrift:

TAVERNA LIVANIANÁ

Erst auf den zweiten Blick bemerkte ich, dass sich diagonal, von rechts oben nach links unten, ein langer Draht über die ganze Wand spannte. Immer wieder hatte ich den Eindruck, dass eine wie zufällig wirkende Verschlingung des Drahtes einen Flöte spielenden Tilman darstellen könnte, der die versunkenen Sonnenstrahlen quirlig lebendig in Bewegung halten sollte.

Tilman hatte nicht unbedingt damit rechnen können, dass Nina während seines krankheitsbedingten Deutschlandaufenthaltes die Taverne so wunderbar umsorgen würde. Er hatte sie gebeten, sie etwas in Ordnung zu halten, und gefragt, ob sie dafür Sorge tragen könne, dass der Getränkekühlschrank immer ausreichend gefüllt sei. Neben dem Kühlschrank hing ein ausgedienter kleiner Safe mit oben angebrachtem Schlitz, wie es bei Spardosen üblich ist. Auf dem Kasten stand in großen Buchstaben:

MONKEY BOX

Darunter sorgte ein Hinweisschild für Aufklärung: Monkey-Box = Money-Box. An seiner Seite hing ein Flaschenöffner

an langer Schnur, darunter ein Behältnis für Kronkorken. Am Rollengittereingangstor wies ein Schild auf die mögliche Selbstbedienung hin. Sie funktionierte bei Ninas Abwesenheit ausgezeichnet.

DEAR GUESTS
I'M ON SICK LEAVE IN GERMANY.
ENJOY THE PLACE!
PLEASE, TAKE FROM THE FRIDGE
WHATEVER YOU LIKE.
DEPOSIT THE MONEY INTO THE
MONKEY-BOX BESIDE THE FRIDGE.
THANK YOU! TILMAN

Natürlich muss ich nicht alles erwähnen, was die Taverna-Livanianá an großen und kleinen Kunst- und Kitschgegenständen je hervorgebracht hat. Doch da mir fast alles immer eine so große Freude war, kann ich es kaum sein lassen.

Nehmen wir z.B. den ausgeblichenen blauen Stoffhasen, der an fast jedem Tag einen neuen Platz einnahm, oder die mit Mosaiksteinen beklebte Steinplatte in sämtlichen Blau- und Grüntönen, den kleinen gelb-grünen Plüschvogel mit Namen Woodstock auf seiner groben, rostigen Eisenschaukel oder die beiden Schlümpfe, die in unregelmäßigen Abständen im Wechsel vor einem Schild mit dem Aufdruck „Fight Normalism" Wache standen. Der eine mit blauer Mütze, herausgestreckter Zunge und den in seinen Ohren steckenden Daumen, der andere mit weit ausgebreiteten Armen, gelber Siegerschärpe, weißer Mütze und einem Gesichtsausdruck, der sagen könnte „Ja Leute, so is' es!" Auch die rankende, kreisrundgeführte blaue Passionsblume über dem Cockpit mit einer dazwischen hängenden blauen Weihnachtskugel, einem ebenfalls blauen

Glaswindspiel und einer eingewobenen, im Rhythmus blinkenden Lichterkette, darf ebenfalls nicht unerwähnt bleiben, genau wie eins meiner anderen Lieblingsobjekte, das meist oberhalb des Eingangs zur Küche hing. Ein weiß verblichener Schädel eines mit Sicherheit ehemals mächtigen Ziegenbockes mit ausschweifenden, leicht gedrehten Hörnern. Sein Markenzeichen: eine große, dunkle Sonnenbrille, die ihn fast lebendig wirken ließ und ihn zum unangefochtenen Hüter der Taverna-Livianá machte.

Es klingt skurril, es war skurril, doch es war, wie es ist und es ist, wie es war. Es war normal oder auch nicht, es war Kunst oder Kitsch, doch egal, was es war, schön war es immer. Was heißt überhaupt normal? Normal ist doch das, was wir für normal halten. Ich fand es in der Tilmanschen Taverna-Livianá immer alles wunderbar normal, auch wenn es allgemeingültig betrachtet wohl eher von jeder Norm abwich.

Gegen 17 Uhr wechselte ich hinüber in Ninas Haus und überließ die Taverne sich selbst. Zu dem Dear-Guests-Schild hing ein weiteres am Tavernen-Zaun und damit sollte doch wohl jeder Bescheid wissen:

TAVERNA LIVIANÁ OPEN

Der Gartenschlauch hatte den ganzen Tag in der Sonne gelegen und führte nun so heißes Wasser, dass er es vor Hitze kaum noch aushalten musste. „Ach bitte, zieh mich raus, zieh mich raus, ich bin schon längst fertig gebacken!", würde das Brot der Frau Holle nun rufen, so wie ihr Apfelbaum: „Ach bitte, schüttle mich, schüttle mich, meine Äpfel sind alle miteinander reif!" Dieser Schlauch sagte natürlich nichts, und dennoch war es wie im Märchen, als ich mir mit seinem heißen Wasser Körper und Haare waschen konnte.

Auf der oberen Terrasse schien die Sonne auch nach dem Haarewaschen noch wunderbar warm. Ich setzte mich auf die drum herum gebaute Steinmauer und ließ meine Haare in der Sonne trocknen. Lockenhaare scheinen es so besonders zu mögen, zumindest lockten sich meine Haare heute in der Sonne außergewöhnlich stark, dass ich es ihnen gerne als Freude auslegen möchte. Katze Einauge saß während des Trocknungszeremoniells auf der Fensterbank, genoss wie ich die letzten Sonnenstrahlen und putzte sich ebenfalls von Kopf bis Fuß. Katzenwäsche im Doppelpack sozusagen.

Als Nina und Jackomo von ihrem Ausflug zurückkamen, war die Sonne gerade untergegangen. Sie hatten einen Beutel mit frischen Tomaten und Myzíthra-Käse dabei, ein Geschenk von Nikos vom Small Paradise. Sie schnitt Kartoffeln in Spalten, erhitzte Olivenöl in einer Pfanne auf dem kleinen Zweiflammengasherd und zauberte uns auf ihren beiden schönsten Tellern, groß mit grafischem Muster, zwei griechische Salate, während die Kartoffel-Ecken in der Pfanne brutzelten. Etwas Tsaziki dazu - mmh lecker!

In der Küche war es nun richtig heimelig. Wir hatten die Küchentür geschlossen, damit die Gasflamme mit Unterstützung der angezündeten Teelichte den Raum ein wenig warm halten konnte. Jackomo lag unterm Küchentisch, Katze Einauge auf der langen Küchenbank neben mir. Nina saß auf ihrem Stuhl und erzählte von ihrer Wanderung und wen sie im Small Paradise getroffen hatte. Sie erzählte von ihrer Freundin Conny, der deutschen Frau einer der vier Paradise-Brüder, und von Italo, einem Mann aus Sardinien, der lange in Deutschland gelebt und gearbeitet hatte und nun schon seit Jahren hier in dieser Gegend Kretas als Wanderführer tätig ist.

Zeitgleich piepsten unsere beiden Telefone. Bei mir war's Micháli, der wissen wollte, ob ich morgen wieder zurück nach Chóra Sfakíon käme, und bei Nina war es ihr Bruder, der nachfragte, ob sie am späten Abend noch telefonieren wollten.

Als Nina mit warmer Jacke auf dem Drüppel der Küchentür saß und in schönstem Schwyzerdütsch mit ihrem Bruder telefonierte, machte ich unseren kleinen Abwasch. Ich schickte Micháli eine SMS, dass ich doch eine Woche hier oben in Livanianá bleiben wollte und registrierte nebenher die Kleinode in Ninas Küche. Auf der breiten Arbeitsfläche neben dem Herd und dem Abwaschbecken lag alles voller kleiner Fundstücke - Treibholz, Knochenteile, Federn und Steine. Hinter dem gußeisernen Kaminofen mit Messingumrandung lagen in einer breiten Nische verschieden dicke, ofengerecht zersägte Aststücke, daneben auf einer Ofenbank größere Treibholzkunst und getrocknetes Buschwerk. An der Wand hingen an einem Holzgestänge von Nina gefertigte Ohrgehänge aus besagten Federn und kleineren Treibhölzern. Es waren wohl an die dreißig Paar.

Micháli rief mich nach meiner SMS zurück. Ein seltenes Ereignis. Meist ließ er es nur kurz durchklingeln als Zeichen für einen erwarteten Anruf meinerseits. Griechische Ökonomía! Darin war er so groß wie er lang war. Er wollte wissen, warum ich so lange in Livanianá bleiben würde und ob ich etwas mit diesem Kerl hätte.

„What kind of man, Micháli?" „Mit welchem Mann, Micháli?" „With the crazy man in the taverna, with Tilman!" „Mit dem verrückten Mann der Taverne, mit Tilman!" „Michali, I'm in love with you and Tilman is Ninas boyfriend and also he is in Germany in the hospital. I told you. Nina and me are up here all alone. If you want, come up to Livanianá, to check!"

„Micháli, meine Liebe ist bei dir und Tilman ist Ninas Freund und außerdem ist er in Deutschland im Krankenhaus. Ich erzählte es dir. Nina und ich sind hier oben ganz alleine. Wenn du willst, komm hoch nach Liviananá und sieh selbst!"

Er könne nicht kommen. Er müsse arbeiten, und außerdem habe er kein Auto. Ich erfuhr weiter, dass er noch nie in der Taverna-Liviananá gewesen sei, zumindest nicht, seit Tilman sie übernommen hatte. Früher schon, doch in den letzten zehn Jahren sei er nicht mehr dort gewesen. Er erzählte, dass er im Lefká Óri säße und gerade gegessen habe, worauf ich fragte, mit wem und wie sie denn heiße! Er lachte laut los, und ich spürte seine Freude über meine kleine angedeutete Eifersucht. Ihr Name sei Sibille. „No, it was a joke, it's my cousin Stratis." Sein Vetter Stratis. Der Beweis dafür kam postwendend direkt durchs Telefon an mein Ohr in Form einer lallenden griechischen Männerstimme.

Micháli und ich wünschten uns eine gute Nacht, kalinichta, und schickten uns pollá filákia, viele Küsse. Nun war es Zeit für unsere Nachtruhe. Nina und Katze Einauge begaben sich auf ihr Podestbett. Jackomo nahm sein Nachtquartier in der Küche ein. Und ich verschwand hinter der weiß gekalkten Mauer auf halber Höhe in mein kleines Reich.

30.

Der neue Tag begann wie der Tag zuvor. Nina war recht früh mit Jackomo zur Taverne hinübergegangen, während das Katzenpack ausschlief, wie es ihren Biorhythmen entsprach. Vielleicht waren sie auch von dem Glockengebimmel der Schafe und Ziegen aufgewacht, die wie jeden Vormittag die Straße von Livanianá entlangtrotteten. Katze Einauge schlabberte genüsslich die Milch, die Nina ihr am Morgen hingestellt hatte, als ich mich auf den Weg zur Taverne machte.

Nina hatte schon alles wieder blitzeblank. Die Tavernen-Katzen saßen allesamt auf dem breiten Balken, der das Blumenbeet zur Straße hin begrenzt, und machten sich tagesfein. Ein neuer Tag. Ein neuer Yaurti me Meli. Ein neuer Nescafé megálo in türkisfarbener Tasse. Ja, meine Tage hier oben in Livanianá begannen langsam, noch langsamer als bei mir zu Hause.

Am frühen Nachmittag wollte Nina mit dem Auto hinunter nach Chóra Sfakíon zum Großmarkt. Es fehlte an allem. Getränke, frische Apfelsinen, Tomaten, Feta, Essen überhaupt, und auch das Hundefutter für Jackomo neigte sich dem Ende zu. Die Gäste vom Vormittag waren versorgt. Marike und Hans aus den Niederlanden, Sereina und Tom aus Bern und Claudia und Uwe aus Berlin. Uwe erzählte, dass seine Schwester ganz in meiner Nähe in Wilhelmshaven als Redakteurin bei einer Lokal-Zeitung arbeite. Alle waren an diesem Tag, in diesem Jahr nicht das ersten Mal hier oben in Tilmans Taverne gewesen, und so hinterließen alle gerne im Gästebuch einen Gruß mit guten Wünschen für seine baldige Genesung.

Das Auto war mit Leergut und Müllsäcken beladen. Jackomo bekam seinen Platz im Fußraum des Beifahrersitzes und ich meinen auf einem hundehaarfreien Tuch auf der Rückbank. Hundehaare an Po und Rücken meines schwarzen Kleides hätten sich auch wirklich nicht gut gemacht, egal wie schlunzig mein Look sonst auch sein mochte. Unsere Fahrt mit dem Auto nach Chóra Sfakíon dauerte eine Dreiviertelstunde. Serpentinenartig, teils über Schotterpisten, teils über asphaltierte Straßen. Bis die Kuppe des Berges erreicht war, fuhren wir mit rechtsseitigem Blick zum Meer oder mit Blick auf den abgebrochenen Fels. Eine solche Straße kann dem Berg nur abgerungen sein. Auf dem Bergrücken hatte ich wieder den Eindruck einer endlosen Steinwüste. Der Bewuchs hier oben ist karg. Wir fuhren durch Anópoli und dann weiter abwärts über die breite, von der EU mitfinanzierte, großzügig ausgebaute Straße, die uns ebenso serpentinenartig nach Chóra Sfakíon hinunterführte.

Nina ließ mich an der Tankstelle oberhalb Chóra Sfakíons aussteigen, genau wie Ludwig es im Herbst letzten Jahres nach unserer fünftägigen Reise getan hatte. Damals wollte ich in Chóra Sfakíon nicht gesehen werden. Nicht von Micháli und nicht von einem seiner Informanten - heute schon. Der Großmarkt liegt ein paar Kurven oberhalb der Tankstelle. Während Nina hinauffuhr, um dort einzukaufen, schlenderte ich hinunter zur Uferpromenade. Wie immer waren alle da - Manoúsos, Claudiu, Déspina, Georgos, Vanna und all die anderen, die hier an der Uferpromenade ihrer Arbeit nachgingen. Als ich auf die Terrasse des Xenia kam, fragte ich Georgos nach meinem Paket:

„Georgos, what's about my parcel?"
„Which parcel?", fragte er zurück.
„The parcel with my summer-shoes?"
„Don't talk about this, it makes me crazy."

Georgos fragte mich, ob ich noch oben in Livanianá sei, wann Tilman zurückkäme und was mit Micháli wäre. „Ja" und „It needs time" und „No problem" waren meine Antworten. In diesem Moment kam Micháli mit seinem Taxiboot in die Bucht gefahren. Er stieg aus, in seiner ureigenen Art, verknotete das Boot, kam die Treppe hinauf, hatte bereits eine Zigarette im Mund, und zündete sie sich an, als er sich auf einem der Stühle am Taxiboottisch niederließ. Als er mich sah, stand er direkt wieder auf, kam auf die Terrasse des Xenia und begrüßte mich recht normal mit einem Kuss rechts und einem Kuss links auf die Wange. Für den Rest der Welt unsichtbar, gab es noch einen Klaps auf den Po.

„I miss you, when will you come back?"

Bevor ich antworten konnte, warf Georgos ein, dass ich vor dem Fünften oder nach dem Siebten ein Zimmer haben könne, dazwischen sei das Haus voll.

„Maybe if you come later it's better for your sex!"
„Why? Is otherwise another woman with Micháli?"
„No, you are the only one, but if you wait a little longer,
 Micháli has more power. You know, he is a little old."

Spontan nahm Micháli die auf dem Tisch liegende Zeitung und zog Georgos damit eins über den Kopf. Was hatten die Jungs auch wieder für'n Spaß an all diesen kleinen sexistischen Andeutungen.

Nina kam und wir bestellten unser Essen. Ziege, Auberginen und griechischen Salat. Wir plauderten mit Vanna und fuhren kurz nach 18 Uhr mit einem Zwischenstopp in Anópoli zurück nach Hause. Nina brauchte noch etwas Bewegung. Sie sagte, der Hund bräuchte sie, doch ich glaube, sie brauchte sie mehr.

Sie parkte Tilmans grünen Kombi direkt vor der Hauptkirche gegenüber der größten und vielleicht sogar einzigen Taverne hier oben in Anópoli.

„Warst scho mal obe am Kapéllo?", fragte Nina.
Als ich fragend zurückblickte, erklärte sie, dass oben am Berg eine kleine Kirche stehe, von deren Plateau aus man einen wunderbaren Blick auf Loutró habe und dass der Wanderweg hinunter nach Loutró dort oben beginne.

Wir liefen hinauf. Der Weg führte uns gleich hinter der Taverne links über eine schlängelige, schmale Asphaltstraße. Kleine Häuser, vor denen die typischen Gewächse meiner Kindheit in Vorgärten und alten Blechkanistern blühten. Mittagsblumen, Wildrosen, Bartnelken, Federnelken, Gartennelken und selbst diese große Eleganznelke, die es bei uns früher immer im Blumenladen um die Ecke zu kaufen gab. Rote Eleganznelken mit hellgelben Spinnen und lila-blau-farbenen Iris unter Zugabe des Krautes vom Zierspargel galten in den neunzehnhunderfünfziger und -sechziger Jahren als der Strauß schlechthin.

Postkarte:
Ein Mann überreicht einer Frau ein Bund Nelken.
Sie lächelt und sagt: „Oh, Tulpen, meine Lieblingsblumen!"

Die uns den Weg weisenden Farbkleckse gleichen Spiegeleiern. Innen gelb, außen weiß, mal rund, mal eckig. Der Weg hinauf zum Kapéllo ist wunderschön. Er führt an altem Gemäuer vorbei, lässt uns staunend alte Olivenbäume betrachten und auf unterschiedlichste Blumen in Größe, Form und Farbe schauen, die allesamt zwischen dem Fels ihren Platz zum Wachsen gefunden haben. Blätter und Dornengewächse leuchten in der Sonne in unterschiedlichem Grün. Die Straße ist ohne jede Linienbegrenzung und führt um mehrere Kurven leicht ansteigend zum Ziel.

An der Straße, zwei kurz angebundene Hunde. Ein Anblick, der mich immer wieder schmerzt. Man muss kein großer Hundefreund sein, um das zu fühlen. Mir ist jeder unwürdige Umgang mit jedem Lebewesen absolut unverständlich. Und es sind nicht nur die Kreter, die ihre kleinen Freunde zum einen verhätscheln und zum anderen so halten, als ob sie keine eigenen Gefühle hätten. Oft dienen diese Hunde einzig dem Zweck, Schafe und Ziegen zu bewachen, Territorien zu sichern oder Haus und Hof zu beschützen, ohne auch nur eine kleinste anerkennende, liebevolle, lobende, artgerechte, von ihnen so dringend benötigte Zuwendung zu erhalten. Selbst an ausreichendem Futter mangelt es immer wieder.

Ninas Herz blutet geradezu, wenn sie diesem Hunde-Elend begegnet. Sie hat keinerlei Furcht, geht auf die Tiere zu, spricht mit ihnen, krault ihnen den Kopf und hat immer ein paar Leckerli in der Tasche. Am liebsten würde sie alle angebundenen und eingesperrten Hunde befreien. Doch, was würde es nützen, am nächsten Tag gäbe es wieder neue, kurz angebundene Hunde.

Am Ende der Straße steht es in großen blauen Buchstaben direkt auf dem Asphalt geschrieben:

LOUTRÓ AND CHAPÉL ÁGIA ÉKATARÍNI

Noch ein paar Meter über einen schmalen steinigen Weg den Berg hinauf, und schon standen wir vor dem eisernen Gittertor in rundem Torbogen aus Stein mit spitzem Dach.

Das Kapéllo mit seinem großzügigen Platz verbreitet eine entspannte Atmosphäre. Neben der Kirche befindet sich ein weiteres Gebäude auf der betonierten, teils weiß gestrichenen Fläche. Rundherum eine halbhohe Mauer mit niedrigem Eisenzaun. Die Kirchentür, blau gestrichen, das Dach ziegelrot. Das Dach des zweiten Gebäudes, flach, umrandet von einer zinnenartigen Mauer aus Felssteinen. Eine Treppe führt hinauf. Von hier oben lässt sich die weite Bucht gut ungesehen beobachten. Der Rundumblick ist weit und beeindruckend. Ob es nun in Richtung Meer, hinunter nach Loutró ist oder auf die Weite der Berglandschaft, dessen höchste Gipfel noch schneebedeckt waren. Loutró scheint weit und gleicht von hier oben einer Miniaturausgabe seiner selbst, einem weißen mit Wasser gefüllten Halbkreis vor grauem Fels.

Wir verweilten. Nina gab Jackomo zu trinken. Danach legte er sich mitten auf den alten Fliesenboden der kleinen Kirche, deren Tür weit offen stand. Wie in vielen orthodoxen Kirchen war auch hier an Gold und Heilgenbildern nicht gespart worden. Als Nina und ich die Kirche betraten und uns auf zwei der schlichten hellen Holzstühle setzten, verkroch Jackomo sich unter ein an der rechten Wand stehendes rechteckiges Tischchen, dessen weit herunterhängende Tischdecke seine Anwesenheit fast verbarg. Wir wussten nicht, ob Hunden der Zutritt in diese Kirchengebäude gestattet war, doch da wir Jackomo wie uns selbst für eines von Gottes Geschöpfen hielten, fanden wir seine ruhige Anwesenheit hier völlig in Ordnung. Unter dem am Kreuz hängenden Jesus ein Totenkopf auf schwarzem Grund, daneben Maria und Josef, andächtig und trauernd ihren gekreuzigten Sohn betrachtend.

Die tiefstehende, untergehende Sonne hatte die Bergwelt inzwischen in blutrotes Licht getaucht, und so war es für uns an der Zeit, uns auf den Rückweg zu machen. Zum Abschied strich mir eine braun getigerte Katze, einem Tempeltiger und meinem Kater Anton gleich, um die Beine. Mir schien, als ob sie mir zuzwinkerte, und so sagte ich ihr leise „Adío". Als wir unten in Anópoli zurück waren, war es inzwischen stockfinster. Vor der Taverne am großen Platz gönnten wir uns noch einen Bergtee, einen Mountain-Tea vom Malotýra-Kraut, denn dunkler konnte es für unseren Heimweg nach Livanianá kaum mehr werden. An den Zweigen der Maulbeerbäume, die vor der Tavernen-Terrasse wachsen, hingen wohl an die fünfzig drei viertel gefüllte Wasserflaschen. Zuerst dachte ich „Hä?", dann an meinen Vater, der immer wieder gerne kleinste, am Baum hängende Äpfel oder Birnen in Glasflaschen sperrte und sie so lange am Baum hängen ließ, bis ihr Umfang die Flasche gut ausfüllte. Dann kam Schnaps drauf. Hier waren aber keine Früchte in den Flaschen und auch kein Schnaps, hier war es nur Wasser zum Beschweren der Äste, damit sie auch schön dorthin wuchsen, wie es der Terrasse hier in Anópoli am besten zu Gesicht stehen würde. Bevor wir uns endgültig aufmachten, warfen wir noch einen Blick in den neuen Miniladen, der sich seit Kurzem in einem Nebenzimmer der Taverne befand. Fürs Nötigste war hier alles vorhanden. Wie oft waren die Tavernen-Betreiber nach diesem oder jenem gefragt worden, bevor sie all das, was sie so oder so in ihrer Taverne und für sich selbst brauchten, jetzt in etwas größerer Menge zum Verkauf für alle vorrätig hielten.

Nina wollte mich, in Livanianá zurück, an ihrem Haus aussteigen lassen. Manchmal war sie schon etwas putzig. Ich war hier doch nicht nur als Gast, auch wenn ich für Essen und Unterkunft zahlte.

„Willst du die Sachen nicht mehr in die Taverne bringen?"
„Doch, scho, aber... ."
„Na, dann sollt ich dir doch vielleicht ausräumen helfen?"

Irgendwie meinte sie immer, dass sie alles selbst und alleine machen müsste, und da wunderte es mich nicht, dass sie dann und wann etwas gestresst war. Doch, auch wenn ich das wusste, fiel ich im Folgenden genau darauf herein. Ich zog ihre Stress-Schuhe an, obwohl sie sie gar nicht für mich hingestellt hatte.

31.

Ich hatte in dieser Nacht schlecht geschlafen. Ob der mir gefühlt hingestellten Schuhe - ich weiß es nicht. Möglich wär's gewesen. Doch wollte ich diesem Gefühl an diesem Morgen keine Beachtung schenken. Ich stand auf, machte mich tagesfertig und ging hinüber zur Taverne. Am Rollengittertor hing ein Hinweis, dass der Betreiber der Taverne kurz abwesend und in fünfzehn Minuten zurück sei. Ich setzte mich in die Sonne an die flache Steinmauer mit Blick übers Tal. In diesem Moment kam Nina zurück. Sie hatte am Wasserspeicher von Livanianá den Hahn ihres Schlauches geöffnet, damit sich der Wassertank ihres Hauses in den nächsten Stunden neu füllen konnte. Wir sprachen nicht viel. Sie schien verschlossen, mit ihren eigenen Gedanken beschäftigt. Ich bekam, wie an den Tagen zuvor, meinen morgendlichen Kaffee in der großen türkisfarbenen Tasse und einen liebevoll dekorierten Yaurti. Joghurt mit Apfelsine, Pflaume und Apfel, mit darüber verlaufendem goldfarbenen Honig und einem Zweig Zitronenmelisse.

Nina murkelte in der Taverne herum. Italo kam mit seinem griechischen Hirtenstock auf die Terrasse und plauderte mit ihr. Sein weißes Haar leuchtete in der Sonne. Seine schlanke Gestalt war drahtig, seine Haut braun, in starkem Kontrast zu seinem hellen Haar. Zur Begrüßung hatten wir beide uns kurz zugenickt und angelächelt.

Er und Nina sprachen über Anópoli, über Brot und dass sie, Nina, heute eh noch nach Anópoli hochlaufen wolle. Wenn er möchte, könne sie ihm gerne welches mitbringen. Er rief oben beim Bäcker an, bestellte sein gewünschtes Brot, und schon war die Sache abgemacht.

Zwei Paare betraten die Terrasse. Wanderer aus Loutró. Nina kümmerte sich. Italo kam zu mir an den Tisch. Wir kannten uns bis dato nur vom Sehen, kamen aber, wie hier üblich, leicht miteinander ins Gespräch. Ich erzählte ihm, dass wir uns im Jahre 1994 kurz in Lýkos begegnet wären. Er hatte damals gerade mit einer Gruppe von neun Frauen in die Berge aufbrechen wollen, als meine Schwester und ich uns zum Frühstück auf der Terrasse niedergelassen hatten. Ich fragte, ob er immer noch als Wanderführer tätig sei. „Nein, nicht mehr", antwortete er, nur noch ab und an, wenn ihm der Sinn danach stünde. Er sei inzwischen zweiundsiebzig, habe sein Einkommen über die Rente, die er sich während seiner Arbeitsjahre in Deutschland erworben habe, und genieße es nun, so völlig frei zu sein.

Selten zuvor hatte ich einen so rüstigen Mann seines Alters getroffen. An ihm war nichts alt. Weder sein Körper noch sein Denken, seine Haut, seine Beweglichkeit und sein so erfrischendes Lachen.

Er erzählte von seiner Verbundenheit zu Kreta, dass er sich gleich bei seinem ersten Besuch auf dieser Insel so zu Hause gefühlt habe und das besonders hier in der Sfákia. Er sprach über die Pflanzen der Gegend, von den richtungsweisenden Farbklecksen, die er gesetzt habe und dass er es sich zur Aufgabe gemacht hätte, sie bei Bedarf zu ergänzen und zu erneuern. Ohne Frage sind sie für uns Wanderer eine gute Hilfe zur Orientierung.

Er sprach von einem Besuch in Oslo, bei dem er vor Jahren spirituelle Rückführungen gemacht habe, die sehr aufschlussreich für sein jetziges Leben seien. Ich kann mich nicht mehr recht an seine verschiedenen Leben erinnern, obwohl ich ihm so aufmerksam zuhörte, dass ich die anderen kommenden und gehenden Gäste kaum wahrgenommen hatte. Ich erinnere Worte wie China, Kreta und Indien sowie einen Flötenspieler und einen reichen Reeder.

Er erzählte über Sternzeichen, dass Zwillinge eine große Sprachbegabung hätten, er Fisch mit Aszendent Fisch sei und den Mond im Zwilling habe. Griechisch, Italienisch, Französisch, Deutsch, Englisch und Norwegisch gehörten zu seinem sprachlichen Repertoire. Dazu erwähnte er, dass er nie eine leitende Stellung hatte haben wollen und dass das Frei-über-sich-selbst-bestimmen-Können ihm mit das Wichtigste sei. Meiner Waage fügte er zu den allgemein bekannten Adjektiven harmonisch, schönheits- und ordnungsliebend die Begriffe leitend und führend hinzu, die mir zwar neu waren und dennoch passend erschienen.

Er sei viel gereist und immer seinem Herzen gefolgt. Wir sprachen viel, dachten tief und waren völlig miteinander versunken, als Uwe die Taverna-Livavianá betrat und freudestrahlend auf mich zukam.

„Elisabeth, schön, dass du noch hier bist!"

Ich hatte ihn hier an einem der Vortage zusammen mit seiner Frau Claudia kennengelernt. Schon beim ersten Mal fand ich seine so wunderbar offene Sympathiebekundung sehr erfrischend. Er habe inzwischen mit seiner Schwester aus Wilhelmshaven telefoniert und gefragt, ob sie mich kenne. Ja, sie wisse, wer ich sei, und sie wäre auch schon in meinem Laden gewesen. Alles wunderbar, der Laden und die ganze Elisabeth, doch von meinem Buch habe sie bisher noch nichts gehört. Sie wolle bald vorbeikommen, einen Kaffee mit mir trinken und mich zu meinem Buch befragen. Bis dato solle er mir schon mal herzliche Grüße bestellen.

Karl-Heinz kam dazu, und so saßen wir alle nett beieinander. Italo, Karl-Heinz, Uwe und ich. Mein Blick auf Nina nahm ungute Schwingungen auf. Bis auf uns vier waren alle Gäste gegangen. Ich stand auf und brachte Flaschen und Gläser an Ort und Stelle, wischte die Tische ab, rückte die Stühle zurecht und begann, das Geschirr zu spülen. Nina sprach nichts, schaute grimmig, schloss die Küchentür der Taverne ab und verließ nach kurzer Zeit mit Hund und Rucksack die Stätte:

„I geh jetzt. Ihr kommts ja ohne mi zurecht!", und weg war sie. Ohne das Verschließen der Küchentür hätte ich mir vielleicht noch nichts dabei gedacht, doch als das noch dazu kam, deutete ich ihr gesamtes Verhalten gegen mich. Ihr Schweigen, ihre Verschlossenheit, ihr unfreundliches Gesicht und ihren inneren Stress. Meine Antennen waren komplett ausgefahren.

Ich sah Schuhe stehen, für mich. Ich hätte sie anziehen können, doch ich wollte es nicht. Ludwig kam in meine Gedanken: „Überprüfe die Schuhe, die man dir hinstellt, bevor du sie dir anziehst." Wie recht er doch damit hat. Ich nahm die Schuhe quasi in die Hand, entschuldigte mich kurz bei den Jungs und folgte Nina zu ihrem Haus, in der Hoffnung, sie dort noch anzutreffen.

Eins meiner grundsätzlichen Probleme bestand immer schon darin, nicht willkommen sein zu können. War ich jemandem im Weg, irgendwie lästig oder zu viel, war meine Zeit mit diesem Menschen für diesen Moment vorbei. Andersherum ist es genauso. Ist mir ein Mensch anstrengend, entzieht er mir zu viel Substanz, beende ich das Zusammensein ebenso, um danach wieder frei atmen zu können. Wir sollten uns in unserem Miteinander stärken und bereichern, aber nicht schwächen. Am besten fühle ich mich natürlich, wenn ich geliebt, gemocht oder anderweitig als angenehm oder bereichernd empfunden werde. Ein neutraler Zustand ist auch in Ordnung, genau wie eine Anwesenheit ohne jede Gefühlsregung. Es ist alles gut, solange ich nicht das Gefühl habe, zu stören oder lästig zu sein.

Ich hatte Glück. Als ich Ninas Haus erreichte, kam sie gerade mit dem Rucksack auf dem Rücken und Jackomo an ihrer Seite die Steintreppe hinauf.

„Schön, dass ich dich noch antreffe.
 Kann ich dich kurz sprechen?"
„Nein, hab keine Zeit, will los!"
„Nina, fünf Minuten. Was ist mit dir?
 Ich habe das Gefühl, dass etwas zwischen uns schief ist."

Sie wollte nicht reden, war grimmig, wollte nur weg!

Als ich ihr dann sagte, dass das so nicht gehe, dass ich nicht länger bleiben könne, wenn ich nicht wüsste, ob ich weiter willkommen sei und ob oder was ihr Verhalten mit mir zu tun habe oder auch nicht, war sie bereit für ein paar Worte.

„Nein, mit dir hat das Ganze nichts zu tun. Da ist alles gut.
 I komm nur nicht zu mir selbst. Kann nicht tun was i will.
 Die Taverne und die Leut fresse mi auf.
 I muss jetzt laufe, sonst werd i verruckt!"

Na, geht doch. Kleine Info, und schon war bei mir wieder alles im Lot. Ich brauche klare Verhältnisse, Nina ihre Freiräume, ihre Bewegung und ihr Alleinsein. Vielleicht wäre es anders, wenn es auch ihre Taverne gewesen wäre und sie nicht nur die Betreuerin.

Menschen, die nicht rechtzeitig auf ihre innere Stimme hören, sich immer wieder mit ihren eigenen hohen Ansprüchen überfordern oder über ihre Kraft hinaus dem gerecht werden wollen, was andere von ihnen zu erwarten scheinen, können am Ende nur kapitulieren oder genervt mit dem unbewussten Aussenden unangenehmer Schwingungen reagieren. Damit tun sie weder sich noch anderen einen Gefallen.

Nachdem ich gegen 18 Uhr die Taverne verlassen hatte und zurück am Haus war, hatte ich mir mein schwarzes Kleid zum Flicken vorgenommen. Ich hatte es am Morgen gewaschen, die Träger über eine Eisenstange gezogen und es so lange gewrungen und gedreht, bis das meiste Wasser herausgepresst war. Leider hatten die Träger dabei Schaden genommen. Nachdem Nina und Jackomo von ihrem Gang nach Anópoli zurück waren, verschwand sie nach einer kleinen Begrüßung gleich in die Küche. Der Hund legte sich zu meinen Füßen. Ich reparierte die Träger meines Kleides fertig und folgte ihr. Jackomo trottete hinterher. Heute gab es Salat mit Myzíthra gefüllten Kochschinkenröllchen.

Ich fing an, über meine Gefühle zu reflektieren. Nina stieg darauf ein, und so konnten wir unser Gedachtes und Gefühltes mit der Realität der anderen gut abgleichen. Wir waren beide in unserer eigenen Gedankensuppe gefangen gewesen. Sie hatte ihren inneren Kampf mit sich zwischen ihrem Anspruch, die Taverne nach ihren Maßstäben ordentlich zu bewirtschaften, und dem Bedürfnis der privaten Nina auf Zeit für sich selbst, und ich hatte mit meinem alten Thema, nicht gewollt oder gemocht sein zu können, zu kämpfen gehabt. Das, was sie für mich an diesem Tage ausgestrahlt hatte, hatte ich als Futter für meine negativ besetzten Mühlsteine genommen. So kann es gehen. Nach diesem Abendgespräch waren wir beide uns und unseren eigenen Weisheiten wieder ein Stück nähergekommen. Darüber konnten wir den Tag gut ausklingen lassen. Erleichtert und entspannt machten wir mit unseren Taschenlampen noch einen Abendspaziergang zu Italo, um ihm sein bestelltes Brot zu bringen. Er lebt hier in Liviananá im alten Schulhaus, das ihm die Bewohner der Gegend als Dank für seine Mühe um den regionalen Tourismus seit Jahren gerne zur Verfügung stellen.

Als wir zurück waren, fiel Nina nach kleiner Katzenwäsche sofort ins Bett. Ich rauchte auf der oberen Terrasse, auf dem glatt geschliffenen Brett der kunstvoll gestalteten Holzbank noch eine Gute-Nacht-Zigarette, ließ Jackomo in die Küche auf seinen Schlafplatz, löschte die Lichter und stieg mit Hilfe meiner Taschenlampe über die fünfstufige, weiß gekalkte Steintreppe hinauf auf mein kleines Zimmerpodest. Nina schlief schon. Katze Einauge lag schnurrend am Fußende ihres Bettes, und ich konnte mit meinen nun wieder aufgeräumten Gefühlen diesen idyllischen Ort neu genießen.

32.

Ein herrlicher Morgen. Ich war früher wach als sonst, machte mich schnell fertig und ging hinüber in die Taverne. Es war der 5. Mai 2012. Nina war gerade dabei, den Betonfußboden der Terrasse zu kehren. Sie staunte nicht schlecht, als sie mich um kurz nach acht durchs Rollengittertor kommen sah. Sie begrüßte mich aufmerksamer als sonst, stellte ihren Besen beiseite und drückte mich ordentlich zurück, als ich sie in den Arm nahm. Ich fragte, wie sie geschlafen habe und sie sagte gut und dass sie damit aufhören wolle, sich selbst so zu stressen. Sie wollte es ab sofort so machen, wie ich es bei mir zu Hause tat.

Sie wollte alles als Einheit betrachten und nicht mehr zwischen der Tavernen-Zeit und der ihrigen als private Nina unterscheiden. Sie meinte, dass ich wohl recht damit haben könnte, dass nicht die Tavernen-Arbeit selbst ihr Stress bereite, sondern eher ihr doppelter Anspruch an eine ordentliche, ja geradezu perfekte Arbeit hier in der Wirtschaft und die Erfüllung ihres Bedürfnisses nach genügend Zeit für sich selbst.

Ich hatte ihr erzählt, dass eine Freundin sich bei mir immer wieder darüber wundere, dass mir meine Ladenarbeit nach all den Jahren immer noch so viel Freude bereiten würde. Und dass sie außer mir nur einen Menschen kenne, bei dem das auch durchgängig so sei. Ich kenne noch zwei weitere, und wir alle haben eins gemein. Wir unterscheiden nicht zwischen Arbeit und Freizeit, und wir machen uns mit unseren Tätigkeiten nicht kaputt. Unsere gewählte Berufstätigkeit ist unser Vergnügen, und wir lechzen selten danach, pünktlich Feierabend haben zu müssen, um dann endlich unser wahres Leben leben zu können. Wir arbeiten leicht mal länger als die üblichen acht Stunden, doch wir arbeiten meist gemächlicher und stressfreier. Unsere Arbeit ist ein gern gelebter Teil unserer uns zur Verfügung stehenden Zeit und uns keinen Deut weniger wert, als unsere privat verbrachte.

„Genau!", sagte ich, „That's the trick! Genieße deine Tavernen-Zeit, und betrachte sie nicht nur als Arbeit und fremdbestimmt, und achte gleichzeitig auf dein Gefühl, wenn es dir damit genug ist für den Tag. Das Schild mit der Selbstbedienung hängt doch nicht ohne Grund am Eingang. Du kannst also jederzeit selbstbestimmt wählen."

„Ja, was war i auch blöd. Denk die ganze Zeit, dass i hier nur nicht zu lang mache will, dass i noch dies kann und das, und schon hab i an Stress und nix is mehr schö!"

„Komm", sagte ich daraufhin zu ihr, „lass mich hier mal zu Ende fegen, dann kannst du uns in Ruhe unser Frühstück machen."

Heute gab es nur lachende Gesichter am Frühstückstisch, und zwar vier an der Zahl. Zwei aus Yaurti me Meli mit lachenden Obstgesichtern darauf und zwei weitere, die sich beim Verspeisen der ersten beiden viel zu erzählen hatten und ausgedehnt ihren Kaffee tranken.

Nina erhielt einen Anruf. Eine Gruppe Österreicher meldete sich für sieben Orangensaft an. Wanderführer, die um die Gepflogenheiten der Taverna-Liviananá wussten, taten es so. Sie würden in etwa einer Stunde oben sein. Italo hatte sich inzwischen auf einen Kaffee bei uns niedergelassen. Er hatte sich weiter mit meinem Sternbild befasst und wusste nun geradezu besser über mich Bescheid als ich. Waage mit Aszendent Fisch und dem Mond im „Vergissmeinnicht". Vieles war mir bekannt, einiges neu und bei rechter Betrachtung auch passend.

Ich begann, die Apfelsinen für die angemeldeten Wanderer zu schälen. Drei pro Glas und Person. Geschält kamen sie zurück ins Kühlfach. In Liviananá wurden die Apfelsinen nicht ausgepresst, sie wurden geschleudert. Die Säfte sind immer lecker, wenn sie frisch zubereitet sind. Der frisch geschleuderte Saft aus gut gekühlten Apfelsinen ist jedoch die Krönung. Er ist durch das zerschleuderte Fruchtfleisch sämiger als der gepresste und trägt dazu obenauf eine weiße Schaumkrone.

Als die Wandergruppe kam, waren wir gut vorbereitet, sieben Säfte, drei Bier, vier Kaffee. Nina hatte mir den Gebrauch der Saftmaschine inzwischen erklärt, und so konnte sie beruhigt in die Küche hinuntergehen, um den Kaffee zu bereiten. Natürlich ist es selbstverständlich, dass ein Lokal für Gäste auf Empfang steht. Dass der Boden rein ist, der Müll beseitigt, die Tische abgewischt und der Abwasch erledigt, wenn er sich, so wie hier in Liviananá im Sichtbereich der Gäste befindet. Für unsere Weiberwirtschaft war das normal und selbstverständlich, auch wenn es sich zu Zeiten vorherrschender Männerwirtschaft leicht mal anders verhielt.

Wie ist es auch angenehm, stressfrei und gut vorbereitet arbeiten zu können, und das auch noch mit aufgeräumten Gemütern. Da kann man sich fröhlich und leicht auf seine Gäste einlassen. Unsere österreichischen Gäste wurden von einem in Kärnten lebenden Griechen geführt, der seine Touren zweimal im Jahr auf Kreta anbot. Manche seiner Mitreisenden begleiteten ihn immer wieder. Eine der Frauen erinnerte Italo an Mali, einer Freundin aus Oslo. Als wir darüber sprachen, stimmte der alte Nissi in unser Gespräch mit ein. Für mich war er, abgesehen vom leitenden Griechen, die auffälligste Gestalt dieser Gruppe.

Nissi trug ein rot kariertes Hemd, derbe Cordhosen und Hosenträger. Unter seinem alten Strohhut lugte welliges, ergrautes Haar hervor. Seine Nase war groß, Mund und Kinn mit grauem Barthaar umwachsen. Er war Schuster gewesen, hatte sich mit zwanzig selbstständig gemacht und sein Handwerk mit zweiundfünfzig Jahren an einen Jüngeren übergeben. Inzwischen bekam er eine gute Rente. Für die Zeit nach dem Ende seiner Berufstätigkeit bis zum Renteneinstieg hatte er sich ein ausreichendes Polster angespart. Dazu kam die Rendite aus seiner Schuhmacher-Werkstatt, und schon ließen sich die Jahre gut überbrücken. Nissi erinnerte mich an Heidis Großvater, den Almöhi oder auch an Pumuckls Meister Eder. Mit dieser Gruppe war es ein wahrlich lebendiges Zusammensein. Als sie aufbrachen, nahmen sie einen Teil ihrer fröhlichen Stimmung mit und ließen einen anderen hier auf der Tavernen-Terrasse für uns zurück.

Manólis, der Erstgeborene von Nikos aus dem Small Paradise, vierundzwanzigjährig, Pávlos, der achtzigjährige Schwager von Grisula, und ihr achtundvierzigjähriger Sohn Niko betraten die Tavernen-Terrasse. Sie setzten sich an den großen runden Tisch, links neben dem Rollengittertor, platzierten mittig auf dem Tisch einen großen Beutel mit selbstgemachtem Myzíthra und baten Nina um Brot, Teller und Besteck. Dazu bestellten sie Bier und Wasser. Ihre Anwesenheit ließ die vom deutschen Tilman betriebene Taverne einen Tick griechischer erscheinen. Drei unterschiedliche Kerle aus drei Generationen.

Die aufeinanderfolgenden, unterschiedlichen Besetzungen der Terrasse ließen mich an eine Theaterbühne denken.

Im Vorspann   - Die Crew
Im ersten Akt - Ein österreichisches Spektakel
Im zweiten Akt - Ein griechisches Heimspiel
Im dritten Akt - Frauenpower
Im vierten Akt - Eine französiche Wandergruppe

Cornelia und Sophia betraten die Taverne. Mutter und Tochter. Cornelia lebt in München, das Kind Sophia in Paris. Beide dunkelhaarig, wahrlich schön, aufrecht und hochgewachsen, bestimmt einen Meter achtzig. Auch wenn sie sich optisch und von der Körperhöhe her von meiner Tochter und mir unterscheiden, erinnerten sie mich dennoch sehr an uns. Mein Kind ist dunkelblond, ich rotbraun. Sie einen Meter siebzig, ich sechs Zentimeter länger. Wir sind uns jedoch ebenso ähnlich wie Cornelia und Sophia. Wir Mütter sind beide etwas herber in unserem Gesichtsschnitt, unsere Töchter weicher, was sich nicht durch den Altersunterschied erklären lässt. Mein Mädchen und ich sollten eines Tages auch so miteinander auf Reisen gehen.

Cornelia arbeitete in München mit Schauspielern zusammen. Irgendetwas im Zusammenspiel von Theater und Therapie. Sophia studierte in Paris Schauspiel. Als Dritte betrat Dora, eine Musikerin aus Österreich, die Bühne. Nähme ich mich nun als Gestalterin der Dinge und neuerdings auch als Schreiberin mit dazu, war hier jetzt wahrlich eine verdammt gute Portion kreativer Frauenpower versammelt. Alles schwang gut. Das Gefallen, die Sympathien, die Freude und die Gesprächsinhalte. Dora war in Lýkos einquartiert, Cornelia und Sophia in Loutró. Da konnten wir sicher sein, dass wir uns ohne jede Verabredung, ganz automatisch erneut wiederbegegnen würden. Wir waren alle mindestens noch zehn weitere Tage hier in der Gegend.

Nina hatte ihren Tavernen-Part für heute beendet. Sie war mit Jackomo durch die Arádena-Gorge hinunter zum Mármara-Beach zum Schwimmen gegangen, kurz nachdem die drei Frauen sich aus der Taverne verabschiedet hatten. Inzwischen war Italo wieder aufgetaucht. Er fragte, ob ich Lust habe, mit ihm zur Kirche hoch und dann die Schlucht hinunterzulaufen.

„Yáti ochí!", sagte ich. „Warum nicht!"

Bevor wir uns aufmachten, erlebten wir zwei noch den vierten Akt des heutigen Tavernen-Terrassen-Bühnenspektakels. Eine Elfergruppe wandernder Franzosen kehrte in die Taverne ein. Ja, die Taverne sei geöffnet, Tilman in Deutschland im Krankenhaus. Nein, Personal wäre keines da. Orangensaft wäre von daher nicht möglich und Kaffee auch nicht, aber, und das sei doch wunderbar, für den Rest könne man sich am Getränkekühlschrank selbst bedienen.

„Hier hängt der Flaschenöffner.
Dort steht der Kasten für die Kronkorken.
Und das ist die Monkey-Box, for the money for the drinks.
Isn't it clever?"

Ja, wir waren allesamt begeistert!

Unter all den Franzosen war Kerstin, eine Deutsche, mit dem mitwandernden René verheiratet. Sie dolmetschte die Handhabung aller Notwendigkeiten. Insgesamt war man schon froh, hier oben in Livianiá diese Taverne, diese Versorgungsstation vorzufinden. Ein Ziel anzusteuern, ist um ein Vielfaches schöner, als einfach nur im Kreis zu gehen.

Der vierte Akt war beendet, der Nachspann konnte beginnen.

33.

Italo und ich machten uns auf unsere Feierabendtour. Auf dem Weg hoch zur Kirche zeigte er mir das von ihm bewohnte Haus. Wir liefen ein Stück die Asphaltstraße entlang, bogen links in einen Steinweg ein, kamen am Haus vom alten Jannis vorbei, stiegen ein paar Felsstufen hinauf, machten eine Kehrtwende und eine nächste, und schon standen wir vor den betonierten Stufen, die zur Terrasse seines Hauses hinaufführen. Vor uns ein schmiedeeisernes Tor. Rechts ein dazu passender Eisenzaun. An der linken Terrassenwand eine üppig hochrankende, rot blühende Bougainvillea. Geradeaus der Eingang und das Fenster zu seinem Wohn-, Schlaf- und Kochzimmer. Es gab einen weiteren Raum für allerlei Rat und Unrat, den er bisher nur als Abstellraum nutzte. Sollte er mit seiner jetzigen Frau, einer Lehrerin aus Deutschland, nach ihrer Pensionierung mehr gemeinsame Zeit hier verbringen, wollten sie ihn als Wohnraum dazunehmen. Es braucht nicht viel Innenraum in diesem Land, in dem die Temperaturen so viel Draußenleben zulassen. Das eine bewohnte Zimmer hatte alles, was es hier zum Leben braucht. Ein gemütliches Doppelbett, einen Küchentisch mit vier Stühlen, einen Kleiderschrank, einen Küchenschrank für Geschirr und Essvorräte, einen Herd, eine Spüle und einen Kühlschrank. Vor dem Haus, unter dem Fenster neben der Eingangstür, stand eine Bank, beeindruckend und simpel zugleich. Eine mächtige Holzplanke, die Italo, wenn ich es richtig erinnere, gemeinsam mit Tilman hierher geschafft hatte. Entweder war sie aus einem abgebrochenen Haus oder von der Brücke bei Arádena, an der die gekennzeichnete Wanderung durch die gleichnamige Schlucht beginnt.

Nachdem er mich noch über den auf der Terrasse in der Sonne liegenden schwarzen Foliensack aufgeklärt hatte, folgten wir weiter unserem Feierabendgang. Der Foliensack war mit Wasser gefüllt und diene ihm, nachdem er ihn an einen Haken oben am Gestänge der Terrassenüberdachung aufgehängt habe, am Abend als von der Sonne aufgeheiztes Duschwasser. Ein Genuss! Dabei strahlte er mit seinen blitzenden braunen Augen und seinem breit lachenden Mund mit den weißen Zähnen übers ganze Gesicht. Ja, meist war dieser Mann voll der Freude.

Wir nahmen die Stein- oder auch Felsstufen hoch zur Kirche, folgten dem Kamm mit linksseitigem Blick hinunter aufs Libysche Meer. Rechtsseitig ein kleiner Garten, eine Schafwiese und ein nicht bestelltes Feld. Ich dachte alles der alten Grisula zu.

Wir bogen am Ende des eingezäunten Feldes um die rechte Ecke, gingen Richtung Norden und folgten den blauen Farbklecksen hinunter in die Arádena-Schlucht. Italo klärte mich auf, dass die roten Farbmarkierungen zu einer kleinen Kirche führen würden, von der aus man einen wunderbaren Sonnenuntergang beobachten könne. Am Ende führe der rot markierte Weg, wenn auch wesentlich zeitaufwendiger, ebenfalls hinunter in die Schlucht.

Ich genoss das Betrachten und den Weg hinunter in die Schlucht sehr. Italo ist wahrlich ein wunderbarer Wanderführer. Er ist fit, lässt seine Fitness aber niemals raushängen und richtet sich nach dem Tempo seiner Mitwanderer. Italo stimmte ein Lied an, ein deutsches Volkslied, das meinem Denken sehr entspricht.

Lass den Geist wieder fliegen,
einem freien Vogel gleich.
Lass im Wind ihn sich wiegen,

dann verstehst du vielleicht.
Was einst wichtig, wird nichtig,
was einst wertvoll, gering,
und der gelebte Augenblick
braucht kein Vorwärts und kein Zurück.

Lass dein Herz dich berühren,
einem Frühlingshauch gleich.
Lass es hell in dir werden,
dann erkennst du vielleicht.
Liebe lässt sich nicht zwingen
und die Wahrheit sich nicht dreh'n,
und ein Glaube der Tod ist,
verhilft nicht zum Steh'n.

Drum lass die Seele sich sehnen
und wehre ihr nicht.
Wenn sie Wege auch sucht,
auf die die Obrigkeit flucht.
Denn nur du musst vertreten,
was du tust oder nicht.
Vertrau dir selbst und werd still,
lieb und tu, was du willst.

Italo hatte dieses Lied nicht zufällig gewählt. Es spiegelte mein Denken und mein Handeln gut wider, und das hatte er erkannt. Als ich ihm sagte, wie sehr mir sein Lied gefallen hatte, sagte er: „Ich weiß!"

In der Schlucht selbst erkannte ich alles. Die einzelnen Stufen, den markanten Schatten spendenden Olivenbaum am Ende des Abstiegs, den rechtsseitig liegenden großen Findling mit den daraufgepinselten Hinweisen in alle Richtungen, die farbintensiven

Felswände, genau wie die Oleanderbüsche und die wilden Mandelbäume. Italo wusste die Namen sämtlicher Gewächse. Er nannte mir die Weinraute mit ihren kleinen gelben Blüten, das Brandkraut und den Steinlattich mit dem etwas säuerlichen Salatgeschmack. Wir kamen zur alten Quelle, deren Wasser in einem feinen Strahl in eine schmale, längliche, in Stein gehauene Wanne plätscherte. Dieses Quellwasser, direkt aus der Quelle geschöpft, ist bedenkenlos trinkbar.

Wir folgten dem linksseitigen Weg oberhalb der Quelle. Die Arádena-Gorge bietet einige Kletterpartien, die im allgemeinen langsam, mit kleiner Anstrengung und großer Freude zu schaffen sind. Sie unterbrechen den sonst entspannt zu gehenden Weg und machen ihn interessant und abwechslungsreich. Um diese Uhrzeit am späten Nachmittag geht man die Schlucht größtenteils im Schatten. Die Sonne scheint auf die höher gelegenen Felswände und lässt ihre Farbenvielfalt noch schöner und gewaltiger leuchten. Ein Blick hinauf ist pure Lust, ein Augengenuss höchster Güte. Wir liefen über unterschiedlich große und kleine Kiesel, kamen an einer langen Felsöffnung vorbei, einer Höhle im Erdgeschoss sozusagen, und hatten damit das Ende der Arádena-Schlucht fast erreicht. Der Fels öffnete sich. Weiße und rote Oleanderbüsche standen am Ende Spalier, bis unsere Blicke das Meer und die marmorähnlichen Felsen von Mármara vor sich hatten.

Schön war's, harmonisch und schön,
so wie Fischegeborene und Waagen es lieben.

Ein Blick, ein Lächeln, keine Frage, unsere Kräfte waren ausgeglichen, und so konnten wir ohne Pause unseren Weg nach Lýkos weitergehen. Von hier aus geht es mit leichter Steigung zuerst ein Stück bergan, dann auf fast gleicher Höhe zirka hundert Meter oberhalb des Meeresspiegels am Felsrand entlang. Zwischendurch führt der Weg immer wieder ein wenig bergauf und bergab, was für die körperliche Anstrengung jedoch kaum von Bedeutung ist. Dieser Weg ist gut zu bewerkstelligen, solange wir nicht mit Höhenangst zu kämpfen haben. Am Ende des Weges setzte ich mich beim Abstieg vorsichtshalber drei Mal auf den Popo. Schließlich wollte ich unsere Wanderung ohne selbst verschuldete Blessuren überstehen.

Als wir wieder auf Meereshöhe waren, spazierten wir am groben Kieselstrand mitten in die Rushhour der Schafe hinein. Es bimmelte von allen Seiten. Am Ende des Strandes befindet sich der Futterplatz der Schafe. Die Tiere folgen ihrer inneren Uhr. Italo wies auf eine Wellblechwand vor einer ebenerdigen Höhle und erzählte mir, dass die Familien aus Lýkos ihre Kaninchen dort halten würden. Wir ließen den Futterplatz der Schafe links liegen. Beim Vorbeigehen schienen sie mir etwas scheu und schreckhaft. Am Zaun standen fünf Hähne, einer prächtiger als der andere. Drei von ihnen mit braun-gelblicher Färbung, zwei fast durchgängig schwarz mit leuchtend rotem Kamm.

Chicken Georges Haus, aus dieser Richtung kommend das erste, war noch geschlossen. Es wirkte leblos mit seinen verschlossenen Tür- und Fensterläden.

Etwas weiter, Richtung Small Paradise, betraten wir die Terrasse von Maria und Giórgos, die Terrasse des Akrogiálikos. Maria ist eine Tochter der alten Grisula aus Livanianá, von der Tilman seine Taverne gepachtet hat. Marias älterer Sohn Pávlos sprach uns an. Italo mit:

„Kalispéra Italo" und mich mit:

„I know you, you were here last autumn."

Ja, das war ich wohl gewesen, doch dass er sich an mich erinnern wollte, schien mir erstaunlich. Ich hatte im letzten Jahr nie auf ihrer Terrasse gesessen. War, soweit ich mich erinnern konnte, immer außerhalb ihres Anwesens um die Taverne herumgelaufen, obwohl es hier eher üblich ist, die Tavernen-Terrassen direkt zu überqueren. Das ist von den Besitzern so gewollt. Besonders in abgelegenen Gegenden weisen Schilder zum nächsten Ziel über die Terrassen der dort ansässigen Tavernen - a clever Marketingstrategie!

Das ist schon putzig. Ist man hier in einem Haus zu Gast, wechselt man selten zum direkten Nachbarn. Ich war im letzten Jahr für ein paar Nächte im Small Paradise nebenan gewesen und hatte wie selbstverständlich auch dort gegessen, wenn ich nicht gerade nach Loutró hinüber gewandert war oder hoch zu Nina und Tilman. Ob das alle oder die meisten Reisenden so handhaben, oder ob dies an meiner so ureigenen Treue liegt, kann ich nicht sagen. Ich weiß nur, dass ich in diesem Moment beschloss, mein Verhalten dahingehend zu verändern, auch wenn dies meiner mir so typischen Käfigbau-Mentalität widersprach.

Dafür, dass Italo und ich nur die Terrasse überqueren wollten, um zum Small Paradise zu gelangen, sprachen wir drei recht viel miteinander. Pávlos' Freundlichkeit scheint mir aus seinem tiefsten Innern zu kommen. Er sprach enthusiastisch, hörte gleichermaßen aufmerksam zu und strahlte bei allem übers ganze Gesicht. Bis vor einem Jahr gehörten zum familiengeführten Akrogiálikos ein Haupthaus mit einigen Gästezimmern, zwei Privaträumen, einer Tavernen-Küche mit angrenzendem Wohn- und Schankraum und diese so liebevoll gestaltete unter Tamarisken gelegene Tavernen-Terrasse auf hellem Kieselgrund. Im letzten Jahr hatten sie das zweite Gästehaus mit großzügigen Zimmern und Balkonen neu gebaut und dazu einen Steinofen für den Papa. Um das zweite Gebäude heimelig wirken zu lassen, fehlte nur noch ein großer Baum oder eine üppig rankende Bougainvillea. „Look here, the tree will grow and the bougainvillea. We have to invest in the future!", sagte Pávlos bedeutungsvoll, wobei wir ihm nur beipflichten konnten.

Die Lýkos-Bucht wird bei dem Rummel aller Orten in den kommenden Jahren mit Sicherheit immer mehr Anhänger finden, genau, wie das Bedürfnis nach ruhigen Plätzen steigen wird. Er erzählte, dass er eines Tages die Taverne und das Haus übernehmen werde, dass sein jüngerer Bruder Kóstas Elektriker sei und dass seine kleine Schwester Déspina gerade eine Ausbildung zur Friseurin mache. Aufrichtig stolz zeigte er uns eine Fotografie seiner beiden jüngeren Geschwister. Den uns angebotenen Raki lehnten wir heute dankend ab, versprachen aber, bald darauf zurückkommen zu wollen. Als er mich zum Abschied nach meinem Namen fragte, waren wir schon fast befreundet.

„Ciao Pávlos."
„Ciao Elisabeth and Italo."

Auf der Terrasse vom Small Paradise begrüßte ich als Erstes Maria, die Frau des ältesten der vier Paradise-Brüder, Nikos. Maria trug heute Schwarz mit Pink, hatte die vordere Locke ihrer Haare mit einer Spange zurückgesteckt und war zu meiner Freude ohne Depressionen. Sie schien sich über meine Aufmerksamkeit zu freuen. Anschließend sprach ich das erste Mal ein paar Worte mit Aidin. Sie ist mit Theo, dem für mich markantesten der Paradise-Brüder verheiratet. Mit Sicherheit habe ich es schon irgendwo erwähnt, dass er für mich, zumindest optisch betrachtet, den Urtyp eines sfakiotischen Partisanen und Freiheitskämpfers verkörpert.

Aidin stammt aus Irland. Sie ist zierlich, hat langes, dunkelblondes, leicht rötlich schimmerndes Haar, trägt Pony, meist mit Pferdeschwanz. Sie ist offen und freundlich und gleichzeitig zurückhaltend. Ich hatte sie in all den Jahren zuvor wohl bemerkt und als Familienmitglied wahrgenommen, doch hatte sie meines Erachtens im Tavernen-Leben bisher keine große Rolle gespielt. Heute war das anders. Aidin bewirtete die Gäste und hatte somit den Part, den Theo und Manólis sonst innehatten. Theo war nicht anwesend, und der junge Manólis saß am Familientisch und spielte Mandoline. Seine Großmutter saß neben ihm und lauschte den Klängen.

Auf der Terrasse, unter den Schatten spendenden Tamarisken, war nur ein Tisch besetzt. Es war eine Gruppe von fünf, sechs Frauen, die ich allesamt für Französinnen hielt. Italo und ich steuerten beide auf den Ecktisch zu, der hinter dem Stamm der wohl ältesten Tamariske hier im Small Paradise etwas verborgen auf uns zu warten schien. Aidin kam mit der üblichen weißen, mit blauem Muster bedruckten Papier-Tischdecke an unseren Tisch, deckte sie über die abwaschbare Folie, die die darunter liegende karierte Stofftischdecke schützte, und fragte nach unseren Wünschen. Wir wählten Buréki und heißen Kräutertee und einen Tsaziki. Buréki ist eine Art Gemüseauflauf mit Feta, meist aus Kartoffeln und Zucchini. Der Abend war etwas kühl, und so ließ ich die hochgekrempelten Beine meines Unteranzuges herunter, zog mir meine kurze schwarze Strickjacke über und legte mir mein blaues Rosentuch um die Schultern. In diesen Gefilden ist es immer ratsam, etwas Wärmendes für die leicht kühleren Abende dabei zu haben.

Nina schickte eine SMS. Sie sei noch bei Conny im Haus neben dem Small Paradise. Conny ist die dritte der drei Paradise-Frauen und dann und wann auf der Tavernen-Terrasse als Familienmitglied oder Gast anzutreffen. Sie führt mit ihrem Mann Jorgo das Gästehaus am Fels, „Conny & Jorgo", direkt neben dem der Brüder Nikos und Theo. Nina und Conny hatten sich mehr zu erzählen gehabt als erwartet, und so war ihnen die Zeit wie im Fluge vergangen. Normalerweise wäre das kein Problem, doch mit mir als Besuch und dem Haustürschlüssel in Ninas Tasche schon.

Ich gab Entwarnung, und so trafen wir uns, nachdem sie mit Conny fertig erzählt hatte, zum Heimgang auf der Terrasse des Small Paradise. Zu dritt schritten wir den einstündigen Weg über die Schotterstraße hinauf nach Livanianá. Es war spät, es war Vollmond, und so fiel unser Weg durchgängig in seichtes Mondlicht. Nina erhielt einen Anruf. Sie schritt flott voran. Italo und ich etwas gemächlicher hinterher. Wir erzählten weiter über Gott und die Wiege der Welt, über frühere Leben, Kreta und die Sterne. Auf dem Weg konnten wir immer wieder die in einer Linie stehenden neun Straßenlaternen von Liviananá sehen. Direkt darüber war ein weiterer Lichtpunkt auszumachen, der sich jedoch aus der gleichbleibenden Formation herausbewegte. Italo erklärte mir, dass es sich dabei um die Venus handele, dem Planeten, der dem Sternzeichen Waage zugeordnet ist.

Als Italo und ich oben in Liviananá ankamen, saß Nina auf dem großen Felsblock, der direkt an der Ecke zur livanianischen Asphaltstraße liegt, und war gerade dabei, ihrem Telefonpartner „Adío" zu sagen. Wir drei nahmen uns zur Guten Nacht in die Arme und sagten uns:

„Kaliníchta Italo."
„Kaliníchta Nina und Elisabeth."

Italo folgte seinem Weg links herum an der Taverne vorbei hoch zu seinem Haus, dem alten Schulgebäude von Liviananá. Nina und ich liefen die paar Schritte rechts herum zu unserem Schlaf-Haus. Dort sammelte ich als Erstes, schon fast als abendliches Ritual, sämtliche Kriechtiere von Wand und Boden. Braune, hornartige Würmer, die sich bei Berührung sofort einkringelten und sich so leicht in einer kleinen Schale sammeln ließen.

34.

Als ich am nächsten Morgen erwachte, fand ich einen Zettel von Nina auf den Stufen zu meinem kleinen Gemach. Sie erwarte um 10 Uhr eine Gruppe aus Lýkos. So sputete ich mich ein wenig, um ihr zur Seite stehen zu können. Sechs Frühstück, sechs Orangensäfte, sechs Kaffee. Ich half beim Früchteschneiden und schälte die sechs mal drei Apfelsinen für die frisch zu schleudernden Säfte. Wir hatten alles gut vorbereitet. Selbst die Untertassen für die Kaffeebecher standen schon auf dem langen Tisch der Bierzeltgarnitur, als die Gruppe von sechs Frauen die Terrasse der Taverne betrat.

Es waren meine gedachten Französinnen vom gestrigen Abend, die sich jetzt schnell als deutsch sprechend entpuppten. Hilke aus Köln hatte das erste Mal für eine Wandertour auf Kreta inseriert. Zuvor war sie, wie ich, oft alleine unterwegs gewesen, dann mit Freunden, denen sie diese Gegend näherbringen wollte, und nun das erste Mal offiziell. Ja, es wäre zu Anfang etwas aufregend für sie gewesen, doch nun, nach drei Tagen, sei alles easy.

Martin, ebenfalls aus Köln, kam für eine kurze Rast, die er aber ob der netten Begegnungen hier um Stunde und Stunde ausdehnte, bis er gegen 16 Uhr schweren Herzens seinen geplanten Weg nach Anópoli fortsetzte. Zwischenzeitlich kam unser Höhlenbewohner Karl-Heinz mit seiner inzwischen angereisten Freundin Barbara dazu, Bill aus Kanada und John und Marci, ein älteres, so typisch englisches Ehepaar. Sie war sechsundsechzig und recht kurz gewachsen, er zweiundsiebzig und ellenlang - beide gertenschlank. Solange sie es körperlich und geistig hinbekämen, wollten sie ihre jährliche Wanderzeit auf Kreta unbedingt wahrnehmen.

Der Besucherstrom riss nicht ab. Am frühen Nachmittag gesellten sich Gaby und Lutz dazu, ein Wirtsehepaar aus Leipzig. Conny hatte sie mit ihrem Pickup von Lýkos mit hinaufgefahren, damit sie nur den Abstieg durch die Schlucht zu bewältigen hätten. Sie hatten ihre Betten bei „Conny & Jorgo" in Lýkos im Haus am Fels. Die vorletzten Gäste des heutigen Tages, ein junges Paar aus Russland, Tanja und Dinis. Die sehr modern gekleidete junge Frau mit langem blonden Haar hatte starke Schmerzen in den Knien und war so auf keinen Fall mehr in der Lage, einen der möglichen Rückwege anzutreten. Nach einer kleinen Rätselrunde entschieden wir gemeinsam, das einzige Taxi von Anópoli nach Livaniana hochzubestellen, das sie dann zurück nach Chóra Sfakíon bringen könne. Nachdem das Taxi angekommen und wieder abgefahren war, ging ich kurz zum Haus hinüber, um mir meine lange, wärmende Strickjacke zu holen. Wir wollten heute in der Taverne zu Abend essen, um endlich einmal die blaue Herrlichkeit der Passionsblume mit ihrer durchwobenen blinkenden Lichterkette genießen zu können. Auf dem Weg zum Haus traf ich das erste Mal auf Rosemarie.

Rosemarie, vielleicht 1,65 m groß, in meinem Alter, mit rötlich-blondem, schulterlangen glatten Haaren. Sie ist drahtig, burschikos und sehr direkt. Heute stand sie unter Feuer. Sie war irgendwie brastig auf einen der Jungs im Small Paradise. Sie gehört zu den Stammgästen, die ein bis zwei Mal im Jahr dort zum Wandern und Ausspannen Quartier nehmen. Ihr Ärgernis hatte etwas mit Mozartkugeln zu tun, was ich in ihrer Erzählschnelligkeit nicht recht verstand. Auf jeden Fall war sie ordentlich verärgert gewesen, dass sie sich erst einmal hatte abreagieren müssen. So war sie ohne Wasser und ohne jede Pause den alten Eselspfad von Lýkos nach Livaniana hochgestratzt. Ja, und nun war sie da. Noch nicht wieder ganz bei sich, doch sehr vertraut mit mir, auch wenn wir zu diesem Zeitpunkt noch völlig neu füreinander waren. Sie mochte mit dem Erzählen nicht recht aufhören, und ich mochte ihr gerne weiter zuhören.

„Komm", sagte ich, „ich will nur kurz zum Haus hinüber und mir meine Strickjacke holen, und danach trinken wir uns ein Alster auf den inneren Frieden, und alles wird wieder gut sein!"

Gesagt - getan. Zurück auf die Terrasse der Taverne, unser Alster getrunken, und schon zog Rosemarie, sichtlich entspannter, wieder von dannen.

Karl-Heinz hatte seine Barbara hinunter nach Loutró begleitet und kam jetzt auf dem Rückweg zu seinem spartanischen, freien Höhlenleben noch einmal bei uns herein. Nina und ich teilten unser Abendessen gerne mit ihm. Salat, Rösti und Spiegelei.

Er und Barbara liebten sich und Kreta. Doch mochte sie einfach nicht mit in seiner Höhle übernachten. Sie brauchte ein Zimmer mit kleinem Komfort, und das hatte sie in Loutró. Ohne Probleme akzeptierte jeder des anderen Wunsch, und wenn sie beisammen sein wollten, blieb er die eine oder andere Nacht bei ihr in Loutró. Es war fast ein bisschen so wie bei Micháli und mir, nur hieß mein Loutró dann Chóra Sfakíon und Xenia und Michális Schlafhöhle Sfakía Express.

Als wir dem heutigen Tag „Adío und gute Nacht" sagten, war es reichlich spät. Die beleuchtete kreisrund gewachsene Passionsblume mit all ihrem blauen Geschmück tauchte die Tavernen-Terrasse nach dem Dunkelwerden in ein unwirkliches Licht, und da war es einfach nur schön gewesen, lange und versonnen in diesem Traumland zu verweilen.

Direkt über Ninas Haus schien der Mond am Himmel leuchtend rot. Jeder Versuch, ihn mit meiner kleinen Kamera einfangen zu wollen, endete kläglich in unterschiedlichen Abbildungen mehrerer roter Mondbälle über- oder nebeneinander. Kunst oder misslungen, ist da einzig eine Frage der Sicht und lässt mich unweigerlich an das Plakat mit dem wunderbaren Satz „Ist das Kunst oder kann das weg?" denken, das so schön in meinem Laden hinterm Kassentresen hängt.

Nach dem Zähneputzen mit Katzenwäsche zeigte sich der Mond, immer noch voll und rund, wieder in seiner üblich hellen Mondfarbe. Das Mondlicht ließ das Tal nun mystisch erscheinen und das tief unter uns liegende Wasser des Libyschen Meeres in all seinen kleinen und großen Wellenbewegungen traumhaft glitzern.

35.

Heute Morgen weckte Nina mich auf meinen Wunsch hin, bevor sie das Haus verließ. Es war gerade 7 Uhr. Nicht meine Zeit, und so drehte ich mich noch einmal um und noch einmal. Eigentlich wäre eine Haarwäsche nötig gewesen, doch dachte es irgendwie in mir: „Warum?" Ich musste für niemanden besonders schön sein, und fürs Zusammenstecken reichte ihr Zustand allemal. Nach dem Zähneputzen und dem Erfrischen meiner Haut gab es die übliche Gesichtsbemalung, und schon war alles gut.

Ich hörte Klavierspiel, dachte zuerst an eine neue CD, doch beim Näherkommen bemerkte ich die verstimmten Töne des Pianos. Nina saß ganz alleine in der aufgeräumten Taverne und spielte nur für sich, die Katzen und Jackomo. Was sah das nett aus, hier in dieser Wildnis, und wieder musste ich an den Film „Fitzcarraldo" mit Klaus Kinski denken.

Nina erzählte, dass Jorst angerufen habe, ein Freund von Tilman, der gerade, ebenso wie Nina, für einen längeren Zeitraum auf der Insel sei. Nicht Jost und nicht Horst, sondern Jorst, und so konnte ich mir seinen Namen gut merken.

Frühstück wie an allen Tagen.
Wie sehr ich solche Rituale doch liebe.

John und Marci waren unsere ersten Gäste. Mit einem freudestrahlenden „Hello again!" und einem spürbaren Schalk im Nacken kamen sie durchs Rollengittertor. Gestern waren sie die Schlucht hinabgestiegen, heute waren sie sie in aller Frühe hinaufgegangen, um bei uns zu frühstücken. Ich kann mir nur wünschen, dass ich in zehn bis zwanzig Jahren auch noch so zugange sein werde wie diese beiden Briten - beneidenswert! Wir hatten eine fröhliche, stilvolle Unterhaltung. Yes, ihr Englisch war really very British.

Gegen Mittag betrat eine Wandergruppe die Taverna-Livanianá. Norweger, teils hochgewachsen, wohl zwölf an der Zahl. Es ist immer wieder ein tolles Schauspiel, wenn von jetzt auf gleich fast alle Plätze der Terrasse besetzt sind. In dem allgemein üblichen Touristen-Englisch bestellten sie bei Nina Bier, Sprite, Wasser und Orangensaft.

Ich zeigte mit dem Finger auf die Saftmaschine. Nina signalisierte mir sieben, und ich schälte ohne Worte einundzwanzig Apfelsinen. Eine große Gruppe ist, nachdem alle ihre Getränke erhalten haben, gut mit sich selbst beschäftigt, und so gesellte ich mich wieder zu John und Marci. Nina setzte sich in den alten, gemütlichen Ohrensessel, zwei Tische von uns entfernt, mit dem Rücken zur Küchenwand. Ihr Blick war auf die Terrasse gerichtet, wie es sich für eine gute Wirtin gehört. Alles schön im Auge, alles gut im Blick.

Als dann ein einzelner Mann, den man mit etwas Fantasie leicht für einen Wikingerhäuptling hätte halten können, auf die Terrasse trat und sich direkt zu Nina an den Tisch begab, war klar, dass das nur Tilmans Freund Jorst sein konnte. Alter wie wir, Hippie wie Tilman, vielleicht 1,90 m lang, mit auffallend langer, rot-blonder, lockiger Haarpracht und entsprechendem Vollbart.

Als die norwegischen Wanderer mit Ninas Hilfe damit beschäftigt waren, das zu zahlende Geld in der Monkey-Box zu versenken, kam ein weiteres Paar. Es setzte sich an den Tisch zwischen Ninas und meinem. Eine kleine Begrüßungsplauderei, und schon kannten wir uns. „Hallo, ich bin Elisabeth, das sind John und Marci", und sie waren Heidi und Jürgen. Normalerweise überließ ich Nina die Bestellung, doch hier schien es mir passend, sie nach ihren Wünschen zu fragen. Jürgen wollte einen Frappé mit Milch und Zucker, Heidi ein Amstel. Das Amstel holte ich, für den Frappé reichte ich Nina einen Zettel.

Als John und Marci gegangen waren, fragte ich Heidi und Jürgen, ob sie denn auch schon so ein ewiges Paar seien. Nein, sie wären zwar schon ewig, beide im Rentenalter, aber erst seit zehn Jahren ein Paar. Ja, und wie es dann häufig so ist, waren wir schnell wieder bei einem meiner Lieblingsthemen, dem Leben und der Liebe überhaupt und der Paarigkeit im Alter.

„Willst du dich nicht zu uns setzen?"

Natürlich wollte ich das, und schon saß ich mit Heidi und Jürgen zusammen an ihrem Tisch, an dessen Nachbartisch der Mann saß, den ich für Tilmans Freund Jorst hielt.

Heidi und Jürgen hatten sich in meinem jetzigen Alter kennengelernt. Sie hatten beide keine Kinder und würden nun ihre Renten in Maßen lustvoll verreisen. Auch wenn sie es erst nicht vorgehabt hatten, hatten sie dann doch aus lauter Liebe recht bald geheiratet. Für beide war es die zweite Ehe, und beide sagten, wie aus einem Munde, dass dieser neue Ehestand sich so wunderbar richtig anfühle. Da war aber plötzlich ein Leuchten an unserem Tisch. Glück strahlt und da kann und will man dann auch gar nichts dagegen machen. Bevor das glückliche Paar die Taverne verließ, meinten beide:

„Elisabeth, auch wenn du mit dir so fein im Reinen bist, wer weiß, vielleicht kommt da ja doch noch mal ein weiteres Glück in Form eines passenden Mannes zu deinem jetzigen Glücksgefühl hinzu. Wer weiß? Wir wünschen es dir auf jeden Fall jetzt einfach mal ganz, ganz fest!"

Ein nächster Mann betrat die Taverne. Nicht ganz so lang gewachsen wie der vorherige. Noch etwas schlanker, ja, geradezu dünn, mit kurzen dunkelblonden Haaren und Hut. Sein Lächeln war freundlich bis schelmisch, in den Händen hielt er zwei große Tüten mit irgendetwas. Er bewegte Nina zum Aufspringen, zum Auf-ihn-Zulaufen, zum Ihn-in-den-Arm-Nehmen und zu den Worten: „He Jorst, da bist du ja!" und zu der Frage, ob er denn alles bekommen habe?

Das also war nun der wirkliche Jorst.

Etwas erstaunt lehnte ich mich zurück. Der Mann auf dem Stuhl hinter mir tat es ebenso. Aus welchem Grunde auch immer? Was wusste er von meinem Denken, von meinem Verwundertsein? Er hatte die ganze Zeit gewusst, dass er nicht Jorst war. Hatte nicht einmal darüber nachzudenken brauchen, wer er war und wie sein wirklicher Name lautet, weil er gar nicht gewusst haben konnte, dass ich oder überhaupt jemand hier darüber nachgedacht hatte.

Nun saßen wir also da. Schulter an Schulter. Und keiner von uns machte auch nur im geringsten den Versuch, diese unbeabsichtigte Berührung wieder aufzulösen. Absicht - Bestimmung - Fügung - Reflex - unbewusstes Wissen - Zufall? Dazu könnten mir jetzt noch 'ne Menge schöner Worte einfallen, doch wozu? Dieser Mann, der mit neunundneunzigprozentiger Sicherheit nun nicht Jorst heißen würde, und ich saßen nun also so da, Schulter an Schulter, und genossen sichtlich diese unbeabsichtigte Berührung. Nach einer kleinen Weile bewegten wir unsere Köpfe aufeinander zu, soweit, bis sich unsere Augen trafen.

Ein Lächeln, zwei Lächeln, und aus meinem Mund die Worte:

„Schön, ne!" und aus seinem: „Ja, wirklich, einfach nur schön!"

Dass wir nun nicht ewig so miteinander sitzen geblieben sind, lässt sich denken. Wir wandten unsere Körper einander zu, saßen uns nun direkt gegenüber, lächelten uns noch etwas freudiger an und stellten uns vor:

„Horst."
„Elisabeth."
„Ja, schön."
„Ja, find ich auch."

So wortkarg blieb es zwischen uns natürlich nicht. Wir unterhielten uns gut und viel, genau wie Nina und Jorst es inzwischen vorne im Cockpit taten. Anfangs bekamen wir vier noch etwas voneinander mit, doch nach einer Weile änderte sich das. Da waren zweimal zwei Menschen nur noch intensiv miteinander im Gespräch.

Horst ähnelte einem alten Freund, einem Mann, den ich statt des meinen fast geheiratet hätte. Er hatte braune Knopfaugen wie Horst, die gleiche helle Haut mit den vielen Sommersprossen, war von ähnlicher Statur und hatte die gleiche rötliche Haarfärbung. Sie unterschieden sich einzig in ihrem Gesichtsschnitt, der Länge ihrer Haare und den Umdrehungen der einzelnen Locken. Als ich damals meinen Ehemann wählte, hätte ich auch ihn wählen können.

Ich war zur selben Zeit genauso in beide Männer verliebt, wie beide in dieser Zeit gerne mit mir eine Familie gegründet hätten. Wir fühlten uns danach, wir waren im rechten Alter und wir wussten, wo wir leben wollten. Vielleicht hätten wir abseits jeder Norm eine Familie zu dritt beginnen sollen. Wir taten es nicht, haben nie wirklich darüber gesprochen, nie ernsthaft gemeinsam darüber nachgedacht und es somit auch nicht in Erwägung gezogen, obwohl wir, wenn ich unsere Fähigkeiten rückblickend betrachte, bestimmt eine gute Gemeinschaft, ein gutes Trio abgegeben hätten. Zu diesem Zeitpunkt ging es aber nicht darum, was außerhalb der in unserem Kulturkreis üblichen Norm der Zweierbeziehung sonst möglich gewesen wäre. Ein Mensch, der zwei Menschen gleichermaßen liebt, nähme sie immer gerne beide, genau wie zwei Menschen, die ein und dieselbe Person lieben, sie nie und nimmer mit einer andern Person teilen möchten. Wir waren geprägt von Paarigkeit, und so musste ich mich wohl oder übel entscheiden. Dieser Entscheidungsprozess war für uns drei schmerzhaft. Ich entschied mich damals nach wochenlangem Hin- und Hergerissensein für den in meinen Augen schöneren Mann, für den, mit dem ich mich mehr auf Augenhöhe fühlte, für den, mit dem ich vom ersten Moment unseres Kennens an hatte Kinder haben wollen. Ob diese Entscheidung damals richtig oder falsch war, kann ich nicht sagen. Nach dem Ende meiner Ehe hätte ich mich im Nachhinein gerne für den andern Mann, für den anderen Weg entschieden.

Horst war also meinem „anderen Mann" ähnlich. Beide hatten eine gewisse Ähnlichkeit mit meinem Vater. Mein Ehemann dagegen wies Ähnlichkeiten mit meiner Mutter auf. „Meine beiden Männer" waren genau wie meine Eltern äußerlich sehr verschieden voneinander. Mein Vater war rothaarig, meine Mutter dunkel- bis schwarzhaarig. Er hatte blaue Augen, sie braune. Sein Gesicht war schmal mit hohen Wangenknochen, ihres mehr rund bis eckig. Er hatte Naturlocken, sie Dauerwelle. Seine Haut war eher blass mit vielen Sommersprossen, ihre von der Sonne schnell und gleichmäßig dunkel gebräunt. Unser Vater war ein eigensinniger Typ, ein typischer Ostfriese,

und unsere Mutter - tja, das wussten wir,
meine Geschwister und ich, auch nicht so genau.

Wir hatten oft darüber spekuliert, warum unser Großvater mütterlicherseits, von dem unsere Mutter und eine ihrer Schwestern ihr Aussehen hatten, so ausschaute, wie er ausgeschaut hatte. Diese tiefbraunen Augen, dieses pechschwarze Haar, dieses so absolut nicht Ostfriesische in allem. Da hatte sich in früher, früher Zeit mit Sicherheit mal fremdes Blut dazwischen gemischt. Wir tippten gerne mal auf einen Spanier oder Franzosen zu Napoleons Zeiten oder auf einen Mann vom fahrenden Volke der Sinti oder Roma.

Inzwischen habe ich da eine ganz neue Theorie, die sich durch drei Zufälle während und nach meiner Kreta-Reise im Mai 2014 mit etwas Humor, einer Portion guten Wollens und dem Glauben an unbewiesene Tatsachen wunderbar belegen ließe.

Alle Männer, die mir je im Leben als potentielle Partner aufgefallen waren, sahen entweder meiner Mutter oder meinem Vater ähnlich. Dazwischen gab es nichts. Der dunkle Typ meiner Mutter zog mich allerdings immer ein wenig mehr in seinen Bann als der helle meines Vaters.

Zwischen Horst und mir war es wunderbar vertraut, anziehend und von Sympathie getragen, dass er mir nach unseren ersten Sätzen gleich von seiner so wunderbaren, seit zehn Jahren bestehenden Ehe berichten musste. Er tat gut daran, denn sonst wären wir beide wahrlich in Gefahr gewesen, uns stante pede ineinander zu verlieben. Mit meinem heutigen Wissen musste er es mehr um seinetwillen und zum Schutz seiner gelebten und geliebten und gewollten Ehe getan haben als um meinetwillen. Von meiner Bereitschaft zur Liebe konnte er in diesem

Moment so schnell nichts gewusst haben, geahnt vielleicht, aber nicht gewusst.

Ich mag und schätze und achte es sehr, wenn Menschen trotz angeflogener spontaner, vielleicht sogar überwältigender Gefühle bedenken, was sie im Leben wirklich wollen. Ich sage es oft, und ich versuche auch, danach zu leben. Nicht kopflos sein. Nach dem ersten Fühlen erst denken, dann handeln, und wenn man dann nach dem zuvor Gedachten gehandelt hat, bitte auch dazu stehen. Herumeiern und hadern, ob wir das andere nun nicht doch lieber gelebt hätten, schmälert das gute Lebensgefühl des gewählten Weges. Ob unsere Entscheidungen im Nachhinein dann immer richtig gewesen sind, wissen wir später so oder so nicht, weil es keinen direkten Vergleich geben kann.

Eine gut funktionierende Gemeinschaft, insbesondere in Verbindung mit gemeinsamen Kindern, ist für mich immer schützenswert, wobei der Schutz manchmal sogar darin bestehen kann, bestimmte Zwischengefühle zuzulassen. Es gibt selten ein hundertprozentiges Ja oder Nein und das Wenigste ist allgemeingültig. Es ist das eigene Maß, das eigene Denken und das Im-Nachhinein-dazu-stehen-Können, vor anderen, aber zumindest vor sich selbst. Menschen, die im Nachhinein sagen, dass sie das ja selbst alles gar nicht gewollt haben, könnte ich ordentlich die Leviten lesen und sie fragen, warum sie es denn dann wohl getan haben? Wie gesagt, erst denken und überlegen, dann handeln.

36.

Horst erzählte mir viel über seine Ehe. Über sich und seine Frau, über ihre Arbeit, wie sie sich kennengelernt hatten und wo und wie sie leben. Er erzählte von ihrem kleinen Haus mit Hinterhof und dem verwunschenen Garten, von seinem Beruf, bei dem man normalerweise ein anderes Äußeres haben müsse, als er es habe, von den langen schwarzen Haaren seiner Frau, dass sie in etwa meine Statur habe, und von seinem christlichen Engagement.

Als er mir ein Foto von ihr zeigte, dachte ich: „Hübsch!" und dass, wäre sie ein Mann, sie genau meinem vorrangigen Typ entspräche. Die Paar-Kombination dunkel- und hellhaarig oder meinetwegen auch rot, gibt es häufig. Er dunkel, sie hell oder umgekehrt, und ich möchte fast behaupten, dass es solch haarfarbengemischte Paare häufiger gibt als die Ton in Ton.

Bitte, wo ist die Statistik, die das belegt?

Er wusste genau, dass er an ihrem guten und liebevollen Miteinander nicht rütteln wollte. Er wollte es nicht belasten. Er wollte sie nicht hintergehen. Er wollte sich und seine Seele und somit sein Gewissen nicht beschweren, und er wollte unbedingt an seinen christlichen Werten festhalten.

Ich brauche dafür nicht solch hehre Bezeichnungen, solch hohe Ziele. Mir reicht die Erfahrung, dass ein Verhältnis mit einem verheirateten Menschen nur Ärger und Kummer und Schmerz für alle Beteiligten bringt. Ich weiß im Nachhinein immer noch nicht recht, was meinen Ehemann immer wieder dazu bewogen hat, mit unserem Glück so leichtfertig umzugehen, und was in den Köpfen der Frauen vorgegangen ist, die mit ihm diese Liebesverhältnisse eingegangen sind, obwohl sie von mir und unseren Kindern gewusst haben. Ich weiß nur, dass ich nicht daran beteiligt sein möchte, wenn einer anderen Frau durch die Untreue ihres Ehemannes Leid zugefügt wird.

Für Horst und mich stand schnell fest, dass wir trotz unserer eindeutigen, spontan gefühlten Zuneigung und Anziehung keinem Ehebruch Vorschub leisten wollten. Wir wollten weder ihren noch unseren Schmerz.

Ich denke, dass wir immer die Wahl haben, aufkommende oder vorhandene Gefühle zu steuern oder sie in den Griff zu bekommen, genau, wie ich glaube, dass wir nicht vorhandene Gefühle nicht künstlich hervorrufen können. Wir sind Amors Pfeilen und den daraus folgenden Gefühlen nicht hilf- oder willenlos ausgeliefert. Sie mögen uns eine Zeit lang schmerzen und uns Sehnsüchte bescheren, die unser Herz zerreißen wollen. Doch solche Wunden sind heilbar. Sie verheilen, wenn wir etwas Zeit verstreichen lassen, wir unseren Kopf zu Hilfe nehmen und unsere Gedanken ein wenig steuern. Von wegen keine Wahl - ich weiß es nicht. Es mag ja in manchen Fällen so sein, dass die Liebe dermaßen übermächtig ist, dass wir daran zu Grunde gingen, wenn wir ihr nicht folgten.

Wir hatten eine Wahl, weil Horst ehrlich war,
und weil wir beide wussten, was wir nicht wollten.

Als Italo auf seinem Nachhauseweg kurz in die Taverne schaute und gleich vorne im Cockpit bei Nina und Jorst hängen blieb, fragte Horst mich, ob ich diesen Mann näher kenne. „Seit vorgestern, ja", sagte ich und erzählte ihm ein wenig von unserer ersten Begegnung. Er, Horst, habe ihn, Italo, in den letzten Jahren häufiger bemerkt und immer mal wieder gedacht, dass er sich gerne einmal mit ihm unterhalten würde. Gesagt, getan. Als Italo freundlich lächelnd in unsere Richtung schaute, winkte ich ihn aufmunternd zu uns an den Tisch. Nachdem ich die beiden Männer vorgestellt und ihnen etwas zu trinken gebracht hatte, verabschiedete ich mich zum Schreiben an die lange Tafel gegenüber.

„Haben wir dich jetzt verschreckt?",
fragte Horst etwas enttäuscht.

„Nein, nein", antwortete ich mit einem Lächeln,
„wollte nur ein wenig Raum für neue Begegnungen schaffen."

Trotz der unterschiedlichen Gesprächsgruppierungen, Horst und Italo, Nina und Jorst, ich und mein Reisetagebuch, war die Terrassengemeinschaft angenehm geeint. Jackomo lag in seiner Tonne, die Katzen im Blumenkräuterbeet, und die Tavernen-Tauben Clara oder Luigi pickten das ihnen von Nina wie immer unter den Büchertisch gestreute Körner-Futter.

Plötzlich kam Dorothea, die Mittags-Frühstücksfrau von meinem ersten Tag hier oben in Livianiá, mit hochrotem Kopf durch das Rollengittertor. Sie wollte unbedingt vor ihrer Abreise ihre kürzlich gebrochenen und somit nun unbrauchbar gewordenen Wanderschuhe an den Tilmanschen Tavernen-Zaun hängen. Sie hatte mit sich gekämpft, wollte schon viel früher hochgekommen sein, hatte das Ganze dann doch wieder als Blödsinn verworfen und sich nun kurzfristig, genau vor einer Stunde, dazu entschlossen, diesem Ritual zu folgen.

Das meiste Erste entsteht durch Zufall und ist
ohne Absicht der Beginn von dem, was dann daraus wird.

Der erste Wanderschuh, der an diesem Zaun sein Zuhause fand, war ein solches Zufallsobjekt. Tilman hatte bei einem Gang durch Liviananá einen Wanderschuh gefunden. Der Schuh hatte keine nennenswerten Blessuren. Der Schnürsenkel schien fast neu. Oberleder und Sohle waren gut miteinander verbunden. Die Sohle insgesamt in Ordnung. Der Absatz etwas abgelaufen. Wenn sich jemand seiner Wanderschuhe entledigen wollte, täte er es wohl kaum einzeln, sondern eher paarweise. So befestigte Tilman diesen Wanderschuh am Außenzaun seiner Taverne, mit dem Gedanken, dass der Besitzer seinen Schuh so auffällig aufgehängt wohl am ehesten wiederfinden könne.

An diesem Tag kam niemand mehr. Am nächsten, übernächsten und überübernächsten auch nicht. An den ersten Abenden holte Tilman sein Fundstück noch ins Haus, doch irgendwann vergaß er es, und so blieb der Schuh auch über Nacht im Mondschein dort am Zaune hängen. Der nächste Schuh am Tavernen-Zaun war ein sehr zerlumptes Exemplar und der nächste und somit der dritte im Bunde ein mittelprächtiges. Die Schuhe wurden bemerkt, fotografiert und zum Gesprächsthema. Das erste bewusst an den Zaun gehängte ausgediente Paar war eines mit zerbrochenen Sohlen, genau wie es jetzt bei Dorotheas einem Schuh der Fall war. Ab dann folgte ein Paar dem nächsten. Ich halte diesen Wanderschuh-behängten-Zaun für ein Kunstwerk oder zumindest für ein ausgesprochen gelungenes Objekt. Er ist ein so herrlicher Anblick, besonders bei hohem Sonnenstand, der jedem einzelnen Schuh noch seinen eigenen Schatten auf den Asphalt der livianianischen Dorfstraße werfen lässt.

Horst und ich begleiteten Dorothea beistandsmäßig mit unseren Fotoapparaten. Sie hatte ihre beiden Schuhe liebevoll, einzeln in zwei Tüten verpackt und von Lýkos nach Liviananá hochgetragen. Sie hatte sie vorher gesäubert, frisch eingecremt und geputzt. Ist das nicht süß!!! Die Schnürbänder waren gerichtet und mit einer Schleife plus Doppelknoten gesichert. Horst und ich dokumentierten das Aufhängen ihrer Schuhe ordentlich und stießen danach mit einem Piccolo, auf drei Gläser verteilt, mit ihr an. Für uns war unsere erste Wanderschuh-Aufhängung ein sehr besonderer Moment.

Jorst und Nina räumten die von Jorst mit heraufgebrachten Dinge aus seinem Wagen. Dorothea hatte nach ihrem Schuh-Ritual sichtlich zufrieden den Rückweg über die Schotterpiste hinunter nach Lýkos angetreten, und ich hatte mich wieder auf die hintere Bank der Bierzeltgarnitur gesetzt. Horst und Italo unterhielten sich außerhalb der Taverne, bis Italo sich auf den Heimweg zum alten Schulgebäude von Liviananá machte.

Als Horst auf die Terrasse zurückgekommen war, rutschte er neben mich auf die Holzbank. Sein dabei fragendes „Darf ich?" kam irgendwie zu spät. Schwups saß er dichter neben mir auf dieser Bank, als es im Normalfall überhaupt möglich gewesen wäre. Es muss ein Bild für die Götter gewesen sein, wie dieser große Mann, strahlend, mit wehenden Locken, quasi auf mich zugeflogen kam. Welch ein Moment! Unser schallendes Lachen ließen Nina und Jorst aufhorchen und sich, wenn auch etwas fragend blickend, mitfreuen.

„So bleiben!", rief Nina. „Keine Bewegung!"

Sie schnappte sich meinen Fotoapparat und machte ein paar der herrlichsten Aufnahmen dieser Reise. Horst und ich, uns vor Lachen biegend, uns in die Arme fallend, uns aneinanderlehnend, die Arme seitlich in die Luft schmeißend und am Ende mit Oberkörper, Armen und Kopf auf dem Tisch der Bierzeltgarnitur liegend. Mann, war das schön!

Als ich die Fotos später zu Hause betrachtete, war mir klar, weshalb Horst und ich uns nicht hatten übersehen können, warum wir uns so positiv auffallen mussten. Sind zwei Menschen mit sich selbst im Reinen, sind sie mit sich und ihren Äußerlichkeiten versöhnt, gar soweit, dass sie sich in all ihren Facetten, den guten wie den schlechten Bildern ihres Selbst, annehmen können, ist es unumgänglich, dass ihnen sich selbst ähnliche Personen positiv auffallen. Eine gewisse Eigenliebe kann nichts anderes hervorbringen. Wir spiegelten uns und waren somit zweimal wir selbst. Horst war meinem Vater ähnlich und ich dem Papa geradezu aus dem Gesicht geschnitten.

Horst und ich können posen. Wir sollten diese Fotos für eine Sonnenbrillen-Werbung in großem Stil anbieten.
They are really great!

Ich erzählte Horst von meiner ersten Ehe, der Zeit danach, meinem jetzigen Wohlgefühl und meiner nun mit mir selbst eingegangenen zweiten Ehe, für die Níkos Kazantzákis seinen Namen hatte geben müssen. Ich erzählte von meiner Liebelei mit dem Taxibootfahrer Micháli und von meinem Kreta-Buch, das gerade bei achtzehn großen deutschen Verlagen darauf warte, Beachtung zu finden. Wir erzählten einander viel, und wir konnten dabei wunderbar freudig und innig miteinander sein. Wir wussten um unsere Grenzen. Wir saßen nebeneinander. Mal Schulter an Schulter, mal ich in seinem Arm, mal mit aufeinander liegenden Händen, mal mit einer Hand auf dem Oberschenkel des anderen. Es war nah, es war schön, es war freudig, und es war uns erlaubt. Wir hatten es uns erlaubt.

Jeder Außenstehende hätte denken müssen, dass wir ein verliebtes Paar wären. Spontan verliebt waren wir ja auch, irgendwie, aber eben kein Paar oder zwei Menschen, die sich mit der Absicht trugen, eines werden zu wollen.

Jeder Partner zweier solch eng beieinandersitzender Menschen hätte diese Nähe weder sehen noch davon wissen wollen, und da wären Horst und ich auch keine Ausnahme. Wir konnten hier so miteinander sein, weil wir unsere Liebsten nicht verletzen konnten und weil wir uns gegenseitig glaubten, was wir uns erzählt hatten. Er und ich glaubten, dass er seiner Ehe und seinem Gewissen keine Last auflegen wollte, und ich und er glaubten mir, dass ich keine Affäre mit einem verheirateten Mann eingehen würde.

Horst war mit seinem Bruder unterwegs. Er war vor seinem Bruder angereist, und er würde erst nach dessen Abfahrt wieder abreisen. Sie hatten ihre Zimmer im vorletzten Haus in Loutró. Nach einem heftigen Streit war der Kontakt zwischen ihnen vor Jahren über Jahre abgebrochen. Dies nun sei der Versuch einer Annäherung. Sie seien von ihrem Vater zu Konkurrenten erzogen worden, nicht zu Brüdern. Nun, nach dessen Tod, mit über fünfzig, wollten sie endlich herausbekommen, wer sie wirklich waren und was sie sich als Brüder noch sein konnten. Sie wollten ihre alten Muster betrachten und versuchen, sie Kraft ihres Verstandes aufzubrechen. Sie seien umeinander bemüht und..., doch..., ja, es liefe gut an. Zwischendurch wollte ich fragen, ob sein Bruder ihm ähnlich sei, doch irgendwie kamen wir immer wieder darüber hinweg.

Sie hatten heute auf große Wandertour gehen wollen. Von Loutró bis Mármara und dann die ganze Schlucht hinauf bis zur Eisen-Brücke am Eingang. Beim Hinweis hoch nach Livavianá war es Horst mit dem Wandern dann aber genug gewesen.

Sein Bruder fühlte sich noch fit, und so hatten sich ihre Wege an dieser Stelle getrennt, mit der Verabredung, sich entweder in der Taverne oben in Livanianá wieder zu begegnen oder später, am frühen Abend, unten in Lýkos, wo sie sich mit einem Freund im Small Paradise zum Abendessen verabredet hatten. Als nun ein neuer Mann die livanianische Tavernen-Bühne betrat, hätte ich diesen niemals für Horsts Bruder gehalten. Er war um einiges kürzer als Horst, vielleicht einsachtzig, hatte ein völlig anderes Gesicht, dunkle, glatte Haare und leicht gebräunte Haut, ohne jede Sommersprosse. Ich war sichtlich erstaunt und das nicht nur ob dieser ungleichen Brüderschaft. Horst, wie mehrfach erwähnt, vom Typ her meinem Vater ähnlich, Ralf, dem meiner Mutter. Horst war seinem Bruder Ralf demnach genauso unähnlich, wie es meine Eltern gewesen waren oder mein wirklicher Ehemann meinem nicht gewordenen.

Ralf setzte sich Horst gegenüber und somit quasi auch mir. Was sich in diesem Moment in meinem Kopf abspielte, konnte keiner der Anwesenden wissen. Ich fühlte mich in die Zeit zurückversetzt, in der ich als junge Frau, gerade mal vierundzwanzigjährig, die Entscheidung meines Lebens hatte treffen müssen. Ich wusste damals, dass es um viel ging, dass es aber um so viel ging, war mir zu diesem Zeitpunkt nicht bewusst.

Kopfkino mit Zwischenspiel:

Kann man sich vorstellen, wie schlecht es mir gerade bei diesem Gedanken ging? Kann man sich weiter vorstellen, dass ich wieder glaubte, mit meiner damaligen Entscheidung mein ganzes Leben negativ beeinflusst zu haben oder dass es sich für mich beim Schreiben hier jetzt wieder so angefühlt haben könnte?

Ich bin davon überzeugt, dass in dem anderen Leben, das damals für mich zur Wahl gestanden hat, nicht soviel verloren gegangen wäre von dem, was ich mir als meinen Lebenstraum auserkoren hatte.

Keine junge Frau träumt davon, dass, nachdem sie mit dem Mann ihrer Wahl zwei wunderbare Kinder bekommen hat, im Laufe der nächsten Jahre alles aus dem Ruder laufen wird.

Sie träumt nicht davon, dass der Mann an ihrer Seite nicht genauso zufrieden und glücklich mit ihrem gemeinsamen Leben ist wie sie selbst und nicht einfach nur froh darüber sein kann, dass er sie hat und diese beiden Kinder und dieses so wunderbar unkomplizierte Leben, in dem beide genau das tun können, was sie augenscheinlich lieben.

Sie konnte ihren Laden betreiben, ohne jede Anstrengung, und genügend Geld damit verdienen, um den Unterhalt für ihre Familie zu sichern, und er konnte den Haushalt und die Kinder und den Garten versorgen, ganz wie es ihm gefiel, ohne jeden Druck.

Er war nie ein Karrieretyp, keiner, der groß Verantwortung übernehmen wollte. Und ihr fiel es leicht, ihren Laden zu managen, besonders mit ihm im Hintergrund. Das, was im Haushalt liegen blieb, weil es ihm nicht so wichtig war, brachte sie am Abend in Ordnung, und das, was ihr im Laden etwas schwerer fiel, erledigte er ohne Anstrengung. Sie ergänzten sich in allem auf so gute Art und Weise.

Niemals hätte sie eine Familie versorgen können, wie er es tat. Niemals hätte sie so mit den Kindern spielen und umgehen mögen, wie er es getan hat, und niemals hätte sie auch nur irgendetwas für die Familie auf den Tisch zaubern können, wie er es jeden Tag mit größter Selbstverständlichkeit und ohne jede Anstrengung gemacht hat, genau wie er niemals mit solch einer Ausdauer, Freude und Perfektion ihren Laden hätte betreiben können.

Natürlich können wir nicht wissen, ob der nicht gewählte Weg wirklich der bessere gewesen wäre. Vielleicht wär er gar schlimmer ausgefallen, sodass wir im Nachhinein, so wir den Vergleich würden anstellen können, geradezu froh darüber sein müssten, uns für den nun gelebten Weg entschieden zu haben. Doch weil es solch einen Vergleich nicht geben kann und unsere Fantasie ein Schlimmer-Denken des nicht gelebten Weges kaum zulässt, werden wir immer wieder dazu neigen, die verpasste Alternative in den Himmel zu heben. Nicht gegangene Wege werden in unserer Vorstellung immer einen gewissen Vorteil haben. Wir können sie uns immer als schöner und besser und erfolgreicher ausmalen und einreden, weil sie den Beweis dafür in der Realität für immer und ewig schuldig bleiben werden. „Was wäre gewesen, wenn?", ist ein schlechtes Denk-Spiel, das einzig dafür gut sein kann, uns unser bisher gelebtes Leben und noch mehr unseren Jetzt-Zustand ordentlich zu vermiesen.

37.

Nun saß ich also mit diesen beiden Männern an einem Tisch, zwei Brüdern, die unterschiedlicher kaum sein konnten. Beide entsprachen den Prägungen meines Männergeschmacks, wie sie wohl seit meiner frühesten Kindheit in meinem Raster gespeichert sind.

Ich hab mich oft gefragt, warum uns bestimmte Menschen, bestimmte Typen, bestimmte Gesichter, mehr auffallen oder gar anziehen als andere. Ob es sich dabei um Wiederbegegnungen aus früheren Leben handeln mag, falls es diese früheren Leben wirklich gab bzw. gibt, und wir uns, natürlich, ohne dass es uns bewusst ist, einfach wiedererkennen. Oder ob es sich um frühkindliche Prägungen handelt, die entstehen, wenn wir erste positive Gefühle mit einem Gesicht, einem bestimmten Gesichtsschnitt, einer Haarfarbe, einer großen oder kleinen Nase, blauen oder braunen Augen oder was auch immer verbinden. Ich liebe beide Varianten, wobei ich die zweite bevorzuge. Ich begründe sie mir mit meiner Vorliebe für Männer, die entweder meiner Mutter oder meinem Vater ähnlich sind. Und ich freue mich dabei immer wieder riesig darüber, dass sie mir beide demnach schon sehr früh in gleichem Maße positive Gefühle vermittelt haben müssen.

Als ich vierundzwanzig war, gab es zur selben Zeit zwei Männer in meinem Leben, denen ich beiden außergewöhnlich zugetan war. Der eine glich meinem Vater, der andere meiner Mutter. Beide hatten mich für die Rolle der Mutter ihrer Kinder ausgewählt, und mit beiden konnte ich mir meine Zukunft wunderbar vorstellen. Im allgemeinen nennt man so etwas Liebe, die, wenn sie uns in dieser Form trifft, genau das ist, was wir uns wünschen. Trifft die Liebe zwei Menschen, ist klar, was zu tun ist. Man sagt ja zueinander, heiratet, bezieht ein gemeinsames Heim, plant die Zukunft und freut sich über die erste Schwangerschaft. Man ist bereit. Man hat das Alter. Man möchte es genau so. Ich und du und du und ich und anners nix.

Sind wie im Normalfall zwei Menschen beteiligt, ist das eine relativ problemlose Angelegenheit. Sind es aber drei, wie in meinem bzw. unserem Fall, kann es recht kompliziert, quälend und schmerzhaft sein, werden und auch bleiben. Alleine die Entscheidung, wer der bessere, der richtigere Mann für mein Leben sein sollte, war für uns drei marternd. Nach welchen Kriterien bitte sollte ich mich entscheiden? Das Maß meiner Liebe konnte mir dabei nicht helfen, genau, wie ihre Zuneigung zu mir uns dabei ebenfalls nicht weiterhelfen konnte. Für mich waren beide Männer gleichermaßen in meinem Herzen und beide gefühlt gleichermaßen ernsthaft in mich verliebt.

Ich möchte unsere Geschichte hier nun nicht weiter beschreiben, denn zum einen würde sie den Rahmen dieser Geschichte sprengen, und zum anderen ist sie mir einfach zu wertvoll. Wenn, verdient sie ein eigenes Buch oder zumindest eine lange Kurzgeschichte.

Ich musste mich damals entscheiden, und ich tat es auch. Dennoch oder gerade aus diesem Grunde kann ich nur jedem wünschen, eine solche Entscheidung niemals in seinem Leben treffen zu müssen oder in solch einem Entscheidungsprozess involviert zu sein. Der Zurückgelassene wird arg verletzt sein und leidet oder sehnt sich in gewisser Weise ein Leben lang. Der Gewählte steht vielleicht unter einem besonderen Druck, und der zu Entscheidende wird immer wieder denken: „Ach hätte ich nur... ", immer dann, wenn es zwischen ihm und seinem erwählten Partner nicht besonders gut läuft oder zu erheblichen Schwierigkeiten kommt. Verlässt der Erwählte dann die Familie, wie es bei mir der Fall war, ist es quasi vorprogrammiert, dass der Entscheider sich schuldig fühlt. Er hätte sich anders entscheiden können. Ich hätte mich anders, vielleicht richtiger entscheiden können, und schon sind wir wieder bei diesem unsäglichen: „Was wäre gewesen, wenn...?", dem größten Miesmacher unseres Lebens für Vergangenes und Gegenwärtiges im Hier und Jetzt.

Damals stand ich zwischen zwei unterschiedlichen Männern und heute, zweiunddreißig Jahre später, saß ich zwischen ebensolchen unterschiedlichen Jungs, um die fünfzig, hier an der Bierzeltgarnitur in der Tilmanschen Taverne und fühlte mich an meine damalige Situation und meinen ewigen Schmerz erinnert.

Zum Glück musste ich mich heute nicht entscheiden, zwischen nichts und niemanden, und dennoch spürte ich den Sog in beide Richtungen. Horst, eben meinem Vater ähnlich, und Ralf, dessen dunkler Typ mich immer schon ein wenig mehr angezogen hatte.

Ich verfüge nach wie vor über ein gewisses Flirtpotential, das gehört einfach zu meinem Wesen dazu. Ich suchte schon als kleines Mädchen immer mehr die Nähe zum männlichen Geschlecht, zumindest, wenn ich den Erzählungen meiner Mutter glauben darf. Immer, wenn Handwerker bei uns im Haus tätig gewesen waren und meine Mutter sie zu den üblichen Pausen zum Tee bat, soll ich dazugekommen sein, mich mit dem Rücken an die Beine eines der Tee trinkenden, am Tisch sitzenden Männer gestellt haben, mit dem eindeutigen Hinweis, dass ich nun, während der Teepause auf seinem Schoß sitzen wollte. Ich muss damals noch sehr klein gewesen sein. Vielleicht war ich zwei, drei, vier oder fünf Jahre alt. Ich habe zu den erzählten Geschichten noch Bilder und Erinnerungen im Kopf. Bei unserem damaligen Klempner Hein-Dach-und-Nacht und unserem Malermeister Meinen hieß ich ihr Leben lang immer nur Lillibeth. Als ich nach meiner Zeit in Hannover zurück nach Hause gekommen und inzwischen zweifache Mutter und die Ladenfrau Elisabeth geworden war, hieß es von ihnen immer wieder gerne:

„Na Lillibeth, weetst du noch?" und
„Dien Dochter sücht ja net so ut as du."

Mit Horst fühlte ich mich an diesem Nachmittag sehr verbunden, und zu Ralf hätte ich mich hingezogen fühlen können. Die Erfahrungen des Verlassen-worden-Seins durch meinen dunkelhaarigen Ehemann unterbanden jedoch jeden Flirtversuch in Ralfs Richtung. Ein interessantes Gefühl angewandter Erfahrung.

Jahrelang hatte ich an meinem Schlüsselbund einen kleinen Anhänger mit dem Aufdruck „Erfahrungsresistent". Das Wort passte während meiner Trauerzeit sehr zu mir. Ich war kaum in der Lage, bestimmte Verhaltensmuster zu verändern. Als ich nach meiner Wunderheilung in mein Haus zurückkam, ersetzte ich diesen Anhänger spontan durch ein Schildchen mit dem Aufdruck „Meins". Ob das nun von Bedeutung ist oder nicht, kann ich nicht sagen, auf jeden Fall wirken sich meine bis dato gemachten Erfahrungen seither wesentlich besser auf mein Handeln aus, und ich habe immer mehr den Eindruck, dass mein Leben wirklich wieder mir gehört.

Ralf brach nach einem kühlen Bier wieder auf, während Horst sich immer noch nicht recht trennen mochte. Zwischenzeitlich fragte er mich, ob ich nicht mit ihm zum Essen nach Lýkos hinunterwandern wolle, doch schnell bemerkte er, dass es sich dabei um keine so gute Idee handelte. Sich zweizuteilen taugt nicht viel. Wir würden nicht das voneinander haben können, was uns ausmachte, und das Treffen mit seinem Bruder und ihrem gemeinsamen Freund würde ebenso an Intensivität verlieren. So stieg er, fast schweren Herzens, auf die letzte Minute den Berg nach Lýkos hinunter, für dessen Aufstieg ich am ersten Tag so elendig lange gebraucht hatte. Nina meinte: „Wenn du zügig gehst, brauchst vielleicht a halbe Stund." Ich begleitete Horst bis zum Einstieg an Ninas Haus vorbei zur blauen Beschriftung auf der asphaltierten livanianischen Dorfstraße.

„He Horst, Kopf hoch, wir sind doch beide noch ein paar Tage in der Gegend, und wenn das Schicksal es will, werden wir uns schon noch einmal begegnen."

Wir nahmen uns herzlich in die Arme und bedankten uns für unsere so wunderbare Begegnung. Wir hätten unsere Handynummern tauschen können, taten es aber nicht. Wir sprachen nicht einmal darüber. Ich fragte nicht danach, weil es mir nicht zustand, und er..., ich weiß es nicht. Ich denke, dass es ihm in diesem Moment als Verrat vorgekommen wäre. Nein, Horst wollte seinem christlichen Anspruch an Ehe, Treue und Verzicht gerecht werden, und da wollten wir beide wohl nichts ins Wanken bringen.

Ich schlenderte langsam zurück. Irgendwie leicht und glücklich, beseelt von dieser Begegnung. Es war nicht wichtig, ob wir uns wiedersehen würden. Wir hatten dieses Geschenk bekommen, diese so herrlich unkomplizierte Begegnung, mit einem so selbstverständlichen Gefühl von Nähe und Vertrautheit, und ich dachte, dass wir dankbar für das sein sollten, was wir hatten teilen dürfen, und nicht traurig darüber, was wir nicht füreinander würden sein können.

38.

Omelette à la Tilman: Auf der einen Seite eines großen Speisetellers wird ein zusammengeklapptes Omelette platziert, auf der anderen ein leicht säuerlicher Salat, graphisch angeordnet. Eingelegte rote Paprikastreifen, gerillte Rote-Beete-Scheiben, Möhrenspalten, saure Gurken und Peperoni. Dazwischen unterschiedliche, zerpflückte, grüne Blattsalate.

Nina, Jorst und ich läuteten den Abend ein. Während Nina drei Omelettes à la Tilman zubereitete und ich den Abwasch machte, verstaute Jorst die gefüllten Müllsäcke für den Abtransport in seinem Auto. Jetzt am Abend wurde die Taverne zu unserem Wohnzimmer. Bei der Musik von Leonard Cohen, „Live in London" vom 17. Juli 2008, genossen wir unser Abendessen mit einem leichtmundigen Rotwein, der Jorst über seine neue Liebe ins Plaudern kommen ließ. Er und Antje kannten sich nun elf ganze Wochen, und es war ihnen immer noch nicht recht klar, was sie füreinander sein wollten. Er wusste schon, was er wollte, doch sie schwankte noch zwischen ja und nein und vielleicht. Seine Gefühle waren in einem ständigen Spagat zwischen Liebe, Eifersucht, Geduld, Misstrauen und Sehnsucht.

„He Jorst", sagte ich, „mach dich doch nicht verrückt. Die Liebe ist da oder auch nicht, sie ist dir treu oder auch nicht, sie will mit dir oder auch nicht. Es ist, wie es ist, und du machst die Sache mit deinem Leid hier nicht besser, zumindest nicht für dich. Genieße die Zeit, und lass dich überraschen von dem, was da ist, wenn ihr euch wiedersehtt."

Jorst hatte an diesem Abend eigentlich noch zu seinem Quartier in der Nähe von Réthimnon zurückfahren wollen, doch als es hier zwischen uns so wunderbar nett zuging und er nach dem ersten Glas Wein gern ein zweites wollte, bot Nina ihm an, in einem von Tilmans Betten zu übernachten. Er entschied sich für das Bett auf dem Tavernen-Dach. So wäre er den Sternen näher, und damit könnten seine Wünsche leichter den Himmel erreichen und auf direkterem Wege an Antjes Unterbewusstsein weitergeleitet werden.

Nach unserem gemeinsamen Frühstück am nächsten Morgen

machte Jorst sich auf den Weg zurück nach Réthimnon. Nina blieb in der Taverne, versorgte Hund, Katzen, Tauben und Pflanzen, und ich ging zum Haus und packte meine sieben Sachen. Heute war der 8. Mai, der Tag, an dem für mich im Xenia ein Zimmer reserviert war.

Was ist es auch für ein Luxus, sich in einem Land aufzuhalten, in dem die Sonne fast garantiert ist. Natürlich ist sie dann und wann von Wolken umspielt, und an wenigen Tagen gibt es auch mal einen Schauer. Heute war jedoch, wie an den meisten Tagen der Saison zwischen April und Oktober, nicht damit zu rechnen.

Ich brachte mein Hab und Gut auf die Terrasse zwischen Küche und Schlafraum. Die beiden Steinbänke sind für alles gut. Die eine ist direkt neben der Küchentür, die andere zwischen dem Schlafzimmer und dem Aufgang zur oberen Terrasse. Sie haben Sitzbankhöhe, sind ca. fünfzig Zentimeter tief und mehr als einen Meter breit, glatt verputzt und weiß gestrichen. Als Erstes breitete ich auf beide Bänke je ein Frottiertuch aus. Darauf legte ich all meine Textilien, von den Socken bis zum schmückenden Tuch. Ich strich alles glatt, nahm es zusammen, rollte auf, was aufzurollen ging, und drapierte es übersichtlich, im rechten Winkel zueinander auf der Steinbank neben der Küchentür. Bevor es in meinen Rucksack wanderte, machte ich ein Foto. Das Einräumen eines Rucksacks ist für mich reine Meditation. Bevor jedes Teil seinen Platz bekommt, überlege ich den günstigsten Ort. Obertasche, Untertasche, Vordertasche, Seitenfächer, Umhängetasche, externer Rucksack, rote Bauchtasche.

Ich hatte festgestellt, dass mir der kleine, schwarze Handgepäckrucksack fehlte, den ich mir für die letzte Reise von meiner

Schwester ausgeliehen hatte. Die lederne Umhängetasche meiner Tochter war zwar gut, konnte seinen Platz aber nicht ausfüllen. Zufälle sind etwas Wunderbares. Nina hatte sich gerade einen solch kleinen, leichten Rucksack gekauft. Sie wollte ihn für ihre Touren in der Gegend und zum Transport ihres Laptops. Zu meinem Glück war ihr Laptop jedoch breiter als der Reißverschluss des Hauptfaches, und so hatte sie ihn mir gerne verkauft. Mit ihm war ich jetzt wieder perfekt ausgestattet.

Ist für die Reise alles am richtigen Platz und in meinem Kopf gespeichert, kann ich gut weiterziehen. Ich hatte mein einwöchiges Hochplateau ordentlich verlassen, hatte mein Wanderkleid und meine Wanderschuhe angezogen, mir die Haare hochgesteckt, die Nase gepudert und die Lippen gemalt und konnte so wunderbar aufgeräumt mit Sack und Pack zur Taverne hinübergehen.

Der lange Tisch am Eingang war mit einer Gruppe gut gelaunter Frauen besetzt. Ihre positive Energie nahm die ganze Terrasse ein. Nina war dabei, einen mit Spiegelbruch beklebten Zweig ans Terrassengestänge zu hängen. Seine Lichtpunkte hüpften freudig über den Terrassenboden. Ich ging zu Nina, sagte: „Wie schön!", und bezahlte das Essen und die Getränke der letzten Woche und die Übernachtungen in ihrem Haus. Als Abschluss wünschte ich mir noch einen Nescafé megálo in meiner türkisfarbenen Tasse.

„Nee!" kam es plötzlich vom Frauentisch.
„Das gibt's doch nicht, Elisabeth, wie schön dich hier zu sehen."

Es war Andrea, die Liebste von Paulo Sowieso, dem ehemaligen Arbeitskollegen meiner Schwester aus Oldenburg. Ich war ihnen im letzten Herbst unten in Loutró begegnet und hatte sie zunächst unerkannterweise gefragt, ob ich sie einmal gemeinsam aufs Foto bannen solle.

„Was macht dein Buch?", fragte sie unvermittelt.
„Was machst du hier?", fragte ich erstaunt zurück.

Ich erzählte, dass mein Buch fertig sei, dass ich es an achtzehn große deutsche Verlage gesandt hätte und nun geduldig auf Antwort warte.

Sie berichtete, dass sie gerade mit ihrem Chor für einen Workshop für zehn Tage unten in Lýkos im Small Paradise sei, dass sie an jedem Tag zwei Stunden üben würden, um am vorletzten Tag dort ein gutes Konzert abliefern zu können. Dazu unternähmen sie täglich eine kleine Wandertour für ihre Fitness. Sie stellte mir ihre Mädels vor, die allesamt zwischen fünfunddreißig und fünfzig waren, und erzählte ihnen von unserer Begegnung im letzten Herbst.

Wie sehr ich es doch mag, ohne jede Hast durchs Leben zu gehen. Als die Mädels sich verabschiedeten, war es halb zwei. Die letzte Fähre von Loutró nach Chóra Sfakíon würde nicht vor 18 Uhr ablegen. Für den Weg von Livaniená hinunter nach Loutró bräuchte ich zwei, höchstens drei Stunden. Also wäre 15 Uhr immer noch früh genug, um mich entspannt auf den Weg zu machen.

Plötzlich betrat ein wahrlich abgehetzter Horst mit hochrotem Kopf und sichtlich durchgeschwitztem Hemd den Terrassenraum. Er schoss auf mich zu und sagte sehr außer Atem:

„Wie gut, dass du noch da bist!"
„Is was passiert?"
„Nein, aber ich dachte immer wieder,
   dass es nach unserer gestrigen Begegnung doch nicht
   sein könnte, dass wir uns nicht wiedersehen würden."

Er habe Ralf gesagt, dass es ihm leidtäte, aber dass er jetzt einfach nach Livaniená hochlaufen müsse, um zu schauen, ob ich noch da sei. Verstanden habe Ralf das nicht, aber das wäre ihm, Horst, in diesem Moment auch völlig egal gewesen.

„Und, ist Ralf jetzt böse?"

„Nein, nein, er hat nur mit dem Kopf geschüttelt, gelächelt, mir viel Glück gewünscht und ist dann mit unserem Freund von Mármara weiter Richtung Ágios Ioánnis gewandert. Mein Gott, was bin ich froh, dich zu sehen!"

Er ließ sich in Tilmans Ohrensessel fallen. Ich machte uns zwei Alster und fragte ihn beim Anstoßen, ob mit ihm denn sonst alles in Ordnung sei, und wie er heute zu dem Gesagten von gestern stehe. Es sei unverändert. Er wolle sein Leben weiterführen wie bisher. Er liebe seine Frau, er lebe gerne mit ihr zusammen, sie hätten ein gutes Leben miteinander und sich dazu vor Gott versprochen, füreinander da zu sein.

Mir fiel ein Stein vom Herzen, denn so, wie wir es besprochen hatten, war es gut. Wir durften uns mögen, und wir wussten um die Grenzen unseres Miteinanders.

„Und dennoch", sagte er „möchte ich dich besser kennenlernen und möglichst viel Zeit mit dir verbringen."

„Na", sagte ich daraufhin, „dann wollen wir doch mal schauen, was uns da miteinander möglich ist."

Inzwischen sah Horst wieder manierlich aus. Seine Gesichtsfarbe hatte sich auf normal zurückgefärbt, und seine Haut und seine Kleidung waren durch die warme Luft und von der Sonne wieder getrocknet. Ich erzählte ihm, dass ich heute um 18 Uhr die Fähre nach Chóra Sfakíon nehmen würde. Dass ich dort im Xenia für die nächsten beiden Nächte ein Zimmer reserviert hätte und dass Micháli mich erwarte.

Gegen 15 Uhr machten wir uns gemeinsam auf den Weg über die Schotterstraße hinunter nach Lýkos. Horst fragte mich, ob er meinen Rucksack nehmen solle, und ich sagte:

„Nee, nee, mein Lieber, danke der Nachfrage, aber Frau sollte schon selbst tragen können, was sie mit auf Reisen nimmt."

„Gut, doch wenn es dir zuviel wird,
darfst du gerne auf mein Angebot zurückkommen."

Ich lächelte, er lächelte, und so gingen wir los, nachdem wir uns herzlich von Nina verabschiedet hatten. Dass ich während dieser Reise noch einmal nach Livanianá kommen würde, war relativ sicher. Schließlich war noch nicht einmal die Hälfte meiner diesmaligen Kreta-Zeit vorüber.

Unser Spaziergang über die Schotterstaße hinunter nach Lýkos war engelsgleich. So entspannt war ich sie noch nie gegangen. Trotz meines Reiserucksacks fühlte ich mich federleicht. Horst und ich gingen recht flott. Mal einfach so nebeneinander her, mal Hand in Hand, mal plötzlich stehenbleibend und uns von Herzen in die Arme nehmend. Wir plauderten fast durchgängig, und wir strahlten uns an, immer wieder, sobald sich unsere Blicke trafen. Normal war das nicht, aber schön, wunderschön. Es war ein bisschen so wie zwischen Meg Ryan und Tom Hanks in dem Film „Schlaflos in Seattle", als sie sich endlich oben auf dem Empire State Building gegenüberstanden und sich immer wieder leicht lächelnd, entgeistert und verwundert anschauen mussten, während sie langsam Hand in Hand zum Fahrstuhl gingen.

It was like magic.
Wonderful - einzigartig - Momente des Glücks.

An der Gabelung zwischen der Lýkos-Bucht und dem Old Fínix entschieden wir uns für den direkten Weg Richtung Loutró. Er ist kürzer, aber gefährlicher. Nach vielleicht fünfzig Metern bewachen zwei angeleinte Hunde den Weg. Mit ihren Leinen erreichten sie bis auf vielleicht dreißig Zentimeter den gegenüberliegenden Zaun, der den Weg von hieraus linksseitig begrenzt. Die Hunde reagieren mit lautem Gebell auf Ziegen und Schafe, die sich dem Durchgang nähern. Wahrscheinlich würden sie uns ohne Probleme durchlassen, doch weiß man's? Wir näherten uns langsam, sprachen beruhigend auf die Hunde ein und passierten nah am Zaun den Weg. Auch wenn es vielleicht nicht wirklich gefährlich war, war Vorsicht geboten.

Irgendwann standen wir oberhalb Loutrós. Wie schön dieser Ort, auch von hier oben, immer wieder ausschaut. Der Fels, das Meer, der Häuserkranz, die im Wasser liegenden Schiffe. Nachdem wir die ersten Windungen des Abstiegs gegangen waren, wählten wir den schnelleren Weg zur Fähre. Er ist kürzer, aber steiler und endet direkt hinter einem der Häuser, dessen steile Haustreppe direkt zur Promenade führt. Links das Café Loutró, rechts Papagei Coco. Wir ließen uns in Christinas Café vom Hotel Sífis nieder, so waren wir dem Anlegeplatz der Fähre am nächsten. Als Karl-Heinz mit seiner Barbara unseren Platz querte, war es ohne Worte klar, dass sie sich zu uns setzten.

Im Schatten am Familientisch saß Christina mit ihrem Ehemann Michális beim Essen. Nachdem wir uns wiedererkennend zugelächelt hatten, winkte sie mich zu sich herüber, um ihn mir vorzustellen. Ein freundlicher Mann mit geringen Englischkenntnissen und einem fast durchgängigen Lachen. Ich fragte, ob in den nächsten Tagen ein Zimmer für mich frei wäre. Sie versprach, gleich nach dem Essen nachzuschauen. Die Fähre kam heute spät. Christina meinte: „Not before seven o' clock" und teilte mir gleichzeitig mit, dass ihr Haus noch zwei Nächte voll belegt sei. Ab dann wäre im alten Haus ein Zimmer für mich frei. Als ich mich zu Horst an unseren Tisch zurücksetzte, piepste mein Telefon.

„The ferry is late today. It's windy. The waves are high.
Don't forget, Georgos has a room for you... and me!
I miss you. Where are you, Elisabeth? Filákia Micháli."

Ob ich mich wohl über Michális SMS freute! Man darf das hier jetzt nicht durcheinanderbringen. Ich mochte beide Männer sehr, doch mit dem einen hatte ich ein auf meine Reise zeitlich begrenztes, kretisches Liebesverhältnis, und mit dem anderen verband mich eine große Sympathie mit guten Schwingungen und klaren Grenzen. Da stand nichts in Konkurrenz, zumindest nicht für mich.

Horst und ich kamen über griechisch-deutsche Liebesverhältnisse ins Plaudern, die wir schnell auf alle Nationalitäten ausweiteten. Die Männer beließen wir in südlichen Gefilden, den Frauen dachten wir alle Nationalitäten zu. Seit dieser Plauderei hatte das Wort „Tomatenkistentragen" für uns eine eigene Bedeutung:

Frau reist in ein südländisches Land. Fällt einem Einheimischen dort ins Auge und umgekehrt. Sie haben etwas miteinander, verlieben sich vielleicht und denken an eine gemeinsame Zukunft oder auch nicht. Er besitzt eine kleine Pension, eine Taverne, einen kleinen Laden, einen Gemüsestand oder hält, wie Micháli in seinen fahrfreien Zeiten, an seinem Taxiboatoffice-Tisch Wache. Anfangs spricht er von seinem Laden, in dem sie dann und wann ein wenig mithelfen darf. Dann spricht er von unserem, in dem sie wie selbstverständlich ihren Beitrag leistet, bis er eines Tages nur noch vor der Tür im Schatten seines Geschäftes verweilt, mit Freunden palavert, Tavli spielt oder sein Perlenfingerspiel, sein Komboloi, in Bewegung hält, während sie die anfallenden Arbeiten, das „Tomatenkistentragen", alleine erledigt. Das geschieht nicht mit böser Absicht, das geschieht einfach so und ist völlig in Ordnung, solange beide es so wollen.

Die Fähre kam, ich verabschiedete mich von Christina, ihrem Mann Michális, Karl-Heinz und Barbara und ließ mich von Horst gerne zur Fähre begleiten. Wir tauschten unsere Handynummern, nahmen uns noch einmal fest in die Arme und sagten uns: „Bis bald."

39.

Die Abendfähre bringt die Samariá-Wanderer von Ágia Rouméli nach Chóra Sfakíon. Die heutige Fähre war voll besetzt. Ich stand oben an der Reling und sah Horst und Loutró immer kleiner werden. Ich genieße das Abfahren und Ankommen, und ich genieße Wiederbegegnungen. Als ich in Chóra Sfakíon von Bord ging, sah ich Dorothea zwischen den Fähr-Wartenden. Wir erkannten uns, wir strahlten, wir nahmen uns in die Arme. Sie war fein zufrieden und auf dem Rückweg nach Loutró.

„Wo ist Horst?", fragte sie unverblümt.
„Ich denke bei Christina im Sífis."
„Und du hier?"
„Ja, und ich hier. Horst und ich kennen
uns keinen Deut länger als du und ich."

Ich erzählte ihr, dass ihre Wanderschuhe wohlbehalten am Zaun in Livanianá hingen und dass Horst und ich uns zwar gerne mochten, aber nichts Paariges miteinander im Sinn hätten. Er sei glücklich verheiratet und ich anderweitig verbandelt. Dass wir nichts Paariges miteinander im Sinn hatten, mochte zu diesem Zeitpunkt nicht ganz der Wahrheit entsprechen, doch hatten wir auf jeden Fall nichts dergleichen vor.

Die Jungs vom Obrosgialos sind einfach zu und zu herrlich!

„Stop my lady.
 Do you have a visa?
 No? So take this."

Manoúsos zog einen Stuhl vom Tisch. Claudiu schenkte mir an Stelle des Visums einen Raki ein und fragte, ob ich die ganze Zeit oben in Livanianá gewesen sei. Nach dem Raki mit Rede und Antwort durfte ich passieren.

Mein Handy klingelte.
Micháli wollte wissen, ob ich noch in Loutró sei.

„No, I'm in Chóra Sfakíon, right on the way to Xenia."
„Bravo Elisabeth, I will come soon."

Bravo Elisabeth. Es klingt wie im Kindergarten. Doch so ist es hier nun mal. Bravo ist das Lobwort der Griechen für alles, was Kinder und Touristen gut machen. Bravo beim Gläserabräumen. Bravo beim Aufgeben einer Bestellung in griechischer Sprache. Bravo beim Handstand, Kopfstand und beim ersten Fahrradfahren und Bravo, wenn das Hascherl die Fähre nicht verpasst hat und zum abgemachten Zeitpunkt zurück ist. Kurz und knapp und klar: „Bravo!"

Ich freute mich auf ihn - was das anging, konnte eine Woche lang sein. Ich freute mich auch auf Vanna und Georgos, meine Summer-Shoes und auf das ganze Xenia. Und ich freute mich ebenso auf meine Rückkehr nach Loutró, auf Horst und Christina, Nina und die Taverna-Livanianá und auf all die anderen Menschen und Plätze, denen ich dort wieder oder neu begegnen würde.

„Immer schön eins nach dem anderen", dachte ich, und „man braucht immer etwas, worauf man sich freut!" Es sind die Begegnungen mit den Menschen und die Orte, die mich ziehen.

Ich nahm mein Gepäck, bedankte mich bei Claudiu und Manoúsos für das Raki-Visum und schlenderte Richtung Xenia. Ich betrat die Terrasse, stellte meine Sachen an den Treppenaufgang und fragte den an seinem Schreibtisch sitzenden Georgos nach meinem Zimmer und den Summer-Shoes. Was kann dieser Mann auch herzlich laut lachen!

„Your summer-shoes, forget them!
No - they are here in Chóra Sfakíon. I will get them tomorrow."

Der Mann von der Post habe ihn heute Vormittag angerufen und ihm gesagt, dass ein Päckchen aus Deutschland angekommen sei, for Elisabeth Katz at Xenia-Hotel. Leider habe er vergessen, es abzuholen.

„No problem, Georgos, tomorrow is early enough."

Georgos gab mir den Schlüssel mit der Nummer 104. Ich setzte mich damit vorne ans Wasser, zog mein Tagebuch aus meinem kleinen Rucksack hervor, schaute auf die ablegende Fähre und wollte gerade mit dem Schreiben beginnen, als Micháli mit seinem Taxiboot in großem Bogen in die Bucht hineingefahren kam. Ich kann es nicht leugnen. Mein Herz geht mir auf. Um meinen Mund bildet sich ein Lächeln, und mein ganzes Gesicht beginnt zu strahlen, wenn ich diesen Banausen so vor Augen habe. Tja, da kann ich nix machen, meine Augen lieben den Anblick dieses lang gewachsenen sfakiotischen Mannes!

„I've been in Loutró, to pick you up", sagte er mit einem breiten Grinsen, legte seine Hand auf meine Schulter, nahm meinen Schlüssel, steckte sich eine Zigarette an und sagte: „I go to dusch!"

Kurz darauf kam eine Frau mit zwei Gläsern an meinen Tisch. In schönstem Schwyzerdütsch sagte sie: „Elisabeth, wie wär's mit einem Apéro?" Es war Verena, eine der Frauen vom letzten Herbst, die mir damals mit ihrem Mann und zwei weiteren Paaren deutlich das Gefühl vermittelt hatten, mich nicht besonders zu mögen. „Hm", dachte ich, und ob sich ihre Meinung dahingehend wohl geändert oder ob mich mein Gefühl vom letzten Jahr getäuscht hatte? Sie war für eine Woche mit einer Freundin hier. Nach dem Aperitif verabschiedete ich mich mit meinem Gepäck auf mein Zimmer.

Ich näherte mich dem Zimmer mit der Nummer 104 vom großen Flachdach aus, stieg über das Geländer, stellte meinen Rucksack ab und schaute durch die Balkontür. Die Tür war verschlossen, Micháli nicht zu sehen. Ich beließ den Rucksack vor Ort, stieg übers Geländer zurück aufs Flachdach, begab mich in den Hotelflur und betrat von dort aus mein Zimmer. Aus dem Bad hörte ich Wassergeplätscher und Micháli Stimme, erst mit dem einen, dann mit dem anderen griechischen Stück, die beide längst zu meinen Lieblingsliedern gehören. „Pou tha

Pái Pou" - „Wohin soll man gehen" von Yánnis Pários aus dem gleichnamigen Album und „Eída ta Mátia sou klaména" - „Ich sah deine Augen weinen" von Gerásimos Andreátos. Beide CDs habe ich inzwischen zu Hause, und wenn meine Sehnsucht nach Kreta und auch nach Micháli zu groß wird, lasse ich sie einfach dauerlaufen, ob in meiner Wohnung oder im Laden.

Ich klopfte kurz an die Badezimmertür, um ihn wissen zu lassen, dass ich nun auf dem Zimmer sei. Kurze Zeit später rief er meinen Namen durch die geöffnete Tür:

„Elisabeth, do you take my stuff please
and hang them to dry on the balcony."

Er reichte mir Hemd, Hose, Socken, Unterhose und T-Shirt, eines nach dem anderen, halb ausgewrungen, und ich brachte alles, ohne viel Getropfe schnell auf den Balkon. Wie ich es als Kind gelernt hatte, hing ich alles der Größe nach, gut glatt gezogen auf die Leine am Balkongitter.

An der langen Wäscheleine meiner Kindheit, die unser Vater unserer Mutter entlang des am Rasen liegenden Plattenweges angebracht hatte, hing immer alles schön nach Wäschesorten und Größen sortiert, leicht flatternd im ostfriesischen Wind. War unsere Mutter besonders gut drauf, pfiff sie dabei noch ein Liedchen und sortierte das Gewaschene dazu noch nach Farben. Natürlich schwirrten wir Kinder oft um sie herum. Wir reichten ihr, unserem Alter entsprechend, kleinere oder größere Wäschestücke an. Waren alle Handtücher aufgehängt, folgten die Kleidungsstücke, von den Hosen bis zu den Socken. Und immer, wenn wir mit einer Sorte durchwaren, fragte sie, ob es auch wirklich das letzte Handtuch oder das letzte Hemd gewesen sei, damit wir am Ende nicht alles wieder würden umhängen müssen. Wir hätten es nicht umgehängt, und dennoch kam dieser Satz fast immer. Als sie als junges Mädchen im Haushalt eines Großbauern tätig gewesen war, hatte die gestrenge Bäuerin tatsächlich darauf bestanden, alles bereits an der Leine Hängende weiterzurücken, falls ein Wäschestück in der Balje, der Zinkwanne, vergessen worden war.

IN DES WÄSCHESCHRANKES TIEFEN,
KANN DIE STRENGE HAUSFRAU PRÜFEN,
OB DAS LINNEN GUT BESTELLT.

Dieser Satz passt zwar nicht direkt zur Wäscheleinengeschichte, gehört aber völlig in diese Zeit. Er ziert seit Jahren, in rotem Kreuzstich auf grobem Leinenband gestickt, drei Regalböden in meinem kleinen Bücher-Café.

Micháli schaltete den Fernseher ein und legte sich mit Brille und um die Hüfte geschlungenem weißen Frottiertuch aufs Bett. Ich wusch mir die Haare und genoss das warme Wasser lang und ausgiebig nach der einwöchigen Katzenwäschezeit oben in Livrianá.

Wie ich es doch liebe, nach dem Duschen mit durchfrottierten Haaren, in ein Bettlaken gehüllt auf dem Balkon zu sitzen, um genüsslich eine Zigarette zu rauchen. Ich genieße die Ruhe, den Blick auf den dunkler werdenden Himmel und die aufkommenden Sterne. Ich horche auf die Brandung des Meeres und auf die leisen Schritte des Mannes, der mir in Kürze auf den Balkon folgen wird. Vielleicht setzt er sich dann auf den mir gegenüberstehenden Stuhl. Mit Sicherheit zündet auch er sich eine Zigarette an. Vielleicht steht er auch eine Weile einfach nur hinter mir, legt seine Hände auf meine Schulter oder fährt mir damit durchs noch leicht feuchte Haar. Irgendwann zieht er mich dann von meinem Platz hoch, küsst mich, nimmt mich an den Händen und zieht mich sacht in unser nun fast dunkles Zimmer.

40.

Der 10. Mai nahm einen guten Anfang. Ich schlief lange, meinem Biorhythmus folgend. Als ich auf den Balkon trat, sah ich die Morgenfähre in kleiner Ferne aus Loutró kommen. Micháli hatte gegen acht das Feld geräumt. Einzig das zerknüddelte Kopfkissen neben dem meinen und seine Wäsche an der Balkonleine zeugten noch von seinem nächtlichen Besuch.

Ich duschte, zog mich an, steckte mir die Haare hoch und malte mir mein Gesicht. Als ich fast damit fertig war, stand Mr. Micháli plötzlich wieder auf dem großen Flachdach vor meinem Balkongitter. Er brachte mir einen Morgenkuss, fragte, ob ich gut geschlafen habe, und reichte mir eine Rose aus Vannas Garten.

„I'm going to sit at my table down at the water.
Hurry up and come down quickly!
There is a surprise for you."

Was war denn das? Ein extra Morgenkuss, eine Rose und eine Überraschung für mich? Na, da war ich nun aber mal gespannt! Im Weggehen fühlte er seine Wäsche und meinte, dass ich sie nun von der Leine nehmen könne. Sie sei trocken. Er grinste von einem Ohr zum anderen und schon war er verschwunden. „Du bist mir ja ein Herzchen", dachte ich, schmückte mich mit meinem kurzen Rosenkleid - vorne und hinten geblümt, an den Seiten schwarz-transparent, mit einer zarten Spitze am unteren Rand in Kniehöhe - und zog mir meine Wildlederstiefel an. Bevor ich seinem Ruf folgte, nahm ich Michális Sachen von der Leine, legte sie liebevoll zusammengefaltet auf das Regal gegenüber der Badezimmertür und machte unser Bett. Mit allem, was sie immer so bei sich haben musste, ging die kleine Hausfrau nun nach unten auf die Terrasse.

Vanna grinste. Georgos grinste. Auf dem ersten Tisch am Geländer neben der mittleren Steintreppe stand ein Paket. Drumherum Rosenblätter. Daneben ein Becher mit Nescafé, eine Schale mit Yaurti me Meli kai Fráoules, Erdbeeren, und eine Vase mit Rosen.

„Look, a parcel for you!", sagte Georgos.
„Maybe it's the parcel with your crazy summer-shoes."
„Ja", sagte ich mit einem strahlenden Lächeln,
„...with my crazy summer-shoes!"

Micháli hatte es am Morgen mit seiner kleinen Porsche vom Postamt geholt, und nun stand er hier am Geländer und freute sich mit Vanna und Georgos über die gelungene Überraschung.

Vanna brachte mir eine Schere, setzte sich mit einem Kaffee zu mir und fragte, ob das Frühstück für die Queen so in Ordnung sei.

„It's unique, charming, wonderful, marvelous, merveille du jour! Es ist einzigartig, bezaubernd, wundervoll, großartig, das Wunder des Tages! I thank you so much! Ich danke dir so sehr! Let's take a photo. Lass uns ein Foto machen."

"As rìxoume mia fotografía?" „Né!"

Während ich meinen Joghurt aß, öffnete Vanna das Paket. Es kamen zwei Kauderwelsch-Sprachführer zum Vorschein, in

Englisch und Griechisch, ein paar Flyer vom Laden, eine Dose mit Kaugummi, zwei Paar Sandalen, eines in koralle-rot, das andere in schwarz und eine Karte von meinen Ladenfrauen.

„Take the red!", sagte Vanna,
„Párte to kókkino! They fit better to your dress!"

So tauschte ich meine Wildlederstiefel gegen das korallfarbene Paar Sandalen, stolzierte einmal vor Vanna auf und ab und erhielt mein so geliebtes: „Bravo, Elisabeth!", and „Today you are the queen of roses!"

Nach dem Frühstück rief ich meine Wilma zu Hause in unserem ostfriesischen Laden an. Zum einen sollte sie wissen, dass ihr Päckchen nach 14 Tagen seinen Zielort und seine Zielperson, also mich, nun erreicht hatte, und zum anderen wollte ich endlich auf einem der bei mir auf dem Laptop gespeicherten Fotos der Live-Webcam von Chóra Sfakíon zu sehen sein. Als unsere Verbindung stand, bat ich sie, die Seite mit der Live-Webcam aufzurufen, um dann minütlich so oft auf den Wechselknopf F5 zu drücken, bis sie mich auf dem Bildschirm ausmachen könne.

„Wilma, ich steh am Hafen, auf der alten weiß gestrichenen Kaimauer mit nach oben gestrecktem Arm, zwischen dem Leuchtfeuer und dem ersten Lampenmast und warte hier jetzt, bis du mich sehen kannst."

Wollten wir dieses Foto, mussten wir da jetzt durch. Wilma zu Hause mit der Bedienung unseres Laptops und ich hier mit meinem hochgehaltenen Arm. Was die Leute um mich herum dazu denken mochten, durfte mich dabei nicht stören.

„Ich hab dich!", rief sie plötzlich. „Ich hab dich!" Welch ein Gejuchze in unserem Laden. Wilma war wohl nicht allein. „Haste das mit dem Speichern hinbekommen?" „Ja", sagte sie und „ohne Fleiß kein Preis!"

Sie hatte vorher mit mir und jetzt immer mal wieder mit Almine zusammen geübt. Learning by Doing ist seit Jahren unsere Devise. Wie selbstverständlich rief ich: „Bravo Wilma!", und nahm dieses spontan ausgerufene Lob als nächsten kleinen Mosaikstein für mein kretisches Blut, meine kretischen Wurzeln - ob ich nun eine kretische Ostfriesin sein mochte oder eine ostfriesische Kreterin.

Micháli winkte mich zu sich. Fragte, ob ich eine Zeit lang seinen Taxiboottisch bewachen könne. Er habe eine Fahrt nach Ágia Rouméli, und es würde wohl ein, zwei Stunden dauern, bis er zurück wäre. Ich setzte mich an einen seiner Tische, schrieb als Erstes das Wort „Tomatenkiste!" mit einem Lachgesicht in mein Tagebuch, lächelte und schrieb weiter. Als ich gerade den gestrigen Abschied von Loutró notierte, mit dem vorherigen Beisammensein von Horst, Barbara und mir, standen da plötzlich Barbara und Karl-Heinz an meinem Tisch. Die Welt hier in der Sfákia ist so wunderbar klein und überschaubar, auch wenn man ob der Fuß- oder Wanderwege manchmal das Gefühl haben kann, dass die einzelnen Orte weit auseinanderliegen.

Karl-Heinz und Barbara waren mit der Mittagsfähre von Loutró gekommen, hatten eine Zeit in Chóra Sfakíon verweilt und wollten nun mit dem Taxiboot zum Sweet-Water-Beach fahren, dort schwimmen, essen und sonnenbaden, und von dort zu Fuß nach Loutró zurücklaufen. Ein schöner, entspannter Tagesausflug mit allem.

Hier jetzt sollte der Part mit dem Taxiboot beginnen. Micháli war noch unterwegs, und so fragte ich die beiden, ob sie auf ihn warten wollten. Sie wollten und verlegten ihr geplantes Essen vom Sweet-Water-Beach kurzerhand auf jetzt und aufs Xenia.

„Wollen wir zusammen?"
„Ja, wir wollen, und zwar gerne!"

Wir wählten drei Omelette speziale und für alle gemeinsam einen griechischen Salat. Als ich Micháli kurz darauf mit seinem üblichen Schmiss ins alte Hafenbecken einfahren sah, bestellte ich schnell ein viertes Omelette hinterher. Nach dem Essen war es Zeit für die Fahrt zum Sweet-Water-Beach. Barbara setzte sich einer Galionsfigur gleich mit dem Gesicht zum Wasser nach vorne an die Spitze des Bootes, Micháli sich auf seinen Kapitäns-Sitz und Karl-Heinz und ich uns rechts- und linksseitig auf die beiden kleinen Bänke zum Gewichtsausgleich. Das muss so. Wenn die Gäste es anders tun, weist der Kapitän seine Gäste an, sich entsprechend umzusetzen. Micháli fuhr schnell. Das Wasser spritzte. Barbara juchzte. Als wir am Sweet-Water-Beach ankamen, ließ Micháli sein Taxiboot auf den Kieselstrand gleiten. Barbara stieg aus und sagte:

„He, das war ja besser als Sex!"

Barbara war auf den ersten Blick keine Frau, von der ich solch einen Ausspruch erwartet hätte. Sie wirkte auf mich eher bieder, etwas konservativ und gut erzogen. Ich hatte mich ja schon darüber gewundert, wie Karl-Heinz, der Höhlenbewohner, und sie, die Frau, die ohne Dusche nicht sein mochte, zusammenpassen sollten. Doch so ist das mit dem Schubladendenken. Wir sehen einen Menschen und stecken ihn, ohne dass es uns unbedingt bewusst ist, in ein Kästchen. Der erste Eindruck, meist entstanden durch die äußere Erscheinung, sorgt fürs Einordnen.

Wir bemerken ein gewisses Verhalten, was den ersten Eindruck verstärkt oder uns das vorher Einsortierte umordnen lässt. Bei Barbara musste ich mehrfach umsortieren. Sie war in ihrem Sein keineswegs so, wie sie mir auf den ersten und zweiten Blick vorgekommen war. Sie war weder bieder noch konservativ noch wohlerzogen. Sie war eigensinnig, unkonventionell und frei in ihrem Denken und Handeln, und sie hatte eine Tiefe, die mich immer wieder staunen ließ.

Ich halte Schubladendenken für absolut in Ordnung, erlaubt und normal, solange daraus kein Dogma wird. Wir dürfen alles bemerken und zuordnen, einsortieren und bestimmen, solange es nichts Festes wird, alles in Bewegung bleibt und solange wir das Urteilen in richtig oder falsch, besser oder schlechter, gut und böse unterlassen. Es darf uns gefallen oder auch nicht, doch steht uns eine Bewertung in meinen Augen nicht zu.

Natürlich ist es ein gutes Gefühl, wenn wir mit unseren Einschätzungen von Beginn an richtig liegen. Es fühlt sich aber auch gut an, wenn wir einen negativen Eindruck aufbessern können und uns ein Mensch plötzlich besser gefällt, als wir es am Anfang angenommen hatten. Solch eine Täuschung ist mir eher zur Freude. Anders ist es, wenn ich einem Menschen, ob seiner mir gefallenen Optik, Tolles zutraue und er sich im Nachhinein als arrogant, verurteilend oder missgünstig zeigt. Da muss ich dann gedanklich fast kotzen, oder es schüttelt mich innerlich geradezu vor Abscheu.

Ich weiß, dass das Wort kotzen eigentlich nicht zu den edlen Worten gehört, doch seitdem ich die folgende Geschichte erzählt bekam, liebe ich es geradezu. Es hilft, ein negatives Gefühl so wunderbar klar auszudrücken, genau, wie der folgende Satz auf einer kleinen Anstecknadel durch seine Klarheit keine Fragen aufkommen lässt: „Brichst du mir das Herz, brech ich dir die Beine!"

Also: Ein etwa dreijähriges Mädchen, jüngste von drei Schwestern, fuhr mit ihrer Familie im Auto. Ihr wurde schlecht und sie äußerte dies mir den klaren Worten: „Ich muss kotzen!" Der Vater auf dem Fahrersitz verbesserte sein kleines Mädchen dahingehend, dass er sagte: „ Das heißt, ich muss spucken", worauf die Kleine lauthals zurückfeuerte. „ICH muss aber kotzen!!!"

Ist es nicht doch ein schönes Wort,
unmissverständlich und klar?

Zur Rückfahrt bat Micháli mich auf den Königinnenplatz, den weißen Sitz direkt vor seinem Kapitänsstuhl am Steuer. Über meinen Kopf hinweg machte ich ein paar Fotos von, zu diesem Zeitpunkt, meinem Adonis. In der griechischen Mythologie wird Adonis, der Gott der Schönheit und der Pflanzenwelt, als wunderschöner Jüngling beschrieben und als einer der Geliebten der Aphrodite, deren römische Entsprechung die Venus ist. Gut, Micháli war nun kein Jüngling und ich nicht die Venus, doch war er meinen Augen eine Weide und die Venus der Planet meines Sternzeichens.

Ein weiterer Aspekt von Adonis' und Aphrodites Miteinander ist das Teilen ihrer Liebe. Zeus verfügte, dass Adonis je ein Drittel seiner Zeit bei Aphrodite und Persephone verbringen solle und dass er über das verbleibende Drittel seiner Zeit frei verfügen dürfe.

Aphrodite:
Göttin der Liebe, der Schönheit und der sinnlichen Begierde.

Persephone:
Toten-, Unterwelt- und Fruchtbarkeitsgöttin.

41.

Zu unserem gemeinsamen Abendessen erschien ich wieder in meinem besten Kleid, samt Wildlederstiefeln und Geschmeide. Ich fragte mich, in welche Schublade man mich hier wohl gesteckt haben mochte und ob man mich allezeit in ein- und derselben belassen hatte oder ob ich in ihren Augen bei näherer Betrachtung weiter nach rechts, links, oben oder unten verschoben worden war.

Egal, ich würde es eh nie erfahren. Ich ging, normal freundlich, über die Terrasse hinunter zum letzten Tisch am Wasser. Vanna spielte ihren inzwischen obligatorischen Hofknicks, zu dem ich amüsiert und huldvoll lächelte. Ich bat sie dabei um eine Karaffe Wasser und eine heiße Zitrone.

Ich war etwas vor der Zeit, vielleicht ein Viertelstündchen. Im Rücken nichts, außer der Mole, das in seinem Rhythmus blinkende Leuchtfeuer und die Bucht von Chóra Sfakíon mit dem gegenüberliegenden Hafen und seinen grell gelblich leuchtenden Lampen. Wiedermal hatte ich einen letzten Platz gewählt, einen hinteren, nach dem nichts mehr kam. Ich rückte meinen Stuhl ein wenig vom Tisch zurück, um dem Schein der Strohmattendachbeleuchtung etwas zu entkommen. So alleine wollte ich nicht zu sehr im Hellen sitzen. Zum Schreiben reichte der mir verbleibende Lichtschein gut aus. Ich notierte, was ich sah, was ich fühlte, was ich dachte und was mir vom Tag in Erinnerung geblieben war. Von der Terrasse des Xenia kam leichtes Stimmengewirr. Es ist ein gutes Gefühl, dabei zu sein, aber nicht dazwischen. Der räumliche Abstand dieses Moments passte genau zu meinem Gefühl. Als Vanna mir das Wasser und die heiße Zitrone brachte, fragte sie nach Micháli.

„He will come at nine."
„It's quarter past nine!"
„Then he will come later, or not at all, we'll see."
„Would you like to order your dinner now?"
„May I wait until half past nine?"
„Yes, my queen, that is possible!"

Manchmal schien sie mir meine Gelassenheit nicht recht glauben zu wollen, doch was sollte es Aphrodite stören, wenn Adonis etwas später oder gar gar nicht zum verabredeten Abendessen käme. Es sind die falschen Erwartungen, die uns quälen, und die hatte ich mir, besonders in Bezug auf meine Männer, wunderbar abgewöhnt. Ob ich es nun einfach begriffen hatte oder ob es an meiner neuen Leidenschaft des Schreibens lag, sei dahingestellt. Auf jeden Fall ist es so, wie ich es vor Wochen in einem leichten Fernsehfilm von der Kochbuch schreibenden Hauptdarstellerin aufmerksam und amüsiert vernommen hatte:

„Schreiben ist eine wunderbare Beschäftigung
für ältere Damen!"

Zehn Minuten später sah ich Micháli auf der Terrasse des Xenia mit Vanna sprechen, nachdem ich vorher seine Porsche-Mechanáki hatte knattern hören. Vanna zeigte in meine Richtung. Beide verschwanden in Schankraum und Küche, bis Micháli mit einem Bier in der Hand wieder auf der Terrasse erschien und schnurstracks zu mir herüberkam.

„Sorry, I'm a little late."

Er sagte, dass er für mich mit bestellt hätte, etwas mit Fleisch und Gemüse, „As usual", und dass Vanna unser Essen gleich oben auf der Terrasse an unserem Tisch servieren würde.

„An unserem Tisch...", dachte ich amüsiert und freute mich, dass unser Miteinander im großzügigen Bereich des Xenia an Selbstverständlichkeit gewonnen hatte.

„Come quickly, you know, Georgos is cooking fast!"

Am Nachbartisch auf der Terrasse saßen Freunde von Micháli. Manoúsos, wie Micháli ein Mann der Sfákia, und Marion, seine aus Deutschland stammende Frau. Sie leben oben in Askífou und betreiben dort ein Kafeníon. Marion war vor Jahren als junge Frau mit ein paar Freundinnen nach Kreta gekommen, um für eine gewisse Zeit hier in der Gegend zu leben und zu arbeiten. Das in der Saison verdiente Geld reichte bis über den Winter. Nach einem Jahr gingen alle zurück, doch Marion kam alsbald wieder. Die Liebe zwischen ihr und dem Bäcker Manoúsos, der damals die große Bäckerei am Ortseingang führte, war mehr als nur ein Sommerflirt. Marion erzählte von den Zeiten, als Georgos noch eine Disco am Ortsrand betrieben und wie er nebenher im Xenia in kleiner Küche, dem jetzigen Raum fürs Allerlei, mit dem Kochen begonnen hatte. Schon damals sei Vanna an seiner Seite gewesen und habe, wie heute immer noch, gerne das Feuer der Liebe geschürt. Ob sie und Manoúsos ohne Vanna und Georgos Verkuppelungs-Aktivitäten ein Paar geworden wären? Man weiß es nicht. Als die Liebe jedoch brannte und Manoúsos Marion seinen Eltern vorgestellt hatte, wäre alles ganz schnell gegangen. Sein Bruder sei zu diesem Zeitpunkt aus Amerika zurückgekehrt, um die Bäckerei zu übernehmen, und er und Marion hätten oben in Askífou ein kleines Häuschen bezogen und gegenüber ihr Kafeníon eröffnet.

Ich genoss es, in meiner Sprache mehr über das Leben hier in der Sfákia zu erfahren. Muttersprachliche Konversation bietet da nun mal bessere Möglichkeiten. Bevor Marion und Manoúsos sich auf den Heimweg machten, hatten die Jungs eine Runde Tavli gespielt, wir Mädels uns einiges erzählt und dazu vorsichtshalber unsere Handynummern getauscht. Zum einen hatte ich auf der Herfahrt schon den Wunsch verspürt, die Hochebene von Askífou durchwandern zu wollen, und zum anderen machte ich mich schon immer leichter auf den Weg, wenn es für mich mehr als nur einen guten Grund gab, ihn zu gehen. Marion und ihr Kafeníon waren mir ein guter zweiter und dritter Grund.

Heute gingen Micháli und ich Hand in Hand,
zur selben Zeit, im selben Rhythmus, dieselbe Treppe hinauf.

Diese beinverschlungenen Nächte sind einfach schön. Da können wir unsere Nähe-Speicher auffüllen, Haut an Haut Energie tanken und ganz beruhigt Eins sein. Wir schauten gemeinsam einen englischen Film mit griechischem Untertitel, bei dem Micháli wieder vor mir einschlief. Im Schlaf ist dieser Mann sanft. Jede meiner Bewegungen folgte er wie in Zeitlupe. Sein Atem war ruhig und leise. Nachdem ich den Fernseher ausgestellt, die Balkontür weit geöffnet und den Vorhang wieder zugezogen hatte, bat ich ihn, sich auf den Bauch zu drehen:

„Micháli, turn on your belly, please."
„Hmmm" und
„Kaliníchta agápi mou."
„Kaliníchta Micháli."

42.

Irgendwas ist immer, fällt mir zu diesem Kapitel ein. Am Abend würde ich mich für ein paar Nächte nach Loutró aufmachen. Das Xenia war mal wieder ausgebucht. Ich nahm es als Zeichen und Gelegenheit, mein anderes Kreta-Leben wieder aufzunehmen, in dem Cornelia und Sophia, Horst und Rosemarie, Karl-Heinz und Barbara und natürlich auch Christina und Nina eine Rolle spielten.

Für kleine Reisen gilt es noch mehr als für große, das Reisegepäck gering, überschaubar und leicht zu halten. So sortierte ich mein komplettes Reisegut in brauch ich, brauch ich vielleicht und brauch ich nicht. Den mir aus Deutschland gesandten Pappkarton nahm ich dabei für das derzeit Überflüssige. Ich wollte ihn während meiner Abwesenheit im Xenia-Allerlei-Raum, der kleinen Rumpelkammer an der Terrasse hier, unterstellen. Es passt viel an Gewicht in einen doppelten Schuhkarton. Als Erstes meine Wildlederstiefel, daneben meine Bücher. Ich würde in Loutró weder flanieren noch lesen wollen. Ich brauchte für meine mir inzwischen so vertraute Gegend weder meine Reisenoch meine Sprachführer. Ich brauchte kein Fernglas, keinen Vergrößerungsspiegel, keine Haartönung, kein Mückenspray, keine Umhängetasche und auch kein zweites Paar Sandalen. Ein paar meiner Kleidungsstücke waren ebenso überflüssig. Darunter auch mein schickes schwarzes Kleid, das ich so gerne an den Abenden trug, an denen ich mit Micháli zum Essen verabredet war. Meine Gefühle für ihn waren gut und liebevoll, aber nicht zukunftsweisend. Solange unsere Gefühle anhielten, wir uns mochten und anzogen, oder besser auszogen, würden wir uns hier im Xenia immer wieder auf unsere Art begegnen können.

Ein Drittel des ursprünglichen Tragegewichtes war nun aussortiert. Bevor ich duschen ging, legte ich meinen Tagesbedarf zurecht und packte alles andere in meinen Reiserucksack. Der Pappkarton war mit Schnürsenkeln verknotet. Micháli Sachen ordentlich in einer seiner allgegenwärtigen blauen Plastiktüten versenkt.

Das Licht im fensterlosen Badezimmer funktionierte nicht. Es funktionierte überhaupt kein Licht in meinem Zimmer, obwohl der Zimmerschlüssel in seinem Energieschlitz steckte. So ließ ich die Tür zum Bad einfach geöffnet und duschte im Halblicht. Was wusste ich von den Folgen und über den Grund fehlenden Stromes? Das Wasser war schön warm. Ich schäumte mir die Haare ordentlich ein, von dort ausgehend meinen ganzen Körper. Das Wasser wurde wärmer, ließ sich vom Temperaturregler nicht mehr abkühlen. Es wurde heißer und heißer, am Ende gar verbrennungsgefährlich. „Autsch!", ein Strahl auf meinem Fuß brannte wie Feuer. Die Kaltwasserzufuhr schien gänzlich dahin.

Wasser aus! Und so standen sie nun da, die Queen of England, die Königin von Chóra Sfakíon, die chinesische Ziege, die weltoffene Waage, die derzeitige Geliebte des Schürzenjägers Micháli, die schreibende, kretische Katze und ich. Sieben an der Zahl, sieben auf einen Streich und alle von Kopf bis Fuß in Schaum gehüllt. Ach, ich vergaß Aphrodite, die Göttin der Liebe, der Schönheit und der sinnlichen Begierde, doch für sie ist es hier nun leider zu spät. Sieben bleibt sieben. Die Erschaffung der Welt dauerte sieben Tage. Man spricht von den sieben Tugenden, den sieben Todsünden und den sieben Sakramenten. Eine Woche hat sieben Tage, Verliebte schweben auf Wolke sieben und die Katze hat ihre sieben Leben. Dazu bin ich noch an einem Siebten geboren.

Mit dem fast kochenden Wasser konnte ich mir den Schaum auf keinen Fall von Kopf und Körper spülen. Nach zweimal sieben Sekunden hatte ich die Lösung. Es gab noch zwei halb volle Wasserflaschen im Zimmer. Ich füllte sie mit heißem Wasser auf, bis meine Wärmegrenze erreicht war, und spülte mir damit, aufrecht stehend, den Schaum aus den Haaren. Haare ausgewrungen, handtuchgetrocknet, Schaum vom Körper gestreift und den Rest in die nun feuchten Handtüchern getupft. Ein Bild für die Götter. Ich wickelte mich in eins der Bettlaken und setzte mich damit für eine Entspannungs-Zigarette auf den Balkon.

Als meine Haare getrocknet waren und ich so aussah, wie ich aussehen wollte, gab ich meinen, nun angenehm leichten Reiserucksack auf meinen Rücken, schulterte den kleinen linksseitig, hängte mir den blauen Plastikbeutel mit Michális frischer Wäsche queenmäßig über den linken Unterarm und nahm den gut verschnürten Pappkarton beidhändig.

Georgos erlaubte mir, meine Sachen in der Rumpelkammer zu deponieren. Micháli und ich nahmen unser Frühstück am Taxiboottisch, ich meinen Yaurti me Meli mit Nescafé, er seinen geschichteten Toast mit einem Amstel.

Als Micháli seine erste Taxibootfahrt hatte, fragte er, wann ich heute nach Loutró rüber wolle, und als ich ihm mitteilte, dass ich die letzte Fähre am Abend nehmen wolle, sagte er freudig: „So you will be here, when I'm back." Ein Kuss auf meinen Kopf, die Frage, ob ich an unserem Bürotisch bleiben würde, ein Lächeln, ein Nicken, und weg war er.

Heute schien Gruppentag zu sein. Vier Frauen fragten nach den Taxibootmodalitäten. Susanne mit ihrer Schwester Karin und Erna mit ihrer Freundin Mira aus Oslo. Susanne hatte eine Freundin in Südbrookmerland, ganz in meiner Nähe, und so gab ich ihr meine Ladenkarte zur freundlichen Weitergabe. Mira war schon einige Male auf Kreta gewesen, für die anderen drei war es das erste Mal. Nachdem sie weiter gezogen waren, sah ich, dass sie eine Sonnenbrille auf meinem Tisch vergessen hatten.

Aufgestanden, hinterher gesprintet, sie kurz hinterm Zigarettenkiosk eingeholt, wieder ein wenig geplaudert, ein Freudenfoto geschossen und zurückgeschlendert.

An diesem Tag sprach ich das erste Mal bewusst mit Déspina und ihrer Tochter Stélla. Déspina betreibt ihr Café und ihren Zigarettenkiosk seit Jahren. Ihre Süßspeisen sind beliebt und bekannt, und wer einmal in ihrem Café gesessen und ihre kleinen Sünden probiert hat, kann kaum anderes tun, als wiederzukehren. Nirgends sah ich zuvor eine solch große Auswahl an durchgängig Lust machenden Kühlschrank-Kuchen.

Normalerweise verzichte ich auf Reisen auf Kuchen, Eis und andere unnötig rundmachende Zwischenspeisen. Ich schaue sie mir nicht einmal an, damit ich ja nicht darüber nachzudenken brauche, ob mir wohl der Sinn danach stehen könnte. Bei dieser ersten Unterhaltung kam ich jedoch nicht umhin, ihre Wunderwerke zu betrachten und - kann man sich's denken - eines davon zum Kaffee zu genießen. Joghurt-Cake - ein Boden aus aneinandergereihten Löffelbiskuits mit Pfirsichsaft getränkt und darüber gegossener, fest gewordener, angenehm gesüßter Joghurtmasse, mit Pfirsichstückchen durchzogen.

Als ich zum „Tomatenkistentragen" am Taxiboottisch zurück war, kam eine gemischte Gruppe aus Frankreich direkt auf mich zu. Sie fragten nach der Rezeption des Hotel Xenia, ob es einen näheren Parkplatz gäbe als den am Ortseingang und ob sie heute noch die Möglichkeit hätten, nach Loutrò zu kommen. Unser aller Englisch reichte aus, um uns freudig und zielorientiert zu unterhalten. Vier der Franzosen wandelten daraufhin bis ans Ende der Mole. Chloé verweilte bei mir am Tisch, und ihr Mann ging zurück zum Wagen, um ihn über die Hinterstraße zum Hotelparkplatz zu fahren. Micháli war zurück, die baldige Fahrt nach Loutró besprochen und abgemacht. Fürs Zwischenspiel saß Micháli mit Georgos auf der Terrasse am Personaltisch.

In diesem Moment kam ein hochgewachsener Mann, aufrechten Ganges, mit kleiner Reisetasche und wahrlich angenehmem Äußeren auf mich zu. Er war entspannt, freudig, humorvoll. Seine Augen blitzten, sein Gang war beschwingt, seine Schwingungen positiv. Er wolle hier und jetzt mit dem Taxiboot nach Loutró.

„No problem!", sagte ich, „ We can do it!"
„Oh, so you must be the new taxiboatdriver!"
„Yes, I am! How do you know?"
„You look like this, and you look good!"
„Thank you! You look good, too!"

Das waren die ersten Worte, die Thor
und ich miteinander wechselten.

Thor kam gerade aus Norwegen - zurück. Eigentlich sei er mit seiner Frau für drei Wochen hier im Süd-Westen Kretas unterwegs gewesen. Doch dann habe er plötzlich aus beruflichen Gründen nach Hause fliegen müssen. Es sei nicht klar gewesen, ob er zurückkommen würde. Doch nun sei er unangekündigt wieder da, um seine Liebste zu überraschen.

Micháli kam dazu. Ein Franzose nach dem anderen ebenso, und bald war die ganze Besatzung zusammen. Sie stiegen aufs Boot. Ich stand an der Reling und beobachtete das Prozedere. Micháli hatte als Erster das Boot bestiegen, Thor als Letzter. Beide Männer schienen mir gleich lang, als sie mir zum Abschied quasi Arm in Arm zuwinkten, bevor der Kapitän auch seinem letzten Gast die Hand zum Einsteigen reichte und das Tau löste. Es war eine dieser besonderen Abfahrten, bei denen zwischen Land und Boot, Bleibenden und Abfahrenden ein besonderer Zauber herrscht. Wir schienen alle miteinander verbunden. Micháli steckte sich seine obligatorische Zigarette in den Mund, startete den Motor, fuhr etwas zurück, ließ allen Beteiligten noch einmal Zeit für einen Abschiedsgruß und fuhr daraufhin, erst langsam und dann mit Schmackes aus der Bucht von Chóra Sfakíon. Die Freude der Mitfahrenden war nicht nur zu sehen und zu spüren, sie war auch deutlich zu hören.

Am Wasser saß eine junge Frau. Als ich vom schattigen Taxiboottisch an den letzten Sonnentisch, dem letzten Tisch an der alten Mole, wechselte, kamen wir ins Gespräch. Ein Lächeln, die Frage nach einer gemeinsamen Sprache. Englisch - Holländisch - Deutsch? Ihr war die englische am liebsten, obwohl sie aus den Niederlanden kam. Daisy, vierunddreißig, war nach Kreta gekommen, um ihre Eltern zu besuchen. Sie lebten seit drei Jahren ganzjährig in Paleóchora und machten nun mit ihrer Tochter für ein paar Tage Urlaub im Xenia.

Eine nächste Gruppe schaute aufs Taxibootschild.
Ich verließ meinen Sonnenplatz und fragte,
ob ich helfen könne: „May I help you?"

Der Längste unter ihnen fragte nach einer Taxibootfahrt für neun Personen nach Loutró. Ich bat um einen kleinen Moment, rief Micháli an und fragte, was zu tun sei.

„Say it is okay.
I call my brother.
I'll be right there.
He will come with the Sfakía Express to the old port."

„Also...," sagte ich und musste selbst dabei lachen. „The taxiboat will come soon, maybe in ten minutes, right over there. You can sit down here, or on the wall. As you like it!"

Sein Name war Odd. Er und die anderen gehörten zu einer norwegischen Wandergruppe. Sie waren zu Fuß von Loutró gekommen und wollten nun zum Abendessen mit dem Taxiboot nach dort zurück. Ich sagte ihm, dass er für heute mein zweiter Norweger sei, dass sein Landsmann Thor heiße und gerade mit Micháli und einer Gruppe Franzosen mit dem Taxiboot nach Loutró unterwegs sei. Seine Haare wären mittelblond, wellig und etwas länger gewachsen als seine, die raspelkurz geschnitten waren, und er sei mit ihm in etwa gleich lang. Ein Freund von ihm heiße auch Thor und die Beschreibung könne sogar passen, doch, und da wäre er sich ganz sicher, der könne kaum hier auf Kreta sein. Ich nahm Odd als ebenso angenehmen Zeitgenossen wahr wie zuvor seinen Landsmann Thor.

Micháli kam kurz vor dem Sfakía Express in die Bucht gefahren. Er übernahm das Ruder und begleitete die Gruppe zum Anlegeplatz der Delffíni, an dem nun gerade sein Bruder mit dem großen Taxiboot angelegt hatte. Ich setzte mich zurück auf meinen Sonnenplatz und schaute dem Spektakulum zu. Micháli setzte sich kurz zu mir. Es war gegen fünf. Er erzählte, dass er gegen acht noch ein paar Leute aus Loutró holen müsse, und wenn ich wolle, könnte ich dann mit ihm fahren. So hätten wir noch etwas mehr Zeit für uns.

„So you don't have to take the ferry!"
„If you like?"
„Yes, I like!"

Wir plauderten ein wenig. Er holte sich ein Bier und setzte sich an seinen Taxiboottisch. Als die Sonne kurz darauf hinterm Xenia verschwunden war, folgte ich ihm. Micháli las im Anzeigenblatt vom letzten Sonntag. Wenn er etwas Erwähnenswertes entdeckte, sah er hoch und erzählte es mir. Als er so dasaß, mit seiner Lesebrille in sein Anzeigenblatt vertieft, konnte ich nicht umhin, ihn zu fotografieren. „Let me have a look!", sagte er mit gleichzeitig ausgestrecktem Arm und geöffneter Handfläche. Ich gab ihm meine kleine Kamera und war gespannt, was da nun wohl kommen würde. Es war nicht das erste Mal, dass er meine Fotos durchschaute. Er klickte und klickte und klickte, immer weiter nach hinten, bis er plötzlich fragte: „Who is this guy?" Er fragte nicht, wer ist dieser Mann? Er fragte, wer ist dieser Kerl? Ich wusste, dass es nur Horst sein konnte. Dennoch ließ ich mir das Foto zeigen.

„Oh", sagte ich, „that's Horst, a friend of Nina and Tilmann. I met him in Livanianá. Great photo, right? Snap Shots for sunglasses advertising. Schnappschüsse für Sonnenbrillen-Werbung. We made them for fun."

Er wollte wissen, ob ich etwas mit ihm habe.
Genau gesagt fragte er:

„Did you have sex with him?"
„Why", fragte ich, „just because I had a good time with him and Nina? You forgot, my dear, I'm Elisabeth and not Micháli!"
„I know, I know", lachte er und sagte: „It was a joke!"

Ich erzählte, dass ich heute Déspina und Stélla kennengelernt hätte und dass ich mir in ihrem Café ein Stück Joghurt-Cake gegönnt hätte.

„Lecker!"
„What means lecker?"
„Lecker? Good, wonderful, no - delicious!"
„Nóstima! In Greek it's nóstima!"
„Nóstima - delicious - lecker!"
„Yes!"

Er erzählte, dass seine Lieblingsspeise dort der Cheese-Cake sei. The white with the red hood - to lefkó me kókkino koukoúla - der weiße mit der roten Haube. Er fragte mich, ob ich uns zwei Stücke davon holen würde. Ohne meine Antwort abzuwarten, drückte er mir einen Fünf-Euroschein in die Hand und lächelte. Was sollte ich da bitte anderes tun?

Dieser Käsekuchen, Cheese-Cake, war bestimmt doppelt so süß wie der Joghurt-Cake vom Nachmittag, doch wer Süßes mag, wird ihn lieben. Ich mag Süßes! Zerbröselte Kekse mit Butter verknetet bilden den Boden, eine Quarkmasse die dicke Mitte und ein Guss aus gelatineangedickten Himbeeren die Haube.

Cheese-Cake und Bier - für Micháli kein No-Go.

Die Fähre lief ein. Ich holte meinen Reiserucksack und verabschiedete mich von Georgos und Vanna. Als Erstes fuhren die Fahrzeuge aus dem Bauch der Fähre, dann kamen die vielen

Fußgänger, die Samariá-Wanderer des heutigen Tages. Wie an jedem Tag bildeten sie eine Schlange von der Fähre bis hin zur hinaufführenden Steintreppe, die zum Busplatz am Ortsanfang führt.

Ich hatte ein wenig Wehmut - weg damit!

Die Abend-Fähre zurück nach Loutrò hat immer nur wenige Gäste. Nur für die, die Loutró, Fínix oder Lýkos zum Ziel haben, ist diese Fähre von Nutzen. Heute gab es jedoch einen besonderen Gast. Nein, nicht mich, auch wenn ich es ob meiner mindestens sieben Identitäten gut hätte sein können. Es war ein Baggerfahrer mit seinem Schaufellader, und nicht nur ich fragte mich beim Anblick dieses auf die Fähre fahrenden Gefährts, wo er wohl zum Einsatz kommen sollte.

„In sixty seconds, we want to start."
„Some time for the lipstick?"
„Yes, some time for the lipstick, but then we go!
 Come quickly - páme, éla grígora!"

Als ich wieder in Sicht kam, hatte Micháli meinen Rucksack bereits an Bord gehoben. Ich huschte über die Terrasse, winkte noch einmal zu Georgos und Vanna hinüber, hüpfte die Steintreppe hinunter, direkt in die Arme meines Geliebten. Er reichte mir die Hand, half mir galant aufs Boot, zeigte auf den weißen Sitz vor dem seinen, zündete sich seine Zigarette an, die schon im rechten Mundwinkel wartete, startete den Motor und fragte, ob ich bereit sei. Ich sagte: „Né!", und nickte, und so fuhr er schwungvoll mit einem „Juchu!" aus dem Hafenbereich hinaus aufs offene Meer.

Ich liebe dieses „Juchu!" Es ist so wunderbar archaisch und für ihn ein Ausdruck größter Freude. Die Abendfähre war vor uns in See gestochen.

Micháli fragte:
„Elisabetháki, what do you think?
Who will be first in Loutró, the ferry or me?"
„If you ask me this, I think you will be the first."

Die Fähre war schon noch ein Stück entfernt. Das kleine Taxiboot hüpfte über die Wellen. Es war schon etwas dunkel, das Wasser spritzte, mein Rucksack war gut gesichert, ich kräftig genug, mich entsprechend festzuhalten, und dieser verrückte Kerl, doch wohl erfahren genug, um uns sicher nach Loutró zu bringen. Er fuhr wie der Teufel, und dennoch fühlte ich mich sicher. Wir kamen der Fähre näher, fuhren eine Weile auf gleicher Höhe, bis Micháli doch wirklich noch in der Bucht von Loutró an der Fähre vorbei als Erster einfuhr.

Höhenflug, Höhenrausch und das alles auf Meereshöhe.

Wie hübsch dieser kleine Ort bei Einbruch der Dunkelheit doch ausschaut. Der halbrunde Kreis aus weißen Häusern vor dunklem Fels, rundherum beleuchtet. Die Terrassen am Wasser waren gut besucht. In drei Tavernen saßen größere Gruppen an langen Tischen. Bei Christina war eine lange Tafel gedeckt, genau wie im zweiten Haus rechts neben dem Anleger und hinten im ersten Haus am Ende des Stadtstrandes. Die Menschen blickten auf die Fähre und auf das kleine Taxiboot, das wie aus dem Nichts gerade hinter der großen Fähre hervorgeschossen war und jetzt gekonnt von seinem Fährmann am alten Beton-Steg vertäut wurde. Er stieg aus, schulterte meinen Rucksack, reichte mir die Hand zum Aussteigen, grinste und ging vor mir, wie immer aufrechten Ganges, nach rechts abbiegend zum Sífis House zu Christina an die Bar.

Ich gehe meist mit offenem Blick durch die Welt, und so erkannte ich im rechten Lokal die Gruppe der Franzosen und im linken, bei Christina, einen Teil des norwegischen Wandertrupps. Einer der Franzosen kam auf mich zu und fragte, ob es in Ordnung sei, wenn sie noch in Ruhe zu Ende essen würden und ob der Taxiboatdriver wohl noch einen Moment auf sie warten könne. Ich sagte, dass er das sicher könne und dass sie nur Bescheid geben möchten, wenn sie zur Abfahrt bereit wären.

Nachdem die Fährgäste von Bord gegangen waren, legte die Fähre vor ihrem Nachtschlaf zur Verwunderung einiger noch einmal ab. Sie fuhr zurück, dann mit der Ladeluke Richtung Stadtstrand und noch etwas weiter nach rechts. Am äußeren Rand Loutrós legte sie wieder an, ließ die Luke herunter und den Schaufelbagger ausfahren.

Micháli hatte sich ein Bier bestellt und sich damit ans Ende der Theke gestellt. Ich lächelte zu den Norwegern hinüber und begrüßte Christina mit einer Umarmung.

„My room is ready?" „Yes, it's room number two in the old house." „Wonderful, but first I like an alster." „A what?" „An alster! It's beer with Sprite. Give me a glas, please. I will take a Sprite from the fridge and a little beer from Micháli."

Christina erzählte, dass Micháli ein alter Freund sei und dass ihr Bruder und er im selben Alter wären. Ich gesellte mich zu Micháli, goss mir drei Zentimeter Bier aus seiner Flasche in mein Glas und füllte den Rest mit Sprite auf und erzählte ihm, dass seine französischen Fahrgäste Bescheid gäben, sobald sie zur Abfahrt bereit wären. Christina fragte, ob ich einen Fotoapparat dabei hätte. Ich zog ihn aus meiner roten Bauchtasche und reichte ihn ihr.

„Move together a little more, Mícháli!
Put your chin on his shoulder, Elisabeth!
Yes, so it's great. And now smiling. Bravo! Good couple!"

Ich sah mir die Fotos an und sagte:

„Yes Christina, a really good couple. I think we'll take us. What do you think Mícháli?" Er guckte mich von der Seite an, grinste, nickte mit dem Kopf, hob den Daumen und sagte: „Yes, very good, I think we will."

Die französiche Reisegruppe war zur Abfahrt bereit. Mícháli steckte mir und Christina mit krauser Nase spitzbübisch die Zunge heraus und ging zu seinen Gästen. Einer nach dem anderen stieg mit seiner Hilfe aufs Boot. Nun waren sie der Mittelpunkt der Loutróer Wasserbühne. Das kleine Boot legte ab, fuhr langsam los und stoppte wieder. Der lange bärtige Bootsführer stand auf, bückte sich, hantierte herum, nahm sein Handy ans Ohr und sprach. Es schien mucksmäuschenstill in der Bucht. Man spürte das rätselnde Denken der Zuschauer. Motorschaden? Benzin alle? Was mochte es sein? Mit einem Mal heulte der Motor auf. Mr. Mícháli fuhr mit einem lauten „Juchu!" spritzig, mit einer großen Schleife aus der Bucht von Loutró. Winken und allgemeiner Beifall begleiteten die Gruppe. Alle schienen in diesem Moment miteinander verbunden.

43.

Christina sprach mit Odd. Seine Leute wären nun zusammen. Das Essen wurde aufgetragen, von allem genug. Christinas Taverne ist Frühstückslokal, Café, Bistro und Abendbar. Kleine Speisen gibt es immer, sind jedoch Gruppen im Haus, wird richtig gekocht. Die Zahl der Gäste ist dann klar, und darauf mag Christina sich gerne einlassen.

Horst sandte mir eine SMS mit den Worten, dass er jetzt, da mein Galan Loutró wieder verlassen habe, auf einen Drink zu Christina käme, um mich willkommen zu heißen. Ich brachte schnell meinen Rucksack auf Zimmer Nummer zwei im alten Haus, zog mir eine wärmende Strickjacke über und kam mit frisch gemalten Lippen und gepuderter Nase zurück auf die Terrasse vom Sífis House. Bevor ich einen Platz wähle, schweifen meine Augen. Zur Linken die lange Tafel mit Odd und seinen Wanderern, mittig an einigen Tischen zwei, drei oder auch vier Personen. Die rechten Tische vor dem dicken Felsen am Ende der Terrasse waren frei. Ich setzte mich an den äußeren. Horst musste mich nicht suchen. Wir bestellten uns zwei Kannen Tee und kamen ins Plaudern. Er habe mit einem Fernglas auf dem Balkon seines Zimmers gesessen, als die große Fähre in die Bucht eingebogen war, und versucht, mich auf einem der Decks auszumachen. Als dann aber das Taxiboot an der Fähre vorbeigeschossen kam, wusste er, dass das nur Micháli mit seiner teuren Fracht sein konnte. Er habe das Schauspiel genossen - die Fähre, unsere Einfahrt und die große Aufmerksamkeit, die wir dabei auf uns gezogen hatten.

„Dieser Micháli ist aber auch ein Tausendsassa,
 der weiß, wie's geht."

„Ja, das weiß er. Er liebt das Spiel mit seinem Publikum. Hast du ihn mal laufen seh'n, seine Haltung, seine Mimik, dieser Stolz? Sein ganzer Gang, eine einzige Herausforderung. Und er macht das nicht mal extra - der ist so!"

„Immer?"

„Nein, er hat auch andere Seiten, zarte, verletzliche, doch die zeigt er nicht so gerne. Manchmal habe ich sie gesehen, doch er ist ein guter Schauspieler und ein großer Verdränger. Horst, aber nun zu uns. Wie ist es dir in den letzten Tagen ergangen?"

Er habe mit seinem Bruder zwei gute Wanderungen gemacht, sie genossen und dabei ständig an mich gedacht. „Horst!" „Okay, nicht ständig, aber viel." Sie hätten gute Gespräche geführt, einige Erkenntnisse gewonnen und wollten nun, wenn erforderlich, auch mit Hilfe eines Mediators weiterschauen. Ihr Ziel sei ein entspanntes, brüderliches Miteinander. An einem der Abende hätten sie mit Cornelia und Sophia zu Abend gegessen, dort hinten auf der hochgebauten Terrasse unter dem blau-weiß gestreiften Zeltdach. Empfehlenswert für viele kleine Vorspeisen. Sie hätten querbeet bestellt und alles gemeinsam miteinander verspeist. Der Wein sei auch gut gewesen und reichlich, hätte doch keiner von ihnen mehr fahren müssen. Cornelia und Sophia hatten ihr Quartier linksseitig, in einem der kleinen Appartements gegenüber vom Stadtstrand, und er und sein Bruder rechtsseitig, im letzten Haus der Bucht bei Nikos.

„Ich freu mich so, dass du wieder da bist!",

sagte er plötzlich aus dem Nichts, und dann mussten wir uns einfach mal kurz und heftig in die Arme nehmen.

Er erzählte, dass sein Bruder mit der Mittagsfähre nach Chóra Sfakíon gefahren sei und morgen Mittag von Heráklion aus heimflöge, und ich erzählte ihm, dass ich am Nachmittag hatte Tomatenkisten tragen dürfen.

„Und...?", fragte er.
„Na, wunderbar!", antwortete ich.

Die Terrasse hatte sich geleert. Odd war vorm Zubettgehen mit seiner Frau Ninette an unseren Tisch gekommen, um gute Nacht zu sagen. Mehr aber, um mir zu erzählen, dass mein erster Norweger des heutigen Tages doch sein Freund Thor gewesen sei, und um Ninette und mich miteinander bekannt zu machen. Ninette ist eine zauberhafte Frau. Sie wirkt wie der Name, den sie trägt, französisch. Sie ist zierlich, drahtig, hübsch und fröhlich, hat kurzes dunkles Haar, geht ihrem Mann gerade bis zu den Schultern und ist dennoch eine waschechte Norwegerin. Sie und Odd organisieren und leiten diese Wandergruppen seit vielen Jahren. Wenn ich es richtig erinnere, sind sie im Frühjahr wie im Herbst für jeweils vier Wochen auf Kreta unterwegs. Sie haben in dieser Zeit zwei Gruppen für jeweils zehn Tage und dazwischen zehn Tage für sich. Auch sie leben das Adonis-Prinzip. Ein Drittel für die erste Gruppe, ein Drittel für die zweite und eines zu ihrer freien Verfügung.

Dreifelderwirtschaft fällt mir dazu ein, und so gibt es mit Sicherheit zu jeder unserer einstelligen Zahlen ein gewisses Kontingent an Worten und Aussagen, mit denen wir sie leicht in Zusammenhang bringen können. Der Dreitagebart, die Dreifaltigkeit, die drei Musketiere, die Drei von der Tankstelle, die drei Damen vom Grill und sicher auch noch Weltbewegenderes wie:

„Dreimal ist Ostfriesenrecht".

Als Christina die Bar für heute schließen wollte, baten wir gegen die aufkommende Abendkühle um zwei Gläser Sherry und zwei weitere Kannen Tee. Horst und ich hätten zu Bett gehen können. Doch da es uns, ob unseres Denkens, nicht gemeinsam möglich war, blieben wir weiter im Schein der Sterne und des Mondes auf unseren Regiestühlen vor dem dicken Fels sitzen.

Diese Nächte am Wasser sind besonders. Zu Anfang brennen immer noch etliche Lichter, genau wie aus kleiner Ferne immer noch Stimmen an unsere Ohren dringen. Doch nach und nach werden sie weniger, die Stimmen und die Lichter, bis sie gänzlich verstummen und nur noch die Nachtlampen leuchten. Dann ist da nur noch der leise Klang des Windes und das kleine glucksende Plätschern der Wellen. Die Feuchtigkeit der Bucht steigt in die Atmosphäre. Es ist, als ob die Luft sich mit dem Meerwasser verbindet, ihre Moleküle mit Feuchtigkeit füllt, dabei schwerer und schwerer wird, bis sie sich so vollgesogen erschöpft auf alles niederlegt. Auf die Holzbohlen der meerüberbauten Terrassenstege, auf Tischplatten und Stuhllehnen, auf Gläser, Tassen und Teller, und in dieser Nacht auch auf den schwarzen Einband meines Tagebuches, dessen Papier sich in seinem Innern nun wellte. Das Leder meiner roten Bauchtasche war ebenfalls feucht und geschmeidig geworden, und Horst und mir wurde langsam etwas klamm. Es war an der Zeit, diesen Abend für uns zu Ende gehen zu lassen. Bevor ich die Treppe zu meinem Zimmer hochstieg und Horst sich auf den Weg zu seiner Herberge am anderen Ende der Bucht aufmachte, nahmen wir uns noch einmal sacht in die Arme. Von meinem Balkon aus konnte ich seinem Gang mit den Augen folgen. Horst wurde kleiner und kleiner, kam am Hotel Loutró vorbei und passierte den Stadtstrand, an dessen Ende er sich plötzlich umdrehte und mir zuwinkte, so, als ob er davon ausging, dass ich hier oben stehen würde, um ihm nachzublicken. Wie recht er doch damit hatte.

44.

Meine Aufwachzeit ist immer dieselbe, egal, wann ich nachts in den Schlaf komme. Die Sonne schien heute Morgen durch den kleinen Spalt des zugezogenen Vorhanges. Ich war noch etwas schläfrig und gleichzeitig so voller Lust auf den neuen Tag.

„Schweinehund, lass ma' nach, ich steh' jetzt auf!"

Menschen, die sich mögen, bemerken und treffen sich hier im Bereich Kretas immer wieder leicht und gerne. Als ich beim Frühstück Rosemarie kommen sah, ließ ich es sie durch mein freundliches Zurufen ihres Namens wissen. Sie setzte sich zu mir. Kurz darauf kam Horst dazu und dann Cornelia und Sophia. Wir alle hatten für den heutigen Tag mehr oder weniger große Wanderpläne, die wir Stunde um Stunde vor uns herschoben. Unser Miteinander war von fünffacher Sympathie getragen. Wir hatten Lust, uns voneinander zu erzählen. Unsere Gespräche waren offen, tiefsinnig, fröhlich, einfach nur angenehm. Die Verköstigung begann mit meinem Yaurti me Meli kai Froúta, gefolgt von Nescafé, Tee, Bier, O-Saft und Wasser. Es folgten zwei Omelette und gegen 15 Uhr Kaffee und Käsekuchen. Was war das schön!

Mutter und Tochter überwanden als Erste ihre kleinen Schweinehunde. Da war es kurz nach drei. Bei Horst, Rosemarie und mir dauerte es noch bis halb sechs. Schnell aufs Zimmer, Wanderschuhe an, das neue Sonnenrot meiner Arme unter meiner Sommerstrickjacke verborgen und los. Horst brauchte einen späten Nachmittags- bzw. frühen Abendschlaf, Rosemarie und ich ein wenig Bewegung. Wir wanderten zur Burgruine oberhalb Loutrós und verweilten dort so, wie ich es immer schon gewollt hatte. Wir saßen innerhalb der Burg auf der Treppe und posierten in den offenen Fensterlaibungen. Ein alter Olivenbaum lud mich ein, mich in der weiten Gabelung seines Stammes niederzulassen. So hätte ich ewig hier verweilen können. In den Armen dieses alten Baumgesellen entstand am späten Nachmittag ein Foto, das gut den Umschlag des dritten Teils meiner Kreta-Erzählungen schmücken könnte.

Auf unserem Rückweg trafen wir wieder auf Cornelia und Sophia. Sie saßen vor ihrem Appartement und schauten ihr abendliches Straßentheater.

„Straßentheater?"
„Ja, kommt, setzt euch."

Sie stellten zwei weitere Stühle in die Reihe, und so saßen wir da, vier Frauen nebeneinander, mit Blick auf die Promenade, den Stadtstrand und das Meer. Die Terrasse des Appartements liegt gerade so weit vom Weg zurück, dass der Blick auf die Promenade rechts- und linksseitig durch vorstehende Mauern verdeckt ist. Dadurch entsteht der Eindruck einer Bühne. Je mehr wir uns auf diesen schmalen Part der Promenade einließen, umso lächerlicher wurden wir. Schwups waren ein paar Leute zu sehen und schwups, waren sie schon wieder aus unserem Sichtfeld verschwunden. Manche gingen einfach nur vorüber, andere hatte Sprechrollen und wenige einen Auftritt mit Hauptdarstellerqualitäten. Darunter ein Paar, dass selbst hier im Urlaub nicht von seinem Machtgerangel lassen konnte. Rosemarie, Cornelia und ich waren uns einig, dass wir unseren Einzelstatus solch einer Gemeinschaft auf jeden Fall weiterhin vorziehen würden. Neeein, wir hatten alle drei nichts gegen eine gute, liebevolle, wohlwollende Verbindung, doch darunter konnte es bei uns mit unserer Lebenserfahrung und unserem Gutgefühl nichts mehr geben.

Spontan wechselten wir hinüber in die schräg gegenüberliegende Taverne, als dort direkt am Wasser der erste Tisch frei wurde. Wir wählten im Schautresen unsere Speisen und unterhielten uns munter weiter. Horst, nein Horst spielte an diesem Abend keine Rolle mehr. Wir vermuteten ihn Schlaf nachholend in seinem Zimmer. Cornelia war ein wenig abwesend. Nicht unbedingt erkennbar für Rosemarie und mich. Doch Sophia kannte ihre Mutter. Als sie Cornelia mit „Erde an Mutter" ansprach oder besser gesagt, mit „Eeerde an Muuutter" anrief und diesen Satz ein paar Mal wiederholte, schauten wir leicht verwundert. Cornelia weilte in anderen Sphären. Als sie gedanklich wieder bei uns war, klärte uns das Kind auf. Immer wenn ihre Mama müde wurde, verschwand sie mit ihren Gedanken wer weiß wohin, dann rief das Kind „Erde an Mutter", und schon war die Mutter zurück. Als unser Quartett sich kurz darauf auflöste, war es gerade mal zehn. Rosemarie hatte noch den Weg nach Lýkos zu gehen und bog mit ihrer Taschenlampe gleich vor dem Zigarettenkiosk Richtung Berg ab. Cornelia und Sophia fielen geradezu vom Tisch ins Bett, und ich schlenderte ruhig die Hälfte der halbkreisförmigen Bucht bis zu Christina und meinem Zimmer.

„Kaliníchta Christina." - „Kaliníchta Elisabeth,
 but why do you go to bed so early this night?"

„I'm just a bit tired, nothing else. Kaliníchta Christina."
„Kaliníchta fíli mou, meine Freundin."

Hundemüde fiel die Katze ins Bett. Sie schlief gut und tief, bis sie plötzlich mitten in der Nacht hellwach war. Ich konnte machen, was ich wollte, es blieb dabei, ich war wach.

„Nutze die dir geschenkte Zeit",

fiel mir dazu ein. Seit meine erste große Liebe mir diesen Satz bei unserem zweiten Beziehungsversuch nach dreiunddreißig Jahren gesagt hatte, folge ich diesem Rat. Seither ist das Wachsein zu nachtschlafender Zeit für mich kein wirkliches Problem mehr. Das Herumwälzen oder das Herumgrübeln mit unguten Gedanken ist seitdem für mich tabu. Vielleicht nehme ich zwei, drei Anläufe, doch wenn der Schlaf dann nicht kommen will, akzeptiere ich mein Wachsein. Noch im Bett liegend, überlege ich, was mir wohl von Nutzen sein könnte. Zu Hause gibt es da viele Möglichkeiten, doch hier in Loutró, bei Nacht, in meinem kleinen Zweibettzimmer mit Balkon, gab es wenig bis nichts.

Erst einmal setzte ich mich auf den Balkon für eine Zigarette, in der Hoffnung auf erneute Müdigkeit. Sie kam nicht. Der Blick auf die Bucht von Loutró bei Nacht ist schon besonders. Wahrscheinlich ist es immer besonders, wenn man einen ganzen Raum für sich hat. Ist er dazu dann noch so ausgesprochen schön und ruhig, ist es geradezu herrlich. Vor mir lag der dunkle Fels, davor das schwarz-blau glitzernde Wasser mit den Spiegelungen der Lichtpunkte der Nachtbeleuchtung Loutrós, der Sterne und des Mondes. Der weiße Häuserkranz lag in seichtem grau-blauen Licht. Der Ort war bis auf das leichte Plätschern der Wellen ohne Geräusche.

Oberhalb meiner Balkontür gab es eine Außenleuchte mit warm-weißem Licht. Ich stellte Tisch und Stuhl vom Balkon so in die Türlaibung, dass der Lichtschein auf die Tischplatte und somit direkt auf mein Notizbuch fallen konnte. Dann setzte ich mich, warm eingemümmelt in eine Wolldecke, in den Raum zwischen drinnen und draußen. Ich schrieb viel, ich schrieb lange und brachte so die Aufzeichnungen über den Verlauf dieser Reise auf den neuesten Stand. Das kleine Fischerboot, das am Ende des Betonsteges ankerte, fuhr zu nachtschlafender Zeit aus. Ich sah die Nacht vergehen und den Morgen kommen. Ich beobachtete, wie die ersten Menschen ihr Tagwerk begannen, wie der Fischer in die Bucht zurückgefahren kam, wie die Sonne sich am Rande des Felsens zeigte und Christina mit ihrer Mannschaft den Tag besprach. Ich sah, wie sie den Morgentau von den Tischen wischten und wie sie die lange Frühstückstafel für die norwegische Wandergruppe eindeckten. Am Stadtstrand nahmen Cornelia und zwei weitere Personen ein frühes Bad.

Bett oder Dusche?

Ich duschte, wusch mir die Haare, steckte sie mir halbtrocken zusammen und ging zeitig auf die Terrasse ans Wasser. Um diese Uhrzeit reichte mir ein Nescafé. Odd saß mit einigen seiner Schäfchen in der Morgensonne an der langen Tafel beim Frühstück. Als Ninette dazu kam, plauderten wir ein wenig. Sie würden heute nach Chóra Sfakíon weiterziehen, Odd mit einem Teil der Gruppe den Weg zu Fuß von Loutró bis Chóra Sfakíon wandern und auf halbem Weg am Sweet-Water-Beach ein letztes Bad nehmen, Ninette mit den anderen gemeinsam mit dem gesamten Gepäck die Mittagsfähre. Bevor die Wanderer aufbrachen, deponierten sie ihre Reiserucksäcke in der Nähe des Kartenzahlhäuschens am Anleger.

Mein Plan für heute war ein anderer.

Mir war danach, über den Eselspfad zur Tilmanschen Taverne hochzuwandern, dem Weg, auf dem ich vor wohl zehn Tagen mit meinem ganzen Gepäck langsam Nina und Jackomo nach Livanianá gefolgt war. Ich wollte wissen, ob ich ihn heute in der Früh ohne Rückenlast zügiger gehen könne. Mir stand der Sinn nach Nina und ihrem liebevoll zubereiteten Yaurti - ein wenig plaudern, ein wenig verweilen, gut frühstücken und schauen, wie es ihr gehe. Am Nachmittag sollte mich mein Weg über die Schotterstraße hinunter nach Lýkos führen. Der beste aller griechischen Salate wäre dabei Pflicht. Ich wollte noch einmal die positiven Schwingungen des Burggeländes in mich aufnehmen und gegen Abend in Loutró zurück sein.

45.

Dieser 12. Mai 2012 begann für mich, als es noch dunkel war. Es war dunkel und dunkel und dunkel und entwickelte sich langsam vom dunklen Grau hin zum hellen, bis die über den Berg lugende Sonne den Tag gänzlich erhellte und das Meer in der Bucht von Loutró wieder blau glitzern ließ. Ich hatte Cornelia in der Früh im Meer schwimmen sehen. Jetzt sah ich sie an der anderen Seite der Bucht laufen. Selbst auf diese Entfernung nahm ich ihren aufrechten, stolzen Gang war. Der Rock ihres langen, schwarzen Kleides spiegelte ihren leicht schwingenden Gang wider. Um den Kopf herum trug sie, wie bisher an jedem Tag, ein farbig gemustertes Tuch, das ihre leicht welligen, schulterlangen, fast schwarzen Haare locker zusammenhielt. Was hatte sie noch gesagt, als wir an unserem faulen Tag über alt und jung, schön und anders sprachen?

Sie habe sich vorgenommen, zu den Altersschönen zu gehören, worauf ich begeistert ausgerufen hatte, dass ich ab sofort auch dazugehören wolle! Jetzt stieg sie die Treppe zur Terrasse des Hotel Porto Loutró hinauf, von der aus man einen so wunderbaren Blick über die ganze Bucht hat.

Horst trat ins Bild. Ich bemerkte ihn erst, als er sich schon auf Christinas Territorium befand. Als unsere Blicke sich trafen, breitete er seine Arme weit aus wie ein Kormoran seine Flügel. Ein Arm zeigte etwas gen Himmel, der andere in die entgegengesetzte Richtung. Ich mag es, wenn Menschen selbstbewusst sind. Wenn sie da sind und es auch zeigen. Ich meine damit keine übertriebene Geltungssucht oder eingebildetes Gehabe. Ich meine das bewusst offene Sein, das sich nicht verstecken muss. Ist Freude da, dürfen wir sie doch zeigen, genau wie andere Gefühle auch - in Maßen, glaubhaft, authentisch, der Situation angemessen.

Ich folgte seinem Beispiel und wies danach mit einer fließenden Bewegung auf den Stuhl an meiner Seite. Er setzte sich mit einem Lächeln, strich mit seiner Hand über meinen Oberschenkel abwärts und bestellte sich einen Frappé ohne Zucker.

Die Fähre hatte heute einen Kipplaster an Bord. Bevor die Gäste in Loutró an Land gehen konnten, fuhr er rechtsseitig des Häuserkranzes von Bord, genau wie der Schaufelbagger am Vortag. Die Fähre fuhr zum Anleger. Die Gäste stiegen aus. Frachtgut wurde auf der Betonplatte am Hafen deponiert. Nun folgte die Karawane der Männer mit ihren Schubkarren und Schiebeloren, die sich für einen Moment vom Anleger bis ans Ende der Bucht zog. Sämtliches Gut, das in Loutró und den folgenden Buchten bis nach Mármara in den Hotels und Tavernen benötigt wird, kommt über diesen Weg. Was die abendliche Armeisenstraße der Samariá-Schlucht-Wanderer von der Fähre zum Busplatz in Chóra Sfakíon für die dort Zuschauenden ist, ist den Loutróern diese tägliche Karawane durch den Ort.

Die abreisenden Gäste bestiegen die Fähre. Sie fuhr noch einmal ans rechtsseitige Ende der Bucht, nahm den inzwischen voll beladenen Kipplaster wieder auf und entschwand Richtung Osten, immer leiser werdend, aus unserem Sichtbereich. Der Schaufelbaggerfahrer war nun wieder damit beschäftigt, Platz für den neuen Strand zu schaffen. Ein Teil der Böschung musste abgetragen, Erde von Felsbrocken getrennt und verschoben und für den Abtransport vorbereitet werden. Inzwischen war allen klar, dass dort zur Rechten ein neuer Strand entstehen sollte. Eine kluge Entscheidung! Auch wenn es Richtung Osten den Sweet-Water-Beach gibt, hier in Loutró den Stadtstrand und im Westen die Bucht von Mármara, würde ein etwas heimeligerer Strand direkt vor Ort am Ortsende Loutrós ein weiteres Argument sein, ein paar Urlaubstage hier zu verweilen.

Die Delffíni legte am Betonsteg an, genau wie ihr Schwesterschiff Poseídon, das jeden Vormittag gegen elf seine Gäste zum Mármara-Beach fuhr. Horst und ich hatten inzwischen von Lemi, Christinas bester Kraft, ein Frühstück erhalten. So ganz ohne Grundlage wollten wir nun doch nicht nach Livanianá hochwandern. Wir nüddelten schon wieder herum, wussten aber, dass wir unserem Schweinehund heute nicht nachgeben wollten. Aufgeschoben sollte heute nicht aufgehoben sein. Micháli kam mit ein paar Gästen in die Bucht gefahren. Er ließ seine Gäste am Steg aussteigen, kassierte die Taxe und fuhr gegen seine Gepflogenheiten nicht gleich wieder zurück nach Chóra Sfakíon. Er stieg auch nicht aus, für ein Bier oder so, wie er es manchmal zu tun pflegte. Stattdessen kam er langsam mit

Blickkontakt direkt auf uns zu gefahren. Er steuerte sein Boot längsseits, band es mit einem Tau an den ersten Pfosten der Terrasse, sagte: „Kaliméra Elisabeth, ti kánes?" und reichte mir die Hand. Guten Morgen Elisabeth, wie geht's.

Hmm - ob da wohl jemand neugierig war?
Ob da wohl jemand - was weiß ich wollte?
Und - ob ich wohl klug war?

„May I introduce you? - Darf ich euch vorstellen?
Micháli, the taxiboatdriver from Chóra Sfakíon.
Horst, a friend from Germany. You saw him in my camera."

Die Herren nickten sich zu. Beäugten sich ein wenig, wobei Micháli unbeabsichtigt mehr Interesse zeigte, und unterhielten sich über das Wetter, den neuen Strand, and something else. Ich erwähnte ihrer beider Länge, ihre jeweils langen, lockigen Haare in schwarz-schwarz bzw. rot-blond, ihre beiden wahrlich üppig gewachsenen Bärte und sprach dazu vom Wikingerhäuptling Horst, seiner Schwester Elisabeth und von Micháli, the Real-Sfakían-Man und fragte, ob ich sie bitte zusammen aufs Foto bannen dürfe. Sie taten mir den Gefallen. Ich durfte. Ein eindrucksstarkes Foto zweier archaischer Männer, die hier genau so vor Hunderten von Jahren hätten stehen und miteinander plaudern können.

Micháli fuhr davon. Cornelia gesellte sich zu uns. Ich erzählte ihr und Horst von meinem morgendlichen Plan. Einmal Loutró und zurück, mit Verweilzeiten in Livanianá, Lýkos und auf dem Platz der alten Burgruine oberhalb Loutrós. Das passte ihnen gut. Horst hatte wie ich Nachholbedarf und Sophia ihrer Mutter für heute jede Wanderbegleitung verweigert. „No sports today!", hatte sie ihr gesagt, und so zogen wir drei ohne das Kind los. Heute nahmen wir nicht den Weg, der mit dem Abbiegen gleich hinter dem Zigarettenkiosk am Stadtstrand von Loutró beginnt. Wir wählten den Weg um die Landzunge herum. Vom Sífis House aus gingen wir als Erstes über den Anlegeplatz der Fähre, stiegen gleich danach einen schmalen Weg hinauf und betraten durch ein Gittertor das Burggelände. Linksseitig, langsam abfallend das Meer, rechts oben die Südseite der Burgruine, geradeaus eine kleine weiße Kirche mit Kirchplatz und Gräbern. Die Kirche ist von einer halbhohen Mauer umgeben, die mit ihren eingelassenen Zaunelementen über zwei Meter hoch ist. Vor der Mauer steht ein langer, fest installierter Betontisch mit dazu passenden, unverrückbaren Bänken. Am Ende der Bank ein alter, Schatten spendender Olivenbaum. Es sitzt sich gut im Schatten seiner Äste.

Als wir die Kirche erreichten, trafen wir einige Engländer, die ihre Zimmer im Porto Loutró hatten. Cornelia kannte sie vom morgendlichen Frühstück auf der Terrasse dort im ersten Stock. Einer der Herren überreichte Cornelia eine Karikatur aus seinem Skizzenblock, die er von Sophia und ihr angefertigt hatte, und bat sie gleichzeitig um ein Foto der ganzen Gruppe am langen weißen Kirchentisch. Edward bedankte sich und bot an, uns ebenfalls zu fotografieren. Horst reichte ihm seinen Apparat. Das entstandene Foto zeigt einen Wikingerhäuptling mit seiner dunkelhaarigen, stolzen Gemahlin und seiner Schwester, deren Familienähnlichkeit mit ihm nicht zu leugnen war, vor dem verschlossenen Gittertor dieser kleinen, weißen griechisch-orthodoxen Kirche.

Wir spazierten weiter. Der Weg vom Kirchplatz zur nächsten kleinen Kletterei ist mild und relativ steinfrei. Der rotbraune Grund liegt voller Geröll, der Bewuchs ist flach und war nun im Mai frühlingsgrün. Die hier wachsenden Bäume sind von Wind und Wetter geformt. Sie stehen eher vereinzelt und ließen mich in ihrer teilweise skurrilen Figurhaftigkeit immer wieder zum Fotoapparat greifen. Kreta ist wild und ursprünglich, und seine Baumskulpturen sind es ebenso, genau wie der gesamte, aus dem Meer emporsteigende Fels, auf dessen Grund Kreta hier im Libyschen Meer seine Existenz begründet.

Unter einem Olivenbaum standen drei dieser typisch blauen Holzstühle, ohne jede Anbindung an ein nahe gelegenes Gemäuer. Auch an ihren aus Tau geflochtenen Sitzflächen war die Zeit nicht spurlos vorübergegangen. Nein, wirklich sitztauglich waren sie nicht mehr.

Links halbhohes Buschwerk, dahinter das Meer. Eine Kirchenstätte auf Lavagestein, wie in den Fels gehauen, mit Glockenturm und etwas tiefer gelegener Terrasse. Natürlich mussten wir zu ihr hinuntersteigen. Bisher weiß ich nicht, wie der Bau dieser kleinen alten Anlage mit dem Lavagestein im Zusammenhang steht.

Nachdem wir an der nächsten Biegung am Fels wieder etwas hinaufgestiegen waren, konnten wie die Gebäude von Old Finíx ausmachen. An der Ecke ist ein einfaches, vielleicht ein Meter hohes Treibholz senkrecht in den Fels eingelassen und mit Zement befestigt. Im Grunde ist es nichts, und dennoch ist es schön und bemerkenswert. Einige hundert Meter abwärts über Stein und Stein und Stein, und schon standen wir vor dem blau gestrichenen Tor am ersten Gebäude von Old Finíx. Heute blieben wir unten am Wasser. Wir liefen oberhalb des kleinen Kieselstrandes, betraten die Terrasse, verweilten auf einen Orangensaft, schossen das inzwischen obligatorische Foto im Spiegel der unveränderten Damentoilette und folgten weiter unserem Weg. Das inzwischen blau gefärbte ehemals schwarze Strichmännchen wies uns die Richtung. Wir stiegen die Treppenstufen hinauf, die uns an der neuen Kirche vorbeiführten, und schritten durchs Tor aufs offene Feld.

Nun standen wir am Ende des Weges, der oberhalb des Old Finíx von Loutró nach Lýkos und Livanianá führt. Wir nahmen den roten Weg am Maschendrahtzaun bis zum richtungsweisenden Stein und folgten so dem Eselspfad, dem direkten Weg hoch nach Livanianá.

Irgendwie war Cornelias Gang von anderer Geschwindigkeit als Horsts und meiner, und so entschieden wir, dass jeder seinem Tempo folgen solle und dass wir uns oben in der Taverna-Livanianá wieder begegnen wollten. Horst und ich waren ein wenig dumm gewesen oder unbedacht. Ich hatte zwar meine Kaugummis dabei und er ein paar Fischermans, doch an Wasser hatten wir beide nicht gedacht. Es ist egal, auf welchen Weg wir uns machen. Einen halben Liter Wasser sollten wir immer dabei haben. Es ging auch ohne, doch wäre es mit zwischenzeitlicher Wasserzufuhr angenehmer gewesen. Zum Glück begegneten wir dem Holländer Jann, der in etwa in Cornelias Tempo lief und

uns von daher irgendwann eingeholt hatte.
Er half uns mit Wasser aus.

Jann und Horst plauderten noch, als ich schon gemächlich weiterging. Nach zwei Biegungen hatte Jann mich wieder. Er bot mir noch einmal von seinem Wasservorrat an und entschwand hinter der nächsten Ecke. Als ich zurückblickte, sah ich Horst fast wie im Dauerlauf den Berg hochsprinten. Ein Anblick für die Götter. Wäre er nun mit Flügelhelm und Flügelstiefeln ausgestattet gewesen, hätte ich ihn für Hermes halten können. Einzig sein langes, lockig rotes Haar hielt mich davon ab. In meinem Kopf hat Hermes zwar auch gelocktes, aber doch eher kürzeres und blondes Haar.

Gemeinsam erreichten wir die Asphaltstraße von Livanianá mit der blauen Beschriftung. Eingehakelt schritten wir gemächlich der Taverne entgegen, deren Terrasse sich völlig hinter ihren rosa blühenden Oleandersträuchern verborgen hielt. Es empfing uns eine strahlende Nina. Sie hatte ihre Gäste versorgt, auf Cornelias Geheiß hin für Horst und mich zwei Yaurti mit Honig und Früchten im Kühlschrank deponiert und war nun auf dem Sprung hinunter nach Chóra Sfakíon. Sie erwartete Verwandte aus der Schweiz und wollte mit ihrem Abholen den nötigen Einkauf verbinden.

„Wenns ihr geht, legst den Küchenschlüssel an seinen Platz, ja?"

Sie rief Jackomo, stieg mit ihm ins Auto und fuhr mit aus dem Fenster gestrecktem Arm winkend von dannen. Cornelia legte sich für einen kleinen Schlaf rücklings auf die lange Bank am Bierzelttisch. Horst tat es ihr auf der anderen Holzbank gleich. Jann, inzwischen auf Socken, saß lesend am äußeren Tisch der kleinen Mauer, ein weiterer Gast an einem anderen, und ich machte mich meditativ an den Abwasch. Ordnung ist mein liebstes Spiel.

46.

Irgendwann waren wir alle wieder fit. Wir zahlten unsere Zeche in die Monkey-Box hinein, verschlossen die Küchentür, legten den Schlüssel an seinen Platz, schrieben Nina einen kleinen Gruß und machten uns auf zur weißen Kirche am oberen Ende des Dorfes Livanianá, dem Beginn des Weges zur Arádena-Gorge und nach Mármara. Wir trafen Italo vor seinem Wohnhaus, begegneten Karl-Heinz bei unserem Abstieg in die Schlucht, der heute sein Aufstieg war, und folgten durchgängig zügig unserem Weg. Cornelia wirkte alle Zeit würdevoll. Ihr aufrechter Gang sowie der Winkel zwischen Kopf und Hals, der bei ihr niemals weniger als 90 Grad betrug, erweckten diesen Eindruck.

Als eine Freundin nach einer schweren Erkrankung vor Jahren psychologischen Rat bzw. psychologische Begleitung suchte, hörte ich das erste Mal den Ausdruck „Würdewinkel". Obwohl sie nach außen hin meist taff wirkte, war sie in ihrem Inneren doch unsicher und verletzlich. Aus welchem Grunde auch immer, empfand sie sich in ihrem Denken, Fühlen und Sein immer wieder als klein, unwürdig und nicht wertvoll genug, was sich laut ihrer Psychologin in ihrem fehlenden Würdewinkel ausdrücke. Als sie mir davon erzählte, stutzte ich erst. Der Würdewinkel befinde sich zwischen Kopf und Hals und spiegele unsere Haltung zu unserer eigenen Würde und Wertigkeit wider. Selbst in jungen Jahren hatte ich bei meiner Freundin ein kleines Doppelkinn bemerkt, mir aber nie etwas dabei gedacht. Im Laufe der folgenden Zeit verschwand ihr doppeltes Kinn in dem Maße, wie ihre eigene Wertigkeit für sich selbst wuchs.

Dabei fällt mir mein kleines Kinder-Kinn ein, das von einer gehässigen Mitschülerin damals gerne mal als fliehendes Kinn bezeichnet wurde. Als ich einmal sichtlich verletzt durch diese Bezeichnung von der Schule nach Hause kam, baute meine Familie mich wieder auf. Gut, ich hatte ein kleines Kinn, was bei meinem damals kleinen Kopf auch kaum anders hätte sein können. Ich neigte aber auch dazu, mich für klein und unwichtig zu halten, was bei zweitgeborenen Kindern eines gleichgeschlechtlichen Erstkindes anfangs nicht unbedingt verwunderlich sein muss. In der darauf folgenden hauseigenen „Familientherapie" hieß es von da an immer: „Elisabeth, Kinn hoch und gerade laufen und Bauch rein und Mund zu und Brust raus." Tja, und da kommt dann so eine Frau dabei heraus, wie ich es heute bin. Aufrechter Gang, stolzer Blick, mit einem Würdewinkel von über 90 Grad und einer langen Längsfalte neben der Wirbelsäule.

Bei einem normalen geraden und aufrechten Gang hätte diese Längsfalte vielleicht verhindert werden können, doch so, wie meine Familie auf mich eingewirkt hatte, war diese Falte nicht zu vermeiden gewesen. Hätte ich mich damals bewusst zwischen dieser Wirbelsäule begleitenden Linie und einem fliehenden Kinn und hängenden Schultern entscheiden müssen, hätte ich mich mit meinem heutigen Wissen genau für diesen Jetztzustand entschieden. Dafür an dieser Stelle ein großes Dankeschön an meine Mutter, meine große Schwester und besonders an meinen Vater.

So liefen hier heute also mindestens zweimal 90 Grad den Berg von Livanianá zur Arádena-Schlucht hinunter, und ich bin mir fast sicher, dass es sogar dreimal 90 Grad waren, vermutete ich doch unter Horsts Bart ebenfalls um die 90 Grad.

Meine beiden Begleiter waren mir eine Augenweide. Cornelia, immer etwas Dame, mit ihren hundertachtzig Zentimetern Körperlänge, ihrem aufrechten Gang, dem schwarzen Haar mit dem roten Tuch, ihrer legeren Trekkinghose, den Wanderschuhen und dem kleinen schwarzen Wanderrucksack über ihrer locker fallenden weißen Bluse. Und Horst, der so sehr gegensätzlich von ihr wirkte. Er sah aus wie ein Freak aus den 1968er Jahren. An die einsneunzig, aufrecht und leichtfüßig. Auf dem Kopf eine umgedrehte olivfarbene Schirmmütze, unter der sein wildes rot-gelocktes Haar hervorlugte. Auf der Nase eine nickelumrandete, ovale Sonnenbrille. Er trug ein orangefarbenes Sporthemd, grau-beige, knielange Wandershorts, eine lederne Gürteltasche, braune Wanderschuhe und dazu einen enormen Vorrat an strahlender Freude.

Der Gang durch die Arádena-Gorge ist immer unterschiedlich gleich. Das Gleiche ist die Schlucht selbst, das Unterschiedliche die eigene Stimmung, die Begleiter, das Wetter, die Tages- und die Jahreszeit. Als wir Mármara erreicht hatten, musste Cornelia sofort ins Wasser, genauso dringend, wie ich so überhaupt nicht dort hinein musste. Da sind wir, wie die unterschiedlich gleichen Wanderungen durch die Arádena-Schlucht, ebenso unterschiedlich gleich. Gleich im Mensch sein, unterschiedlich in unseren Bedürfnissen. Akzeptieren wir einander, wie wir sind, geht es leicht entspannt und friedlich zu. Natürlich hätte ich zu Cornelia sagen können: „Was willst du denn im Wasser?", oder sie zu mir: „Was, du willst nicht schwimmen gehen?" Doch wozu hätte das gut sein sollen? Wissen wir um unsere Verschiedenheit, um das grundsätzliche Verschiedensein aller, erübrigen sich Fragen danach in jeder Form. Von der verständnislosen Vorwurfsfrage bis hin zur einfachen Möchtest-du-Frage. Je genauer wir einander kennen, umso weniger ist es erforderlich, Fragen zu stellen, bei deren Antwort wir aus Erfahrung mit einem klaren Nein rechnen können.

Als Cornelia mich fragte, ob ich auch schwimmen gehen wolle, sagte ich ihr, dass mich als Waage, als Luftzeichen, eher nichts ins

Wasser zöge. Die Luft schaue gerne aufs Meer, berühre es sanft an der Oberfläche, verbände sich aber ungern mit dem kühlen Nass. Manchmal käme sie, die Luft, als Wind daher und lege das Meer in Wellen oder ließe es, je nach ihrem Temperament, wie wild an den Strand und die Küsten bersten, doch wirklich verbinden wolle sie sich eher selten.

Während Cornelia ihre Bahnen zog, saßen Horst und ich auf dem aus Mármara-Fels-Steinen gemauerten Anleger der Poseídon, dem Schwesterschiff der Delffíni. Der Anleger ist direkt unterhalb der auf dem Fels gelegenen ehemaligen Snackbar, die sich inzwischen zu einer ansehnlichen Taverne gemausert hat. Die Küche ist vorbildlich, der Koch fähig und die Speisen entsprechend schmackhaft. Die beiden hauptamtlichen Kellner gut gelaunt, fix und humorig. Genau wie der Blick meiner Augen auf mir Gefallenes meine Seele und mein Herz erfreuen, erfreuen mich Menschen, die ihrer Tätigkeit, ihrer Arbeit mit Lust und guter Laune nachgehen. Ein solches Tun schwingt in die Umgebung und verbreitet ein gutes Lebensgefühl.

Auf dem großen Stein vor uns lagen Cornelias Sachen wie arrangiert. Ob Zufall oder Absicht war dabei egal, auf jeden Fall sah es hübsch aus und rief nach einem Foto. Wir plauderten mit einem schnell in seinem French-English sprechenden Franzosen, der sein Englisch für ausgezeichnet hielt, obwohl wir ihn kaum verstanden. Sollte unser von uns als Urlaubsenglisch eingestuftes German-English ebenso unverständlich für Menschen anderer Nationalitäten sein, sollten wir dringlichst daran arbeiten.

Wir folgten dem halbstündigen Weg zwischen Mármara und Lýkos, der ohne Höhenangst locker zu gehen ist. Wir kamen an den Kaninchenställen vorbei, am Futterplatz der Schafe und an den fünf Hähnen, kurz vor Chicken Georges Haus, bei dem immer noch alle Türen und Fensterläden verschlossen waren. Am nächsten Haus begrüßte Pávlos uns beim Überqueren der hauseigenen Terrasse mit einem freundlichen „Hallo!" und „Nice to see you again, Elisabeth." Wir nahmen im Akrogiálikos einen Mountain Tea, den Pávlos uns in einem großen Wasserkrug servierte und wechselten nach einer kleinen Plauderei hinüber auf die Terrasse des Small Paradise.

Der griechische Salat war wie immer vorzüglich, der Myzíthra reichlich. Gegen acht machten wir uns auf den Weg Richtung Burgruine hinunter nach Loutró. Zum Burg-Verweilen war es für heute leider zu spät. Horst hatte nur seine Gleitsichtsonnenbrille dabei und tappte nun, bei Einzug der schwarzen Luft, einem Maulwurf ähnlich, ansatzweise im Dunkeln. Als wir am kleinen Supermarkt in zweiter Reihe vorbeikamen, gingen wir hinein. Der alte Herr saß, wie so oft, in seiner natürlichen Freundlichkeit hinter dem Kassentresen. Obst abgewogen, die einzelnen Beträge in den Taschenrechner eingegeben, die addierte Summe gezeigt und kassiert und alles in einen blauen Plastikbeutel gegeben. Wir verabschiedeten uns mit einem freundlichen „Adío" und verteilten uns bis zum verabredeten Schlummertrunk auf unsere Zimmer.

Als ich mir von Christina den Schlüssel geben ließ, saßen vielleicht sechs Personen auf der Terrasse am Wasser - zwei dazu an der Theke. Die Musik war wie immer ein Genuss. Ich wollte erst einmal aus meinen Kleidern heraus und duschen. Die Deckenleuchte funktionierte, die Leselampe am Bett ebenso. Nur im Bad blieb es dunkel. Ich schraubte die Birne heraus, ging damit hinunter an die Theke und bat um ein neues Leuchtmittel. Am Ende der Theke saß ein älterer Grieche, an der Längsseite ein Mann mit etwas fisseligen, hellen, lockigen Haaren. Vielleicht ein Verwandter des Götterboten Hermes.

Doch als ich an ihm weder beflügelte Stiefel bemerken konnte noch einen mit Flügeln versehenen Helm, verwarf ich diesen Gedanken. Bevor Christina sich aufmachte, nach einer passenden Glühbirne zu suchen, sagte sie zu dem Mann an der Theke:

„Victor, this is Elisabeth, a wonderful woman for you - talk to her!" Und an mich gerichtet dasselbe in Grün: „Elisabeth, talk to him, his name is Victor and he is good for you, too!"

Da brauchte es nicht die Frage „Wie meinst du das?" oder „Warum?" Es war eine ebenso klare Ansage, wie „Brichst du mir das Herz, brech ich dir die Beine!" oder „Papa, ich muss kotzen!"

Ein dreifaches Grinsen, ein aufforderndes Kopfheben von Christina in unsere Richtung und der Satz aus meinem Munde: „Komm, lass es uns auf eine Zigarettenlänge versuchen, sonst gib sie eh keine ruh." Victor bot mir eine von seinen Zigaretten an, und so standen wir, leicht amüsiert, rauchend an der Theke und kamen ins Erzählen.

Wie klein die Welt doch ist. Victor kam aus meiner ostfriesischen Heimat, vielleicht 25 km von meinem Wohnort entfernt. Er hatte einen Abteilungsleiterposten an einer Volkshochschule für den Bereich Sport und Gesundheit und kannte den Vater meiner Kinder, meinen so wunderbaren und bisher einzigen Ehemann. „Nee", sagte er, „das gibt's doch nicht!" Und da konnte ich ihm nur beipflichten. Das Kennenlernen in arbeitsfreier, beflügelter Urlaubsatmosphäre ist, so man es möchte, niemals schwer. Gibt es dazu noch einen positiven gemeinsamen Bekannten, ist es geradezu ein Klacks. Victor und ich wussten nun, wo wir herkamen und wohin wir gehörten.

Als Christina mit passendem Leuchtmittel an die Theke zurückkam und uns so gut miteinander im Gespräch vorfand, war sie sichtlich zufrieden und sagte:

„You see, I'm the boss. I am the manager of the hotel, I know where the bulbs are and I know which people fit together well. I am the soul of the house, the mother of everything!"

Ja, das ist sie wirklich! Christina ist die Managerin des Hotels, weiß, wo die Glühbirnen zu finden sind, weiß, welche Menschen gut zueinanderpassen, ist die Seele des Hauses und die Mutter von allem hier.

Horst kam dazu. Er und Victor hatten sich in dieser Gegend schon gesehen, zuvor jedoch nie miteinander gesprochen. Victor war heute mit der Fähre angekommen, erwartete für morgen noch zwei Freunde aus Berlin, übernachtete im selben Haus wie Horst, wäre nun eine Woche hier und würde am nächsten Samstag seine Frau in Chaniá vom Flughafen abholen, um dann mit ihr auf Kreta anderweitig auf Reisen zu gehen. Als die Männer miteinander im Gespräch waren, ging ich duschen.

47.

Glühbirne eingeschraubt, ordentlich heiß geduscht, abgetrocknet, Zähne geputzt, eingecremt, neu angekleidet, ein wenig das Gesicht gemalt und als eine der neuen Altersschönen das Zimmer verlassen. Mal braucht es Zeit, mal geht es schnell. Ich hatte mich beeilt und hüpfte nun barfuß, mit meinen Sandalen in der Hand, die Treppe zur Terrasse hinunter. Stimmengewirr kam mir entgegen. Die Musik spielte, schön wie immer, aber etwas lauter. Christinas Abendbar war gut besucht.

Als ich unten angekommen war und strahlend auf die Bar zulief, sah ich Horst und den jungen Pávlos aus Lýkos miteinander im Gespräch. Ich war heute eine sehr schlichte Altersschöne. Langes schwarzes Kleid, ohne jeden Schmuck, mit Ausnahme meines mattsilbernen Eheringes. Über der linken Schulter hing mein schoko-braunes Tuch mit den beigen Blätterornamenten und den scharlachroten Rosen, die vom selben Farbton waren wie die Sandalen in meiner Hand.

Ich denke, dass ich recht freudig auf die beiden zuging. Als ich Horst und Pávlos mit einem freundlichen: „Hello again!", begrüßte, flüsterte Horst geradezu mit einem unauffälligen Fingerzeig in Richtung Wasser:

„Guck mal, wer da sitzt!"

Ich reagierte prompt, ließ die gefühlt gewollte Umarmung aus, ging ein paar Schritte weiter zum Getränkekühlschrank, nahm eine Zitronenlimonade heraus, setzte mich auf den Barhocker neben Pávlos, der am hinteren schmalen Ende der Theke stand, zeigte Lemi, dem heutigen Abendkellner, die Limonade und bestellte mir bei ihm ein viertel Glas Bier. Intel inside ist wahrlich von Vorteil! Ich liebe es absolut, nach ein paar Informationen, vorausschauend Dinge zu tun, die für das Gelingen einer Angelegenheit oder das Erhalten eines bestimmten Ergebnisses von Vorteil sind. Die Geschwindigkeit des Arbeitsspeichers ist dabei unerlässlich. Im PC ebenso wie in unserem menschlichen Gehirn - „Intel inside" eben.

Horst saß über Eck, gleich auf dem ersten Barhocker an der langen Seite der Theke. Ich machte es mir auf meinem Platz gemütlich, goss die Limonade langsam in mein Bier, stieß mit Pávlos und Horst an, entzündete eine Zigarette, nahm den ersten Zug und schaute dann gelassen in die Runde.

„Ich glaub es nicht!", dachte ich, obwohl ich durch Horsts Satz im Flüsterton kaum jemand anderen hätte erwarten können. Da saß er nun, mitten zwischen all den palavernden Leuten, mit dem Rücken zum Wasser und dem Blick aufmerksam auf mich gerichtet, abwartend, wie ich nun wohl auf ihn und sein Hiersein reagieren mochte.

„Hmmm...", dachte ich, und „Katze, sei schlau!"

Als ich ihn nun sah und bemerkte, und er sah, dass ich ihn bemerkt hatte, öffnete ich erstaunt meine Augen, ein klein wenig weiter als sonst, zog die Stirn dabei leicht nach oben, legte den Kopf etwas zur Seite und lächelte ihm liebevoll und sanft entgegen. An der Freude meiner Seele und meines Herzens, ihn nun heute hier am Abend zu sehen, konnte er nach diesem so liebevollen Blick keinen Zweifel hegen.

Er hob den Kopf, leicht zum Gruß, lächelte zurück und deutete mir mit einer kleinen Handbewegung, zu ihm herüberzukommen. Ich zeigte mit dem Finger auf mich und dann auf ihn, worauf er den Kopf mit einem leichten Nicken etwas zur Seite neigte. Ich rauchte meine Zigarette zu Ende, nahm noch einen Schluck von meinem Alsterwasser, entschuldigte mich kurz bei Horst und Pávlos und ging zu ihm hinüber.

„You're here in Loutró in the evening, Mr. Micháli?", fragte ich leicht erstaunt und ergänzte mit einem höflichen „nice to see you" und dem griechischen „ti kánis?" für wie geht's? Gleichzeitig streckte ich ihm meine Hand entgegen, die er ohne Umschweife nahm, um mich damit direkt auf seine Stuhllehne zu ziehen. Er legte seinen Arm um meine Taille, drückte mir einen Kuss auf den Mund, lächelte stolz in die Runde und stellte mich als his german girlfriend Elisabeth vor. Dann fragte er, etwas leiser, direkt in mein Ohr, ob ich mit diesem Typen an

der Theke nun etwas habe oder nicht.
Meinen Blick hätte ich dabei nicht sehen mögen.

„Micháli, you know you're the only one. At least during my time on Crete here in Sfákia. I'm not a woman for several men at the same time. And now stop thinking about it and don't ask again!" „Yes, but you know that I can never know!" „I know, but trust is the only way - and I know it!"

„Michali, du weißt, du bist der Einzige. Zumindest während meiner Zeit auf Kreta hier in der Sfákia. Ich bin keine Frau für mehrere Männer zur gleichen Zeit. Und jetzt hör auf, darüber nachzudenken und danach zu fragen!" „Ja, aber du weißt, dass ich es niemals wissen kann!" „Ich weiß, aber Vertrauen ist der einzige Weg - und ich weiß es!"

Wenn wir einander nicht glauben können, wäre es ein Grund, daran verrückt zu werden. Am besten vertrauen wir darauf, dass alles gut ist. Seit Jahren denke ich nicht mehr darüber nach, was mein derzeitiger Liebster in den Zeiten, in denen wir nicht zusammen sind, macht oder wo er sich aufhält. Das entspannt mich ungemein. Entweder sind wir einander freiwillig treu oder nicht. Zweisamkeit bedarf der körperlichen Treue, zumindest glauben wir, dass es so sein muss. Ein weites Feld!

Stellen wir uns nur mal vor, ich hätte in den michálifreien Zeiten darüber nachgedacht, was Mr. Micháli in den elisabethfreien Zeiten täte? „Big kathastrophe!", würde er dazu sagen, und damit hätte er wohl verdammt recht!

Treue ist für mich ein Akt der Freiwilligkeit, genau wie die Liebe selbst. Ist sie erzwungen, ist sie mir keinen Pfifferling wert. Misstrauen ist weder der Liebe förderlich noch der Treue und schadet dem guten Lebensgefühl beider Partner. Ich würde mich und Micháli nun nicht gerade als Partner bezeichnen. Vielleicht als Parteien oder als Liebende bei Anwesenheit zur selben Zeit am selben Platz oder in benachbarten Gefilden. Für mich scheint das für den gesamten kretischen Raum zu gelten oder zumindest für den Süd-Westen der Insel, für ihn vielleicht gerade mal für die Uferpromenade von Chóra Sfakíon.

Wenn zwei das Gleiche tun, ist es noch lange nicht dasselbe, fällt mir dazu ein, und bemerke in diesem Moment, dass dieser Satz mir sehr beim richtigen Gebrauch von dasselbe und das Gleiche geholfen hätte. Nie hatte ich diese beiden Begrifflichkeiten richtig einsetzen können, bis mir jemand vor vielleicht zwanzig Jahren sagte, dass das Gleiche dem anderen nur gleiche, und dasselbe ein und dasselbe sei. Auch wenn die Rechtschreib-Reform im neuen Jahrtausend die Verschiedenheit ihrer Bedeutungen aufgehoben hat, bin ich dennoch froh, ihren Unterschied endlich begriffen zu haben.

Menschen, die diese Schwierigkeit damals nicht hatten, sagten leicht mal: „Warum merkst du es dir nicht einfach?" Und ich sagte dann: „Weil ich es nicht kann!"

Wenn zwei das Gleiche taten, war es also noch lange nicht dasselbe. In Michális Denken gab es da einen gewissen Unterschied. Sein Anspruch an die Treue seiner Gefährtinnen war geradezu ausschließlich, sozusagen monogam, wobei sein Verhalten, mit gutem Gewissen, als polygam bezeichnet werden kann. Polý heißt nicht ein, zwei oder drei, sondern eher mehrere oder gar viele und stammt von dem griechischen Wort polýs ab. Hiermit könnte man sein Denken begründet sehen, doch da das Wort mono ebenso von griechischer Herkunft ist, fällt diese Erklärung aus. Mono - mónos bedeutet so viel wie ein, einzig und allein.

Er lebte polýs und mónos, wie er es wollte. Er nahm beides für sich in Anspruch, benutzte sie so, dass es ihm gerecht wurde und fand das völlig normal. Nicht, dass er mir gegenüber je etwas davon erwähnt hatte oder eingestanden, doch ging es mir mit dem Gedanken besser, wenn ich davon ausging, dass immer die eine oder andere Herzensdame neben mir mit im Spiel war.

Nach einer Weile der oberflächlichen Plauderei in unserem gemeinsamen schmalen Englisch der Kulturen sagte ich zu Micháli, dass ich nun wieder zu den beiden Jungs an die Theke gehen wolle, und ob er vielleicht auf ein Bier dazukommen möchte. Er sprach sein gönnerhaftes: „Yes go" und „I come a little later" und verabschiedete mich mit einem weiteren Kuss auf meinen Mund und einen Klaps auf den Popo.

Was das in seiner Gesamtheit nun sollte, wusste ich nicht. Für diesen Moment hielt ich es vorsichtshalber für einen Akt der Revierverteidigung und nicht für etwas, was ein verliebtes Frauenherz hätte erfreuen können. Amüsiert wechselte ich zurück zur Theke auf den Barhocker neben Pávlos. Ich bat Lemi um einen neuen Schuss geschäumten Bieres, füllte das Glas wieder mit Zitronenlimonade auf, zündete mir eine zweite Zigarette an und stieß mit Horst und Pávlos „Prost und Yámas" sagend an. Als Pávlos seinen Barhocker für einen Moment verließ, rückte ich zu Horst hinüber und tauschte mich kurz mit ihm über die Situation aus. Keinen Moment später stand Micháli hinter mir, legte seine Hände auf meine Schulter und küsste mir aufs Haupt. Ich schaute kurz zu ihm hoch, lächelte und bekam gleich noch einen Kuss auf die Wange. Nein, geübt hatten wir unsere Rollen nicht. Wir spielten sie intuitiv richtig. Ich lehnte mich an Michális Oberkörper, bewegte beide Arme nach rückwärts und berührte mit meinen Händen seitlich seine Oberschenkel. Horst schaute uns an, sagte etwas von einem schönen Paar und fragte Micháli, ob er ein Foto von uns machen dürfe.

„You look so good together. May I take a picture of you?"

„Yes, why not, giatí óchi, warum nicht!"

Wird Micháli nach einem Foto gefragt, richtet sich sein Oberkörper immer noch ein Stückchen mehr auf, obwohl man meinen sollte, dass das gar nicht gehe. Gerade ist gerade und aufrecht, aufrecht, doch nicht bei ihm. Ich spürte es geradezu in meinem Rücken, wie er sich noch mehr aufrichtete und mich dabei mitnahm. Seine Hände lagen fest auf meinen Schultern, wir schauten beide auf Horst, und so machte es klack, klack, klack. Es entstanden drei sehr paarige Fotos. Micháli stolz und männlich, ich weiblich und weich. Als Micháli sich die Fotos von Horst zeigen ließ, klopfte er ihm wohlwollend auf die Schulter und sprach:

„Nice pictures - my friend!"

Ja, so war es für Micháli in Ordnung. Das Revier war abgesteckt, die Ordnung wieder hergestellt, die Weibchenfrage geklärt und alle froh bzw. amüsiert.

„You are my woman!", flüsterte er mir ins Ohr.
„Yes, I know, and at this moment the only one!"

Pávlos kam zurück. Er und Micháli begrüßten sich erkennend. Natürlich kannten sie sich, auch wenn sie sich eher selten sahen. Ein, zwei, drei Buchten auseinander, und schon sind hier auf Kreta ein paar Bergkuppen dazwischen. Micháli hatte mit Pávlos' Vater die Schule besucht und verweilte gerne einen Moment in dessen Taverne, wenn es für ihn eine der seltenen Taxibootfahrten direkt von Chóra Sfakíon nach Lýkos gab. Meist kamen die Übernachtungsgäste der Lýkos-Bucht mit der Fähre von Chóra Sfakíon nach Loutró und wurden dort direkt von ihren Gastgebern mit ihren kleinen Booten abgeholt.

Micháli fuhr mit seinen Freunden zurück nach Chóra Sfakíon, nachdem er mir sein Bedauern darüber ausgedrückt hatte, dass er heute Nacht leider nicht bei mir in Loutró bleiben könne. Pávlos verabschiedete sich mit den Worten, dass sein Vater sich sorgen würde, wenn er zu spät zurück nach Hause käme, und Horst und ich blieben noch so lange am Wasser sitzen, bis es uns einfach zu kalt wurde. Wieder waren wir die letzten Gäste, wieder bestellten wir uns vor Thekenschluss eine große Kanne Tee und wieder sagte uns Lemi „Kaliníchta", bevor er die Lichter löschte und zu Bett ging.

Wir wechselten auf die breite Holzbank, die durch einen Mauervorsprung etwas windgeschützter, mit dicken Polstern ausgestattet, an einer langen Wand vom Hotel Sífis steht. Gegen die Abendkühle hatte ich uns kurzerhand zwei Wolldecken aus meinem Zimmer geholt. So zugedeckt konnten wir es hier zu dieser späten Stunde gut miteinander aushalten. Wir saßen dicht beieinander, Schulter an Schulter, hielten uns an den Händen, tranken Tee, schwiegen und erzählten und erzählten und schwiegen und beobachteten die Menschen, die sich nach und nach aus unserem Hörbereich in ihre Zimmer zurückzogen. Für romantische Gefühle braucht es kaum mehr. Die Sterne und der leuchtende Mond, der frisch über dem Fels der Loutróer Bucht aufgetaucht war, zeichnete mit seinem sanften Licht alles wunderbar weich. Er ließ das dunkle Wasser glitzern und die Wolken wie Schatten vorbeischweben.

Schritte näherten sich unserer kleinen Oase, erst leise, dann etwas lauter werdend. Es war Pávlos, der sich vor mindestens vier Stunden mit den Worten des sich sorgenden Vaters von uns verabschiedet hatte. Wir waren gleichermaßen von unserem Noch-Wachsein überrascht. Wir lächelten uns verschmitzt und wohlwollend an und sagten uns erneut „Kalinichta." Als sein kleines Boot tuckernd die Bucht verlassen hatte, lösten auch wir unseren Wigwam auf.

„Es ist Zeit."
„Ja, es ist an der Zeit."

48.

Es war ein gutes Gefühl, dass Horst und ich uns an das, was wir für richtig hielten, gehalten hatten. Wir hatten uns unsere Sympathie und unser Bedürfnis nach Nähe füreinander erlaubt und gleichzeitig die Grenzen gewahrt. Er hatte sein Treueversprechen seiner Frau gegenüber nicht gebrochen, und ich hatte nichts mit diesem gut verbandelten Mann angefangen. Wir hatten einander nicht geküsst und wir hatten die Nacht in getrennten Betten, in unterschiedlichen Zimmern, in verschiedenen Häusern verbracht. Er war sich und ihr treu geblieben und ich mir, und dennoch hatten wir gute, entspannte, gemeinsame Stunden miteinander. Wir erlaubten uns, befreundet zu sein, obwohl er ein verheirateter Mann und ich eine allein lebende Frau war.

Nachdem ich meinen Rucksack fast fertig gepackt hatte, saß ich zufrieden auf dem Balkon vor meinem Zimmer und genoss den Blick auf die Loutróer Bucht. Der Morgen war beschaulich, das

Licht weiß, der Himmel voller Schäfchenwolken. Der Schaufellader am neuen Strand fütterte wieder einen angelandeten Lkw, der kurz darauf von der Fähre wieder abgeholt wurde. Ich machte einen Gang durchs Haus und stieg bis auf die obere Ebene. Auf einem kleinen blau gestrichenen Tisch stand ein Schild mit der Aufschrift „This is a private place." Davor Steine, daneben eine Grünpflanze, eine kleine Stechpalme. Rechts und links des Tisches standen zwei Stühle.

Natürlich ging ich nicht weiter, it was a private place. Als ich die obere Treppe wieder hinunterstieg, fiel mein Blick auf eine üppig blühende Topfgeranie in leuchtendem Rot. Christinas Reich ist an jeder Stelle eine Freude für die Augen. Ich betrat den Flur im neuen Haus vom Sífis Hotel, ging ihn bis ans Ende, betrachtete den kleinen offenen Raum dort und mich in einem goldumrandeten Spiegel. Alles, was ich sah, war gut.

Als mich mein Frühstück am Wasser angenehm gesättigt hatte, packte ich meinen Rucksack zu Ende. Ich verließ das Zimmer mit der Nummer zwei im alten Teil des Hauses, zahlte meine Zeche und schlenderte hinüber ins Nachbarcafé. Cornelia, Horst und Sophia saßen Zeitung lesend bei ihrem zweiten Kaffee. Der Wirt fütterte seinen Papagei Coco mit Eiscreme. Hätten sie mir an diesem Morgen gesagt, es sei Sonntag, ich hätte es ihnen geglaubt.

Die Wochentage verschwinden, verlieren an Bedeutung und das nicht nur für uns Reisende. Wissen wir das Datum vom Vortag unserer Abreise, reicht das völlig. Heute war der 13. Mai 2012, ein Tag, der auf mich den Eindruck eines Sonntags machte. Die kleine SMS meiner Tochter bestätigte mir kurze Zeit später, dass es tatsächlich ein Sonntag war:

„Liebste Mutter mein, ich sende dir viele Grüße und Küsse ins Paradies und wünsche dir einen herrlichen Muttertag. Denke an dich, hab dich lieb und drück dich von Herzen. Tochter dein, der es bestens geht!"

Rosemarie kam gut ausgeschlafen zur Sonntagsrunde dazu, genau wie Karl-Heinz und Barbara, die direkt von der Fähre kamen. Sie hatten durch die Imbros-Schlucht wandern wollen und waren dafür mit der Morgenfähre nach Chóra Sfakíon gefahren. Als Karl-Heinz sich dann unverhofft kränklich fühlte, hatten sie die Fähre gar nicht erst verlassen. Bevor Karl-Heinz sich nun in Barbaras Domizil zu Bett begeben wollte, gab es für ihn am Sonntagstisch einen Kamillentee und für die Mädels Pfefferminze. Cornelia und Barbara stellten fest, dass sie dieselbe Grundschule besucht hatten. Horst wollte aus seinem letzten Tag hier in Loutró ohne mich das Beste machen, und ich würde mit der nächsten Fähre zurück nach

Chóra Sfakíon fahren, gespannt darauf, wie Mr. Michali sich am heutigen Tage, dem Tag eins nach der gestrigen Revierverteidigung, mir gegenüber verhalten würde. Als Horst mich zur kleinen Fähre begleitete, fragte er noch einmal, ob ich ihn morgen auch wirklich am Fähranleger in Chóra Sfakíon in Empfang nehmen würde.

„Aber ja doch!", sagte ich, „und damit ich nicht verschlafe, stell ich jetzt sofort meinen Handywecker!"

Das kleine Fährboot legt in Chóra Sfakíon immer am neuen Hafen an. Ich verweilte auf einen Orangensaft bei Ahmed und Damúlis am Diving-Center. Damúlis Vater plauderte mit einem Freund am Nachbartisch. Der Tauchhund lag wieder mal in der Sonne davor. „Reist du ab?", erkundigte sich Damúlis in seinem österreichischen Deutsch und ich antwortete mit einem Nein und dem Wort Halbzeit.

Gleich darauf machte ich mich auf den Weg zum Xenia. Am blauen Container saßen Fischer und sortierten ihren Fang. Der aufgebockte alte Kutter stand ohne jede Veränderung in seinem abblätternden Orange am Hafenbecken. Einige Jungs hatten ihn bestiegen und verbargen sich, als sie mich kommen sahen. Bei Claudiu und Manoúsos gab es das übliche Raki-Visum mit kleiner Unterhaltung, bei Déspina neue Zigaretten.

Bevor ich mein neues Zimmer bezog, hatten Micháli und ich kurz miteinander gesprochen. Er sei heute Nachmittag apascholiménos, busy, also beschäftigt, und so verabredeten wir uns wie üblich gegen neun auf der Terrasse des Xenia zum Abendessen. Eigentlich war alles, wie immer, und dennoch war ich nach unserem Wortetausch etwas schräg in meinen Gefühlen. Ich hatte meinen Schuhkarton aus dem Allerlei-Raum geholt, hatte ein wenig geschlafen, geduscht, mir die Haare gewaschen, mich hübsch gemacht und entsprechend gekleidet. Ich war mit meinem Spiegelbild zufrieden und mochte mich dennoch nicht auf die Terrasse des Xenia begeben. Wäre mir nicht bewusst gewesen, dass mein sechsundfünfzigster Geburtstag schon hinter mir lag, hätte ich fürs prämenstruelle Syndrom plädiert. In den Jahren, in denen ich dieses Syndrom als Erklärung für meine Unpässlichkeiten hatte heranziehen können, wäre mir meine Stimmung an diesem Abend nicht ungewöhnlich vorgekommen.

- Angstzustände
- Antriebslosigkeit
- Dünnes Nervenkostüm
- Gefühle der Überforderung
- Vermindertes Selbstwertgefühl
- Kontrollverlust sämtlicher Gefühle
- Stimmungsschwankungen in alle Richtungen

Obwohl ich mit mir zufrieden war, war mein Wunsch nach sozialen Kontakten an diesem Abend gleich Null. Die einzigen Menschen, denen ich an diesem Abend hier in Chóra Sfakíon hätte begegnen wollen oder können, wären Vanna, Georgos und Micháli gewesen.

Mit dieser Erkenntnis war es mir nicht möglich, mich von meinem Zimmer hinunter auf die öffentliche Terrasse des Xenia zu begeben. Meine Verabredung mit Micháli hin oder her. Es war kurz nach neun. Ich setzte mich samt meiner Ohrclips, meiner Wildlederstiefel, dem schicken schwarzen Kleid und meiner gemalten Lippen auf den kleinen Balkon vor meinem Zimmer und rauchte eine Was-weiß-ich-wofür-auch-immer-Zigarette. Keine fünf Minuten später stand Mr. Micháli auf dem großen Flachdach vor meinem Balkongitter und fragte, wo ich denn bliebe und ob mit mir alles in Ordnung sei.

„Come", sagte ich, „and sit a while with me."

Ich kenne diesen Satz aus dem englischsprachigen Lied „You raise me up" und mochte ihn wie das ganze Stück von Anfang an. Ich weiß, dass dieser Song nicht Micháli meint, noch einen anderen Menschen. Er meint ein höheres Wesen jenseits unseres Menschseins. Aber auch, wenn er einen Engel, einen Schutzgeist oder einen Gott meint, passt er gleichzeitig auch auf Menschen, die uns Mut machen, Kraft, Zuversicht oder Liebe geben. All das trägt und macht uns stark. In diesem Moment trug Michális wohlwollende Aufmerksamkeit dazu bei, dass ich mich wieder besser fühlte.

Richtig verliebt habe ich mich erst in diesen Song, nachdem ich ihn von der damals fünfjährigen Koreanerin Celine Tam gehörte hatte. Nie hatte ich ihn zuvor so schön und so kraftvoll vernommen. Dieses kleine Mädchen macht mir mit ihrer Version von „You raise me up" Gänsehaut. Ich schrieb mir den englischen Text auf, übersetzte ihn in singbares Deutsch und sang ihn selbst rauf und runter, bis er mir leicht von den Stimmbändern ging. Natürlich klang es bei mir nicht so klar wie bei Celine, doch tat dies meinem Wohlgefühl beim Singen keinen Abbruch.

Gänsehautfeeling gefällig?
Dann einfach mal hineinhören:
http://www.storyfox.de/5-jaehrige-mit-raise-me-up

Meine deutsche Übersetzung lautet:

Wenn ich kaputt und meine Seele müde,
wenn Ärger kommt, mein Herz belastet wird,
dann bleib ich hier und wart in aller Stille,
auf dass du kommst und teilst die Zeit mit mir.

Du machst mir Mut, ich kann auf Berge steigen.
Du machst mir Mut bei stürmisch hoher See.
Und ich bin stark, lehn ich an deiner Schulter.
Du machst mir Mut, mich stärker als zuvor.

Und auch wenn ich meine Lieblingsaussage aus diesem Stück „until you come and sit a while with me" ob seiner Singbarkeit nicht wortwörtlich ins Deutsche übernehmen konnte, benutzte ich ihn hier, an diesem Abend, in dieser Situation, mit meinem verstörten Ich in seinem englischen Original unbewusst, als ich Micháli bat, sich für eine Weile zu mir auf den Balkon zu setzen.

Er stieg mit seinen langen Beinen lässig über das Balkongitter, gab mir einen Kuss, nahm sich eine Zigarette und setzte sich mir gegenüber. Mit etwas vorgebeugtem Oberkörper und auf meinen Knien gestützten Händen fragte er:

„What's about you, Elisabeth?"

Im Kopf dachte ich, dass mir seine Begrüßung am Nachmittag nicht herzlich genug gewesen war. Dass ich mehr Aufmerksamkeit von ihm gebraucht und gerne eine größere Freude an ihm bemerkt hätte, als er mich nun nach drei Tagen und Nächten wieder in seinem sfakiotischen Reich zurückhatte. Aus meinem Mund kam jedoch, dass ich es nicht wisse, dass ich heute aber keine Lust habe, unter Menschen zu gehen, bzw. dass ich heute nicht auf der Terrasse des Xenia mit ihm essen könne, weil mir dort einfach zu viele Augen seien.

„I like to eat with you, but not on the terrace of Xenia", sagte ich. „Maybe down by the water at the last table?", schlug er mir mit einem Augenzwinkern vor, worauf ich mit strahlenden Augen leicht: „Né!", sagen konnte.

Er nahm mich in die Arme, gab mir einen Kuss und sagte, dass er schon mal vorginge, unser Essen zu bestellen und dass ich quickly folgen solle, weil Georgos, wie ich wisse, ein schneller Koch sei. Ich solle den Tisch auswählen, zu dem er dann dazukommen würde.

Micháli ging, wie er gekommen war. Ich verschloss die Balkon- und die Zimmertür und verließ das Hotel durch den Hintereingang. So kam ich, ohne die Terrasse überqueren zu müssen, ohne jedes Begrüßungszeremoniell, zum letzten Tisch am Wasser.

Wir redeten nicht viel. Wir aßen, tranken und rauchten, und wir waren unterhalb des Tisches mit unseren Beinen verbunden. Wir schauten die Bilder in meinem Fotoapparat, erzählten die dazu passenden Anekdoten unseres gemeinsamen Seins und gingen zu später Stunde wie selbstverständlich nach Hause auf mein Zimmer. Hier im Bereich des Xenia war unser Miteinander inzwischen Normalität, und so war auch unser Umgang. Wir waren uns vertraut, wussten, wie wir uns zu nehmen hatten und hatten jede Scheu voreinander verloren. Die Unzulänglichkeiten unserer nicht mehr jungen Körper waren ohne jede Bedeutung. Dort, wo gute Gefühle füreinander vorherrschen, können ein paar Knitter mehr im Gesicht, am Hals oder wo auch immer die Liebe kaum schmälern.

Verschlungen, mit zweimal 37 Grad, unter einem doppeltbreiten weißen Bettlaken mit darüber ausgebreiteter Wolldecke in kretischem Blau gegen die aufkommende Kühle der Nacht, fielen wir bei geöffneter Balkontür in einen tiefen, erholsamen und Energie spendenden Schlaf.

49.

Heute war der Tag, an dem Horst mit der Vormittagsfähre aus Loutró kommen würde und an dem ich mit dem Bus hoch in das kleine Bergdorf Askífou fahren wollte, um Marion dort in ihrem Kafeníon zu besuchen.

Micháli war wie immer gegen acht aufgestanden. Mein Handy weckte mich zum endgültigen Aufstehen um halb neun. Ich frühstückte auf der Terrasse des Xenia und erzählte Micháli bei unserer anschließenden Morgen-Zigarette am Taxiboottisch, dass ich um elf mit dem Bus zu Marion nach Askífou fahren und am späten Nachmittag mit dem Sechzehn-Uhr-Bus von dort zurück sein wolle. Als er eine Fahrt zum Sweet-Water-Beach hatte, machte ich mich auf den Weg zum Fähranleger, um Horst dort wie versprochen in Empfang zu nehmen.

Ich war früh. Von der Fähre noch nichts zu sehen. Am Anleger stand eine junge Frau. An ihrer Seite, an einen Stein gelehnt, ein großer roter Reiserucksack. Als ich näher kam, lächelte ich sie an und sagte: „Na, auch ein bisschen früh." Ich streckte ihr meine Hand entgegen, sie mir im Gegenzug die ihre. Als sich unsere Hände zum Händedruck trafen, stellte ich mich mit einem verschmitzten Grinsen als „Elisabeth, Queen of England" vor. „Oh!", entgegnete sie und konterte gekonnt mit: „I'm Silke from Konstanz." Der Bann war gebrochen. Unsere Sympathien konnten sofort ungehindert fließen. Gäbe es für solche Begegnungen einen neuen Stern am Himmel, gäbe es dort oben von diesem Zeitpunkt an einen Lichtpunkt mehr. Silke und ich mochten uns vom ersten Augenblick. Wir setzten uns auf zwei der mächtigen Begrenzungssteine an den Rand der breiten, leicht abfallenden Betonrampe und kamen wunderbar ins Plaudern.

Silke war gerade aus Léntas gekommen. Sie hatte sich in aller Früh ein Taxi genommen, weil sie einfach, quasi wie über Nacht, von dort weg sein wollte. Sie hatte keinen festen Plan, hatte von Loutró und Soúgia gelesen und hoffte nun darauf, dort in aller Ruhe ihr inneres Gleichgewicht wiederzufinden. Sie war ansatzweise sauer auf sich selbst, sagte, wie man nur so blöd sein könne und fragte sich und irgendwie auch mich, warum sie nicht eher bemerkt habe, dass dieser Typ viel weniger von ihr gewollt habe als sie von ihm. Dieser Typ war ein junger Mann aus Münster, der für diese Saison in Léntas einen Job angenommen hatte. Ob sie ihn nun schon vor ihrer Reise gekannt hat, erinnere ich nicht. In Léntas hatten sie etwas miteinander, bis er ihr immer wieder Geschichten erzählte, die einfach nicht hatten stimmen können. Sind zwei verliebt, wollen sie etwas voneinander, und da vergisst man Verabredungen vielleicht einmal, aber nicht doppelt und dreifach.

„Als ich gestern Nacht bemerkte, dass ich auf dem Weg war, mich dort zum Affen zu machen, hab ich meinen Rucksack gepackt, am Morgen mein Zimmer bezahlt und den ersten Taxifahrer gefragt, was eine Fahrt nach Chóra Sfakíon kosten würde. War unvernünftig teuer, doch war mein Seelenheil es mir allemal wert!"

Da kullerten jetzt ein paar Tränchen, und so nahm die Queen ihre Silke from Konstanz einfach mal tröstend in die Arme und erzählte ihr die folgende Geschichte aus ihrem Leben:

„Also, da gibt es einen alten Schulfreund, mit dem mich in jungen Jahren eine innige Freundschaft verband. Wir hatten damals nichts miteinander, obwohl wir dicke etwas miteinander hätten haben können. Vor vielleicht sechs oder acht Jahren haben wir uns nach über dreißig Jahren halb zufällig wiedergetroffen. Wir lebten beide alleine und waren uns wie damals angenehm zugetan. Ich besuchte ihn anfangs in größeren Abständen immer mal wieder in Hannover, er mich einmal in meinem Familienhaus, von dessen Möglichkeiten er eindeutig beeindruckt war. Bei diesem Besuch ließen wir unsere Kreativität fließen. Wir entwarfen Ideen, wie mein Familienhaus zu einem wunderbaren Domizil für mehrere Erwachsene umgestaltet werden könnte. Wir erdachten uns ein umsetzbares Luftschloss, das er in meinem Auftrage nach und nach verwirklichen sollte und wollte und das uns einen optimalen Platz für unser Leben jenseits unseres Jungseins bieten würde. Mehrere Male hatte er einen Besuch angekündigt, und alle Male war ihm etwas dazwischen gekommen. Ich erlaubte mir dennoch, meine guten Gefühle für ihn zu bewahren, auch wenn ich meine Erwartung an ihn und seine Worte auf ein Mindestmaß reduzierte. Dieses Mindestmaß bewegt sich um das Wort - nichts!

Diese Reduzierung brachte mir und meiner Schwester ein kleines Wortspiel ein, das bei uns immer wieder gerne zum Einsatz kommt, wenn wir uns für ein Wochenende verabreden. Sie fragt dann, ob es bei unserer Verabredung bleibe, und ich antworte dann: „Ja, es sei denn, Dieter kommt."

Silke und ich sprachen noch ein wenig über Erwartungen im Allgemeinen, über Enttäuschungen, die wir durch unsere Erwartungshaltung leicht selbst produzieren, über die Leichtigkeit von Liebe, wenn wir unsere Gegenüber einfach lassen können, wie sie von Natur aus sind, und über die Wichtigkeit des Erhaltes der eigenen Mitte. Ich erzählte ihr von meinem Tête-à-Tête mit Micháli und von meinem Laden und sie mir von ihrer letzten festen Verbindung und ihrem Job als Bibliothekarin. Als die Fähre in Sicht kam, empfahl ich ihr, bei Christina im Sífis House nach einem Zimmer zu fragen, und bat sie gleichzeitig, dort für mich für die nächsten drei Tage das Zimmer Nummer eins im alten Haus vorzubestellen. Dann tauschten wir unsere Handynummern.

Inzwischen hatten sich vor unseren Steinsitzplätzen etliche Fährreisende versammelt. Darunter zwei Paare mit Gepäck und Fahrrädern. Silke und ich erhoben uns, um das Ankommen der Fähre besser beobachten zu können. Auf der rechten Treppe, die die Decks miteinander verbindet, konnte ich eine Person ausmachen, die ihre Arme weit ausgebreitet hielt. Orangefarbenes Oberteil, helle Hose, in der Hand ein Capy, auf dem Kopf ein rotblonder Lockenschopf. Horst, wie ich ihn mochte. Er war ein wenig verrückt, im Positiven, und er tat, wonach ihm der Sinn stand.

Als die Fähre so nah war, dass wir uns wirklich erkennen konnten, wiederholte er diese freudige Geste. Ich tat sie ihm gleich und lachte dabei von einem Ohr zum anderen. Meine Ohren sind klein, mein Lachen breit. Als er zwischen all den anderen Fährreisenden wieder zum Vorschein kam, sahen wir ihn mit seinem Reiserucksack auf dem Rücken den Anleger hinauf auf uns zurennen. Er ließ den Rucksack fallen und schloss mich herzlich in die Arme.

Uns? - Wo war Silke? Ich schaute mich suchend um. Sah zuerst in das Gesicht von Dorothea, der Frau mit den an den livanianischen Tavernen-Zaun gehängten Wanderschuhen, die strahlend unserem Begrüßungszeremoniell zugeschaut hatte. Dann in das von Hilke, die mit ihrem nicht französischen kleinen Frauen-Wandertrupp ebenfalls mit der Fähre aus Loutró gekommen war, und in das Gesicht eines älteren Herrn, den ich bis dato nicht kannte. Er strahlte uns ebenso breit entgegen, wie ich es vordem bei Horsts kleinem Dauerlauf getan haben musste.

Der ältere Herr bekam von mir ein breites Lächeln zurück und Dorothea einen Kuss auf die Wange mit der Frage, ob ihre Schuhe immer noch schön in Liviananá am Tavernen-Zaun hingen. Hilke erwähnte kurz, dass sie gleich um elf den Bus nach Chaniá nehmen wollten, und fragte, wo sie vorher am besten noch etwas trinken könnten. Ich empfahl ihnen die Taverne Obrosgialos gleich vorne am Dorfplatz, dort, wo sich die Straße des Ortes gabele. Plötzlich sah ich wieder in Silkes Gesicht. Sie stand gelassen, mit aufgeschultertem Rucksack jenseits all der anderen Reisenden auf der gegenüberliegenden Seite des breiten Fähranlegers und wartete geduldig, bis sich unsere Blicke wiederhatten. Ohne eine Abschiedsumarmung hätte sie nicht an Bord gehen wollen.

„Denkst du an mein Zimmer?"
„Ja, Nummer 1 im alten Teil vom Sífis House!"
„Bravo, agápi mou, bravo!"

Bevor wir uns zum Abschied umarmten, machte ich Silke kurz mit Horst und Dorothea bekannt. Natürlich blieben wir, bis wir Silke oben an der Reling stehen und winken sahen. Dorothea war nun in Eile. Ihr Taxi wartete. Mit dem Bus wäre ihr die Fahrt nach Heráklion zum Flughafen zeitlich zu unsicher gewesen. So hatte sie sich für den direkten, wenn auch teureren Weg entschieden. Als wir uns zum Gehen umdrehten, stand dort der ältere Herr mit dem wunderbaren Lachen, seiner Begleiterin und einem weiteren Paar. Wir hätten nicht einfach so vorbeigehen können, weder wir noch sie, und so gingen wir direkt aufeinander zu, strahlten uns erneut an und machten uns bekannt. Gottfried, Sigrun, Gisela und Karl mit Horst und Elisabeth. Gottfried sagte etwas von meinem kommunikativen Wesen, dass er mich immer wieder am Tisch des Taxibootfahrers Micháli hatte sitzen, plaudern und schreiben sehen und dass ich ihm mit meiner Lebendigkeit immer wieder Freude gemacht hätte, wenn er mich dabei hatte beobachten können.

„Ich hoffe, ich bin Ihnen damit nicht zu nahe getreten", sagte er und ergänzte seine Erzählung mit den Worten, dass er und seine Sigrun, genau wie Gisela und Karl, ihre Zimmer gegenüber vom Xenia Hotel im Lefká Óri hätten, wo sie auch meist gegen 18 Uhr zu Abend essen würden. „Elisabeth, wenn wir noch eine Weile gemeinsam hier in der Gegend sind, kommen Sie doch gerne mal dazu, wir würden uns freuen!" „Gerne! - Doch jetzt müssen wir uns sputen, damit Horst seinen Vormittagsbus nach Vríses nicht verpasst."

Wir verabschiedeten uns mit Händedruck und gingen zügig zum Dorfplatz und von dort aus gemächlich die Steintreppe zum Busplatz hinauf. Horst war ein wenig melancholisch. Natürlich freute er sich auf zu Hause und auf seine Inka, doch wäre er auch gerne noch geblieben.

„Kreta macht süchtig", sagte er, „und Kreta mit dir, erst recht!" „Jaaa", ergänzte ich, „Kreta macht süchtig!"

Ich fasste seine Hand, drückte sie sacht, lächelte und zitierte ihm den Satz, den ich vor einem halben Jahr vorne in Ludwigs Tagebuch gelesen hatte. „Man darf im Leben nicht zu früh nach Kreta reisen, sonst sieht man nichts anderes mehr von der Welt" und ergänzte, dass das nicht nur an Kreta und den Kretern liege, sondern auch an all den anderen Menschen, denen man hier begegne und die die Insel auf ähnliche Weise bereisen und erwandern würden wie wir.

Der Bus stand bereit, die ersten Gäste stiegen ein, auch die nicht französische Wandergruppe um Hilke. Horst stieg als Letzter in den Bus und ich als allerletzte, mit dem Wunsch einer Fahrkarte nach Askífou. Auch wenn ich in echt nicht dorthin gewollt hätte, wäre es mir Horsts kleine Freude darüber allein schon wert gewesen. Wir setzten uns auf einen der hinteren Doppelsitze rechtsseitig - er ans Fenster, ich daneben. Horst legte seinen Arm um meine Schulter, ich meinen Kopf an die seine, und so konnten wir noch ein letztes Viertelstündchen nah beieinander verweilen. Ich hatte dem Busfahrer Askífou gesagt, er würde den Ortsnamen ansagen und kurz darauf dort halten.

„Imbros!" Der Bus hielt. Imbros-Schlucht-Wanderwillige stiegen aus. Wir schauten aus dem Fenster, sahen von hoch oben in die Schlucht hinunter und auf die hohen Berge hinauf. Wir bemerkten die schöne frei stehende Kirche rechts vor uns auf einem Plateau und linksseitig am Hang eine neue Ferienanlage, in der wahrscheinlich Jutta, die Mutter, mit ihrem Mann Uwe und den beiden Töchtern Anja und Susanne übernachtet hatten. Wir achteten auf Ortshinweisschilder mit dem Namen Askífou, damit wir, falls der Busfahrer sich nicht äußern würde, selbst tätig werden und ihm ein Zeichen zum Halten geben könnten. Plötzlich ging es aber nicht mehr bergauf und nicht mal mehr geradeaus, sondern schon wieder bergab.

„Wir sind vorbei! Der Knabe hat nichts gesagt und hat nicht angehalten! Askífou liegt bereits hinter uns und die Hochebene auch! Hattest du ein Schild gesehen?" „Nee, hab' ich nicht!", sagte er mit breitem Grinsen, „aber - ich hab' den Busfahrer bestochen!" „Wirklich?" „Nein, aber gewünscht hab ich's mir schon."

Was immer es auch gewesen sein mochte, der Himmel oder unser Unterbewusstsein, irgendetwas wird da seine Finger im Spiel gehabt haben. Horst freute sich sofort und glaubte an Fügung oder Wunscherfüllung. Ich freute mich erst ein wenig später.

Horst nahm meine linke Hand in die seine und drehte an meinem Ring herum. „Zauberring, was?!", sagte er halb fragend, und ich antwortete mit: „Ja!", und dass man das so sagen könne. „Zauberring und Wunscherfüller und Symbol für meine mit mir selbst eingegangene Ehe." Sein fragender Blick ließ mich ihm die Geschichte um diesen Ring genauer erzählen. Ich schwärmte von der kleinen Silberschmiede in Heráklion, in der ich ihn gekauft hatte, und von meinem Jawort zu mir selbst und von den Hochzeitsfeierlichkeiten für den dort mit mir selbst eingegangenen Ehebund.

Die Fahrt war schön. Ich sandte Marion eine SMS, dass der Bus nicht in Askífou gehalten habe und dass ich sie somit heute nicht in ihrem Kafeníon besuchen kommen könne. Vielleicht würde ich es auf dem Rückweg tun, falls es passte und Micháli Lust und Zeit hätte, mich am Abend bei ihr abzuholen oder anderweitig Gäste bei ihr wären, die mich mit zurück nach Chóra Sfakíon nehmen könnten und würden.

50.

Vríses oder eine allzu schöne Mittagspause, könnte dieses Kapitel heißen, und so war es im Nachhinein geradezu gut, dass der Busfahrer die Haltestelle in Askífou einfach überfahren bzw. nicht beachtet hatte.

Wir verließen den Bus, erkundigten uns nach den Abfahrtzeiten unserer Busse, fragten den Busvorsteher, ob wir Horsts großen Reiserucksack deponieren dürften, kauften unsere Fahrkarten und machten uns auf zu einem Spaziergang durch Vríses. Für mich gab es nur einen Bus zurück nach Chóra Sfakíon. Die Busse Richtung Réthimnon fuhren stündlich.

„Welchen Bus willst du nehmen?", fragte ich Horst. „Den, der nach deinem fährt!", antwortete er, worauf ich nur noch sagen konnte, dass er herrlich sei und er, dass er das wisse.

Wir liefen die Hauptstraße entlang. Machten im Schaufenster des immer noch leer stehenden Dior-Ladens ein gespiegeltes Foto vom Wikingerhäuptling und seiner Schwester. Wandelten bis zur mächtigen Steinbock-Statue jenseits der Brücke und schauten auf dem Rückweg rechts- und linksseitig hinunter auf den Fluss, der im Gegensatz zum letzten Herbst reichlich Wasser führte. Im Herbst letzten Jahres war der Wasserstand so niedrig gewesen, dass nur die im Flussbett eingemauerten, kreisrunden teichähnlichen Bassins mit ihren Springbrunnen darinnen ausreichend gefüllt waren.

Wir wählten einen Platz auf der oberen Terrasse der rechtsseitig vom Fluss gelegenen Taverne und bestellten zwei frisch gepresste Orangensäfte und zwei Pfannekuchen mit Schafskäse und Honig. Die Leichtigkeit, die Horst und ich beieinander auslösten, war einfach nur angenehm. Da war nichts, was uns verletzen konnte, nichts, was der eine gewollt und der andere nicht hatte hergeben wollen, nichts und nichts und nichts, bei dem wir uns voreinander hätten in Acht nehmen müssen, und so genossen wir unsere vorerst letzte gemeinsame Zeit in unserem uns erlaubten Miteinander unter dem üppigen Grün der Schatten spendenden hohen Bäume.

Man könnte jetzt denken, dass Horst und Elisabeth eine ähnliche oder gar gleiche Verbindung miteinander hatten wie Elisabeth und Ludwig. Doch dem ist nicht so. Der Unterschied besteht alleine schon darin, dass Horst und ich ob unserer Schwingungen auch körperlich und liebesmäßig etwas miteinander hätten haben können, was bei Ludwig und mir beidseitig nicht einmal ansatzweise vorhanden gewesen war. Aus diesem Grund konnten Ludwig und ich bedenkenlos ein Zimmer teilen, was ich Horst und mir nicht unbedingt geraten hätte. Bei Ludwig und mir war es von Natur aus eine reine Seelensache, ohne Wenn und Aber, bei Horst und mir eine bewusst entschiedene Vereinbarung. Wären wir beide frei gewesen, hätten wir mit Sicherheit etwas miteinander angefangen, was wir aber ob Horsts so wunderbarer Ehe nicht gewollt hatten. Unseren Flirt-Faktor genossen wir dennoch, und so fühlten wir uns durch unsere gegenseitige Anwesenheit geliebt, angenommen, getragen und unbändig schön! Ein In-Frage-Stellen unserer ersten Entscheidung hätte uns die Leichtigkeit unseres Miteinanders mit Sicherheit genommen.

Ich erzählte Horst vom Busstationsvorsteher und von meinem abenteuerlichen Irrlauf durch Vríses im Herbst letzten Jahres, den ich diesem jungen Mann zu verdanken gehabt hatte.

Gut", sagte ich, „schön fand ich das damals nicht, doch kennte ich mich mit den Busgepflogenheiten hier in Vríses ohne ihn jetzt nicht so wunderbar aus."

Kennte..., wir mussten beide über diesen altmodischen Ausdruck lachen. Er ist wahrlich veraltet, auch wenn er immer noch für „kennen würde" im derzeit gültigen Duden steht. Ich fragte ihn, ob er die wilde Bushaltestelle unter der Brücke an der New Road mit den beklebten Brückenpfeilern und den Unmengen an Zigarettenkippen kennte, also kennen würde. Als er mit „Nein" antwortete und wir sahen, dass wir noch genügend Zeit hatten, entschieden wir uns für einen Spaziergang zur New Road.

Ein Spaziergang zu zweit ist etwas Besonderes. Allein das Teilen von dem, was ins Auge fällt, erfreut doppelt. Als Erstes war da der große Blüten und Früchte tragende Hibiskus- oder Granatapfelbaum am Ende der Tankstellenauffahrt. Gleich daneben sahen wir aufgerollte schwarze Hohlkabelagen, von denen mindestens zwölf große Gebinde vor- und nebeneinander angekettet an einer Hauswand lehnten. Auf einem langen Balkon an einer langen Wäscheleine hingen weiße Wäschestücke nach Sorten geordnet, genau, wie es in meiner Kinderzeit bei unserer Mutter üblich gewesen war. Zuerst die Shirts, dann die Unterhemden und dann die Hosen. Wir vermuteten die Wäsche einer Bäckerei.

Wir gingen gemächlich, eingehakelt oder auch nicht. Hand in Hand oder auch nicht. Wir befestigten einen meiner Ladenflyer an einer öffentlichen Pinnwand und waren von seiner Werbewirksamkeit hier absolut überzeugt. Als wir die große Kreuzung und den zum Basketballfeld umfunktionierten Parkplatz erreicht hatten, gingen wir auf die grüne Naturwand zu und durchschritten den schmalen Durchgang zur New Road. „Ein Zigarettchen in Ehren kann niemand verwehren." Wir ließen uns auf dem Bordstein am Straßenrand nieder und rauchten jeder eine Zigarette-Melancholía mit dem Wunsch und dem Ziel, in Kontakt zu bleiben. Ein zügiger Gang ließ uns rechtzeitig am Bus-Kafenío zurück sein.

Am Tisch neben der Eistruhe saß eine Frau unseres Alters. Dunkles, schulterlanges, lockiges Haar. Nach meinem freundlichen „Halloho" hatte ich ihr Lächeln. Ich stellte mich als Elisabeth, Queen of England, vor, was sie zu Hannelore von Hohenzollern werden ließ und Horst zu Erik dem Roten.

Erik der Rote, seines Zeichens Wikingerhäuptling, landete im Jahre 982 als Verbannter auf einer eisigen Insel im Nordatlantik. Er gab der Insel den Namen Grönland, auf Deutsch Grünland, und bewegte mit dieser Schwindelei etliche seiner Landsleute dazu, ihm dorthin zu folgen. Im Laufe der Jahre bildete sich eine Kolonie von über dreitausend Norwegern. Sein Sohn, Leif Eriksson, soll um das Jahr 1000 herum von Grönland aus gen Westen gesegelt sein, um dort am Ende des Atlantiks vermutetes Land zu finden. Seine Expedition landete kurz vor Amerika auf der Insel Neufundland. Somit waren er und seine Männer wohl die ersten Europäer, die bereits fünfhundert Jahre vor Christoph Kolumbus ihren Fuß auf amerikanischen Boden gesetzt hatten.

Kurz bevor sich unsere Wege trennten, wusste ich somit endlich, mit wem ich diese vielen, so angenehmen Stunden verbracht hatte. Es war Erik der Rote gewesen, Wikingerhäuptling auf Grönland!

Der Bus nach Chóra Sfakíon fuhr vor. Elisabeth und Horst nahmen sich noch einmal fest in die Arme. „Wir sehen uns!", sagte er zum Abschied, und sie erwiderte: „Ja, wir sehen uns!" Diese Aussage konnte nur mit zwei Küssen auf ihre jeweiligen Wangen besiegelt werden. Das edle Frauengespann stieg in den Bus. Hannelore von Hohenzollern und Elisabeth ließen sich auf zwei hintereinanderliegenden Sitzreihen nieder. Elisabeth winkte ihrem Horst-Erik und drückte die Handfläche ihrer linken Hand flach gegen die getönte Scheibe des Omnibusses. Horst tat es ihr gleich, und so waren sie für einen weiteren Moment fast Haut an Haut miteinander verbunden. Als der Bus losfuhr, schickte sie ihm einen Luftkuss.

Noch während der Busfahrt erhielt sie seine erste SMS:

„Liebste Elisabeth, dein Zauber begleitet und trägt mich. Ich fühle dich an meiner Seite. Danke für die schönen Momente. Habe deinen Kuss gespürt und hoffe sehr, dich wiedersehen zu können, ohne etwas dabei zu zerstören."

Ich rief Marion in Askífou an und fragte nach Gästen aus Chóra Sfakíon. Leider gab es an diesem Nachmittag keine, und so fuhr ich, ohne den Bus zu verlassen, direkt nach Chóra Sfakíon zurück. Als der Bus am großen Busplatz angekommen und ich ausgestiegen war, teilte ich Micháli mit, dass ich zurück sei. Auf der Uferpromenade überholte er mich mit seinem Moped und so traf er kurz vor mir beim Xenia ein. „Have you been in Askífou to visit Marion?", fragte er und ich sagte: „Ja und nein" oder „Né kai Ochí", und erzählte ihm die Geschichte des heutigen Tages mit dem völligen Auslassen der Person Horst.

Uhhh, Micháli war gar nicht gut drauf und kaum gesprächig, so, als wisse er etwas von meiner begleiteten, begleitenden Fahrt.

Doch nach alledem, was ich wusste und dachte, konnte er nichts wissen. Zum einen waren wir außerhalb des Xenia-Bereiches nicht offiziell und zum anderen würde er doch wohl kaum mit einer solch heimlichen Liebschaft hausieren gehen. Zudem war ich mit Ausnahme des Stationsvorstehers von Vríses außerhalb Chóra Sfakíons mit Sicherheit keinem Kreter bekannt.

Wir saßen mit Bier und Wasser an unserem liebsten Platz, seinem Taxiboatoffice-Tisch. Mir ging es ausgesprochen gut und so hätte alles schön und einfach sein können - war es aber nicht. Micháli war muffelig, abweisend und wortkarg, in einer Form, die für mich nur schwer bis gar nicht nachzuvollziehen und auszuhalten war. Ich bemerkte, dass meine Mitte ins Wanken kam. Verdammte Kiste, ich wollte das nicht mehr, wollte mein Wohlgefühl nie mehr vom Verhalten eines anderen Menschen abhängig machen. Aber..., was willste machen...? In manchen Momenten sind wir auf das, was kommt, einfach nicht vorbereitet. Ich war locker und leicht und gut drauf und hatte damit gerechnet, das Micháli es ebenso sein würde. Mit dieser, seiner ablehnenden Haltung mir gegenüber hatte ich zu diesem Zeitpunkt nicht gerechnet, und so wurde mein altes Schmerz-Thema von Ablehnung und Liebesentzug wieder auf die Probe gestellt, ähnlich wie es vor etwa einer Woche bereits durch Ninas Verhalten bei mir ausgelöst worden war. Bei Micháli war ich dazu doppelt gefährdet. Ich mochte ihn mehr, als mir lieb war, und so hatte sein ablehnendes Verhalten mir gegenüber eine größere Auswirkung auf meine Empfindlichkeiten.

Ich hatte hören wollen, dass er sich freue, mich wiederzusehen. Ich wollte spüren, dass ich ihm wichtig sei. Ich wollte es leicht und locker, und wenn es ihm nicht gut ginge, wollte ich sein Vertrauen und wissen, was mit ihm wäre und warum er sich so negativ fühle. Ich wollte alles, doch diese Sprachlosigkeit und diesen fehlenden Respekt wollte ich nicht! Innerlich verletzt, stand ich auf, sagte so etwas wie: „Let me take a last picture of us", und ließ dabei offen, ob es das letzte gemeinsame Foto für heute oder für alle Zeiten sein sollte. Ich war voll Drama, war im Tiefsten meiner Seele angeschlagen. Die kleine kindliche Elisabeth in mir fühlte sich nicht angenommen, nein, sie fühlte sich nicht nur nicht angenommen, sie fühlte sich abgelehnt und weggestoßen. Ich stellte mich hinter ihn, machte ein Abschiedsfoto von uns, sagte ihm „Adío" und ging die Steintreppe zur Terrasse hinauf, direkt zu Vanna an die Theke. Ich gab mich gelassen, lächelte sie an und bat sie um die Rechnung für die noch offenen Speisen und Getränke und für mein Zimmer. Sie schaute mich an und fragte, wie es mir gehe. „Elisabeth, how are you?"

Solche Fragen sind ungünstig, wenn das äußere Erscheinenwollen mit dem tatsächlich gefühlten Innenleben nicht übereinstimmt. Ich war unglücklich, geradezu todtraurig, und so kullerte mir meine Traurigkeit ungebremst aus den Augen.

„Oh Elisabeth, what's about you?" Ich zog die Mundwinkel leicht nach unten und zuckte mit den Schultern. „Don't cry for a man, never! I don't like to see you like this!" „I know", sagte ich leise, „aber es tut gerade so weh. Micháli is crazy. He didn't talk to me and that's not good for my soul. I don't know what's happened. I'd prefer to leave immediatley. Am liebsten würde ich sofort abreisen. Vanna, what shall I do?" „Yes, I understand, but this is not the right way. Sleep one more night and then look what to do. Maybe tomorrow the sun will shine again or new." „You're right, Vanna, you're so right. So give me a Raki, a little médicine!"

Sie schenkte uns zwei mal zwei Raki ein und sagte: „Áspro báto!", was so viel bedeutet wie weißer Grund oder leerer Boden oder eben auf ex. Einmal und noch einmal. Trotz meiner empfundenen Schieflage mochte ich mich auch jetzt nicht allzu ernst nehmen. Wir schauten uns an, lachten und wollten sobald auch nicht wieder damit aufhören.

Danach ging ich auf mein Zimmer, dann auf die hoteleigene Terrasse vom Xenia, dem Platz am Meer, abseits von allem, der immer wieder so gut für mich gewesen war, wenn etwas bei mir aus dem Ruder laufen wollte. Meine Unruhe war zu groß, meine Konzentration zu klein. Ich konnte weder schlafen noch lesen. In solchen Momenten durchforstet mein Geist die Möglichkeiten meines Tuns. Es setzt ein Denkprozess ein, der beim ersten hilfreichen Vorschlag stoppt. Erscheint er mir Erfolg versprechend, setzte ich ihn um. Ich wollte meine Leichtigkeit zurück, und zwar schnell, und so galt es, einen Weg zu finden, der mir das Schwere nehmen und mir bald wieder neue Flügel wachsen lassen würde.

Mir war nach einem Sonnenuntergang am Diving-Center. Ich versuchte, meine innere Zerrissenheit zu überpudern und mit Lippenrot zu übermalen, um sie, so gut es ging, mit Hilfe eines freundlichen Gesichtsausdruckes vor der Außenwelt zu verbergen. Ich verließ das Hotel durch den rückwärtigen Ausgang, folgte der ruhigen Hinterstraße Chóra Sfakíons bis zum großen Kiosk am Dorfplatz und war froh, nicht einmal den wunderbaren Jungs der Taverna-Obrosgialos begegnet zu sein.

Der Weg von dort bis zum Diving-Center war für mich mit Ausnahme der Taxibootbetreiber eher ohne zu erwartende bekannte Gesichter. Auf halbem Weg, auf freier Strecke kam mir dieses alberne rosafarbene Mechanáki-Porsche-Moped mit diesem langen Griechen entgegen. „Hm", dachte ich und dass ich damit jetzt nicht unbedingt gerechnet hatte. Ich lief wahrlich weit rechts. Sein Fahrweg wäre auf der anderen Seite gewesen. Von mir aus gesehen links, aus seiner Fahrtrichtung rechts. Er hätte einfach an mir vorbeifahren können, vielleicht mit einem kleinen Gruß oder einem angedeuteten Lächeln, doch er tat es nicht. Er schaute ernst, machte keinerlei Anstalten eines Grußes und wechselte kurz, bevor wir auf gleicher Höhe waren, mit einem Schlenker hinüber auf meine Straßenseite.

„Zo alleíne?", sagte er in seinem griechischen Deutsch, mit dem verführerischen Lächeln eines griechischen Schürzenjägers und fragte, ob ich heute Abend einen Wein mit ihm trinken wolle. „Píneis apópse éna krasí mazí mou?" Ich musste laut loslachen, drückte ihm einen Kuss auf die Wange und antwortete in seinem griechischen Deutsch mit: „Warrum nicht!", und ergänzte: „Maybe we can talk a little." „Yes, talk and eat and everything!" Sein breites Grinsen war dabei kaum zu übersehen. „Nine as always, agápi mou?", fragte er zur Bestätigung. „Yes, at nine as always, Micháli!" Die Begegnung endete mit einem schwungvollen Klaps auf meinen Hintern und dem Davonbrausen Michális.

„Dieser Mann macht mich wahnsinnig", dachte ich beim Weitergehen, „wahnsinnig in alle Richtungen." Zu meinem Glück war der Wahnsinn meist amüsant, unterhaltend, belebend, angenehm nah oder auch prickelnd. Manchmal war er aber auch das Gegenteil mit unterschiedlichen Auswirkungen auf meinen Gemütszustand. War ich bei mir und Herrin der Lage, berührten mich seine Launen kaum. Ich betrachtete, was geschah, sah von höherer Warte zu und dirigierte mich in meinem Verhalten, wie eine Regisseurin ihre Schauspielerin, so, dass ich mit meinen Gefühlen möglichst nicht ins Wanken kam. Sein Verhalten konnte ich mit diesem Trick natürlich nicht beeinflussen, zumindest nicht direkt. Haben wir erst begriffen, dass wir das Verhalten einer anderen Person nicht verändern können, ist der wichtigste Schritt getan. Schwer aushaltbare Zusammenspiele können wir nur aufbrechen, indem wir unsere eigenen Verhaltensmuster betrachten und bei Bedarf korrigieren. So entstehen Möglichkeiten für ein anderes Miteinander, indem sich auch das Verhalten unseres Gegenübers verändern kann. Erst ich, dann wir, dann du.

Warum ich an diesem Nachmittag nach meiner Rückkehr aus Vríses so empfindlich auf Michális Verhalten reagiert habe, ich weiß es nicht. Vielleicht lag es an dem so wunderbar geklärten und unkomplizierten Miteinander zwischen Horst und mir, das keinerlei Vorsichtsmaßnahmen bedurft hatte. Meine Schutzmechanismen waren abgebaut oder auf ein Minimalmaß heruntergefahren, und ich hatte in meinem ganzen Wohlgefühl vergessen, sie wieder auf das Normalmaß für den Bereich Chóra Sfakíons hochzufahren.

Leichten Fußes führte mich mein Weg nun weiter um das neue Hafenbecken herum, bis ich in die freundlichen Gesichter von Ahmed und Damúlis blickte. Ich genoss den Sonnenuntergang am Diving-Center, meinen Orangensaft, unsere kleine Plauderei, meine Tagebuchaufzeichnungen und das spätere Beobachten von Damúlis Versuch, eine neue Ankerschelle mit Hilfe einer Tauchblase direkt vor dem Anleger hier, am Meeresboden zu befestigen.

Die Sonne war untergegangen und Damúlis nach seiner erfolgreichen Mission kaputt und sichtlich zufrieden am Diving-Center zurück. Eins ihrer Boote lag nun am neuen Ankerplatz der am Meeresgrund befestigten Ankerschelle, über der ein blauer Plastikbehälter trieb. Es gab Zeiten, in denen ich mich gefragt hatte, welchen Sinn diese leeren, nur mit Luft gefüllten, schwimmenden Plastikkanister, die an einer Leine am Meeresboden befestigt sind, wohl haben mochten. Inzwischen weiß ich, dass sie als Mini-Boje, als Hinweis für die unter Wasser angebrachten Ankerschellen dienen. Sie halten die Enden der daran befestigten Taue an der Wasseroberfläche.

51.

Die blaue Stunde hatte ihren Einzug gehalten. Diese Dämmerstunde, zwischen Sonnenuntergang und nächtlicher Dunkelheit, in der alles in ein so zauberhaftes, immer dunkler werdendes blaues Licht eintaucht, verbanden Dichter und Schriftsteller zu allen Zeiten gerne mit melancholischen Gefühlen.

Ob meines wunderbaren Lebensgefühls und des wieder eingekehrten Friedens zwischen Mr. Micháli und mir, konnte ich die blaue Stunde des heutigen Abends ohne jede Melancholía genießen.

Auf dem Weg zurück ins Dorf, dachte ich über unsere Unpässlichkeiten nach. Vielleicht hatte Micháli an diesem Nachmittag, wie ich am Tag zuvor, auch eine Art prämenstruelle Störung gehabt, die ich bei seinem Alter eher für möglich hätte halten können als bei meinem. Sein Geschlecht sprach jedoch dagegen. Ich dachte über Liebe, Aufmerksamkeit und Kindheit nach und ob für ihn als Jüngstem von acht Geschwistern von allem noch genügend vorhanden gewesen sein mochte.

Vor Jahren, als mein kindliches Ich sich meiner Liebe noch nicht recht bewusst und sicher gewesen war, empfahl mir ein Heilpraktiker den folgenden Weg: Das Thema war das Zusammenspiel zwischen meinem gefühlten Glück und der damit verbundenen Abhängigkeit von der Liebe anderer.

Mutterliebe - Vaterliebe - Partnerliebe.

Fühlte ich mich geliebt und angenommen, war mein Leben schön, leicht und ich fein mit mir zufrieden, ja, geradezu glücklich. War es anders, schwamm ich mehr oder weniger unglücklich durch die Zeit, immer auf der Suche nach neuer Liebe von außen. Falls jemand ohne entsprechende Erfahrung wissen möchte, wie sich Liebesentzug und der daraus entstehende Kummer anfühlt - kann er sich gerne bei mir danach erkundigen. Natürlich griff auch bei mir der Satz: „Beim ersten Mal tut's noch weh, beim zweiten Mal nicht mehr so sehr", doch war es mir nach all meinen Liebesentzugs-Erfahrungen immer noch zu viel an verbliebenem Schmerz. Ich war ihn leid. Ich wollte ihn nicht mehr. Ich suchte Hilfe. Mein Heilpraktiker empfahl mir nach Feststellung des Zusammenspiels zwischen meinem guten Lebensgefühl und der von außen empfangenen Liebe und Aufmerksamkeit, meinem kindlichen Ich selbst mehr Beachtung zu schenken.

„Toll!", dachte ich und
„Toll!", sagte ich ihm dann auch und fragte,
 wie ich das denn jetzt bitte anstellen solle?

Er wisse, dass das nicht so einfach sei, doch dass wir das mit ein paar Hilfsmittelchen schon hinbekämen. Er verschrieb mir zwei Sorten Globuli und empfahl mir, mir zusätzlich eine kleine Puppe oder auch ein Stofftier zu besorgen, das ich als

Symbol für die kleine, sich nach Liebe sehnende Elisabeth in mir wählen sollte. Ich solle ihr Beachtung schenken, sie betüdeln und lieb haben, ihr sagen, wie toll und schön ich sie fände und ihr immer wieder bestätigen, dass sie vor nichts und niemanden Angst zu haben bräuchte, weil ja ich, die große, starke und erwachsene Frau, immer darauf achten würde, dass der kleinen Elisabeth nichts geschehe. Ein solches Symbol würde mir mein kindliches Ich bewusster machen und mich tagtäglich daran erinnern, gut und liebevoll mit ihm, und somit auch mit mir, umzugehen.

Im ersten Moment konnte ich die Symbolisierung meines kindlichen Ichs mit einem Stofftier nicht ganz ernst nehmen. Halb zum Spaß wählte ich dennoch eines aus und umgab es mit Liebe, Fürsorge und Aufmerksamkeit. Nach einer gewissen Zeit bemerkte ich eine wunderbare Veränderung in mir. Es tat enorm gut, mich selbst mit so viel Liebe und Aufmerksamkeit zu beschenken, dass meine ewigen Unsicherheiten immer kleiner und weniger wurden. Ich kann diese Verbildlichung des in uns wohnenden Kinder-Ichs nur jedem empfehlen, der, wenn auch nur in geringem Maße, an seiner eigenen Liebenswertigkeit zweifelt. Mir hat diese Methode weitergeholfen, so versponnen sie sich für mich im ersten Augenblick auch angehört hatte.

Ich fuhr zur Apotheke und besorgte mir die Globuli.

Ohne es bewusst zu wollen, dachte ich auf dem Heimweg über meine kleine Elisabeth nach, die, aus welchem Grunde auch immer, an Liebe und Aufmerksamkeit nicht satt geworden zu sein schien. An wirklich fehlender Liebe und Aufmerksamkeit während meiner Kinderzeit kann es nicht gelegen haben. Wir hatten wunderbare Eltern, die uns liebevoll mit allem versorgt hatten, was Kinder brauchen. Vielleicht hatte ich durch die Depressionen meiner Mutter zu früh Aufgaben übernommen, die im Normalfall nicht in den Zuständigkeitsbereich eines Kindes fallen. Seit meinem zehnten Lebensjahr übernahm ich immer wieder die Mutterrolle für meinen kleinen Bruder und die Seelen-Fürsorge für meine Mutter. Ich hatte nie das Gefühl, dass es falsch gewesen wäre, dass es mich irgendwie angestrengt oder überfordert hatte. War unsere Mutter gesund, war sie eine hervorragende Mutter und ich ein ganz normales Kind. Überkamen sie ihre jährlichen Frühjahrs- und Herbstdepressionen, konnte sie diese Rolle für mehrere Wochen nicht ausfüllen. Um den Haushalt und das leibliche Wohl der Familie kümmerte sich unsere Haushaltsfee, um den kleinen Bruder und die Seele der Mutter die nicht mehr ganz kleine, aber auch noch nicht wirklich große Elisabeth. Im Geschäft gab es eine Mitarbeiterin und meinen Vater und auch immer wieder mich.

Als ich mit sechzehn die Handelsschule besuchen wollte, bemerkte ich die Sorge meiner Mutter. Der Gedanke, dass ich den Abschluss der zweijährigen Schule vielleicht nicht schaffen könne, machte ihr Angst, und so änderte ich kurzerhand mein Vorhaben. Ich begann eine Lehre zur Einzelhandelskauffrau im elterlichen Betrieb. Die Ladentätigkeiten waren mir vertraut. Sie waren wie Einatmen und Ausatmen, wie Essen und Trinken, wie Aufstehen und Schlafengehen. Wenn so ein kleiner Mensch seit seinem fünften Lebensjahr immer am elterlichen Rockzipfel im Laden verweilt und nichts lieber tut als das, was die Mutter tagtäglich arbeitet, muss es uns nicht verwundern, dass es für dieses Kind in der dann folgenden Ausbildungszeit kaum noch etwas dazuzulernen gibt. Ein bisschen Buchführung vielleicht, aber alles andere war mir bekannt.

Als ich begann, mit den Tätigkeiten im Geschäft meiner Eltern vertraut zu werden, war ich also gerade mal fünf. Als ich zehn war, konnte ich das meiste, und als ich sechszehn war, alles. Meine Eltern hatten keinerlei Sorge, wenn ich während der Ausfallzeiten unserer Mutter oder während ihrer gemeinsamen Reisen zu ihrer Genesung unseren Laden betreute. Sie wussten, dass das Kind liebte, was es tat, und dass es das auch konnte. Ein Vierteljahr nach meinem offiziellen Ladeneintritt zog mein Vater sich zum großen Teil aus dem Geschäft zurück. Er verlagerte seine Tätigkeit auf die Fertigung großer und kleiner Eichenholz-Relief-Schnitzereien und ließ meine Mutter und mich mit einer weiteren Kraft im Laden wirtschaften. Diese Arbeitsteilung war für uns geradezu genial. Ich folgte nun durchgängig meinem liebsten Tun, unsere Mutter war froh über unser Miteinander und die teilweise Abgabe ihrer Verantwortung und unser Vater glücklich in seiner Werkstatt, aus der uns von da an für die nächsten zehn Jahre das beruhigende Klopfen seiner Schnitzarbeit begleiten sollte. Meine große Schwester zog nach dem Abitur nach Oldenburg, um dort eine Ausbildung zu beginnen, und mein kleiner Bruder kam in die Schule und war darüber hinaus unser aller Kind.

Der nicht empfundene und dennoch vorhandene Mangel der kleinen Elisabeth an Liebe und Aufmerksamkeit machte es der großen Elisabeth schwer, sich ohne Liebe von außen gut und glücklich durch ihr erwachsenes Leben zu freuen. Sie dachte an all die Puppen und Stofftiere in ihrem Familienhaus und erinnerte sich an den großen Karton, der seit dem Ende der Kindheit ihrer Kinder oben auf dem Dachboden stand.

Als sie an diesem Tag vom Besuch ihres Heilpraktikers zurückkam, trank sie als Erstes mit ihrer Wilma einen Kaffee.

Sie erzählte ihr dabei von den neuesten Erkenntnissen zu ihrem immer wieder traurigen Seelenzustand. Dass Elisabeth ihren Humor selbst bei traurigsten Traurigkeiten nie ganz verlor, dürfte inzwischen bekannt sein. Bevor Wilma an diesem Tag nach Haus fuhr, stieg Elisabeth auf den Dachboden ihres Familienhauses.

Als sie, also ich, an diesem Mittag wieder vom Dachboden herunterkam, hatte ich ein vielleicht zwanzig Zentimeter hohes, recht schlankes Stofflämmchen unterm Arm. Wollweiß, mit kurzem Fell, langen dünnen Beinen, herunterhängenden Ohren und grünen, erstaunt blickenden Glasaugen, aus denen es etwas irritiert in die Welt hineinzuschauen schien. Als ich es zwischen all den anderen Stofftieren erblickt hatte, wusste ich sofort, dass ich diesem kleinen Lamm all meine Fürsorge und Liebe würde geben können. Schutzbedürftig, liebesverhungert und unsicher sah es mich an. Ich nahm es aus der Kiste, drückte es an mein Herz, schenkte ihm meine Aufmerksamkeit und gab ihm den Namen Lilli, so wie man mich als Kind meist genannt hatte.

Lilli verbrachte die nächsten vier Wochen ganz in meiner Nähe. Während ich schlief, lag sie in meinem Arm, wenn ich duschen ging, durfte sie oben auf der Duschtrennwand sitzen und mir von oben aus zusehen, während ich mich anzog, erzählte ich ihr kleine Geschichten aus unserer Kinderzeit, und wenn ich in den Laden hinunterging, nahm ich sie ebenfalls wie selbstverständlich mit dorthin. Sie bekam eine eigene Transporttasche, schwarz, aus feinem Sisal gewebt, konisch zulaufend, oben breiter als unten, mit richtig ausgestattetem Boden und vierfachen dünnen Lederriemen zum Tragen und Umhängen. Wechselte ich den Ort, gab ich alles dort hinein, was für mich unentbehrlich war, all mein kleines Hab und Gut, vom Lippenstift über die Puderdose bis zu meinem Handy und nicht zu vergessen, meinem ureigenen Lamm.

Zuerst dachte ich, dass es reiner Zufall gewesen wäre, dass ich dieses Lamm als Lilli, als kleine Elisabeth für mich ausgewählt hatte. Es gibt keine Zufälle, es sei denn, die Welt besteht aus nichts anderem als diesen. Nach dem chinesischen Horoskop bin ich eine Ziege. In manchen Sternzeichen-Büchern wird die Ziege auch als Schaf bezeichnet.

„Und - wie nennt man diese kleinen Schafe?"
„Genau - Lilli!"

Lilli war schneller in meinem Umkreis bekannt, als es ihr lieb war, doch mit meiner Liebe und Fürsorge kam sie gut damit zurecht. Solch ein Spiel kann herrliche Ausmaße annehmen. Fragen, wo sie denn sei, ob sie noch schlafe, ob wir schon spazieren gewesen waren oder ob ich sie auch genügend auf frischen Weiden hatte grasen lassen, wurden zur Tagesordnung. Wollte sie nicht in ihrer Tasche bleiben, nahm ich sie kurzerhand heraus und steckte sie mir linksseitig zwischen Oberarm und Oberkörper. Dort folgte sie dann, sich sicher und wohl fühlend zwischen all dem Schwarz meiner Kleidung, mit ihren grünen Glasaugen meiner Arbeit.

Ich spürte es immer besser, wenn Lilli mich brauchte. Ich spürte es, weil ich mir meiner kleinen Elisabeth immer bewusster wurde. Und je mehr ich es fühlte und je passgenauer ich ihr Liebe und Mut zukommen lassen konnte, umso weniger brauchte sie mich. Sie wurde stark und froh und glücklich und machte mich damit glücklich, froh und stark.

Manchmal nahm ich sie aus lauter Lust am Leben und ohne jeden Mangel, ihrer- und meinerseits, aus ihrer heimeligen Tragetasche und steckte sie mir unter den Arm. Und manchmal, wenn sie dort verweilte, vergaß ich gar, dass sie sich dort befand. Ich erinnere einen Mittag, an dem meine Schwester zwischen zwei Terminen auf einen Kaffee bei mir im Laden vorbeischaute. Ich saß mit Lilli unterm Arm an meinem PC am Fenster und tippte eine Bestellung. Katharina sagte nur: „Ich glaube, ich spinne!", wobei sie eindeutig mich meinte. „Ja, Katharina", sagte ich, „daran wirst du dich gewöhnen müssen." Wir lachten, tranken unseren Kaffee und malten uns Situationen aus, in denen ich im hohen Alter, immer noch mit Lilli wie selbstverständlich unterm Arm, in aller Öffentlichkeit auftauchen würde und die Leute sich gegenseitig fragten, wer diese meschugge Alte mit dem Schaf unterm Arm denn wohl sei. „Ach", würden die Eingeweihten dann sagen, „das ist nur die Katze mit ihrem Schaf Lilli", und dass wir schon seit Jahren so miteinander herumlaufen würden, aber dass wir ansonsten ganz harmlos und relativ normal wären!

Lilli und ich sind selbstständig geworden. Wir fühlen uns inzwischen so geliebt und beschützt und stabil, dass wir die Zeit meist ohne einander verbringen. Ich weiß oft gar nicht, wo sie sich herumtreibt. Manchmal finde ich sie in irgendeiner Ecke in meinem großen, kissenreichen Bett, wenn es mal wieder ordentlich durchgeschüttelt oder neu bezogen werden möchte. Dann frage ich sie, ob alles gut ist bei ihr. Meist antwortet sie dann mit „Ja" und einem strahlenden Lachen und sagt mir dazu noch, dass sie das Leben schön und lebenswert findet wie nie und dass es ihretwegen für immer und ewig so weitergehen könne.

Ich bin dann plötzlich für einen Moment ganz still, lächle sie liebevoll an und sage ihr dann zurück:

„Ja Lilli, genau so geht es mir auch!"

52.

Als ich an der Uferpromenade zurück war, hatte die nächtliche Dunkelheit die blaue Stunde eingeholt. Der große Kiosk an der Ecke war geschlossen. Die Tavernen gut besetzt und hell erleuchtet. Die grell gelben Lampen am neuen Hafen und die Lichter der Tavernen vertrieben die dunkle Luft, soweit ihre Lichter zu leuchten vermochten. Im dunklen Meerwasser spiegelten sich die Lampen als Lichtpunkte wider.

Manoúsos begrüßte mich beim Überqueren der kleinen Straße, die zwischen der Tavernen-Terrasse und dem Tavernen-Gebäude des Obrosgialos verläuft, mit einer königlichen Verbeugung, die ich ihm genauso zurück entgegenbrachte. Im Gegensatz zu mir balancierte er ein Tablett mit einigen Gläsern mit der einen Hand, während er mit der anderen die huldvolle Bewegung durch die Luft zog. Wohlwollendes Lächeln begleitete unser Spiel. Der Bäcker war dabei, die Läden seiner Bäckerei zu schließen. Die Kellner der folgenden Taverne standen Spalier. Im Nebeneingang des Lebensmittelladens saß der junger Gastarbeiter, den ich schon im Herbst immer wieder dort mit kleinen Beschäftigungen hatte sitzen sehen. Wir gingen nie ohne ein Zeichen des Erkennens aneinander vorbei. Ein Lächeln, ein kleines Kopfnicken, ein Handzeichen. Eines Tages sollte ich ihn nach seinem Namen fragen. Er ist einer der Menschen, die ohne großes Aufsehen von sich die Welt ein wenig reicher machen. Seine Freundlichkeit, sein zurückhaltendes Wesen, seine augenscheinliche Zufriedenheit schwingen positiv. In Déspinas Café ist es um diese Zeit meist ruhig. Die Zeit für Kaffee und Kuchen ist vorbei. Die Zeit für den Nachtisch und für den Abendcocktail noch nicht erreicht. Sie saß mit ihrer Tochter Stella und zwei Freundinnen am Familientisch für eine überwohlverdiente Pause.

Im Lefká Óri saßen Gottfried und Sigrun mit Karl und Gisela an einem der Tische am Haus neben der Eingangstür zum Schankraum. Es war genau, wie sie es mir am Morgen an der Fähre erzählt hatten, als die Vier und Horst und ich uns miteinander bekannt gemacht hatten. Ich bemerkte sie erst, als ich meinen Namen vernahm mit den daran gehängten Worten „So schnell sieht man sich wieder." und „Komm, setz dich zu uns." Es war kurz vor 21 Uhr. Micháli war selten pünktlich, und falls doch, würde ich ihn schon bemerken, wenn er meinen Weg hier kreuzte. „Ein Gläschen?", fragte Gottfried und ich sagte: „Gerne" und „Krasí áspro". Für diese Uhrzeit war der erste Weißwein für mich in Ordnung. Normalerweise habe ich es mit dem Alkohol nicht so, wobei ich mit dem Raki auf Kreta gerne eine Ausnahme mache.

Kurz nach neun knatterte Micháli mit seiner Porsche die Uferpromenade entlang. Er stoppte am Lefká Óri, parkte sein Moped gleich um die rechte Ecke vor den Telefonzellen, sagte an unserem Tisch „Hallo" und setzte sich mit dem Rücken zum Aufgang der Lefká-Óri-Zimmer und dem Blick auf uns an den Nachbartisch. Ein Lächeln, ein Handzeichen für „síga, síga, ochí stress" und die Bestellung einer „Karáfa Krasí áspro". Als Georgi, einer der drei Söhne des Hauses, Micháli die Karaffe mit Weißwein brachte und nach seinen Essenswünschen fragte, drehte Georgi sich anschließend zu mir und fragte nach meinen. Ich ging mit ihm zur Vitrine mit den vorbereiteten Speisen und wählte Gemüse mit etwas Fleisch. Als ich mich dann zu Micháli an den Tisch setzte, drehte ich meinen Stuhl so, dass der Kontakt zu Gottfried, Sigrun, Karl und Gisela weiter ungehindert fließen konnte.

Alle vier kannten Micháli seit Jahren. Sie waren gleich nach der deutsch-deutschen Grenzöffnung das erste Mal nach Kreta und Chóra Sfakíon gekommen und wollten danach, genau wie ich, kaum noch an einem anderen Ort ihre freie Zeit verbringen. Dass sie aus der ehemaligen DDR kamen, war kaum zu überhören. Gottfried sächselte mehr als Sigrun und das nicht ohne einen gewissen Stolz. Als ich erfuhr, dass er ein pensionierter Deutschlehrer sei, musste ich spontan laut lachen. „Gottfried", rief ich aus, „und da sprichst du immer noch kein ordentliches Hochdeutsch?" „Nee", sagte er mit einem verschmitzten Lächeln, „können tät ich's schon, doch mögen mag ich's nicht." Alle, außer Micháli mit seinen minimalen Deutschkenntnissen, mochten diesen Satz jedoch eher anzweifeln als glauben. Wenn ich's recht erinnere, war Gottfried in diesem Jahr sechsundsiebzig und Sigrun vier Jahre jünger. Waren sie auf Kreta, verging kein Tag ohne eine mehrstündige Wanderung. Sie waren reich an Lebenserfahrung und jung an Körper und Seele - bewundernswert! Nach dem Essen fuhr Micháli kurz zu seinem Schlafboot. Ich verabschiedete mich mit einem „Danke für's Gespräch" und dem üblichen „Kaliníchta" von Gottfried, Sigrun, Karl und Gisela und schlenderte zum Xenia.

Ralf, Ulli, Cora, Vanna und Georgos verweilten noch auf der Terrasse. Cora erhob sich von ihrem Hundekissen, kam schwanzwedelnd auf mich zugelaufen, ohne auch nur ans Bellen zu denken. Normalerweise bellte sie jede schwarz gekleidete Person an, ohne Ausnahme, und ich trug schwarz, vom Hals abwärts bis zu den Füßen. Bis dato hatten Ulli, Ralf und ich kaum ein Wort miteinander gewechselt. Bis dato wussten wir nicht einmal, ob wir uns mochten. Sie gehörten zu der Sechsergruppe vom letzten Herbst, die mich nach meinem Gefühl eindeutig geschnitten hatte. Einbildung oder auch nicht? Ich wusste es nicht, doch hatte es sich für mich so angefühlt.

Cora schien mir wohlgesonnen. Ralf und Ulli darüber erstaunt, und so kamen wir ins Gespräch. Ich erfuhr, dass Cora ein Hund der Sfakía sei, Vannas Hündin ihre Mutter und Árapis, ein schwarzer, herrenloser Streuner, ihr Vater. Ralf und Ulli hatten die kleine Hündin nach ihrer Geburt gleich in ihre Herzen geschlossen und sie nach Deutschland adoptiert. Hund Cora gleich Kind. Ihre Gefühle schienen da keinen Unterschied zu machen. Sie boten mir einen Stuhl an, schenkten uns Raki ein, setzten Cora auf meinen Schoß und stießen mit mir an. „Ich glaube es nicht!", dachte ich. „Ich mit einem Hund auf dem Schoß!" Seit meinem neunten Lebensjahr war meine Affinität zu Hunden eher mäßig bis gar nicht mehr vorhanden, und nun lag diese kleine schwarze Hundedame im Schutze meiner Arme auf meinem Schoß und schien sich dabei geradezu wohlzufühlen.

Als Micháli dazu kam, rief er: „Ellá Córa mou!" und „Huttitutti" und „Trallala", und schon erhob sich die kleine Diva schwanzwedelnd und hüpfte von meinem Schoß direkt in seine Arme.

Ralf und Ulli gehören mehr zum Xenia als manch anderer Gast hier. Sie gehören eher zur Familie als zu den Gästen, genau wie zwei ihrer letztjährigen Tischgenossen, Verena und Georg aus der Schweiz. Verena hatte zu Beginn meiner diesjährigen Frühjahrsreise für eine Woche ohne ihren Mann im Xenia verweilt und mich zur Begrüßung auf einen Apéro eingeladen. Alle vier kommen seit Jahren nach Chóra Sfakíon zu Vanna und Georgos, seit Jahrzehnten könnte man fast sagen. Der heutige Abend endete mit mindestens ein, zwei, drei weiteren Raki, bis wir uns einig waren, dass es für Cora an der Zeit war, schlafen zu gehen.

Gute Nacht alle zusammen!
Kaliníchta óloi mazí!

53.

Die letzte Schlafphase dieser Nacht muss tief gewesen sein. Das erste Mal hatte ich nicht mitbekommen, auf welchem Weg Micháli das Zimmer verlassen hatte. Wir hatten uns in dieser Nacht nur schwer in Ruhe lassen können, was sich erheblich auf unseren tatsächlichen Nachtschlaf ausgewirkt hatte.

Nachdem ich meine Sachen gepackt hatte, den Reiserucksack und den doppelten Schuhkarton, deponierte ich alles, samt meiner Wanderschuhe, im Xenia-Allerlei-Raum, der kleinen Rumpelkammer an der Terrasse. Mit langem Kleid und baren Füßen ging ich zum Frühstück ans Wasser. Stuhl in Richtung Wasser gedreht, Sonnenbrille auf die Nase, Frühstück bestellt, Füße aufs Geländer, Leute und Bucht geschaut und aufs Wasser.

So ließ es sich leben!

Micháli saß an einem der kleinen runden Tische im Café vom Lefká Óri. Sein Neffe Giórgos kam mit seinem Pick-up gefahren und belud die Delffíni mit Lebensmitteln und Getränken für die Taverne am Sweet-Water-Beach. Mit von der Partie seine beiden Hunde, ein hell brauner Cockerspaniel und eine schwarze Labrador Hündin. Nach und nach trudelte die ganze Familie ein. Michális Bruder Theodórus, genannt Theo, Iríni, Mutter seiner Kinder, und der ältere Sohn Nikos. Ein morgendlich, sich täglich wiederholendes Ritual. Man hätte die Uhr danach stellen können. Ein viertel Stündchen, bevor die Delffíni am Vormittag ablegte, trafen sich hier alle vor Arbeitsbeginn am runden Tisch.

Die Fahrgäste der Delffíni sammelten sich am alten Hafen am Ende der Mole. Um Viertel nach zehn waren alle Gäste an Bord. Dazu Nikos als Kapitän, die Familienhunde und

Giórgos und Iríni für ihren heutigen Dienst in der Taverne am Sweet-Water-Beach. Micháli zog an seinen Taxiboatoffice-Tisch, Theo für ein paar Worte zu Georgos und Vanna auf die Terrasse des Xenia.

Plötzlich sah ich die große Fähre jenseits der Mauer am alten Hafenbecken. Mit ihren Aufbauten und mit ohne Wasser dazwischen, wie man so schön sagt, wirkte sie ungemein hoch. Plötzlich fiel mir ein, dass Sophia, Cornelias Tochter, heute mit an Bord sein müsste und dass ich mir vorgenommen hatte, sie in Empfang zu nehmen. Von gleich auf jetzt lief ich los. Zum Schuheholen war die Zeit zu knapp. Ich packte meinen kleinen Rucksack und mein Rosentuch und rannte leichtfüßig die Uferpromenade entlang. Am Xenia vorbei, an Michális Taxiboottisch, dem Lefká Óri, Déspinas Café, der Taverna-Obrosgialos, bis zum großen Kiosk an der Ecke. Hier verlangsamte ich mein Tempo und ging gemütlich mit aufmerksamen Augen Richtung Fähranleger. Die Fährgäste waren schon auf dem Weg zum Busplatz. Auf Höhe der letzten Taverne sah ich Sophia mit Strohhut auf dem Kopf und zusammengebundenem Haar, weiter blutroter Pluderhose, pflaumenfarbenem Shirt und einem viel zu großen Rucksack auf dem Rücken.

Was wollen die Leute immer nur mit all dem vielen Gepäck?

Als ich Sophia erblickte, freute ich mich, und als sie mich sah, strahlte sie über beide Ohren. Es ist so schön, wenn eine Überraschung gelingt, wenn ein Gesicht urplötzlich von normal auf große Freude umspringt. Wir nahmen uns in die Arme und gingen zwischen all den anderen Menschen weiter bis zum Busplatz.

Auf dem Weg trafen wir auf John und Marci, dem älteren, so typisch englischen Ehepaar, mit dem ich mich oben in

Livanianá zweimal so nett unterhalten hatte - sie recht kurz, er ellenlang, beide gertenschlank. Auch sie reisten heute ab. John in ordentlichen Hosen, mit schwarzem Hemd und heller Jacke, Marci im wadenlangen Kleid, tailliert, rot mit weißen Blumenornamenten, dazu weiße Schuhe und eine weiße Strickjacke mit halbem Arm. Um den Hals trug sie eine Holzscheibenkette, rot in rot, aus dem Loutróer Laden, in der Ausführung, in der ich sie mir im letzten Herbst etwas andersfarbig gekauft hatte. Ich bat sie um ein Foto, weil sie heute so very lovely aussahen und weil ich sie bitte nicht vergessen wollte. Ihr Gepäck war überschaubar. Nach all ihren kretischen Reisen wussten sie, was sie hier wirklich brauchten.

Bis der Bus fuhr, hatten wir noch eine halbe Stunde. Sophia und ich wählten den Weg über die Straße - ist mit Gepäck weniger anstrengend. Wir ließen uns auf der aus Sandsteinen gemauerten Bank an der kleinen weißen Kirche auf gleicher Höhe des Busplatzes nieder. Ein schönes Plätzchen. Sonne im Gesicht, ein guter Blick über Chóra Sfakíon und auf den wartenden Bus.

„Fährst du heute noch nach Loutró?", fragte Sophia mich und ergänzte, dass ihre Mama sich schon sehr auf unsere Wiederbegegnung freue. Als sie ihrer Mutter am Morgen die Frage gestellt hatte, ob sie sie denn nun auch so alleine zurücklassen dürfe, hatte sie „Ja" gesagt. Zum einen wisse sie sich gut zu beschäftigen und zum anderen käme Elisabeth doch am Abend zurück. Sophia erzählte mir noch ein wenig von Paris, von ihrer Schauspielerei, von ihrem Liebsten, der dort auf sie warten würde, und wie gut ihr diese Kreta-Woche mit ihrer Mama gefallen hätte. „Grüß mir die Mutter!", sagte sie zum Abschied und ich fragte: „Erde an Mutter?" „Ja!", lachte sie und wiederholte: „Erde an Mutter!" Umarmung, Kuss und Bus, winken und weg.

Auch das Verabschieden empfinde ich als etwas Besonderes an meiner vierwöchigen Reisezeit. Ich erlebe es meist positiv. Da sind eher schöne Gefühle im Spiel als andere. Ich neige mehr zur Freude, denn zum Bedauern, und ich weine eher nicht hinterher, sondern freue mich über das, was war, und auf das, was kommt. Oft habe ich den Eindruck, dass es meinen Menschen ähnlich geht wie mir. Selbst, wenn ich die Abreisende bin, ist da keine Wehmut. War das Geteilte gut, geht man im Einklang mit sich und seinem Gegenüber, muss da kein Schmerz sein. Dann ist da Wohlwollen und Seele. Gehen Menschen jedoch ungut auseinander, mit negativen Gefühlen, aus Wut, Verletzung oder Bosheit, ist es etwas anderes. Negatives zerrt oft lange an uns.

Nun hatte die eine Mutter die andere Tochter zum Bus begleitet und verabschiedet, und so war ihr spontan sehr danach gewesen, ihrer eigenen Tochter den Wunsch zu schicken, dass sie hier gerne einmal mit ihr für ein paar Tage zusammen an den Orten ihres liebsten Kretas verweilen möchte.

An der Uferpromenade stand ein Bulli mit offener Ladefläche. Auf der Ladefläche kistenweise Apfelsinen. Manoúsos hatte gerade ein paar davon gekauft. Frisch gepresster Orangensaft, Fruitsalat, Yaurti me Meli mit Früchten, Dekorationen für Fisch und Fleischgerichte - da braucht es eine Menge Apfelsinen.

Micháli saß an seinem Taxiboottisch und studierte die Zeitung. Auf dem Tisch stand ein Glaskrug mit wunderschönen rot- und rosafarbenen Rosen. „Oh, là, là!", sagte ich, als ich auf ihn zukam. „Beautiful roses!" „Ómorfa Triantáfylla!", entgegnete er in seiner Sprache. „No Micháli, that's too difficult! Let's say beautiful roses!" „Ómorfa Triantáfylla! Ómorfa

Triantáfylla! Ómorfa Triantáfylla!", entgegnete er und überschlug sich fast dabei. „Write it down", bat ich ihn. Er schrieb es in griechischen Buchstaben auf den Rand seiner Zeitung und grinste.

„Not like this, I can not read your Greek letters, please write it in Latin letters", und so tat er es dann auch. „Okay!", sagte ich:

„ÒMORFA TRIANTÁFYLLA!"

„Bravo Elisabeth!" Ich fragte noch, woher sie kämen, und er antwortete: „From Vanna, from her garden, for me, for you!" Aus Vannas Garten, für ihn, für mich? „Nooo!", sagte ich etwas langgestreckt und zweifelnd mit entsprechendem Blick, und er antwortete mit „Yeees!" und „Really!" Dann neigte er seinen Kopf etwas zur Seite, legte seine rechte Hand auf sein Herz und sagte: „I swear!"

Ich setzte mich zu ihm. Wir verweilten im Gespräch, bis ein Anruf ihn und sein Taxiboot zum Sweet-Water-Beach rief.

„Will you stay and do my job until I'm back?"
„With pleasure. You know, I love it!"

Es war zwischen elf und zwölf. Ich ging an die Theke des Xenia und bestellte mir einen Mountain-Tee. Auf dem Rückweg kontrollierte ich meine Optik. Etwas Puder konnte meiner leicht glänzenden Nase nicht schaden, und neues Lippenrot tat meinem Gesamteindruck immer gut. Zurück am Tisch, nahm ich mein Schreibzeug aus dem Rucksack. Ich glaube, ich brauche diese ständigen Wechsel - hier und dort, in meinem Laden und überall auf der Welt. Durchgängig, über Stunden, dasselbe tun, das bin nicht ich. Jetzt genoss ich die Zeit mit mir und meinen zu Sätzen und Absätzen werdenden Gedanken. Davor genoss ich das kleine Miteinander mit Micháli, unseren Gedankentausch und unser kleines Liebesgeplänkel und davor das in Empfangnehmen und Verabschieden Sophias.

Mit ging es bestens! Kurze Zeit später stand ein junges Paar vor dem Taxihinweisschild. Ich sagte meine üblichen Sätze und ja, sie hatten ein paar Fragen. Sie waren das erste Mal auf Kreta, drüben in Kalíves, einem Küstenort in der Nähe von Vríses. Ich kenne diesen kleinen Ort. Vor siebzehn Jahren verbrachte ich dort fünf herrliche Tage mit Beate und Conni aus Frankfurt und Hamburg. Sie waren mir damals eine wunderbare Stütze auf dem Weg zurück zu mir selbst.

Der junge Mann, groß und schlank, mit kurzem dunklen Haar, trug einen karierten Sonnenhut im Pepita-Muster, die junge Frau, wohl einen Kopf kleiner als er, einen Pferdeschwanz. Kerstin und Lars kamen aus Köln. Sie hatten mit der

Mittagsfähre nach Loutró hinüberfahren wollen. Doch dafür war es nun zu spät. Ich erzählte mal wieder von Loutró, Fínix, Lýkos, Livaniana, Arádena und Mármara, dass es dort alles so wunderbar sei und dass ich an ihrer Stelle die Abendfähre nach Loutró nehmen und mich für zwei Nächte dort einmieten würde. Die vielleicht achzig Euro, die für zwei zusätzlich Nächte dort zu zahlen seien, wären die Freude für das dann Erlebte und Gesehene allemal wert. Wanderschuhe hätten sie dabei, Kulturtasche und wärmende Kleidung im Auto. Bevor sie gingen, erzählte ich noch vom kleinen Strand am linken Ende Chóra Sfakíons, und dass er sich so gut für faule Sonnennachmittage eigne.

Beim Onlinedienst Wikipedia las ich, dass das Wort „Pepita", ein schwarz-weiß-kariertes Muster bezeichnet, in dem zwischen den schwarzen und weißen Quadraten immer noch schwarz-weiß gemusterte Quadrate eingefügt sind, die entweder mit diagonal verlaufenden Zackenlinien ausgefüllt sind bzw. mit kleinen schwarz-weißen Quadraten, seine Bezeichnung einer spanischen Tänzerin Namens „Josefa de la Oliva", 1830 bis 1871, verdankt. Pepita ist die Verkleinerung von Pepa, der Kurzform von Josefa. Der daraus entstandene Kosename „Pepita de Oliva" bedeutet Olivenkern, womit wir gedanklich schnell wieder auf Kreta zurück sein können.

Kreta,
Chóra Sfakíon,
weiter "Tomatenkistentragen".

Micháli war zwischenzeitlich zurück. Er hatte mir mit ein paar Handzeichen und ein paar Worten deutlich gemacht, dass er mit dem Moped irgendwo hin müsse, und war, bevor ich es recht verstanden hatte, von dannen gebraust. Inzwischen war es 15 Uhr. Ich hatte Hunger und bestellte mir einen griechischen

Salat mit Myzíthra. Micháli war wer weiß wo, und das wollte mich jetzt auch nicht weiter stören. Ich genoss meinen Nachmittagssalat bis auf den letzten Rest, tunkte das frische Brot so oft in die verbliebene Mischung aus Tomatenwasser, Olivenöl, Salz, Pfeffer, Orégano und Myzíthrakäse, bis die Schale blitzeblank sauber war und ich angenehm satt.

Micháli rief an und teilte mir mit, dass er auf ein Bier im Delfíni sei, dem Lokal mit der ausladenden Holzveranda vorne am Dorfplatz von Chóra Sfakíon. Die Taverne Delfíni ist ein Ecklokal, ohne die Ecke selbst zu besetzen. Die Ecke ist vom großen Kiósko ausgefüllt. Die Tavernen-Terrasse hat zwei weit auseinanderliegende Zugänge. Der eine befindet sich am Dorfplatz, der andere am Anfang der Straße, die zum Fähranleger führt, zwischen der linksseitigen Außenwand des Kioskgebäudes und der zum Strand hinunterführenden Rampe. Als Micháli sagte: „Look to Taverna-Delfíni", und ich es dann tat, winkte er im Sonnenlicht stehend von dort aus zu mir herüber.

54.

Der Himmel an diesem Nachmittag war voller Schäfchenwolken. Ich schaute im Wechsel aufs Meer und gen Himmel und dachte bei mir, dass Himmel nicht gleich Himmel ist und Meer nicht gleich Meer und dass ein großer Teil der ewigen Faszination von beidem das sich ständig verändernde Licht sei und das immerwährende Spiel der Wolken.

„Dear majesty, your room is reserved. Number one in the old house, as you please. Christina and me are glad to see you soon. Unless Dieter comes. Silke from Konstanz."

War das bitte reizend. Silke hatte mein Spiel aufgenommen, mir das gewünschte Zimmer reservieren lassen und mir gut zugehört. Sie hoffte mich bald zu sehen, es sei denn, Dieter käme. Heute würde Dieter mit Sicherheit nicht kommen, und ob er mich am über-, über-, übernächsten Tag in Hannover vom Flughafen abholen würde, stand noch in den Sternen.

Als Micháli zurückkam, hatte ich mein Reisegut bereits am Taxiboottisch platziert. Den doppelten Schuhkarton hatte ich im Allerlei-Raum zurückgelassen, meine Rechnung bei Vanna bezahlt und mir für die Nacht vom 17. auf den 18. Mai bei Georgos ein Zimmer reserviert.

„You leave me?", fragte Micháli.
„Yes, for two nights and you know this."
„You're like a butterfly!", sagte er.
„And the best is, you always come back."

„Herzelein", dachte ich und „you always come back."

Ja, wahrscheinlich würde ich immer wieder zurückkommen, solange wir uns wollten, wir uns nach kleinen Störungen schnell wieder vertragen konnten und solange wir einander wohlgesonnen blieben und uns irgendwie guttaten. Zu anderen Missetaten war ich in diesem, meinem jetzigen Leben nicht mehr bereit. War etwas gut, konnte es weitergehen - war es schlecht, gehörte es aus meinem Leben verbannt.

Ein Abschiedsfoto gehörte inzwischen zu unseren Ritualen. Dazu ein Händedruck, eine freche oder liebevolle Abschiedsbemerkung, eine Umarmung oder ein letzter Klaps auf meinen oder auch auf seinen Hintern. Da taten wir beide uns nichts. Heute zog er einen Bonbon aus seiner Hosentasche und sagte:

„If you miss me!"
„Oh, then I need more!"

Er lachte laut auf, zog weitere Bonbons aus seiner Hosentasche, drückte sie mir in die Hand und fragte mit einem Augenzwinkern, ob sie für die nächsten zwei Tage und Nächte reichen würden. Nach einem letzten Kuss auf seine bärtige Wange zog ich wohlgelaunt von dannen.

Die Abendfähre war wie immer leidlich besetzt. Als ich aufs obere Deck kam, schaute ich in ein mir bekanntes Gesicht. Es war Marion aus der Schweiz, mit der ich im Herbst letzten Jahres in Loutró einen kleinen Plausch gehalten hatte. Ich hatte sie damals nach kurzem Überlegen angesprochen, nachdem Eberhard mir am Vortage border-raum-übergreifendes Verhalten vorgeworfen hatte. Wir freuten uns, einander wiederzuerkennen, und kamen schnell ins Gespräch. Sie wollte wie im letzten Jahr einfach wieder eine Woche nichts tun und wandern.

Aus welchem Grund auch immer, landete die Fähre heute am Stadtstrand. Marion und ich standen oben an der Reling. Wir beobachteten das Anfahren an den Strand, das eilige Wegräumen der Liegestühle, das Herunterlassen der Ladeluke und das gekonnte Hantieren schwarz und blau gekleideter Männer bei allem, was nötig war, um das Anlanden zu regeln. Mit etwas Fantasie hatte das gesamte Schauspiel etwas Wildes, etwas Piratenähnliches. Wir nahmen unsere Rucksäcke, stiegen die Eisentreppen hinunter und gingen, begleitet von männlichen „Élla-élla-Rufen", mit entsprechenden Handbewegungen dazu als Letzte von Bord. Marions Weg führte nach rechts, meiner nach links. Auf meinem Weg zum Sífis House, zu Christina und Silke, kam ich an Cornelias Unterkunft vorbei. Als sich nach meinem Klopfzeichen nichts tat, steckte ich ihr eine Blume an die Türklinke als Zeichen meines Hiergewesenseins.

NO TOPLESS
BATHING ON THIS BEACH
PLEASE

Meine Eltern hatten es häufig so getan, wenn sie spontan bei Freunden oder Verwandten mit dem Rad vorbeigekommen waren, um dort vielleicht einen Tee zu trinken. Ein Blümelein an die Klinke gesteckt, einen Schrubber verkehrt herum an die Haustür gelehnt, einen Kartoffelkorb oder was sich auch immer in der Nähe der hinteren Eingangstür befunden hatte, so platziert, dass der Hauseigentümer sehen konnte, dass jemand da gewesen war. Wir Kinder, mein Bruder, meine Schwester und ich, führen dieses Ritual gerne fort.

Cornelia saß Zeitung lesend im Loungebereich von Cocos Restaurant. In ihrem dunklen Haar ein helles Tuch mit graphischem Muster in Rot, gegen die Abendkühle eine lange lichtgraue Hose, Wanderschuhe und eine warme rote Jacke mit aufgestelltem Kragen und bis zum Kinn hochgezogenem Reißverschluss. Selbst in dieser legeren Kleidung wirkte sie damenhaft. Ich lehnte mich an einen Pfeiler und wartete gelassen, bis sie den Kopf hob. Irgendetwas schwingt, wenn wir beobachtet werden, und so wusste ich, dass es mit ihrem Kopfheben nicht allzu lange dauern würde. Sie strahlte mir etwas verschmitzt entgegen. Daumenspitze im Mundwinkel, mit blitzenden Augen, die in meine Richtung funkelten. Würden wir beide uns nicht immer so eindeutig nur in Männer verlieben, oder wäre zumindest eine von uns ein Mann, hätten wir mit Sicherheit gute Chancen beieinander. Wir begrüßten uns mit einer freudigen Umarmung, plauderten ein wenig und verabredeten uns um acht zum Essen.

Christina war von einer Gruppe neuer Gäste umringt. Es ging um die Verteilung der Zimmer. Als sich unsere Blicke trafen, begrüßten wir uns mit einem kopfnickenden Lächeln. Ich ging zu Lemi an die Bar, bestellte mir ein Wasser und wartete, bis Christina von sich aus zu mir kam.

„Nice to have you back, Elisabeth. The room for the
Queen is in the old house. The key is in the door -
number one to the right. But it's only for one night."

Zuerst dachte ich, dass das ja nichts mache, weil ich für die
nächsten beiden Nächte vielleicht das zweite Bett bei Silke
oder Cornelia beziehen könnte, und dass, wenn beides nicht
ginge, sich mit Sicherheit eine dritte Möglichkeit auftun
würde. Ein solches Denken macht das Leben leicht.

„Das Denken bestimmt das Sein",

ist ein Satz, den ich seit meiner seelischen Genesung ohne
Wenn und Aber unterschreiben kann. Für das Davor kann
ich es im Nachhinein auch. Während meines schrecklichen
Seelenzustandes hätte ich dies jedoch vehement abgestritten.

Ich kann mich noch gut erinnern, wie ich nach meiner wundersamen Spontanheilung an den ersten Morgenden auf meinem Balkon gesessen hatte und es wie automatisch aus mir
herausdachte, wie scheußlich mein Leben doch sei. Es war nie
wirklich scheußlich gewesen, traurig oder bemitleidenswert,
es war einfach nur so, dass mein Familienmann nach dem
Auszug unserer Kinder ebenfalls das Haus verlassen hatte, um
nach zweiundzwanzig Ehejahren sein Leben ohne mich weiterzuführen. Was ich gewollt hatte, war dabei ohne Belang.
Ich stand da, wie abgestellt, und musste von jetzt auf gleich
zusehen, wie ich ohne mein Wollen, gegen meinen ureigenen
Wunsch mit dem Leben als Einzelwesen zurechtkommen
würde. Wäre meine Prägung nicht so ausschließlich auf den
Bestand von Familie ausgerichtet gewesen, als unabdingbare
Voraussetzung für die Anwesenheit von Glück bei unseren
Kindern, ihm und mir, hätte ich diese Entwicklung einfach

als nächsten Lebensabschnitt betrachten und meinen Seelenschlamassel damit sicher viel früher auflösen und beenden können.

Die Worte „hätte und wäre" helfen zwar nicht unbedingt weiter, dürfen aber gerne zur Verarbeitung vielleicht falsch gegangener Wege zur Betrachtung hinzugezogen werden. Um etwas zu verstehen oder loslassen zu können, muss ich es oftmals zuvor von mehreren Seiten angeschaut haben. Einfach so fünf gerade sein zu lassen, fällt mir schon schwer. Als Erstes muss ich verstehen, danach bin ich in der Lage, etwas zu verändern, zu akzeptieren oder eben auch loszulassen.

Ich hatte mein Denken und Fühlen verstanden. Ich hatte begriffen, dass mein Denken zum Zusammenhang zwischen Kindesglück und dem Zusammenleben von Vater und Mutter nicht meine eigene Erfindung war, sondern eine unbewusste Übertragung durch meine Mutter, Großmutter und auch wohl schon meiner Urgroßmutter auf mich, auch wenn mir der Weg dieser Übertragungen noch völlig unklar war. Hier musste mein Kopf komischerweise nicht verstehen. Es reichte völlig aus, dass mir die Erläuterungen meiner Heilerin einleuchteten. Es fühlte sich wahr und stimmig an, richtig und klar. Als sie mich fragte, ob sie mir diese Übertragung auflösen sollte, musste ich zwischen all dem Staunen und Weinen unserer zweistündigen Sitzung herzhaft auflachen.

„Susanne, wenn es dir möglich ist, bitte ich darum!"

Ich habe weder daran geglaubt noch habe ich es angezweifelt. Ich habe einfach nur gedacht: „Wenn es ihr möglich wäre, meine Trauer, mein Gefangensein aufzulösen, käme es für mich einem Wunder gleich."

Wunder dauern etwas länger, doch wenn sie dann kommen, sind sie ohne Vorankündigung wie aus dem Nichts plötzlich da. Mir geht es seitdem wortwörtlich „WUNDERBAR". Susanne nennt mich seitdem ihre bzw. „meine Wundergeheilte", worüber wir dann jedes Mal, wenn wir uns begegnen, voll der Freude sind. Sie bot mir an, diese meine mich lähmende Übertragung aufzulösen, worauf ich ohne Umschweife ja sagte und sie es dann tat.

Wenn es ein Wunder war, nehme ich es mit Freuden an. Wenn die Zeit meiner Trauer aus purem Zufall genau während unserer zweistündigen Sitzung so oder so zu Ende gewesen sein sollte, ist es mir auch recht, und wenn einer der Sätze „Zur rechten Zeit am rechten Ort" oder „Man muss seinen Heiler finden" zum Tragen gekommen sein sollte, ebenso. Was es war, ist einerlei. Was zählt, ist das Ergebnis, und wenn das Entschwinden meines unliebsamen Lebensgefühls nur und ausschließlich mit Susannes Fähigkeiten zu tun gehabt haben sollte, wäre genau diese ihre Gabe für mich das Wunder selbst.

Übertragungen, ja, aber wie nehmen sie ihren Weg? Fliegen sie durch die Luft? Sind es Seelenübertragungen? Gespeichert durch erzählte Geschichten? Zellinformationen, Erbgutübertragungen, Krusifamtale? Ich hatte keinerlei Vorstellungen. Und so sprach ich mal mit dem einen, mal mit dem anderen, erhaschte ein paar Informationen hier und ein paar dort und erfuhr so, dass das Thema so alt war wie die Menschheit daselbst. Zumindest so alt wie die Worte der Bibel. Was mögen die Aussagen „Die Väter haben saure Trauben gegessen, aber den Kindern sind die Zähne davon stumpf geworden" oder „Die Sünden der Väter „vererben" sich bis ins dritte und vierte Glied", anderes bedeuten als die Vererbung, die Weitergabe, die Übertragung gemachter Erfahrungen, schlechter Gewissen, gefühlter Kränkungen oder erlebter Grausamkeiten? Sünde scheint mir negativ gemeint, doch wahrscheinlich gilt es für alles - für positive und negative Speicherungen gleichermaßen.

Als ich bei einem anderen Gespräch von einer Versuchsreihe erfuhr, die den Zusammenhang von Rosenduft und Vorsicht bzw. Angst vor Qualen erklären oder beweisen sollte, wurde ich hellhörig. Junge Mäuse wurden einige Male unter Rosenduft gesetzt und gleichzeitig mit Stöcken gepiesackt.

Rosenduft, gepiesackt, Gefahr.
Rosenduft, gepiesackt, Gefahr.
Rosenduft, gepiesackt, Gefahr.
Rosenduft ------------- Gefahr.

Das Piesacken war nicht mehr erforderlich. Rosenduft alleine reichte völlig aus, den Mäusen Gefahr zu signalisieren. Rosenduft gleich Gefahr, gleich Vorsicht. Gespeichertes Wissen aus Erfahrung bei der ersten Generation. Übertragung durch Zellinformation bei den nachfolgenden Mäusegenerationen, ohne je bei Rosenduft gequält oder gepiesackt worden zu sein. Wenn ich's recht erinnere, reagierte die vierte Generation der Testmäuse bei Rosenduft nicht mehr mit Vorsicht und Angst. Dieses Ergebnis spräche für eine Übertragung durch Zellinformationen.

An den ersten Morgenden in meinem befreiten Seelenleben musste ich mich täglich an mein neues Glücksgefühl erinnern. Jedes Mal, wenn ich mich beim anfänglichen Mir-mein-Leben-schlecht-denken-Wollen ertappte, musste ich herzlich in mich hineinlachen. „Nee meine liebe Traurigkeit", dachte ich dann, „deine Zeit ist vorbei" und „lassen wir dem Glück jetzt einfach mal den Vorrang." Das klappte hervorragend. Jeden Morgen ein bisschen schneller und besser, und bald brauchte ich nicht einmal mehr darüber nachzudenken. Das Glück war da, in meinem Denken verhaftet und in meinem Lebensgefühl verankert.

Das hatte was - und das hat es noch immer, und ich werde einen Deibel tun und es je wieder hergeben. Natürlich gibt es kleine Momente von Wut oder Unwohlsein, von traurigen oder betroffenen Lebensgefühlen, doch reißen sie mich nicht mehr vom Hocker, geschweige denn vom Sockel. Ich stehe fest und sicher und weiß, dass diese Momente in Kürze wieder verflogen sein werden, weil ich seit geraumer Zeit einfach dazu in der Lage bin, mein Denken, mein Lebensgefühl und somit auch mein Sein selbstbestimmt zu bestimmen.

55.

Ich machte mir keine Sorgen. Wozu auch? Ich bezog mein Zimmer, kleidete mich abendfein und ging hinunter auf die Terrasse vom Sífis House. Als sich mein Handy in meiner roten Bauchtasche bemerkbar machte, dachte ich, wer von meinen Lieben sich wohl gerade mit mir verbinden wollte.

„Liebste Zauberin, bin jetzt in Heráklion und würde gerne deine Stimme hören und den Standort der Silberschmiede deines Vertrauens erfahren. Vielleicht finde ich dort ein schönes Stück für meine Inka. Horst an Lisbeth."

„Den Straßennamen weiß ich nicht. Doch geh mal zum Löwenbrunnen in Heráklions Altstadt. Dort folgst du der Straße bis zur Marktgasse. Am Ende der Marktgasse biegst du links in die Querstraße, läufst bis zur Parallelstraße und gehst diese quasi zurück. Im dritten, vierten oder fünften Haus auf der linken Seite findest du die Silberschmiede. Treff mich jetzt mit Cornelia zum Essen. Viel Erfolg beim Finden. Drück dich! Lisbeth an Horst."

Cornelia und ich beschlossen, bei Christina im Sífis zu bleiben, ihrer schönen Musik zu lauschen und eine Kleinigkeit zu essen. Dazu war hier der beste Platz, um auf Silke zu treffen. Silke from Konstanz ist ein geselliges Frauenzimmer. Als sie zu uns an den Tisch kam, hatte sie Victor und Rolf im Schlepptau. Rolf war ein alter Kreta-Freund von Victor und Victor der Mann vom 12. Mai, dem Tag, an dem Micháli am Abend so unverhofft hier in Loutró in Christinas Bar aufgetaucht war und mit dem Christina mich zuvor am Tresen, bei meiner Bitte um ein neues Leuchtmittel für mein Badezimmer, bekannt gemacht hatte.

Rolfs Gesellschaft war amüsant. Sein trockener Humor überraschte uns immer wieder, wenn er mit seinen kleinen Lästerlichkeiten die ganze Runde zum Lachen brachte. Nachdem Christina sich zu uns gesellt hatte, wurden seine Bemerkungen in unser bestmögliches Englisch übersetzt. Silke hatte gestern direkt beim Hotel Sífis nach Christina gefragt, sie von mir gegrüßt, mein Zimmer für heute reservieren lassen und nach einem zweiten für sich selbst gefragt. Bei Christina gibt es unterschiedliche Zeiten. Ist das Haus voll, ist sie meist durchgängig beschäftigt. Befindet sie sich zwischen zwei Komplettausbuchungen, gibt es Tage wie gestern und heute, an denen Raum für private Plaudereien bleibt. Silke und sie waren sich auf Anhieb sympathisch gewesen und hatten am gestrigen Abend bis Mitternacht zusammengesessen.

Natürlich liegt es bei allgemein empfundener guter Geselligkeit an den zusammensitzenden Menschen. Manchmal passt es besonders, manchmal einfach nur so. Der Zusatz Kreta, insbesondere Loutrò und Christinas Taverne oder Abendbar scheinen mir jedoch einen besonderen Beitrag dazu zu leisten. Es ist anders als oben in Livanianá bei Tilman, und dennoch ist es ähnlich. Es ist das Zusammenspiel zwischen einem heimeligen Ort, einer Menschen verbindenden Person und den dort anwesenden Männern und Frauen. Für mich sind die Kontakte auf Kreta ebenso einfach und herrlich wie zu Hause in meinem ostfriesischen Bücher-Café. Andererseits, oder wie es im Englischen so schön heißt „on the other hand", tue ich mich in mittlerer bis großer Gesellschaft oftmals sehr schwer. Erklären kann ich mir das selbst nur leidlich bis gar nicht. Menschen, die mich aus meinem Geschäft bzw. von Kreta her kennen, sind darüber oft verwundert, doch was soll ich machen. Everyone has his own handicap und das ist nun mal meins.

Es gab schon Menschen, die mir dahingehend psychologische Hilfe anrieten. Doch konnte ich mich bis dato nicht recht dazu entscheiden. Zum einen habe ich in meinem täglichen Laden-Leben ausreichend angenehme, bereichernde, unterhaltsame und tiefsinnige Gespräche, dass mir darüber hinaus keine Geselligkeit fehlt, zum anderen fahre ich mit meiner Ausweichtechnik bezüglich mir unangenehmer Situationen ausgesprochen gut. Ich weiß längst, was ich mir zumuten und zutrauen und was ich aushalten kann oder nicht, und danach richte ich mein Leben aus. Stoße ich jedoch an Grenzen, von denen ich mich selbst eingeengt fühle, weil ich etwas möchte, was ich nicht kann oder mich nicht getraue zu tun, komm ich ins Grübeln. Dann schleichen sich Zweifel ein, und ich bemerke, dass es an der Zeit ist, einen neuen Schritt zu gehen.

Zurzeit beschäftigt mich der Schritt über öffentliche Auftritte zur weiteren Bekanntmachung des ersten Teils meiner Kreta-Reihe. Ich möchte, dass er den Weg in den öffentlichen

Raum findet, in den ich selbst, als Person aus Fleisch und Blut, so gar nicht recht hineinmöchte. Natürlich fallen mir dazu Worte ein wie Mut, Zutrauen, Panik, Erfolgsdruck, Gutseinwollen und Versagen. Mein Anspruch ist da schon hoch. Mit weniger als gut wäre ich nicht zufrieden. Braucht es dazu jetzt einfach nur ein wenig Training oder doch eher den Rat eines Psychologen?

Veränderungen können nur aus uns selbst heraus erfolgen, wenn es unser Wunsch, unser Bedürfnis oder unser Wille ist. Etwas selbst zu wünschen oder von vorhandenen Qualen befreit werden zu wollen, ist der beste, vielleicht sogar einzige Weg für den ersten Schritt Richtung Veränderung. Hinweise von außen können Denkanstöße geben, werden aber ohne eigenen Wunsch eher im Sande verlaufen.

Jeder ist seines Glückes Schmied - oder auch nicht.

Dinge passieren, schöne und schreckliche, und wir sind aufgefordert, das Beste daraus zu machen. Wir werden verlassen. Wir verlieren einen geliebten Menschen an den Tod. Unser Partner oder wir selbst kommen in die Vergesslichkeit oder verfallen depressiven Gedanken. Die finanzielle Sicherheit geht uns verloren, uns wird genommen, was uns wichtig ist, oder wir fühlen uns nicht in der Lage, etwas zu tun, was wir so gerne wollen würden, aber aus welchem Grunde auch immer einfach nicht können. Und dann sollen wir die Wahl haben, unseres eigenen Glückes Schmied zu sein? Provokativ könnte es dann heißen: „Wenn du noch ein wenig in deinem Miesgefühl oder deiner Unfähigkeit verweilen möchtest, bitte sehr! Da ist es dir anscheinend noch nicht wichtig genug bzw. das Ende deines Dich-schlecht-fühlen-Könnens noch nicht erreicht." Nichtbetroffene plädieren dann gerne für den ersten Teil der Aussage, dass jeder seines Glückes Schmied ist. Die sich im Leid befindenden für das Gegenteil.

Ich möchte mich da nicht festlegen, kenne ich doch beide Seiten zur Genüge. Ich weiß, wie schwer, ja fast unmöglich es sein kann, einem Jammertal zu entkommen, und wie leicht es sich anfühlt, alles tun zu können, was wir möchten, wenn wir im Oberwasser auf der anderen Seite des Jammertales schwimmen dürfen.

Jeder ist seines Glückes Schmied, und das Denken bestimmt unser Sein, ist immer leicht zu leben und zu sagen, wenn wir uns mit unserer Stimmung oberhalb der Null-Linie befinden. Dümpeln wir darunter, stellt es sich oft ganz anders dar. Ich zähle derzeit zur Übernullfraktion mit immer noch starker Tendenz nach oben, doch ich habe nicht vergessen, wie gefangen ich war, als ich meinem Leben kaum noch etwas Positives abgewinnen konnte. Es war ein großer Scheiß. Ein immerwährendes Trauertal. Eine Lebensunlust sondergleichen, mit Interesse an nichts und nichts und noch mal nichts. Eine Zeit, in der ich mich für den langweiligsten Menschen aller Menschen hielt. Jetzt könnte wieder dieser Satz folgen, der da heißt, dass unser Denken unser Sein bestimmt. Er hat mit Sicherheit seine Berechtigung, wobei ich bezweifeln möchte, dass wir allezeit in der Lage sind, unser Denken wirklich selbstbestimmt zu bestimmen. Denkt das Negative, das Traurige, das Uns-Erdrückende doch manchmal einfach so aus uns heraus.

Wenn ich solche Gedanken denke, die den Anschein haben, alles und jede Situation und jedes Verhalten erklären und verstehen zu können, denke ich manchmal, dass ich geradezu dabei bin, weise zu werden. Zumindest fühlt es sich dann für mich so an. Im selben Moment meldet sich dann mein Über-

Ich, hebt den Zeigefinger und mahnt mich, nicht selbstherrlich zu werden. Ich frage dann: „Warum? Und weshalb?", und es antwortet: „Weil es sich nicht gehört, sich selbst zu loben und für weise zu halten. Das ist überheblich und anmaßend!"

„Wie jetzt?", werfe ich meinem Über-Ich dann vor die Füße, „und sich selbst zu lieben, hälst du wohl auch für kritisch, und dein Lieblingssatz ist „Eigenlob stinkt" oder was? Manno, man wird doch noch sagen dürfen, dass man etwas gut kann, wenn man es gut kann. Diese Bescheidenheitskiste geht mir so was von auf den Geist! Gut, Angeber und Selbstüberschätzer sind auch nicht mein Fall, doch bemerken und sagen zu dürfen, was wirklich in uns steckt, wird doch wohl erlaubt sein!"

„Bescheidenheit ist eine Zier, doch weiter kommt man ohne ihr", ist zwar meist wahr, aber auch kein schöner Satz, wobei mir falsche Bescheidenheit noch einen Tick unangenehmer ist.

Diese Kämpfe zwischen dem Ich und dem Über-Ich, gar unter Beteiligung des kindlichen Es, kennen wahrscheinlich viele. Ich für meinen Teil habe mich entschlossen, meinem Ich zu folgen, im Hier und im Jetzt zu leben, mich nicht unter meinen Scheffel zu stellen und zu sagen, wer ich bin und was ich denke, möglichst ohne andere dabei zu verletzen. Ich möchte ausgeglichen und glücklich sein und sagen, was ich gut oder schlecht oder gar nicht kann oder gar geradezu ausgezeichnet. Wer bitte sollte besser wissen, was wir können, wenn nicht jeder Einzelne von und über sich selbst?

Wir dürfen gut sein und es sagen, dürfen unzulänglich sein und es mitteilen, und wir dürfen uns gefallen, lieben und sogar großartig finden, solange wir auch um unsere Schwächen wissen.

Gerade heute las ich folgenden Kalenderspruch:

„Willst du deine große Liebe sehen, schaue in den Spiegel."

Cornelia verabschiedete sich an diesem Abend als Erste ins Bett. Fast wäre ich, ob der empfundenen Abendkühle, die Zweite gewesen, was jedoch von Silke, Victor und Christina überhaupt nicht akzeptiert werden wollte. Als ich nach Horsts SMS zum Abendessen auf die Terrasse gekommen war, hatte ich zwar mein langes schwarzes Unterzeug angezogen, darüber mein fast bodenlanges schwarzes Kleid, darüber ein kürzeres, die längere Strickjacke und ein wärmendes Tuch. Socken und Schuhe hatte ich aus unerklärlichen Gründen jedoch vergessen.

Ich bestellte mir bei Lemi einen Grog und erhielt prompt eine heiße Zitrone, was unsere kleine Gesellschaft nicht weniger munter machte. Ich hatte es Lemi erklärt, mit Fingerzeig, Worten und Maßangaben. So viel Rum und so viel heißes Wasser und 3 Süßstofftabletten. Ja, und schon war die heiße Zitrone fertig. Sie wärmte mich ein wenig, doch war es mit der Wärmeausstrahlung eines ostfriesischen Grogs nicht zu vergleichen. Als ich ankündigte, auf mein Zimmer gehen zu wollen, um mir mein Schuhwerk oder zumindest ein Paar wärmende Socken zu holen, hob Victor meine Füße wie selbstverständlich auf seinen Schoß und wärmte sie mir mit seinen Händen. Danach kamen sie kurzerhand mit unter seinen Pullover. Keiner in unsere kleinen Runde fand das unpassend oder komisch oder zu vertraut. Die Sympathiedichte war hoch, ob es nun zwischen Silke, Victor, Christina und mir war oder zwischen Victor, mir, Silke und Christina. Rolf schien ein wenig außen vor zu sein, wobei das niemanden zu stören schien, nicht einmal ihn selbst. Menschen sind, wie sie sind, und wir waren nun einmal so.

Um uns herum war es auf der Terrasse vom Sífis House hier am Wasser in der Loutróer Bucht ruhig geworden. Christinas Gatte Michális saß in kleiner Entfernung mit verschränkten Armen auf einem Bistrostuhl vor den so wunderbar dekorierten Stufen der Rezeption und schlummerte sanft vor sich hin. Silke und ich saßen Stuhl an Stuhl, dicht nebeneinander, und mussten unserer Freude, uns begegnet zu sein, immer wieder zum Ausdruck bringen, genau, wie es Christina und Silke und Christina und ich ebenfalls taten. Christina sprach wieder: „It's magic Elisabeth, it's magic Silke, it's magic Victor, it is like it is, we are connected!" Verbunden, alle miteinander - óloi mazí!

Kurz vor Mitternacht schickte Horst eine SMS, dass er nun in seinem Hotel in Heráklion sei und dass er sich zwischen einem zu warmen Zimmer bei geschlossenem und einem zu lauten bei geöffnetem Fenster entscheiden müsse. Und das, so ich noch wach wäre, er sich sehr über eine nächtliche Plauderei mit mir freuen würde. Koste es, was es wolle! Ich antwortete, dass ich mich, sobald ich auf meinem Zimmer wäre, bei ihm melden würde.

Kurz nach Mitternacht löste sich unsere kleine Gruppe auf. Wir wünschten uns gegenseitig „Kaliníchta" und Christina uns dazu „Ónira glyká", süße Träume.

Rolf und Victor schlenderten zu ihrer Herberge im östlichen Teil Loutrós, Silke, Christina und ich die Steintreppe vom Sífis House hinauf, wo jede von uns in einem anderen Teil des Hauses verschwand. Silke nahm den linken Flur zum neuen Haus, ich den rechten ins alte. Christina ging weiter die Treppe hinauf, bis zum Obergeschoss und nahm die Tür neben dem kleinen blau gestrichenen Tisch, auf dem das Schild mit der Aufschrift „This is a private place" stand.

Als Erstes wählte ich Horsts Handynummer und ließ es zweimal läuten. Dann zog ich mir zwei Paar Socken übereinander und machte es mir sitzend in meinem Bett bequem. Das Zimmer Nummer eins im alten Haus ist ein Eckzimmer mit einem zusätzlichen Fenster zur Balkontür. Sind Fenster und Balkontür geöffnet, streicht ein wunderbarer Luftzug durchs Zimmer.

Horst: „Wie schön, dass du noch wach bist."
Ich: „Ja, und wie schön, dass du noch wach bist."

Er erzählte, dass er die Silberschmiede gefunden und einen schönen Ring für Inka gekauft habe. Dass er mir herzliche Grüße von der jungen Silberschmiedin bestellen solle, die sich anscheinend an mich habe erinnern können, nachdem Horst ihr von meiner dort geschlossenen Ehe mit mir selbst erzählt hatte. „The woman with long red hear, yes, I remember." Nach dem Ringkauf hätte er den Abend mit mir verbracht, zumindest gefühlt und in Gedanken, und er habe es trotz meiner physischen Abwesenheit ungemein genossen.

„Ach Lisbeth, das ist so schön. Du bist in mir und bei mir und es fühlt sich an wie Schweben und große Freude, und das scheint nach außen zu wirken und andere Menschen dazuzubringen, mir zuzulächeln."

„Ja Horst, so ist das. Glück strahlt nach außen und
wird bemerkt, da kann man nichts dagegen tun."

Wenn wir in die Welt hineinlächeln, lächelt sie wie von selbst zu uns zurück. Nachdem er dann die Bouzoukibar gefunden hatte, in der ich im Herbst letzten Jahres mit zwei Freunden den Wechsel von meinem fünfundfünfzigsten zu meinem sechsundfünfzigsten Lebensjahr verbracht hatte, und er sich etwas zu Essen bestellt hatte, sei er vollends zufrieden gewesen, bis die Musiker einen Dreierblock „Mousikí melancholía" gespielt hätten.

„Und dann saß ich, dieser starke Wikinger, plötzlich völlig gerührt mit tränenverschleierten Augen da und war von Kopf bis Fuß voller Gefühl, voll der Melancholía. Aber Lisbeth, keine Sorge, alles wieder gut!"

Vor unserem „Kaliníchta" erzählte ich ihm von einem Lied von Udo Lindenberg mit dem Refrain: „Nimm dir das Leben, und lass es nicht mehr los, denn alles was du hast, ist dieses eine bloß" und dass wir beide es nach unserer so schönen Begegnung genauso tun sollten. Er in der Lübecker Bucht mit seiner Inka und ich in meiner ostfriesischen Heimat mit mir und wem auch immer.

56.

Der neue Morgen begann für mich mit einem hellblauen Himmel und einem Blick vom Balkon hinunter auf die Terrasse vom Sífis House. Auch von hier oben sahen die Kleinode auf den breiten Treppenstufen vor der Rezeption wunderbar arrangiert aus. Vorne am großen Stein saßen ein paar Frühaufsteher beim Frühstück. Direkt unter meinem Balkon standen Christina und ihr Michális und besprachen den Tag. Lemi saß vor der Theke und trank seinen Morgenkaffee. Der weiße Häuserkranz Loutrós leuchtete im hellen Morgenlicht der Sonne und färbte das Wasser der Bucht in gleißend helles Blau. Das kleine Fischerboot ankerte wie immer am Ende des langen schmalen Betonsteges. Zwei weitere Boote schaukelten leicht auf den seichten Wellen hin und her.

All das wirkte klein und zierlich vor dem mächtigen Fels in dunklem Grau, der die Bucht umgibt. Ich setzte mich mit meinem Nachtgewand, das sich nur in seiner Form vom Schwarz meiner Tageskleidung unterschied, für einen Moment in die Sonne, stützte meine Füße auf die weiß gestrichene Umrandung des Balkons und rauchte meine Morgen-Zigarette. Ich bin nie eine richtige Raucherin gewesen. Vielleicht habe ich mich dann und wann von Gewohnheitsgefühlen dazu verleiten lassen, die Zigarette davor oder danach oder währenddessen zu rauchen, also vor dem Schlafengehen, nach dem Essen oder während heißer Diskussionen. Die Sucht nach Nikotin war nie der Grund. Wenn ich rauchte, gab es von jeher einen besonderen Moment, oder es handelte sich wie jetzt um die Zigarette am Morgen oder um die vor dem Schlafengehen.

Auf dem Nachbarbalkon im neuen Haus erschien eine junge Frau und tat quasi das Gleiche. Ich beobachtete sie und wartete darauf, dass sie mich bemerken würde. Silke schaute auf und lachte, wie es schien angenehm überrascht, zu mir herüber.

„Frühstück, in fünfzehn Minuten?", fragte sie,
 und ich lachte: „Ja, das sollte zu schaffen sein!"

Mein Rucksack war schnell gepackt. Mit dem Wissen, dass ich das Zimmer Nummer eins im alten Haus nur für diese eine Nacht hatte haben können, hatte ich meine Sachen nach meinem Telefonat mit Horst noch vor dem Schlafengehen zurechtgelegt. Ochí Stress in allen Belangen, war meine ständige Lust, und so regte mich die Tatsache, dass ich für die nächste Nacht noch keinen Schlafplatz hatte, auch nicht besonders auf. Christina erwartete heute die nächste norwegische Wandergruppe um Odd und Ninette, für die auch mein und Silkes Zimmer mit eingeplant waren. Cornelia mochte ihr Zimmer im Porto

Loutró gerade noch mit ihrer Tochter teilen, war darüber hinaus aber eine absolute Einzelschläferin. Rolf und Victor hatten nur zwei Einzelbetten in ihrem gemeinsamen Zimmer, die sie im Scherze gesagt zur Not zusammenschieben würden, um mich in die Mitte nehmen zu können. Als ich meinen Rucksack vor dem Frühstück bei Christina ins Rezeptionszimmer stellte, war der Schlafplatz für die kommende Nacht für mich noch nicht gesichert. Doch sollte mich das hier im Paradies jetzt bitte stören?

Das rustikale Kind, wie ich Silke manchmal liebevoll nannte, erschien in pinkfarbenem langen Kleid mit schmalen Spaghettiträgern und trug ihr langes blondes Haar heute offen. Sie sah damit so frisch und weiblich aus, dass selbst ich mir ein Pfeifen nicht verkneifen konnte. Als wir uns gerade niedergelassen hatten, kamen Rolf, Victor und Cornelia hinzu. Silke wollte heute nach Ágia Rouméli, Soúgia oder Paleóchora weiterreisen. Sie war sich noch nicht sicher. Hatte von allen Orten Gutes gehört und holte jetzt unseren Rat ein. Victor und ich waren uns einig, dass die drei Stunden Aufenthalt zwischen den beiden Fähren in Ágia Rouméli ausreichend seien, um den Ort zu erkunden, selbst wenn sie einen Spaziergang bis zum Eingang der Samária-Schlucht mit in Betracht zöge. Die Fähre von Ágia Rouméli nach Paleóchora hatte einen Halt in Soúgia. Hier rieten wir ihr zur Übernachtung mit darauf folgendem Tagesaufenthalt bis zur Weiterfahrt mit der Abendfähre nach Paleóchora. Von dort aus könne sie nach einem weiteren Tag mit dem Bus über die Westspitze Kretas zurück nach Chaniá fahren.

Wir frühstückten, tranken Kaffee und verabschiedeten uns danach in unterschiedliche Richtungen. Als erste begab Cornelia sich auf den Fußweg hoch nach Liviananá. Danach bestiegen Victor, Rolf und ich das Schwesterschiff der Delffíni, die Poseídon, die uns nach Mármara bringen sollte. Nach dem Gang durch die Arádena-Schlucht wollten wir uns mit Cornelia oben bei Nina in der Tilmanschen Taverne treffen.

Die Morgenfähre hatte zu den neuen Gästen, zu denen auch Odd und Ninette mit ihrem Wandertrupp gehörten, wieder reichlich Ware für die morgendliche Karawane durch den Ort angelandet. Nachdem die Zimmer verteilt waren, kam Christina an unseren Tisch und teilte mir mit, dass für die kommende Nacht nun definitiv kein Zimmer für mich übrig geblieben sei. „No room for you, my Queen." Und ich antwortete, dass das nicht weiter schlimm sei, weil der Himmel mir in letzter Zeit immer all das geschickt hatte, was ich gerade so brauchte.

„Like magic, Elisabeth?", fragte sie.
„Yes Christina, like magic from heaven!"

Zwei Norwegerinnen aus Odds Gruppe saßen an einem kleinen Bistrotisch auf der anderen Seite der flachen gelben Steinmauer ganz in unserer Nähe und spielten Távli. Mit strahlendem Lachen schauten sie mir ins Gesicht und fragten, ob ich für die Nacht kein Zimmer habe.

„Do you have no room for tonight?"

Die Fragende hieß May, hatte kurzes blondes Haar und leuchtend blaue Augen. Ihr und Mette wäre heute nach einem faulen Tag gewesen, und so hatten sie auf die Gruppenwanderung verzichtet. Sie ergänzte, dass sie gerade das Gespräch zwischen Christina und mir mitbekommen und dass sie und Mette ein drittes Bett in ihrem Zimmer hätten, das ich gerne für die heutige Nacht beziehen könne. „Really?", antwortete ich fragend und sie sagte: „Ja!" und „Gerne!" und dass ich doch nicht auf der Straße schlafen könne. Ich bedankte mich und sagte:

„If there is no other room, with pleasure!"

Als die Poseídon zum Aufbruch rief und die Jungs und ich Silke noch einmal ordentlich gedrückt hatten, stiegen wir aufs Boot. Uns' Silke saß nun mit ihrem offenen Haar und ihrem pinkfarbenen Kleid auf der langen Bank, auf der Horst und ich eine halbe Nacht in meine Wolldecken gehüllt verbracht hatten, und winkte uns huldvoll zu. Das adelige Spiel hatte sich verselbstständigt.

Das Meer war nicht ohne! Der Wind sorgte für erhöhten Wellengang. Die Poseídon fuhr gegen den Wind. Das Wasser spritze hoch, mal auf der linken, mal auf der rechten Seite des Bootes, und wenn's dolle kam, auch immer wieder direkt aufs Boot. Wir lachten und juchzten, wir hielten uns fest, und wir versuchten, den Spritzern auszuweichen, bis es gänzlich egal war. Eine einzige große Welle hatte uns óloi mazí salzwassergeduscht. Der erste Versuch, einige Mitfahrende mit ihrem Gepäck in Lýkos abzusetzen, schlug fehl. Der Kapitän wollte es auf dem Rückweg erneut versuchen, nachdem er seine anderen Gäste zum Mármara-Beach gebracht hatte.

Mit Geduld und Geschick brachte der Kapitän der Poseídon sein Schiff längsseits zum Anlegen. So langsam es ging, näherte er sich der aus Mármara-Steinen gemauerten Anlegestelle unterhalb der Taverne. Er warf zwei Taue durch die Luft, die von zwei Männern am Anleger aufgefangen wurden. Sie zogen das Boot mit der Querseite an die Mauer, während der Kapitän die Schiffsschrauben in die entgegengesetzte Richtung leicht rotieren ließ. Erst als das Schiff gut vertäut war, stellte er den Motor gänzlich ab. Dann ließ er seine Gäste von Bord.

Wir betraten die Taverne am Mármara-Beach über die Holztreppe vom Meer aus. Zwei Holzstiegen sind hier am Fels befestigt und führen vom Anleger direkt auf die Terrasse der Taverne. Dreißig Stufen mögen es wohl sein, einmal um die Ecke, etwas schief, ohne Geländer. Oben an der Treppe befindet sich ein Podest. Daneben standen leere Getränkekisten. Wir waren uns einig. Eine kleine Pause, ein Getränk, ein Besuch der Waschräume, für Victor und Rolf je ein Toast und für unser Unterwegssein drei Halbliterflaschen Wasser. Wir saßen direkt am Geländer mit Blick auf die rundgewaschenen mächtigen Felsblöcke von Mármara, auf den Strand und das klare Meerwasser, das uns bis auf den Grund sehen ließ.

11:49 Uhr - Horst hatte Boarding Time und schickte mir einen letzten Gruß von kretischem Boden. Gruß und Kuss mit Umarmung und guten Gedanken.

Wir machten uns auf den Weg. Links der Taverne blühte Oleander in allen Farben. In hellem Rosa, lachsfarben, weiß und dem üblichen Pink. Hätten wir diesen Weg gewählt, wären wir zum Einstieg des schattenlosen Berges gelangt, den meine Schwester und ich vor Jahren und Ludwig und ich im Herbst letzten Jahres zweimal gegangen waren. Wir drei wollten an diesem 16. Mai 2012 jedoch durch die Arádena-Gorge hoch nach Livanianá. Marmor-Stein-Treppe hinunter, am Oleanderfeld entlang, durchs Eingangsgittertor mit beschriftetem Plastikdeckel eines Krautsalat-Eimers und dem Hinweis:

PLEASE CLOSE THE DOOR

Wir gingen zügig. Die Jungs voran, ich SMS-schreibend immer etwas hinterher. Horst sollte vor dem Start noch schnell einen kretischen Gruß von mir zurückbekommen. Als ich die Nachricht fertig hatte und senden wollte, ging nix. Kein

Empfang inmitten der hohen Felswände. Die Jungs hatten es gleich gesagt, und ich weiß es jetzt auch. Trotzdem versuchte ich es immer wieder, nannte das Ganze zur Rechtfertigung Testreihe und verdoppelte die Sendeversuche beim Aufstieg jenseits des großen Olivenbaumes. Auf dem Plateau, oberhalb der Schlucht und oberhalb Livanianás, machte sie sich dann problemlos auf den Weg ins All. Vom Plateau aus ist das Gehen wieder der reinste Genuss. Waagerecht zur Erdkrümmung ist es nun mal am einfachsten. Das Aufwärtsgehen kann sich in unserem Herzmuskel bemerkbar machen, das Absteigen in unseren Knien.

Bei jedem Gang durch diese Schlucht fielen mir andere Dinge ins Auge. Heute schienen meine Augen auf Blumengewächse aus zu sein. Rolf und Victor vor blühendem Oleander. Ich vor einem Busch mit kleinen weißen Blüten. Mein altes rotes Nokia auf einem Stein, mit geschriebenem Text über die Unmöglichkeit des SMS-Versendens. Die sternenhaften, leicht stacheligen Blätterkreise noch knospiger oder schon aufgeblühter lilafarbener Diestelgewächse. Zartgelbe huflattichähnliche Blumen auf kurzem Stiel. Kleine lachs-rosé-farbene Blüten, die ich zu den Liliengewächsen zählen würde. Hängendes Grün, das aus allen Ritzen und Spalten des sonst kargen Felsens herauswuchs, wo immer Erde und Feuchtigkeit die Möglichkeit gehabt hatten, sich zu versammeln. Grün, gelb, violett und andersfarbig hing das Blühen von den Wänden.

Wir waren Zweiter, Dritter und Vierte. Cornelia hatte gewonnen. Sie saß mit Nina im Cockpit, gleich hinterm Rollengittertor auf der Terrasse der Tilmanschen Taverne. „Und", fragte sie, „wie war der Gang durch die Schlucht von unten nach oben?" „Genauso gut, genauso schön!", antwortete ich, nur dass ich das Hinaufsteigen als anstrengender empfunden hätte.

In der Schlucht selbst, an der Stelle mit dem Geröll am Hang und beim Aufstieg zwischen dem alten Olivenbaum und dem Hochplateau. Die Jungs wären schneller gewesen und hätten oben auf dem Plateau auf mich gewartet. „Ganz Gentlemen!", warf Rolf ein und nannte mich erneut kleine Piep-Maus, was sich eindeutig nicht auf meine Gestalt bezog, sondern auf das durchdringende Piep-Geräusch meines Handys beim wiederholten Nicht-senden-Können meiner SMS an Horst.

Rolf und Victor setzten sich an den linken Tisch in die Nähe des rosa Pianos. Sie wollten kühles Mýthos, Cornelia und ich ein Alster. Ist schon komisch, mit entliehenem Bier schmeckt mir Alsterwasser irgendwie besser. Drei Zentimeter Mýthos aus Rolfs Flasche ins eisgekühlte Glas, Zitronenlimonade darauf und lecker. In der Taverna-Livanianá lagern die frisch gespülten Gläser im Gefrierschrank, bei Nina wie bei Tilman. Nina sagte, dass sie am Morgen Maulbeeren gepflückt habe und dass auch noch Joghurt da sei, und so wollten wir alle vier Yaurti me Meli mit dem Obst des Tages.

Maulbeeren waren mir zuvor nie aufgefallen, wahrscheinlich kannte ich sie gar nicht. Unter einem Maulbeerbaum hatte ich mir zu Hause in Deutschland immer diese Bäume mit den roten Vogelbeeren vorgestellt und es genauso wenig hinterfragt wie die Worte Bett, Tisch und Schrank. Heute wurde ich eines Besseren belehrt. Maulbeeren sehen unseren Brombeeren zum Verwechseln ähnlich. Sie sind etwas länger gewachsen und im Geschmack nicht ganz so säuerlich. Sie wachsen nicht an dornigen Sträuchern, sondern an richtigen Bäumen. Direkt neben der Tavernen-Terrasse stand ein üppiges Exemplar.

Während Nina unsere Yaurti bereitete, versuchte ich, diese Wunderfrucht aufs Bild zu bannen. Der Wind hielt die Krone des Maulbeerbaumes in ständiger Bewegung, und so waren meine fotografischen Versuche kläglich. Entweder waren die Beeren nur verschwommen zu erahnen oder dem Bildausschnitt gänzlich entrückt.

Victor und Rolf beobachteten mein Unterfangen wortlos, eine Vierergruppe Norweger amüsiert. „Too much wind!", sagte ich achselzuckend mit gespielt heruntergezogenen Mundwinkeln. Und schon ließ der Wind nach und bot mir ein ruhig abwartendes Maulbeeren-Quintett.

Die Maulbeere kommt ursprünglich aus Asien und soll schon zu Zeiten der Römer in wärmeren Teilen Europas verbreitet worden sein. Dort, wo Wein gedeihen konnte, gedieh auch die Maulbeere. Die Beeren reifen am Baum nach und nach und können über Wochen geerntet werden. Wie bei den Oliven werden feinmaschige Netze oder Folien unter die Bäume gelegt, um die reifen Früchte durch Herabschütteln darauf zu sammeln. Am besten verarbeitet man die frisch geernteten Früchte sofort, macht Saft oder Marmelade daraus, legt sie ein oder verzehrt sie wie wir am selben Tag mit griechischem Joghurt.

Pfannekuchen fallen mir dazu ein und Rumtopf oder Likör, und schon muss ich an mein erstes alkoholisches Getränk außer Haus denken. An Eckes-Edelkirsch und an unsere Jungmädchen-Geburtstagsfeiern im Haus unserer Nachbarn, dem Dreimädelhaus mit Bäckerei, Ausflugslokal und kleinem Lebensmittelladen.

Mann, was hatten wir es auch gut! „Es ist ein Brauch von alters her, wer Sorgen hat, hat auch Likör." Dieser entliehene Satz aus „Die fromme Helene" von Wilhelm Busch traf auf uns nicht zu. Wir hatten Likör und dennoch keinerlei Sorgen. Wir waren elf, zwölf oder auch dreizehn und vierzehn, waren kurz vor der Pubertät, hießen Hilke, Maike und Griet, Gundela, Maren und Anja, Edith, Katharina und Elisabeth. Nach dem Kuchen mit Tee oder Kakao gab es für jede von uns einen Eckes-Edelkirsch. Dunkelrot, etwas schnapsig und wunderbar süß. Dabei kamen wir uns geradezu erwachsen vor.

Bevor Nina mit unseren Früchtetellern auf die Terrasse kam, war die alte Grisula mit Hérakles, dem Bruderhund von Jackomo, durchs Rollengittertor gekommen. Sie setzte sich auf die erste Rundbank am Eingang, mit dem Rücken zum Tisch, schaute einmal in die Runde, grüßte alle, die aufsahen, mit einem Lächeln und leichtem Kopfnicken und wartete geduldig mit in den Schoß gelegten Händen und gekreuzten Beinen, bis Nina sich zu ihr setzte. Nina hatte Grisula am Morgen beim Spaziergang mit Jackomo gesagt, dass sie am späten Nachmittag zum Einkaufen nach Chóra Sfakíon hinunter wolle und gefragt, ob sie noch etwas brauche. Nun war sie da, um es ihr zu erzählen.

Grisula mochte zu diesem Zeitpunkt um die achtzig gewesen sein. Sie lebte alleine in ihrem alten Haus, bewirtschaftete einen kleinen Garten oberhalb der Kirche am oberen

Ortsende, hatte ein paar Schafe, ein paar Olivenbäume und ihren Hund Hérakles. Wenn ich recht informiert bin, leben zwei ihrer Söhne in der Nähe, von denen einer Pávlos' Vater sein müsste, der direkt neben dem Small Paradise in Lýkos mit seiner Familie das Akrogiálikos mit den beiden Gästehäusern und der Taverne betreibt. Grisula war klein, vielleicht einsachtundfünfzig. Sie hatte schlohweißes Haar, war von Kopf bis Fuß in griechischem Schwarz gekleidet, trug dicke Strümpfe und feste halbhohe Schuhe mit kräftigen Sohlen, Rock oder Kleid, Pullover und Jacke mit langem Arm, dazu Hals- und Kopftuch. Ihr kleines Gesicht und ihre Hände waren unbedeckt und sonnengebräunt. Irgendwie erinnerte sie mich in ihrem Äußeren an unsere Tante Tini, der kleinen gutherzigen und immer gastfreundlichen Lieblingstante unserer Mutter. Da konnte kommen, was wolle. Schwarzbrot mit Butter und Käse zum Ostfriesentee mit dickem Kandiszucker und Sahnewölkchen gab es immer. Im Gegensatz zu Grisula sah ich Tante Tini jedoch nie in schwarzen Kleidern und auch nie mit einem Hund und einem Hirtenstock an ihrer Seite. Tante Tini hatte immer eine Katze und trug täglich eine ihrer geblümten Schürzen zum Schutz über der Tageskleidung.

Als Nina sich zu Grisula auf die halbrunde grün gebeizte Holzbank setzte, begann ein nettes kleines Schauspiel. Schwarz gekleidete Griechin mit schlohweißem Haar saß mit junger Schweizerin mit dunklen langen und zum Zopf gebundenen Haaren zusammen und erklärte ihr mit Worten und Gesten ihre Einkaufswünsche. Nina trug Sandalen, eine hellgelbe Hose und ein farblich passendes ärmelloses Shirt.

Sie sprachen langsam und deutlich. Bemühten sich, einander zu verstehen. Nahmen ihre Hände zur Hilfe, gegebenenfalls Papier und Bleistift zum Aufzeichnen gewisser Dinge und wiederholten alles so oft, bis sie sich gegenseitig versichern konnten, einander richtig verstanden zu haben. Zugewandt, wohlwollend, konzentriert. Nina hielt in der linken Hand ihr Handy, Grisula in ihrer rechten eine Flasche Sprite. Ab und an schaute Grisula mit ihrem kleinen Schelmenblick zu mir herüber, vielleicht um zu überprüfen, ob sie noch in meinem Interesse waren.

57.

Irgendwie machte mir die Tavernen-Terrasse an diesem Tag den ganz besonderen Eindruck einer Wohnstube. Nina und Grisula saßen, wie beschrieben, vorne am Eingang, Victor und Rolf, mit einem der runden Tische zwischen sich, lesend an der flachen blau gestrichenen Mauer zum Tal hin. Rolf auf Socken. Victor mit seinen Wanderschuhen. Cornelia hatte sich zu Victor gesellt, um unser Hinabsteigen zu besprechen. Die Norweger waren kurz zuvor gegangen. Ein verliebtes Paar saß am anderen Ende der Terrasse, und ich war wie immer für die Hofberichterstattung zuständig.

Ich sagte Nina für diese Reise zum letzten Mal „Adieu", bevor Cornelia, Rolf, Victor und ich uns an den Abstieg machten. Ablauf wäre passender. Wir nahmen den leichten Weg über die Schotterstraße, stiegen ab und stiegen auf, kamen am Old Fínix vorbei, stiegen den Berg zur Burgruine hinauf, überquerten das Plateau oberhalb Loutrós, waren gegen 18 Uhr in der Loutróer Bucht zurück und verteilten uns auf unsere Zimmer, wobei ich ja noch gar keines hatte. Meine Verteilung endete somit auf einem der Regiestühle auf Christinas Terrasse vom Sífis. Als ich sie antraf, fragte ich, ob sie ein Plätzchen für mich hätte, an dem ich mich umziehen könne.

„You can go into the laundry room, in die Wäschekammer. It is located in the old house at the end of the corridor. There is also a bathroom." „Wonderful", strahlte ich, „ideal, I need to change my clothes." „Do you found a room for this night?" „No, not yet." „Look in the room next the laundry room. It is our emergency room, if you like, you can have it. But it has no glass in the window frame." „Oh, Christina you are the best. It is warm enough. I don't need windowpanes."

Sie schaute mit einem wissenden Lächeln über den Rand ihrer Brille, sagte mir, dass der Schlüssel stecke und dass ich mich nicht wundern solle, wenn jemand in den Vorraum käme, um die Wäsche zu machen, es sei nun mal der Wäscheraum.

War ich wohl ein Glückskind!

Ich hatte nach einem Plätzchen zum Umziehen gefragt und gleich ein Zimmer zum Schlafen dazubekommen. Ein wunderbares inoffizielles provisorisches Zimmer. Ich liebe Provisorien schon immer und war alle Zeit in der Lage gewesen, das Beste daraus zu machen. Der Satz:

„Gib mir einen Haufen Müll, ich mach
  dir eine schöne Wohnung daraus!",

ist absolut meiner. Er ist von mir, was ob meines angeborenen Räumtalents nicht weiter verwunderlich sein darf. Ich kann nicht unbedingt viel, doch was ich kann, das kann ich richtig.

Zu jedem Menschen gehören bestimmte Geschichten, die immer wieder gerne erzählt werden. Eine von meinen ist der Satz meiner Mutter, der da lautete:

„Lilli, willst du nicht eben den Nähkasten aufräumen,
  das kannst du immer so schön!"

Ich war vier. Räumte alles aus, sortierte nach Sorten und Farben, wickelte Nähseiden auf, sortierte Knöpfe in die Knopfkiste und steckte Stecknadeln in ein Nadelkissen. Nähnadeln hatten einen anderen Platz, genau wie Reißverschlüsse, Stopfgarne, Häkel-und Stricknadeln. Unsere Mutter hatte drei Maßbänder!

Auf der anderen Seite wurden sonstige Dinge gar nicht erst an mich herangetragen. Ich bohrte nie ein Loch in eine Wand, malte selten ein Bild, klebte keine Tapeten, putzte keine Fenster und wurde mit dem Kochensollen ebenfalls in Ruhe gelassen. In meinem Leben hatten immer andere Familienmitglieder fürs Essen gesorgt und das ausgesprochen schmackhaft. Zuerst meine Mutter, dann meine Geschwister, dann mein Ehemann und dann keiner mehr. Ich hatte das mit dem Kochen nach dem Ende meiner Ehe eine Zeit lang versucht, doch da es mir eher schlechte Gefühle eingebracht hatte als leckere Speisen, ließ ich es alsbald wieder sein. Mochte ich es nicht, weil ich es nicht konnte, oder konnte ich es nicht, weil ich es nicht mochte?

Das provisorische Zimmer dieser Nacht war alles andere als provisorisch. Es war ein Traum, mein Traum. Ich ging bis ans Ende des Flures im alten Haus. Öffnete die alte, doppelflügelige, schilfgrün gestrichene Holztür. Eine gegenüberliegende Tür, mit Blumenranken verziertem Milchglas, führte auf eine großzügige Terrasse. Wäscheleinen, bunte Klammern, zum Trocknen aufgehängte Bettlaken, zwei Sonnenliegen, ein kleiner runder Tisch mit zwei Plastiksesseln, ein blaues Holztor. Vor dem Fenster zu meinem Notzimmer ein alter Holztisch, dekorativ belegt mit allerlei Treibholz.

Links hinter der schilfgrünen Tür war ein kleines Duschbad. Weiter geradeaus zwei Waschmaschinen. Auf der rechten Seite eine durchgängige Paneelenwand mit integrierter Tür, drei, vier Meter breit, zwei Meter hoch, die bis zur Decke noch einen

Meter Raum ließ. Hätte ich es nicht besser gewusst,
hätt' ich auf einen Holzverschlag getippt.

„Notraum?", dachte ich,
„das ist doch kein Notraum!"

Er entsprach nicht den Ansprüchen eines zeitgemäßen Touristenzimmers, doch war ich eine zeitgemäße Touristin? Nein - ich war alles andere als das. Ich war die Queen of England, die Königin von Chóra Sfakíon, eine chinesische Ziege, eine weltoffene Waage, die derzeitige Geliebte des Schürzenjägers Micháli, die schreibende, kretische Katze, des Horst' Zauberin, Aphrodite, die Göttin der Liebe, der Schönheit und der sinnlichen Begierde, und ich war ich. Ich war all das, und ich war die Frau, die gute Provisorien liebt.

Hinter dieser Holzwand konnte ich mich einfach nur wohlfühlen. Das Zimmer hatte die Größe zweier kleiner Gästezimmer des alten Hauses. Es hatte das Fenster mit dem Treibholz belegten Tisch, ein wahrlich großes Doppelbett mit einer Tagesdecke aus den neunzehnhundertfünfziger Jahren und zwei Spitzen- bzw. Paradekissen, zwei Nachtschränke, eine Frisierkommode mit großem Spiegel und einen breiten Kleiderschrank. Die Wand neben meinem Bett zierte ein Plakat von Chagall. Alles war wunderbar sauber. Das Treibholzfenster hatte Scheiben und Gardinen aus Spitze. Die transparentweißen Vorhänge der Balkontür waren zugezogen und vom Luftzug, der sachte durch die glaslosen Rahmen der geschlossenen Balkontür zog, leicht gewölbt. Ich kam mir vor wie im geheimen Versteck der Anastasia Nikolajewna Romanowa, jüngste Tochter des letzten russischen Kaiserpaares Nikolaus II. und Alexandra Fjodorowna, ehemals Alix von Hessen-Darmstadt.

Ist Elisabeth in dieser Geschichte nun schon eine gespielte, mehrfach gespaltene Persönlichkeit, kommt es jetzt auf eine

Fantasiegestalt mehr oder weniger auch nicht mehr an. Zu den zehn vorangegangenen Nennungen, die sich in der Zahl ihres Geburtsmonats Oktober wiederfinden, darf nun gerne noch diese elfte hinzukommen.

Ich stellte meinen Rucksack ab, legte meine Klein-Utensilien auf die Marmorplatte der Frisierkommode, fühlte mich glücklich und gut aufgehoben und gönnte mir einen späten Nachmittagsschlaf.

Beim Gedanken an Anastasia kam mir mein Samtmantel in den Kopf. Er war an den Ärmeln, am Stehkragen und entlang der Knopfleiste mit Fell besetzt und mit Litzen verziert. Schwarz in Schwarz, mit eindeutig russischen Akzenten. Ich hatte ihn vor meiner Herbstreise im letzten Jahr zusammen mit dem Rosentuch und meiner trikotartigen Reisejacke im Secondhandladen unserer Stadt entdeckt und ihn bei seinem Preis und seiner Passgenauigkeit einfach nicht hängen lassen können. Nein, gebraucht hatte ich ihn nicht. Es muss Anastasia gewesen sein, deren Sinn danach gestanden hatte.

Ich erwachte vom Miauen einer Katze, die direkt vor dem Fenster, oberhalb des Kopfteils meines Bettes, auf dem Treibholztisch saß. Sie sah weder verhungert noch ausgemergelt aus, und dennoch wirkte sie traurig, irgendwie melancholisch. Ihr Fell war rot-weiß getigert mit weißem Lätzchen. Das Weiß umschloss dazu ihre Nase und zog sich bis zwischen ihre Augen. Sie hatte eine dieser dicken Katzen-Nasen, die mir so bisher nur auf Kreta aufgefallen waren. Anfangs hatte ich gedacht, dass die Nasen von Katzenkämpfen so angeschwollen seien, doch mit der Zeit wurde mir klar, dass es ihre Physiognomie war. Es gab auf Kreta solche und solche Katzen, und die dicknasigen sahen mir dabei immer etwas bedauernswert aus.

Ich machte ein Foto durch die scheibenlose Balkontür. Das hat man nicht alle Tage. Den Kopf an den geschlossenen Türrahmen gelehnt, den Fotoapparat am langen Arm durch die zweite Fensteröffnung gehalten, in die Kamera gelächelt und abgedrückt. Es war noch nicht ganz dunkel. Als ich vom Balkon hinunter auf Christinas Tavernen-Terrasse schaute, sah ich auf eine lange festlich gedeckte Tafel. Rote Unterdecken, weiße Oberdecken, rote Teelichtflaschen, weißes Geschirr, blankes Besteck, polierte Gläser, weiße Stoffservietten, orangefarbene Regiestühle. Es war die Abendtafel für Odd, Ninette und ihre zwölfköpfige Reisegruppe. Als ich eine Stunde später auf die Terrasse kam, war die Runde in froher Laune beim zweiten Gang. Eigentlich wollte ich mich nur kurz orientieren, schauen, wer da ist, um dann zu entscheiden, ob ich bleiben oder durch den Ort gehen wollte. Erst winkte Ninette, dann winkten May und Mette und am Ende Odd, und so begrüßte ich zuerst Ninette, dann May und Mette, dann Odd und dann die ganze Gruppe mit einem allgemeinen „Kalispéra sas".

May wollte wissen, ob ich eine Unterkunft gefunden hätte. Als ich „ja" sagte, meinte sie „gut" und „schade" und dass ich sonst wirklich gerne das dritte Bett in ihrem Zimmer hätte haben können. Odd zog einen weiteren Stuhl an den Tisch, winkte mich zu sich herüber und bot mir an, mich zu setzen. Ohne meine Antwort abzuwarten, schenkte er mir Wein in sein leeres Wasserglas und sagte: „Skál, Prost und Yámas". Als der Hauptgang kam, empfahl ich mich, wünschte mit „Kalí órexi!" guten Appetit, was Odd ohne Umschweife ins Norwegische „Nyte máltidet" übersetzte.

Christina und ihr Michális hatten gemeinsam mit Lemi und Maria den dritten Gang serviert - Scampi mit Himanthalia-Algen. Als die Tafelrunde versorgt war und die Tavernen-Crew in der Küche zurück, rief mich der übermütige Michális dazu:

„Come Elisabeth, take pictures of the good workers!"

Oh, was waren sie auch froh - froh, stolz, erleichtert und übermütig. Sie labten sich an dem zu viel gekochten, hatten jeder ein Glas Prosecco in der Hand und reichten mir auch eines. Nachdem wir miteinander auf unser Wohl und ihre gute Arbeit angestoßen hatten, wollten die fleißigen Sífisaner aufs Foto.

Als Christina in die Hände klatschte, war klar, dass es nun noch einmal an die Arbeit gehen musste. Geschirrteile zum Abwasch, Arbeitsflächen geräumt und abgewischt, Dessertteller bereitgestellt und vorbereitet. Christina überließ nichts dem Zufall. Wenn sie etwas machte, machte sie es gut und professionell. Bevor die lange Tafel ein drittes Mal abgeräumt wurde, stand der Nachtisch zum Auftragen bereit.

Währenddessen hatten sich Rolf, Victor und Cornelia an der Theke eingefunden. Wir plauderten, beobachteten und kommentierten die fleißigen Bienen und fragten, ob wir bitte auch so einen Nachtisch bekommen könnten. Wir konnten, genossen ihn schweigend, vom allgemeinen „Hmmm" begleitet, bis wir uns, nach einem letzten Schlummertrunk, bis morgen voneinander verabschiedeten.

Kaliníchta, tha díte ávrio und ónira glyká.
Gute Nacht, bis morgen und süße Träume.

58.

Als ich am Morgen erwachte, gab es noch keinen Plan für den Tag. Meine Träume schienen süß, wie gewünscht, "glyká" gewesen zu sein. Auf meinem Gesicht stand ein Lächeln. Mein Körper fühlte sich weich und geliebt an, und wenn ich den Traum-Erinnerungen meiner Gedanken glauben schenken durfte, hatte Micháli, mein Micháli, die Nacht bei mir verbracht. Real war es natürlich anders. Er war in dieser Nacht genauso wenig hier in Loutró gewesen, wie er mein Micháli war. Micháli gehörte niemandem, ausgenommen sich selbst, auch wenn ich mir, während unserer gemeinsamen Zeiten hier im Süd-Westen der Insel, immer ein wenig verlobt mit ihm vorkam.

Vor kurzem erzählte eine Freundin, dass einer ihrer Schüler, ein Viertklässler, ihr stolz erzählt habe, dass er nun mit Melanie zusammen sei. Wortwörtlich hatte er gesagt: "Frau Kluge, ich bin jetzt mit Melanie zusammen, aber sie weiß das noch gar nicht. Ich muss es ihr morgen erst noch sagen." "Ja", hätte sie geantwortet, "mach das mal!", und dass es sicher besser sei, wenn sie auch davon wisse.

Es war ein guter Tagesbeginn. Ich hatte in einem genialen Zimmer übernachtet, einem geheimen, provisorischen Raum, mit allem, was ich brauchte. Würde ich erneut in Loutró übernachten wollen, sollte es bitte immer gerne wieder in diesem Zimmer sein. Ich zog vom Bett auf den großzügigen Wäschebalkon. Legte mich bäuchlings auf eine der Liegen und erlaubte mir eine weitere Stunde Schlaf. Sonne im Herzen, Sonne in der Seele, Sonne auf meinem Körper, eine Nachricht auf meinem Handy. Micháli schrieb: "I miss you, Elisabeth", fragte, ob ich heute oder morgen nach Chóra Sfakíon zurückkommen würde, und schickte viele Küsse - pollá filákia.

Als ich später zum Frühstück auf die Terrasse des Sífis kam, saß Christina am ersten Tisch ihres Imperiums am Wasser. Die Terrassen von Cocos Taverne und dem Sífis House sind durch etliche Pflanztöpfe mit unterschiedlichen Gewächsen voneinander getrennt. Dazwischen ein kurzes Stück gelb gestrichenes Mauerwerk und ein schmales schmiedeeisernes Tor. Die äußeren Pflanzen, hohe Yucca Palmen, dazwischen einzelne Stechpalmen, Geranien und Dickblättergewächse.

Christina saß an einem ihrer privaten Plätze. Der eine befindet sich hier vor der Begrenzung zum nächsten Lokal, der andere am anderen Ende hinter dem großen Fels, mit Blick auf den Fähranleger. Ihre privaten Plätze unterscheiden sich in der Größe der Tische und in der Farbe der Stühle von den Sitzplätzen der Gäste. Die Tische waren kleiner, die Regiestühle dunkelgrün im Gegensatz zu den orange- und gelbfarbenen Stühlen der Taverne.

Als sich unsere Blicke trafen, winkte sie mich zu sich. Sie merkte an, dass ich spät dran sei, fragte, ob ich ein Frühstück möge und ob ich mich dabei nicht zu ihr setzen wolle. Ohne ein weiteres Wort gab sie Lemi ein Zeichen und bat um einen Früchte-Joghurt mit Honig und um einen Nescafé megálo.

Sie fragte, wie ich mich in meiner Kammer fühle, ob ich gut geschlafen hätte und ob auch sonst alles gut sei. Ich erzählte, dass alles wunderbar wäre, dass ich ein wenig auf dem Balkon in der Sonne gelegen hätte und dass ich mich in ihrem Emergency Room wie im Versteck von Anastasia, der jüngsten Tochter des Zaren Nikolaus II., gefühlt hätte, und dass ich dieses Zimmer ab jetzt immer möchte.

„Elisabeth, you have a great fantasy!"

Sie erzählte weiter, dass sie seit sechs auf den Beinen sei, dass Odd und Ninette mit ihrer Gruppe gleich nach dem Frühstück nach Anópoli aufgebrochen wären und dass sie erst am Abend zurückkämen. Sie wollten über Anópoli zum verlassenen Dorf Arádena laufen, dann durch die Schlucht zum Mármara-Beach wandern, dort zu Abend essen und sich anschließend von der Poseídon per Sonderfahrt nach Loutró zurückbringen lassen. Irgendwie sei sie froh, dass heute weder Zimmerwechsel anstünden noch für eine lange Tafel zu kochen sei. Sie wäre kaputt und freue sich auf einen ausgedehnten Nachmittagsschlaf. Lemi hätte am Abend frei, und so würden sie und Maria das Abendgeschäft übernehmen.

Plötzlich zog der Himmel zu. Das wolkenlose Blau verschwand mehr und mehr, bis die Wolkendecke nur noch ein Herz übrig gelassen hatte. Es war wirklich so. Am Himmel, Richtung Chóra Sfakíon, stand ein hellblaues Herz am Himmel. Es dauerte eine gute Weile, bis es sich verformt hatte, um dann ganz im Wolkenmeer zu verschwinden. Ich machte ein Foto und sandte Micháli einen Gruß:

„Look at the sky! There is a heart. I'll send it to you
from Loutró to Chóra Sfakíon. Elisabeth to Micháli."

Danach schickte ich ihm eine zweite SMS, dass ich noch eine Nacht in Loutró bleiben würde, dass er willkommen sei und dass ich mich freue, ihn morgen noch einmal zu sehen.

Cornelia kam kurz zu Christina und mir an den Tisch. Sagte „kaliméra" und dass sie sich zum Zeitunglesen in den Loungebereich in Cocos Taverne niederlassen würde. Als mein Frühstück kam, wünschte Christina mir guten Appetit „kalí órexi" und beschäftigte sich meditativ mit ihren Dekorationen, bevor sie sich für ihre Tagespause zurückzog. Sie zupfte Verblühtes von den Pflanzen, richtete die arrangierten Teile, entfernte bei Notwendigkeit Staub und anderen Unrat und kam am Ende mit einem kleinen Farb-Eimer samt Pinsel und Putztuch. Eine der blauen Türen hatte einige Ratscher, die es nun galt, mit neuer Farbe abzudecken. Sie grinste und sagte:

„Elisabeth, you know, I'm the manager for everything!"
„Yes Christina, for everyone and everything, I know!"

Es war wie bei mir zu Hause, in allem, nein, in vielem. Ich musste nicht alles alleine machen, genauso wenig, wie Christina es musste. Dennoch hatte ich auf alles ein Auge, was mir eine ebenso leichte Übung war wie die gesamté Räumerei.

Frühstück fertig. Umzug zu Cornelia ins Nachbar-Café. Was war das? Tropfen! Der bewölkte Himmel hatte das sonst so leuchtend blaue Wasser des Libyschen Meeres in Nordseegrau getaucht. Der Himmel und die Sonne machen die Farben der Meere, nicht das Wasser selbst. Erste Tropfen, viele Tropfen, nur noch Tropfen. Das Wasser fiel geradezu vom Himmel, fast von einem Moment zum anderen. Die Gäste zogen unter die Überdachungen. Polster und andere wasserempfindliche Dinge wurden in Sicherheit gebracht. Weltuntergang im Paradies? Nein! Es war ein wunderbares Naturschauspiel, ein Wassertheater, eine kurzweilige Unterhaltung für jedermann. Zuerst die dicken Tropfen, dann die wie aufgescheucht wirkenden Bewegungen der Gäste und Tavernenbetreiber, mit gleichzeitiger Verfärbung des Himmels, der Luft und des Wassers. Zuerst in strahlendem Türkis, dann in gedämpftem Blau, abgelöst von hellen, immer dunkler werdenden Grautönen, bis das Ende des Regenfalls uns wieder die schönsten Blau- und Türkistöne präsentierte, bis hin zum Aquamarin. Eine Stunde, höchstens zwei. Besonders ist mir der Anblick des sich verbindenden Wassers in Erinnerung. Es war, als ob sich eine klare Glanzschicht über die Wasseroberfläche der See gelegt hätte, ähnlich einem letzten Gelatineguss als oberste Schicht eines Kuchens. Die Regenfäden trafen auf die Oberfläche des Meerwassers, nötigten es zu Spritzern, tauchten ein, bildeten beim Wiederauftauchen diese Glanzschicht und verbanden sich dann nach und nach mit dem salzigen Nass.

Nachdem der Regen gänzlich vom Himmel gefallen war, war sein strahlendes wolkenfreies Blau schnell zurück. Gerade heute, fast zwei Jahre nach diesem wunderbaren kretischen Regenschauspiel, war der ostfriesische Himmel wolkenverhangen, den ganzen Tag, von morgens bis abends, mit durchgängigem Regen unterschiedlicher Intensität. Das ist hier so. Das ist ostfriesisch, norddeutsch und nicht weiter schlimm. Wir sind es so gewohnt und gleichzeitig gewiss, dass auch uns der nächste Sommer ereilen wird. Unregelmäßig, unterschiedlich lang und von minderer oder auch besserer Qualität.

Cornelia und ich wollten, falls der Regen sich geben würde, unseren Mittagssalat im Small Paradise nehmen. Die Uhrzeit war uns dabei egal. Wir wollten uns bewegen, wollten sehen, was der Regen mit den Pflanzen gemacht hatte, und wir wollten einen letzten Greek Salad mit diesem weltbesten aller Myzíthra-Brösel-Weichkäse.

Ein paar Tische weiter saß, ebenfalls Zeitung lesend, ein wahrlich in die Jahre gekommenes Paar, beide mit Gehhilfen an ihrer Seite. Ich hatte sie gestern schon einmal bemerkt, als sie mit ihren Gehstöcken langsam über die Promenade spazierten. Sie schienen mir sehr zufrieden, obwohl sie das, was ich an dieser Gegend unter anderem so schätze, nicht mehr konnten. Zum Bergebesteigen und Wandern waren sie eindeutig nicht mehr in der Lage. Dennoch schien ihnen der kleine Ort, die begrenzten Möglichkeiten Loutrós völlig auszureichen.

Cornelia und ich verließen Cocos Taverne. Wir schlenderten zum kleinen Modeladen. Cornelia hatte dort Blusen gesehen, die sie nun anprobieren wollte. Auf dem Weg dorthin traf ich Kerstin und ihren Freund Lars wieder, den jungen Mann mit dem Pepita-Sonnenhut. Sie hatten mich an Michális Taxiboottisch nach der Möglichkeit einer Überfahrt nach Lourtó gefragt. Ich hatte ihnen die Abendfähre empfohlen und dazu zwei Übernachtungen in Loutró, auch wenn sie eigentlich im Nord-Westen Kretas ihr festes Urlaubsdomizil hatten. Sie waren froh, meinem Rat gefolgt zu sein, und ich war es auch.

Wir gingen Blusen probieren, kauften eine rote für Cornelia und machten uns, nachdem der Regen nachgelassen hatte, auf den Weg nach Lýkos. Wir nahmen den einfacheren Weg um die Landzunge herum. Hielten wir es doch für klüger, größere Steigungen zu meiden, bei denen wir auf regennasse, vielleicht glitschige Felssteine hätten treffen können. Altersschön alleine wollte uns nicht reichen. Wir wünschten uns ebenso einen unversehrten Körper ohne unnötige Brüche und Blessuren, und dazu wollten wir unseren Beitrag gerne leisten. Es war Zeit für einen Regenbogen. Der Himmel ließ sich nicht lumpen und zeigte ihn uns, soweit unser Auge reichte. Die Wirtsleute hatten begonnen, ihre Tavernen wieder gastfreundlich herzurichten. Stühle wurden auf den Fußboden aufgestuckt oder wie die Tische trocken gewischt. Polster fanden ihren Weg zurück auf die Loungesessel, Wasserpfützen wurden Richtung Meer weggefegt.

Cornelia und ich gingen leichtfüßig und dennoch vorsichtig, wo Vorsicht geboten war. Durch den Regen schien das Blattgrün intensiver. Neue Blütenknospen hatten sich geöffnet. Gerüche lagen mehrschichtig in der Luft. Blumenduft, Kräuterduft und auch der Geruch von Erde begleiteten uns am heutigen Tag zu allem anderen intensiver als sonst. Wir passierten die kleine weiße Kirche mit dem langen festgemauerten Tisch, die verborgene Kreuzstätte am Lavagestein und das aufgestellte Kunstwerk aus Treibholz, kurz bevor wir das Old Fínix vor Augen hatten. Wir liefen oberhalb Fínix weiter bis zum Abzweig am rotsandigen Weg mit Maschendrahtzaun, bis wir den frei stehenden Baum erreichten, der uns Wanderer immer wieder zu einer kleinen Sonnenpause im Schatten seiner Äste einlädt. Ziegentor auf, Ziegentor zu. Wir stiegen den Felsweg hinab bis zum Geröllweg, der direkt am Small Paradise endet.

Theo und sein Bruder Nikos warfen gerade das Futter für ihre Ziegen und Schafe aus, als wir an den Containern, für was auch immer, vorbeikamen. Zum Schluss stiegen wir die unregelmäßigen und regelmäßigen Stufen zum Small Paradise hinab, grüßten die Anwesenden mit „Kalispéra", wählten einen Tisch und bestellten bei Aidin unseren heiß ersehnten griechischen Salat. Auf ihren dann folgenden Satz hatten wir geradezu gewartet:

„A little médicine first?"
„Kat anáki, né, efcharistó polý!"

Unbedingt und ja und sehr gerne! Nach einer langen Wanderung ist dieser selbst gebrannte Raki einfach zu und zu gut. Wir saßen im Halbschatten der großen Tamariske und erzählten aus unseren Leben. Cornelia hatte im Gegensatz zu mir nie in einer typischen Vater-, Mutter-, Kindfamilie gelebt, zumin-

dest nicht mit ihr in der Rolle der Mutter. Als sie damals mit Sophia schwanger war, wäre ihr schnell klar geworden, dass es mit dem Vater des Kindes keine Aussicht auf ein normales Familienleben geben würde. Sie zog von Paris zurück in ihre deutsche Heimat, bekam ihr Kind im Kreise ihrer Ursprungsfamilie und lebte dort im großen Verbund mit ihren Eltern, dem Bruder, dessen Frau und deren beider Kinder. Es wäre ein gutes Leben gewesen. Alle hatten sich beieinander gut aufgehoben gefühlt. Die jungen Leute hatten ihrer Arbeit nachgehen können, die Kinder wuchsen gemeinsam auf, die Eltern bzw. Großeltern betreuten das Haus und die Kinder. Natürlich nicht nur. Sie lebten miteinander, wie es in früheren Generationen ganz normal der Fall gewesen ist. Drei Generationen unter einem Dach, mit gegenseitiger Achtung und Fürsorge. Die ältere Generation wäre jedoch großzügiger mit der Abgabe von Rechten an die mittlere Generation gewesen, als es früher oft der Fall war. Damals lag das Bestimmungsrecht meist bei den Alten, zumindest solange sie sich gegen das Jungvolk hatten durchsetzen können.

Familie hin oder her, gut in der einen oder auch anderen Form. Cornelias Tochter Sophia hatte durch dieses Großfamilienleben nie den Zwist eines sich trennenden Elternpaares erleben müssen, genau wie Cornelia nie den Verlust von Familie. Es hatte Trennungen von Liebespartnern gegeben, aber nicht die Auflösung ihres Familiennestes.

Aus meiner Sicht hat das Leben in einer Mehrgenerationen-Familie im Vergleich zur Einzelfamilie für alle Beteiligten nur Vorteile, solange alle Erwachsenen den gleichen Stellenwert haben und sich jede Familieneinheit in ihr eigenes kleines Reich zurückziehen kann. Dass Kinder den Erwachsenen untergeordnet sind, liegt in der Natur der Sache. Sind erwachsen

gewordene Kinder mit ihren Eltern jedoch nicht auf Augenhöhe, kann ein Zusammenleben kaum gelingen.

Wir genossen unseren Salat mit Myzíthra und gutem Brot, verabschiedeten uns bis zum nächsten Herbst und machten uns auf den Rückweg. Das Burggelände oberhalb Loutrós ist einfach nur wunderbar, mystisch und schön und wunderbar! Die Burg selbst, das Gelände drum herum, die alten Bäume, der rote Grund, die Steine - einfach alles. Wir verweilten. Wir genossen die guten Schwingungen. Wir saßen auf dicken Felsblöcken, ruhten auf dem Stamm eines schräg gewachsenen Baumes und in der weiten Astgabelung eines anderen. Wir zählten die einzelnen Felsbröckchen des spiralförmig gelegten Steinkreises. Wenn ich mich recht erinnere, waren es um die fünfhundertfünfundfünfzig. Die Sonne warf lange Schatten. Als wir uns Richtung Landzunge auf den Weg zurück zum Ort aufmachten, folgten wir unseren Schattenfiguren. Sie tanzten mit ausladenden Bewegungen, grüßten an Baumstämmen oder gingen wie wir eingehakelt vor uns her. Als die Sonne unserem Weg nicht mehr folgen konnte, verabschiedeten wir uns gegenseitig mit tiefen Verbeugungen. Unsere Schatten blieben zurück. Wir folgten dem schmalen Weg hinunter nach Loutró.

Die große Fähre lag schon vor Anker an ihrem Nachtplatz. Victor und Rolf saßen mit einem heute angereisten Freund aus Berlin an Christinas Bar. Victor stellte uns vor: „Peter, Cornelia, Elisabeth." Cornelia und ich teilten uns ein Bier, gossen Limonade drauf und waren somit wieder bei unserem Abendalster. Morgen würden wir Mädels abreisen. Cornelias Flug ging am gleichen Tag von Chaniá, meiner einen Tag später von Heraklíon. Nein, Cornelia war keine Nachteule, ich glaube, sie war nicht einmal ein Abendvogel, und so verließ sie uns kurz nach Einbruch der Dunkelheit zum Packen und zum frühen Schlafengehen.

Die Jungs wollten morgen zu einer frühen Wanderung aufbrechen. So rauchten Victor und ich eine gemeinsame Abschieds-Zigarette am großen Stein am Wasser und versprachen uns, uns zu Hause in unserem gemeinsamen Ostfriesland alsbald wiederzubegegnen. Zur Besiegelung nahmen wir uns fest in die Arme und sagten uns: „Bis bald!"

Ich liebte mein unmögliches Gemach. Jetzt bei Nacht war es noch heimlicher und noch heimeliger als am Tage. Ich war sparsam mit dem künstlichen Licht, ließ die Deckenbeleuchtung aus und knipste nur eine der Nachttischlampen an. Ich duschte, wusch mir die Haare, legte meine Tageskleidung zurecht und packte meinen Rucksack. Als ich alles fertig hatte, frottierte ich mir die Haare trocken und ging in meinem Nachtgewand vor dem Schlafengehen noch einmal mein kleines Reich ab. Wäschekammer mit Flur und Bad, die große Terrasse mit den Wäscheleinen, mein Zimmer selbst und den Balkon oberhalb Christinas Tavernen-Terasse.

„Kaliníchta Loutró."
„Kaliníchta Elisabeth."

59.

Auch wenn der Himmel am gestrigen Tag wieder blau gewesen war, war er heute Morgen mittelprächtig bewölkt. Ich lag in meinem Bett und linste durch die zur Seite gewehten Vorhänge, sah auf den grauen Fels, den weiß-grauen Himmel und das farblose Meer. Der Wind wehte leicht durch meine glaslosen Balkontüren. An diesem Himmel war die Uhrzeit nicht abzulesen, und so stand ich auf und blickte aus dem Fenster. Die Fähre lag noch an ihrem Platz, demnach hätte es noch vor acht sein müssen. Mein Wachsein fühlte sich allerdings eher nach neun oder zehn an, was mir meine Handy-Uhrzeit bestätigte.

Der Wind war kühl. Ich nahm meine lange Strickjacke wieder aus dem Reiserucksack heraus, band sie mir über mein Reisekleid um die Hüften und verließ mit Sack und Pack meine Suite. Auf der Terrasse herrschte eine gewisse Unruhe. Die Fähre würde ob des hohen Wellenganges den ganzen Tag nicht auslaufen können. Hier in der Bucht war die See relativ ruhig, doch außerhalb der schützenden Felsen verhielt es sich anders. Dort konnte der Wind ungehindert die Wellen aufpeitschen. Das Seewetteramt hatte eine Windgeschwindigkeit von acht Beaufort gemeldet. Damit war das Auslaufen der Fähren untersagt. Ab sechs Beaufort auf der Skala von null bis dreizehn liefen die großen Fähren mit ihrem geringen Tiefgang nicht mehr aus.

„Und was ist mit den Schluchtenwanderern?"
„Nichts, an solchen Tagen sind keine da."

War eine erhöhte Windgeschwindigkeit zu erwarten, der Seegang entsprechend hoch, blieb die Samariá-Gorge geschlossen. Privatreisende erfuhren es oben auf der Ómalos-Hochebene am Eingang der Schlucht. Busunternehmer am frühen Morgen, bevor sie sich überhaupt auf den Weg machten, ihre Schäfchen zum Schluchten-Ausflug einzusammeln.

Der norwegische Wandertrupp hatte in der Früh ausgecheckt. Das Gepäck wartete am Kassenhäuschen vom Fähranleger. Ihre Frühstückstafel war aufgehoben. Ein Teil der Gruppe hatte sich, wie bei jeder ihrer Touren, schon auf den Fußweg nach Chóra Sfakíon gemacht, mit dem üblichen Zwischenstopp am Sweet-Water-Beach. Christina kümmerte sich um ihre Gäste. Reisende, die den Elf-Uhr-Bus in Chóra Sfakíon erreichen mussten, wurden als erste auf den Betonsteg gebeten, die, die den Sechzehn-Uhr-Bus nehmen wollten, darum, den anderen den Vortritt zu lassen. Alle mittelprächtigen Boote waren im Einsatz - die Delffíni, der Sfakía Express und die Poseídon. Cornelia war mit unter den ersten Fahrgästen. Als ich sie auf dem Betonsteg erblickte, rannte ich kurzerhand hinzu, um auf Wiedersehen zu sagen, auf Wiedersehen und gute Reise - kaló taxídi.

Danach ging ich zurück auf die Terrasse vom Sífis House, bestellte mir mein übliches Frühstück und schaute den kleinen und größeren Unruhigkeiten weiter zu. Als die ersten drei Boote ausgelaufen waren, kehrte etwas Ruhe ein. Lemi wurde beauftragt, das Gepäck von Odds norwegischem Wandertrupp vom Fähranleger zum Betonsteg zu transportieren. Eine Karre, vierzehn Rucksäcke, Lemis muskulöse Oberarme, und schon war's erledigt. May und Mette hatten sich zu mir gesetzt. Ninette hatte darauf geachtet, dass alle zu ihrer Gruppe gehörenden Rucksäcke vom Kassenhäuschen am Fähranleger zum Betonsteg mit umgezogen waren. Nach getaner Arbeit fragte sie, ob sie sich für einen Abschiedskaffee zu uns setzten dürfe. Gerne, gerne und noch mal gerne. Wir erzählten ein wenig im hier üblichen Englisch aller Kulturen. Als wir erfuhren, dass wir im Herbst alle wieder hier sein würden, hofften wir auf neue Begegnungen und freuten uns, uns kennengelernt zu haben.

Als die drei Boote zurückkamen, hatten sich erneut etliche Reisende mit ihrem Gepäck auf dem Betonsteg versammelt. Eigentlich hätte ich jetzt mit nach Chóra Sfakíon hinüberfahren wollen, doch da mein Flug erst am nächsten Abend sein würde, ließ ich den anderen gerne den Vortritt. Es war mir immer schon ein großer Genuss, mich aus jeder Hektik, jeder Panik und jedem Getriebensein herauszulösen. Langsamkeit ist mein Vergnügen, Gelassenheit meine Lust, die Übersicht zu behalten, eine Art Sport. Je verrückter die Welt um mich herum aufgestellt ist, umso mehr werde ich zum Zuschauer, zum Beobachter, eben zum Hofberichterstatter. Ich weiß nicht, ob dass schon immer so gewesen ist, ich weiß nur, dass ich mich an den Beginn nicht erinnern kann.

Als die Boote sich wieder auf den Weg nach Chóra Sfakíon gemacht hatten, war Christinas Arbeit fürs Erste erledigt. Mette, May und Ninette winkten uns übers Wasser hinweg zum Abschied zu. Beim Hinterherschauen der Boote konnte ich den Unterschied zwischen dem Wellengang in der Bucht und dem auf ungeschützter See gut erkennen. Nein, leicht hatten es die kleinen Boote mit oder auch gegen Wind und Wellen nicht. Dennoch brachten sie ihre Gäste sicher ans Ziel.

„When will you go?", frage Christina, als sie sich mit einer kleinen Karaffe Raki und einem großen Krug Wasser und zwei Gläsern zu mir setzte. „Hm, I will take the next taxiboat. I have time, one more night in Chóra Sfakíon." „And, will you come again, Elisabeth, Queen of everything?", sagte sie lachend mit einem Augenzwinkern. „Yes", sagte ich, auf jeden Fall und dass es im Herbst sein würde, für vier Wochen im September und um meinen Geburtstag herum. „Christina, in this area I feel like home! And so I will come back again and again and again!" Der Raki war lecker. Christina mixte sich ihn mit Wasser. Ich trank beides nacheinander. Erst den Raki - áspro báto, also auf ex, danach das Wasser zum Löschen hinterher. Micháli rief an:

„Poú eísai, Elisabeth?" Wo bist du?
„I'm in Loutró. I'll take the next taxiboat."
„Today there's no more boat!", sagte er.
„Too much wind, more than eight Beaufort!"
„Okay", sagte ich langsam überlegend,
„so I'll have to go the way by foot. I will start soon!"
„Call me, when you're up on the street, I'll pick you up!"

Er hatte mich abholen wollen, hatte am Hafen auf mich gewartet und mich angerufen, als er mich unter all den aussteigenden Passagieren nicht hatte ausmachen können. Nun denn. Ich nahm zwei Halbliterflaschen Samariá-Wasser aus dem Kühlschrank, stellte sie zu Christina auf die Theke und zahlte meine Rechnung für die letzten drei Tage und Nächte. Ich bedankte mich bei Christina für ihre Gastfreundschaft, für das wunderbare Zimmer und für die gute Arbeit ihrer Managerin.

„Elísabeth...!" „Yes, I think she does her work very well!"

Ich schulterte meinen Rucksack, lächelte ihr noch einmal ins Gesicht und zog glücklich von dannen. Zuviel Wind, zu hohe Wellen, mehr als acht Beaufort, kein weiteres Boot, und so machte ich mich auf den Fußweg nach Chóra Sfakíon.

Ich ging vom Sífis House Richtung Stadtstrand, passierte dabei den kleinen Laden, in dem Cornelia ihre rote Bluse und ich zuvor ein, zwei, drei Tücher gekauft hatten, sagte dem kleinen Zigaretten-Kiósko in Gedanken „Adío" und bog nach drei, vier Tavernen links zwischen zwei Hauswänden in eine schmale Gasse. Vor mir ein Schild mit Pfeil und den Worten Sweet-Water-Beach und Chóra Sfakíon.

Ich folgte dem Pfeil, lief bis zum Querweg der zweiten Häuserreihe, dann weiter links bis zu einem kleinen Platz, einer Art

Hinterhof, an dessen Seite ein üppiger Olivenbaum wächst. Sein Erdreich wird von aufgemauerten kleinen Findlingen gehalten. Durch seine Äste fielen kleine Sonnenpunkte auf die betonierte Fläche. Hier ging es auf groben Stufen bergan. Links der ansteigende Fels, rechts das wilde, dunkelblaue Meer. Maschendraht als Begrenzung und als Schutz entlang der steil abfallenden Felskante am Wegesrand. Der Weg ist schmal und verläuft vom höchsten Punkt an mit nur kleinen Aufs und Abs, mal geradeaus, mal sich schlängelnd, vielleicht 50 Meter oberhalb des Meeresspiegels.

Das Meer peitschte an die Felsen. Das Meerwasser bewegte sich in gut erkennbaren Wellen auf die Küste zu und spritzte beim Aufprall ordentlich in die Höhe. Ein imposanter Anblick. In Küstennähe wirkte das Wasser teils türkis, teils mittelblau und stieß ohne fließende Übergänge direkt auf dunkelblaueste Wasserflächen. Wir wissen, dass Wasser nicht mittelblau oder türkis ist, und tintenblau ist es schon gar nicht. An jeder Stelle fänden wir das, was wir dazu wissen, bestätigt, egal, aus welchem Teil des weiten Meeres wir eine Handvoll Wasser schöpften. Eben noch in allen Schattierungen von Blau und Türkis würde es in unseren Händen nur noch durchsichtiges Wasser sein, farblos und klar, ohne jede Faszination der Farben.

Warum also zeigt sich Wasser in all diesen Blautönen? Spiegelt sich der blaue Himmel in der Wasseroberfläche? Wird das Wasser grau und fad, weil der Himmel wolkenverhangen ist? Woher kommen das tiefe Tintenblau und die unterschiedlich brillanten Türkisabstufungen, die am Himmel so nie zu sehen sind, und warum wird das Meer nicht weiß, wenn der Himmel es ist? Nein, die Fähigkeit des Spiegelns ist nicht der Grund für die unterschiedliche Blaufärbung des

Meerwassers. Es ist das Zusammenspiel zwischen Sonnenlicht und Wasser. Sonnenlicht besteht aus verschiedenen Einzelfarben, den sogenannten Spektralfarben, die in ihrer Gesamtheit weiß erscheinen. Das Meerwasser filtert ab ein paar Metern Tiefe fast alle Farben des Sonnenlichtes heraus. Als Erstes die Rottöne, dann das gesamte Gelb, bis nur noch Blau zurückbleibt. Flachere Gewässer sind dann, meist noch etwas gelb geschwängert, in unterschiedlichen Türkistönen auszumachen, tiefere im Blau aller Couleur. Wasser filtert die Farben des Sonnenlichtes nicht nur, es lässt das Licht der Sonnenstrahlen auch brechen, teilt es in seine einzelnen Spektralfarben und macht sie sichtbar. Regenbögen sind das wunderbare, wundersame Ergebnis, wenn Sonnenstrahlen auf Regentropfen treffen. Die Strahlen brechen sich in den Tropfen, und schon werden die einzelnen Spektralfarben für unsere Augen sichtbar.

Während die Gischt immer wieder in die Höhe schoss und bis zum Anrollen einer neuen Welle ins Meer zurückfloss, lief ich gemächlich, in dennoch gutem Tempo, den Weg am Felsrand entlang Richtung Sweet-Water. Zwischen den Felsen wuchs allerlei Grün. Verschiedenes Buschwerk, mal mit kleinen weißen, mal mit gelben Blüten, dazwischen immer wieder wilder Thymian und üppig gewachsene, rosafarben blühende Oleander. Jeder Baum, jedes Baumpaar war mir eine Lust. Das ist so, alles, was wenig vorhanden ist, fällt besonders ins Auge. Hier in der Welt der kargen Felsen und des weiten Meeres sind es die einzeln stehenden Bäume. Im dichten Wald wäre es die helle, raumschaffende Lichtung und bei ständigem Sonnenschein der plötzliche Regenguss, so wie es am Vortag in Loutró der Fall gewesen war.

Der Weg blieb gleichbleibend schmal. Er führte um Felsspitzen herum, verlief durch weite Senken oder stufenförmig hinab und wieder hinauf, alles in unanstrengendem Maße. Der Grund war von unterschiedlicher Beschaffenheit. Mal felsig mit kleinerem und auch gröberem Geröll in Grautönen, mal fester lehmartiger rotbrauner Boden, mal feiner heller Kalksand, mal gelblich anmutendes Erdreich. Ohne es bemerkt zu haben, hatte mich der Weg immer leicht abfallend, nach und nach bis auf Meereshöhe hinuntergeführt.

Zwischen dem Meer und mir lagen vom Wasser rundgespülte Felsbrocken, über die ich mich von Stein zu Stein einem kleinkieseligen Strand näherte. Dunkelgrauer Kies, ein paar Findlinge, weiße Gischt, das Meer in unterschiedlichen Türkistönen. Über einem weißgrauen Wolkenband ein hellblauer Himmel. Die Brandung rollte mit großer Kraft auf den Kieselstrand und schäumte das türkis aussehende Meerwasser bis zu einer Breite von vielleicht zwei Metern auf. Die Kiesel bewegten sich mit den Wellen den Strand hinauf und wieder hinunter. Das Rollgeräusch der Steine vermischte sich mit dem Getöse des ständig kommenden und gehenden, vom Wind aufgepeitschten Meeres. Wer ohne Zuschauer ein Bad nehmen möchte, könnte hier verweilen, auch wenn ich bei diesem Wellengang sehr vom Bade abgeraten hätte.

Ich folgte weiter dem mit gelb-schwarzen Streifen markierten Europa-Wanderweg E4. Meinen Reise-Rucksack bemerkte ich kaum. Er saß gut auf meinen Hüften, was die Tragelast für meine Schultern ungemein verringerte. Beim erneuten Bergaufgehen spürte ich sein Gewicht wieder etwas mehr, was mich jedoch nicht davon abhalten konnte, die kleinen, wuschelig wirkenden, lilafarbenen Distelgewächse zu bemerken.

Wieder auf guter Höhe passierte ich die kleine weiße Kirche am Fels, die ich vordem mehrmals vom Boot aus hatte sehen können. Der zur Kirche gehörende Glockenbogen steht etwas abseits und ist mit seiner schlichten Schönheit sicher das meistfotografierte Motiv dieses Weges. Er ist auf der höchsten Erhebung in Kirchnähe errichtet. Der Aufbau des weißen Glockenbogens beginnt mit einer rechteckigen Bodenplatte, darauf folgen zwei quadratische Fußplatten, zwei schlanke eckige Säulen, gefolgt von zwei weiteren, flacheren Quadratplatten, auf denen ein Bogenelement thront, das mit zwei länglichen, schräg abfallenden Platten, einem Hausdach ähnelnd, endet. Das gesamte Gebilde in leuchtendem Weiß, die Kanten des Daches und der oberen quadratischen Platten im Blau der griechischen Flagge gestrichen, das sich immer irgendwie in den Farben des Meeres und des Himmels wiederfindet. Diesen Glockenbogen kann man einfach nur lieben und schön finden, egal, von welcher Seite man ihn auch betrachtet. Vom Weg aus bildet das Meer seine Kulisse, vom Kirchplatz aus der Himmel neben einem der mächtigen Felsen der Sfakía. Die am oberen Ende der Säulen angebrachte Glocke aus Bronze hält mit ihrer Schwere die gefühlte Verbindung zur Erde, das weiße, aufstrebende Kreuz, auf der Mitte des Giebels, mit seiner transparent wirkenden Leichtigkeit, den Kontakt zum Himmel.

Nach zehn weiteren Minuten hatte ich das Ende des ersten Stück Weges erreicht. Ich stand oberhalb des Sweet-Water-Strandes und fühlte die Freude, die wohl jeden hier oben beim Anblick dieser Bucht erfassen mag. Ich war zwischen ein und zwei Stunden unterwegs gewesen. Hatte trotz meines Reiserucksacks jeden Schritt genossen. Ich hatte diesen Weg eher als angenehmen Spaziergang empfunden denn als anstrengende Wanderung und war trotzdem voller Freude, nun zum Sweet-Water-Beach hinabsteigen zu können. Der Blick auf den

Strand und auf das kleine Tavernengebäude, das auf einem abgetragenen Fels im Wasser errichtet worden war, mochte ebenso häufig abgelichtet worden sein wie der externe Glockenbogen der kleinen weißen Kirche am Fels. Von hier oben glich die vorgelagerte Taverne einer Miniatur. Der Strand ist weit, das flach auslaufende Meer in hellem Türkis, die Felsen mächtig, die Tamarisken grün und inzwischen hochgewachsen. Zehn bis fünfzehn Bäume mögen es in diesem Frühjahr schon gewesen sein, und es würde mich nicht wundern, wenn sie allesamt von der Familie der Tavernenbetreiber hier gepflanzt worden wären. Auf einem Foto aus dem Jahre 1983 habe ich sie zumindest noch nicht ausmachen können. An diesem Tag schien der Strand menschenleer. An der ersten Tamariske hing ein Pappschild mit den Worten:

TAVERNA IS OPEN

Kurz davor ein professionelleres mit den Bootfahrzeiten und dem Hinweis, dass in der Taverne nach einem Taxiboot gefragt werden könne. Giórgos, der Sohn von Theo und Iríni, stand mit ausgebreiteten Armen am Anfang des Holzsteges, der vom Strand zur Tavernenplattform hinaufführte, und rief: „A guest, a guest, Elisabeth, I don't believe it!" Es war wirklich niemand weiter vor Ort, außer Giórgos, seiner Mutter und jetzt mir. Unter der ersten großen Tamariske standen einige Sonnenliegen, teils gestapelt, mit darauf abgelegten Sonnenschirmen. Das Öffnen der Schirme war am heutigen Tag weder nötig noch möglich gewesen. Keine Gäste, zu viel Wind. Nach unserer umarmenden Begrüßung und Giórgos Frage, welchen Tisch ich denn wünsche, wählte ich den windgeschütztesten, gleich rechts am Anfang der Tavernen-Terrasse. Ich bestellte Linsensuppe mit einer Scheibe Feta, hausgemachte Limonade und einen Kaffee. Kurz darauf fanden sich drei weitere Rucksacktouristen in der

Taverne ein. Zwei aus Chóra Sfakíon kommend, ein dritter wie ich aus Loutró. Als mein Essen kam, wollten alle drei das gleiche. Robert war heute von Lýkos aus nach Loutró gekommen. Hatte den Nachmittag dort verbringen wollen, um gegen 18 Uhr die Fähre nach Chóra Sfakíon zu nehmen. Als er erfahren hatte, dass die Fähre heute nicht fahren werde, hatte auch er sich zu Fuß auf den Weg gemacht.

Während unseres Essens und unserer Plaudereien über Wege, Wetter, Wind, Wolken, dem Warum, dem Woher und dem Wohin, klingelte Giórgos Handy. „It's for you!", sagte er und reichte es zu mir herüber. Micháli wollte wissen, ob ich schon am Sweet-Water-Beach sei und mir sagen, dass sein Bruder noch einmal mit dem Sfakía Express nach Loutró unterwegs wäre und dass er mich auf dem Rückweg vom Strand abholen würde. Gedanklich war ich darauf eingestellt, das zweite Stück Weg ebenfalls zu Fuß zu gehen, doch irgendwie hatte ich den Eindruck, dass es Micháli erfreue, wenn ich seine Fürsorge annehmen würde. Nachdem die anderen Wanderer aufgebrochen waren, setzte ich mich für einen Moment in die Sonne. Ich dachte über den Weg von hier nach Chóra Sfakíon nach, erinnerte mich, dass ich ihn vor Jahren mit meiner Schwester gegangen war, ohne Gepäck, in entgegengesetzter Richtung. Er war von ganz anderer Art gewesen als der Weg, den ich gerade von Loutró aus gekommen war. Steiniger, serpentinenartiger, mehr von Menschenhand gerichtet und mit größeren Höhenunterschieden. In meiner Erinnerung hatte ich ihn damals als anstrengend empfunden.

Giórgos setzte sich zu mir. Fragte mich ohne Umschweife, ob ich seinen Onkel liebe, und erzählte mir, dass Micháli sein Lieblingsonkel sei. Ein bisschen verrückt, aber mit einem guten und großen Herzen. Er sagte: „A little crazy, but with a good and big heart!"

„Love - maybe. I like him a lot and I like to be with him. I think, we have good feelings for each other. Giórgos you know, love at this distance is hard to live, to much love can bring much pain. That's why I'm carefull with my heart."

„Lieben - kann sein. Ich mag ihn sehr und ich bin gerne mit ihm zusammen. Ich denke, wir haben gute Gefühle füreinander. Giórgos, du weißt, Liebe auf diese Entfernung ist schwer zu leben. Zu viel Liebe bringt zu viel Schmerz. Aus diesem Grund bin ich vorsichtig mit meinem Herzen."

Irgendwie süß, wie er sich um seinen Onkel Gedanken machte. Es sind nicht nur die Schürzenjäger, die den Mädels die Herzen brechen können. Andersherum ist es ebenso möglich, auch wenn es im wahren Leben mit Sicherheit weitaus weniger vorkommen wird.

Der Sfakía Express kam in Sicht. Er fuhr ohne jedes Anzeichen am Sweet-Water-Beach vorbei. „Giórgos, what's this?" Wir mussten beide herzlich lachen und erklärten uns die Tatsache mit der Uhrzeit und dem Erreichenmüssen des Sechzehn-Uhr-Busses. Ich zahlte meine Suppe, schulterte meinen Rucksack, sagte Iríni und Giórgos „Adío" und dass wir uns im Herbst sicher wiedersehen würden.

Ich fand es nicht schlimm, fand es eher geradezu gut, dass ich den zweiten Part des Weges von Loutró nach Chóra Sfakíon nun auch gehen musste. Ohne das Ausfallen der Fähre hätte ich mich mit meinem Reiserucksack auf dem Rücken nicht auf diesen Weg gemacht. Doch nun wollten Erinnerungen aufgefrischt und der Grad meiner Fitness festgestellt werden. Das ist typisch für mich. Gibt es etwas, das ich eigentlich nicht mag, nicht möchte, wird in meinem Kopf aus dem Stand heraus eine Testreihe geboren. Bügeln ist eines der letzten Dinge, die ich tun möchte, genau wie das Kochen. Beim Kochen suche ich dann nach dem effektivsten Weg, beim Bügeln stopp ich die Zeit, und die Notwendigkeit des Fensterputzens würde ich solange bestreiten, bis jemand daherkäme, der es für Geld und dazu auch noch gerne täte. Nein, der Mensch muss sich mit Tätigkeiten, die er nicht mag, wirklich nicht quälen.

60.

Der Weg über den grobkieseligen Strand war zum Laufen nicht traumhaft, aber okay. Ich drehte mich noch zweimal um und winkte Giórgos zum Abschied. Eine der Süßwasser-Quellen war geradezu kunstvoll hergerichtet. Ovale Vertiefung, am unteren und oberen Rand rundherum mit kleinen Wackersteinen gesichert. Dazwischen mosaikartig verlegte Kiesel, zackenförmig aus unterschiedlichen Steinen in Größe und Farbe. Ist schon irre mit diesem Süßwasser. Kaum ist eine Vertiefung gebuddelt, füllt sie sich mit trinkbarem Nass. Am Ende des Strandes liegen dicke Felsblöcke im Meer, wahrscheinlich vor tausenden von Jahren vom Fels hinab ins Meer gekullert. Sie sind mehr als zwei Mann hoch und bieten leicht vier Menschen Platz zum Sonnen.

Die Kiesel wurden gröber, als hätte sie jemand sortiert. Dazwischen lagen immer wieder große Steine, auf denen ich wunderbar vorankam. Der Weg führte auf Meereshöhe durch unterschiedlich große Felsbrocken hindurch, bis es wieder bergan ging. Zu Anfang war der Weg als solcher noch erkennbar, dann verlor er sich in einem Meer aus Felssteinen. Es ging höher und höher, der Weg wurde wieder Weg. Er war durchgängig schmal, nah am Abgrund, dem Berg geradezu abgerungen.

Um in früheren Jahren von einem Ort zum anderen zu gelangen, brauchte es solche Eselspfade. Straßen durch die wilde Bergwelt gab es damals keine, und Boote waren zu abhängig von Wind, Wellen und Wetter. Dieser alte Pfad wird den Menschen viel Schweiß abgerungen haben. Im Weg stehender Fels musste abgetragen, unüberwindbare Tiefen mit Steinen ausgefüllt, unebene Wegstrecken mit Felsbruch geebnet werden.

In dieser felsigen Gegend wuchs kaum etwas. Vom Verlassen des Sweet-Water-Beaches bis hier hatte ich kein Grün bemerkt. Erst als ich nach einer scharfen Biegung auf den wohl kunstvollsten Teil dieses Weges mit seinem überhängenden Fels blickte, gab es wieder vermehrt Kräutergewächse und hängendes Geblüh. Thymian in Menge. Steingewächse, darunter ein prachtvoll lachsrosé farben blühender Ebenholzstrauch mit seinen länglichen Puschelblüten. Bis zur Straße waren es jetzt noch gute fünfzehn Minuten bergan mit einigen Kehrtwenden.

Nun saß ich auf der flachen Betonmauer am Straßenrand, irgendwo zwischen Chóra Sfakíon und Anópoli. Neben mir mein Reiserucksack, über mir das zerschossene Hinweisschild zum Sweet-Water-Beach, in kleiner Ferne die Bucht von Chóra Sfakíon, am Himmel ein paar Wolken, von denen eine einem Flugzeug, einer Boeing 727, glich. Es war ein so gutes Gefühl, diesen Weg von Loutró bis hier zur Straße ohne allzu große Anstrengungen gegangen zu sein. Vielleicht war ich insgesamt vier Stunden unterwegs gewesen. Anderthalb Stunden für jeden Weg, mit vielleicht einer Stunde Verweildauer in Giórgos Taverne. Ich glaube, ich war ausgesprochen glücklich in diesem Moment, und als ich Micháli ein Weilchen nach meiner ihm gesandten SMS mit seiner kleinen rosa Porsche-Mechanáki die Straße hochfahren sah, war ich es noch ein bisschen mehr.

Bisher kannte ich ihn nur in einem seiner schwarzen Oberhemden, seinen langen Hosen und in flachen Schuhen. Also in einem seiner schwarzen Poukámiso, seiner langen Pantelóni und in flachen Papoútsia. Heute trug er, ob der Kühle des Tages, unter seinem Hemd einen Pullover, einen Zakéta. Die Sonnenbrille auf der Stirn, eine selbst gedrehte Zigarette im Mund, den Tabakbeutel in der Hemdentasche, am rechten Handgelenk diese sündhaft teure Uhr aus guten Zeiten und am linken Ringfinger den güldenen Siegelring. Seine schwarzen, welligen langen Haare hatte er wie immer zum Zopf gebunden, und sein rauschig grauer Trauer-Bart war länger denn je. Ich war mir sicher, um seinen Mund herum ein gewisses Lächeln gesehen zu haben.

Er stieg ab, nahm mich unbändig in die Arme, drückte mir einen Kuss auf die Wange, strahlte und sagte: „Kaló na écheis píso - good to have you back!" „Micháli, good to have you back, too - schön, auch dich wiederzuhaben!"

Wir rauchten auf dieser kleinen Mauer eine Zigarette. Saßen dicht an dicht, er mit seinem Arm um meine Schulter, ich an die seine gelehnt, geradezu im Doppelpack glücklich. Was hatte ich auf Giórgos Frage noch geantwortet? Genau: „Wir haben ein gutes Gefühl füreinander."

Ich bin das Porsche-Mechanáki-Mitfahren nicht gewohnt. Micháli setzte sich auf den Fahrersitz, stellte meinen Rucksack zwischen seine Beine, gebot mir, auf dem Rücksitz Platz zu nehmen und mich gut an ihm festzuhalten, was ich ohne Widerworte gerne tat. „Auuu!", was wusste ich von heißen Auspuff-Rohren? Aus welcher Bewegung heraus auch immer hatte ich mir an der Innenseite meines rechten Unterarmes ein ordentliches Brandmal zugezogen. Jungmädchengefühle stiegen in mir auf. Das erste Mal hatte ich so bei einem Jungen auf dem Motorrad gesessen, als ich gerade siebzehn war. Ich fand es schon damals irgendwie romantisch. Micháli fuhr in gemäßigtem Tempo. Meine Arme lagen um seinen Körper, meine Hände auf seinem Bauch, mein Kopf auf seiner Schulter.

Wie mochte er es wohl anstellen wollen, mich ungesehen über die Uferpromenade zum Xenia zu bringen? Wahrscheinlich würde er mich am Busplatz oberhalb des Dorfplatzes absetzen. Vielleicht würde er es sogar wagen, mit mir am Obrosgialos vorbei über die verwaiste Hinterstraße zum Xenia zu gelangen. An der Uferpromenade hatte es uns bisher gemeinsam nicht gegeben. Als wir die ersten Häuser oberhalb Chorá Sfakíons erreicht hatten, stoppte Micháli. Was nun? "Elisabeth, take these steps. It leads you directly to Xenia." Meinen Rucksack wollte er mit zum Xenia nehmen. Zwei Lächeln, eine Umarmung, ein Kuss.

"See you!"
"Sea view!"
"Yes, let's meet at the sea."

Ich sah ihm nach, wandte mich zur Treppe und fing an, beim Hinabsteigen die Stufen zu zählen. Diese Betontreppe war wirklich nicht schön. Sie war grau, mit einem Geländer aus halb abgeblätterten weißen und blauen Metallrohren. Rechts neben der Treppe eines dieser unfertigen Häuser. Betonplatten, drei an der Zahl, auseinandergehalten oder getragen von viereckigen Säulen. Normalerweise waren die ersten Etagen dieser Betonständerwerke, im Gegensatz zu den Erdgeschossen, fertig ausgebaut. Die unteren Platten blieben häufig bis in alle Ewigkeit Rohbau. Sie dienten zum Abstellen des privaten Gefährts in Form eines Autos, eines Mopeds oder auch eines oder zwei Esel. Strohballen lagerten dort, Hühner liefen herum, Wäsche hing zum Trocknen an langen Leinen, Brennholz wartete auf den Winter.

Natürlich fragte ich mich auf früheren Reisen, warum das so war, warum es hier auf Kreta so viele unfertige Häuser gab. Es war die Steuer, die es die Griechen übers ganze Land verteilt so tun ließ. Grundsteuern für Haus und Hof mussten erst entrichtet werden, wenn das Erdgeschoss komplett fertig gebaut und zum Wohnen bereit war. Was oberhalb des Erdgeschosses fertig war und bewohnt werden konnte, war nicht von Bedeutung. Inzwischen ist dieses Gesetz verändert. Wohnfertig reicht längst für die Steuer aus, egal, auf welcher Etage damit begonnen wird. Ich habe sehr den Eindruck, dass seither immer mehr dieser Aschenputtelbauten in schmucke Eigenheime verwandelt wurden.

Ich zählte dieses Ständerwerk neben der einfachen Betontreppe nicht zu den halb fertigen Steuervermeidungsbauten, vermutete eher, dass dem Besitzer einfach das Geld ausgegangen war. Hier und heute stand es für mich, in Gemeinschaft mit der zur Treppe linksseitig verlaufenden Mauer aus Mörtelresten und der hinunterführenden Treppe selbst, auf der Seite der Hässlichkeiten. Dreimal hässlich auf einen Streich ließen mich die Schönheit der Natur noch intensiver wahrnehmen. Der Natur ist es egal, wo sie sich ausbreitet. Hier ließ sie grünblätterige Ranken mit blauen Trichterblüten am verbogenen Maschendrahtzaun wachsen, zierte sie die aus Resten entstandene Mörtelwand mit weit herunterhängenden üppig blühenden rosa Bougainvilleen und ließ sie den Yasmin mit seinen weißen Sternenblüten großzügig vor einer ausgefransten Felswand gedeihen. Zwischen dem Betonständerwerk und der Treppe trugen Zitronenbäume ihre gelben Früchte, und auf den unbewirtschafteten Flächen wuchsen überall Gräser, wilde Blumen und wohlduftende Kräuter.

An der anderen Seite der im Viereck herunterführenden Wendetreppe stand ein schmuckes, komplett fertiggestelltes, ebenfalls zweistöckiges Wohnhaus. Ein kleiner roter Anhänger parkte unter einem garageersetzenden Felsvorsprung, rote Geranien blühten an einer Hausecke, gelber Mohn und Kamillengewächse am Wegesrand. Hinter einem halb verfallenen Gemäuer lugte ein Feigenbaum hervor, und gleich darauf konnte ich auf die Bucht, auf das alte Hafenbecken von Chóra Sfakíon schauen.

Mein Handy machte mich mit seinem Piepton auf die Worte meiner Tochter aufmerksam: „Liebste Mami, ich wünsche dir einen schönen Vor-Flug-Abend und eine wunderbare Nacht. Genieße die letzten Stunden, komm gut heim, und melde dich, wenn du zurück bist :-).
Kusso, Tochter-Kind an Mutter.

Wie schön, dass Micháli mich hier oben an der Treppe aus Beton und Eisenrohr hatte absetzen müssen. Auf Grund der Unmöglichkeit, mit seinem weiblichen Gspusi gemeinsam mit seinem Moped über die Uferpromenade knattern zu können, war mir der kürzeste Weg zwischen meinem Domizil, dem Xenia, und der auswärtsführenden Straße hoch nach Anópoli wieder ins Bewusstsein gerückt.

Zur Rechten führte der Weg zum heimeligen Strand unterhalb der Taverne der Drei Brüder. Links endete die verwaiste Hinterstraße, die zum oberen, leicht verträumten Dorfplatz der Stavros Brüder und dem rückwärtigen Eingang des Hotels Alkyon führt, und geradeaus die kleine Straße, die zwischen den Gebäuden des Léfka Óri auf die Uferpromenade stößt. Ich sah auf mein Chóra Sfakíon, sah auf mein Xenia, auf Micháli s Taxiboottisch und auf meinen Micháli, zumindest meinen für diesen Moment. Am Treppenaufgang zu den Zimmern auf der Terrasse des Xenia stand mein grüner Reiserucksack.

Ich war zurück. War wieder zu Hause, meinem Hauptzuhause hier auf Kreta, auch wenn ich morgen in mein anderes, mein wirkliches Zuhause zurückfliegen würde. Hier und jetzt war Gänsehaut, Glückseligkeit und Freude.

Micháli stand mit Ralf an der Theke und palaverte. Ich holte den doppelten Schuhkarton mit meinen eingelagerten Gewichtigkeiten aus dem Allerlei-Raum und stellte ihn zu meinem Rucksack an die Treppe. Hundedame Cora lag in kleiner Entfernung auf ihrem Hundekissen und beobachtete ihre beiden Lieblingsmänner. Vanna richtete die Gläser auf den rückwärtigen Regalen im Schankraum, und Georgos saß an seinem Schreibtisch und rief in gespieltem Reflex zu mir herüber:

„Elisabeth, your summershoes are not arrived!"
„Georgos", entgegnete ich, „this is our destiny!"

Der Himmel der Bucht war wolkenverhangen, das Wasser im Hafenbecken grau. Der Wind ließ die Wellen vom Meer aus an die Außenseite der schützenden Hafenwand bersten, so, dass das Wasser immer wieder über die Mauer spritzte. Die Jungs waren beim Kaffee, und ich wünschte mir auch einen, bevor ich mit meinem Rucksack nach oben gehen wollte. Micháli bot mir an, ihn mir aufs Zimmer zu tragen. Welch nette Geste... .

Er grinste. Ich grinste. Ralf grinste und Vanna grinste ebenso und bemerkte, dass das der neue Zimmerservice sei:

„Special room service for special guests."
„With everything Vanna?"
„With everything Elisabeth."

Hier im Xenia durfte das für alle Beteiligten so sein. Humorig, mit dem Wissen der Befindlichkeiten, ohne großes Getue. Wir verabredeten mit Ralf, uns gegen neun mit ihm und Ulli hier auf der Terrasse des Xenia zum Essen wiederzusehen.

Ich ging mit meinem Schuhkarton vor, Micháli mit meinem Rucksack hinterher. Er setzte sich auf den Balkon unserer Bleibe Zimmer Nummer 104, und rauchte eine Zigarette. Ich duschte und zog mich wieder an. Er duschte und zog mich wieder aus, und dennoch waren wir relativ pünktlich zum Essen auf der Terrasse zurück.

61.

Ralf und Ulli hatten einen Tisch im Schankraum gewählt, was bei der heutigen Abendkühle und dem zu erwartenden Regen empfehlenswert war. Cora kam mit wehenden Fahnen auf Micháli zugerannt. Ulli wollte sie stoppen, was bei Coras großer Zuneigung zu Micháli jedoch ohne Erfolg blieb. Cora wollte auf seinen Arm, und daran ließ sie keinen Zweifel. Bis zum Essen durfte sie auf seinem Schoß verbleiben, danach ging sie brav auf ihre Hundedecke.

Georgos hatte Fischsuppe bereitet. Normalerweise würde ich nie auf die Idee kommen, Fischsuppe essen zu wollen. Fischsuppe war in meinem Kopf negativ besetzt, obwohl ich zuvor nie eine gekostet hatte. Dennoch nahmen wir sie alle als Vorspeise. Exzellent! Georgos ist nun mal ein ausgezeichneter Koch. Er tat, was er liebte, und er liebte, was er tat, und so konnte sein Tun kaum etwas anderes hervorbringen als - gutes Essen!

Es wurde ein guter letzter Abend, ein schöner, ein schmackhafter, ein heiterer, ein geselliger, ein langer. In unserer gemeinsamen, weingeschwängerten Glückseligkeit erzählten Ralf, Ulli und ich uns von den ersten Eindrücken unserer ersten Begegnung im Herbst letzten Jahres. So richtig grün waren wir uns damals nicht. Ob mit oder ohne Grund kann ich gar nicht sagen. Ich hatte den Eindruck gehabt, dass sie mich nicht recht mochten, mir eher abgewandt als zugetan waren, und so hatte auch ich sie nicht recht zurückmögen können. Sie schienen mir mit zwei anderen Paaren zusammen eine Einheit zu bilden, in die so ein allein reisendes Weibsbild nicht recht passen wollte. Als ich mein Gefühl vom letzten Jahr in die Runde warf, sagte Ulli:

„Genau, wir mochten dich nicht, und wir wollten dich auch nicht mögen, aber frag mich nicht mehr, warum. Als Cora dich jedoch vor ein paar Tagen so freudig begrüßt hat, mussten wir unser Urteil neu überdenken. Du kamst auf die Terrasse, trugst von Kopf bis Fuß Schwarz, und dennoch ist sie schwanzwedelnd auf dich zugelaufen. Das macht sie sonst nie! Alles, was schwarz gekleidet daherkommt, wird angebellt, ohne Beachtung jeder Etikette."

„Yamas!", sagte ich und „Besser wir mögen uns!" und „Wenn wir schon damit rechnen müssen, uns zweimal im Jahr hier wiederzubegegnen, wäre alles andere auch doof, anstrengend und der Erholung und Freude unserer hier verbrachten Zeit abträglich." Wir besiegelten diese Erkenntnis mit einer Runde Raki aspró báto und ließen anstelle einer fehlenden Friedenspfeife zur Sicherheit eine Freuden-Zigarette kreisen. Wir hatten uns letzten Herbst, ohne es genauer geprüft zu haben, achtlos in Negativ-Schubladen gesteckt. Angeguckt, irgendetwas zu-

oder übereinander gemeint, uns für unsympathisch erklärt und entsprechend eingelagert. Dank Cora hatten wir noch einmal neu hingeschaut, bemerkt, dass wir anders waren als gedacht und uns in höher liegende Schubladen neu einsortiert. Nicht ganz oben, aber doch in einer Höhe, die uns wiederkehrende, gute, neue Begegnungen erwarten lassen durften.

Es war spät, wir waren müde und verließen so alle zusammen, gleichzeitig die Wirtschaft und verteilten uns auf unsere Zimmer. Ralf und Ulli mit Cora in ihr Zimmer auf der oberen Etage des Xenia, Micháli und ich in Zimmer Nummer 104 am großen Flachdach und Georgos und Vanna in ihres auf ihrer kleinen Animalfarm in Komitádes. Alles war gut. Wir genossen uns und unsere Nähe und fielen hernach in einen wunderbar tiefen, traum- und schnarchlosen Schlaf. Micháli turned on his belly, drehte sich auf seinen Bauch, und ich legte mich seitlich neben ihn, mit einem meiner Beine angewinkelt über eins der seinen.

Als ich am Morgen aufwachte, war es noch keine 7 Uhr. Ich setzte mich auf unseren Balkon und schaute aufs Meer. Es lag ruhig und friedlich da, so als ob es das Wilde vom gestrigen Abend nicht gegeben hätte. Dieser Blick auf den hellblauen Himmel mit dem darunterliegenden glatten dunkleren Meer und dem rechtsseitig hoch aufsteigenden Berg stimmte mich an diesem Morgen traurig. Ich war so gerne hier an diesem Fleckchen Erde, an dem ich mich intensiver zu Hause fühlte als an jedem anderen Platz unseres Planeten. Gegen diesen melancholischen Moment hätte ich jetzt einen Schnaps, ein paar Nougat-Ostereier oder eine Zigarette gebraucht. Ersteres ist frei erfunden, Zweiteres war nicht verfügbar und Letzteres im Zimmer auf der Schreibplatte vor dem großen Spiegel.

Der Blick auf den langbeinigen Mann in meinem Bett, der noch bis zum Mittag mein Micháli sein würde, veränderte mein Stimmungstief nicht. Er lag da, bis zum Kopf in unser weißes Bettlaken eingemümmelt, mit darüberliegender blauer Wärmedecke gegen die nächtliche Kälte und schlummerte noch tief. Einzig sein angewinkeltes Bein und der Schopf seines dunklen Hauptes waren zu sehen. Sein gleichmäßiger Atem bewegte seinen Oberkörper leicht auf und ab.

Die Frau im Spiegel wirkte trotz ihrer sonnengebräunten Haut blass. Ihre Melancholie ließ sie traurig ausschauen und zeichnete ihre Gesichtszüge gleichzeitig weich. Wieder einmal war sie erstaunt darüber, wie viele unterschiedliche Gesichter sie aufweisen konnte. In diesem Moment war sie nichts von dem, was sie über die letzten vier Wochen verteilt hier gewesen war, weder die Queen of England noch Aphrodite, die Göttin der sinnlichen Begierde. An diesem Morgen wirkte sie verletzlich und sanft, ein wenig traurig und schutzbedürftig. Sie spürte in diesem Augenblick genau, dass sie schnell zurück in ihre Mitte musste, schnell zurück zu ihrer eigenen Kraft, ihrer Fröhlichkeit und ihrer entspannten Gelassenheit. Gefühle wie Sehnsucht, Vermissen und Heimweh sollten ihre Liebe zu allem hier bitte nicht überschatten. Lieben und dennoch an erster Stelle bei sich zu bleiben, war der beste und einfachste Weg, alles genießen zu können.

Sie wusste, was zu tun war, hatte im ersten Teil ihrer Kreta-Erzählungen selbst so klug darüber geschrieben. Als sie sich ihr Buch hier und jetzt in gedruckter Form zum Rate in ihre Hände wünschte, musste sie schon sehr in sich hineinschmunzeln. Sie lächelte ihrem Spiegelbild zu, drehte an ihrem Zauberring, dem Symbol ihrer mit sich selbst eingegangenen Ehe, und nahm sich eine Zigarette mit auf den Balkon und eine zweite gleich mit dazu. Sie gab ihnen die Namen Sammel- und Konzentrations-Zigarette zur Wiederherstellung der eigenen Mitte und stieg in ihrem langen, schnell übergeworfenen, schwarzen ärmellosen Kleid über das Balkongitter aufs große Flachdach. Sie schlenderte geradezu meditativ bis an den Rand, setzte sich auf die schmale Mauer zum Meer hin, ließ die Beine baumeln und rauchte die erste ihrer beiden Therapie-Zigaretten.

Heute war der 19. Mai 2012. Ihr Flug, also mein Flug, ging am späten Abend gegen 21 Uhr von Heráklion nach Hannover. Um elf fuhr der Bus vom Busplatz oberhalb Chóra Sfakíons bis Vríses und dann weiter über Réthimnon nach Heráklion. Ich hatte also noch gute drei Stunden zum Abschiednehmen. Brav rauchte ich die mir selbst verordnete zweite Zigarette, bevor ich wieder ins Zimmer ging. Ich putzte mir die Zähne, wusch mir den Qualmgeruch aus dem Gesicht und von den Händen. Als ich mich zu Micháli auf die Bettkante setzte, öffnete er kurz seine Augen. Er lächelte mich an, drehte sich auf die Seite, hob unsere Zudecke an, gebot mir, sich in seine Arme zu legen, kuschelte mich ein und sagte:

„You will leave me today?"
„Yes, I have to leave you today.
 You, Chóra Sfakíon and the whole
 Crete and I'm a little sad."
„I'm a little sad, too.
 Will you come back in September?"
„If I'm still alife, I'll come back!"
„And if we still in love,
 we do the same like now!"

Genauso musste es jetzt noch einmal sein.
Wir, so ganz nah, so sehr liebevoll, so völlig eins.

„We meet at my taxi boat table!"
„My office table?"
„Yes, your office table!"
„For breakfast?"
„For breakfast!"

Er verließ unser Zimmer über das große Flachdach. Ich machte mich abreisefertig, verteilte den Inhalt des Schuhkartons auf die Fächer meines großen und kleinen Rucksacks, öffnete die Zimmertür, nahm den Schlüssel und verließ es heute ebenfalls über die Balkonbrüstung. Irgendwie hatte das was. Der Weg des Schürzenjägers wollte mir wohl gefallen. Balkontür geöffnet, Gepäck übers Geländer gestellt, selbst hinübergestiegen, übers Flachdach um die Ecke, die Treppe zur Terrasse hinuntergegangen, „Kaliméra" gesagt und mich mit einem liebevollen Lächeln zu Micháli an den Taxiboottisch gesellt.

Wir bestellten unser Frühstück. Für mich meinen geliebten Yaurti me Meli, für Micháli überbackene Toastscheiben mit Käse und Schinken, für uns beide je einen Becher Nescafé. Dabei bat ich Vanna um die Rechnung.

Lieben auf Kreta. Es gibt auf Kreta kaum etwas, was ich nicht liebe. Ich liebe das Gefühl, aus dem Flugzeug zu steigen, kretischen Boden unter den Füßen zu haben und Heimat zu fühlen. Ich liebe den blauen Himmel mit seinem wechselnden Wolkenspiel, das Meer und die kargen Felsen darunter. Ich liebe das zarte und üppige Blühen dazwischen, den Duft der Kräuter und den des Meeres. Ich liebe seine Farben in allen Tönen vom dunkelsten Blau bis zum hellsten Türkis. Ich liebe die Farben der Flora im unterschiedlichen Bunt der Blumen, und ich liebe sie in den erdfarbenen Schattierungen im Gestein vom höchsten Fels bis zum kleinsten Strandkiesel, und ich liebe sie an den

Hölzern der Insel, egal, ob abgeblättert oder auch nicht. Ich liebe sie an Fensterrahmen, Türen und Fensterläden, an den typisch kretischen Stühlen, Tischen und Bänken, genau wie an glattverputzten, unebenen oder auch abgebröckelten Haus- und Mauerwerken. Ich liebe das leicht verkochte, lauwarme Essen, meinen Yaurti me Meli am Morgen, meinen Myzíthra mit Salat am Mittag und den Raki als „little médicine" am Nachmittag und als Abschluss nach einem meiner guten kohlehydratfreien Abendessen.

Ich liebe es, am Busplatz von Chóra Sfakíon angekommen zu sein und von dort aus auf den alten Hafen mit den darum herumliegenden Häusern zu blicken und zu spüren, wie mir das Herz aufgeht. Ich liebe es, Micháli mit seinem Taxiboot aus der Bucht heraus- und noch mehr, ihn wieder in die Bucht hineinfahren zu sehen, und ich liebe es, meinen ersten Halt im Obrosgialos zu haben und von Manoúsos und Claudiu freudig und wiedererkennend begrüßt zu werden. Ich liebe es, wieder dort zu sein und vor Micháli zu wissen, dass ich schon dort bin. Ja, und ich liebe auch diesen hochgewachsenen Mann mit seinem aufrechten Gang und seinen langen schwarzen Locken, weil meine Augen und mein Körper und meine Seele sich einfach zu ihm hingezogen fühlen, dank meines Verstandes, mit kleinen Miniaturausnahmen, in einem Maße, dass es mir und meinem Herzen nicht gefährlich werden kann.

Liebe deinen Nächsten wie dich selbst - ist eine Aussage, der ich gut folgen kann. Liebe dich selbst wie deinen Nächsten, scheint mir für ein gutes Lebensgefühl wichtig bis unverzichtbar. Je mehr wir selbst für uns haben, umso weniger brauchen wir von anderen und umso mehr können wir anderen geben. Ich bin schon heilfroh, dass ich mit mir im Reinen bin, dass mir Selbstliebe kein Fremdwort ist und Selbstachtung kein Fremdgefühl und dass mir das mit dem Ich so wunderbar leicht fällt. Nein, ich bin weder selbstverliebt noch über das normale Maß hinaus von mir überzeugt. Ich finde mich nur ziemlich in Ordnung, kann mich selbst gut leiden und bin dazu recht klar und aufgeräumt, in dem, was ich kann und will oder eben auch nicht. Das mit der Leichtigkeit und dem Gutgefühl war nicht immer so. Es gab andere Zeiten, die mich mit Fug und Recht sagen lassen dürfen, dass sich das Leben, so wie es jetzt für mich ist, gut und reich anfühlt. Ich mag zugewandte Begegnungen. Ich mag es, Menschen zu mögen und natürlich mag ich es auch, gemocht zu werden, ob nun zurück oder auch einfach nur so.

Ich kann rein seelische Verbindungen, wie ich sie im Herbst 2011 mit Ludwig hatte teilen dürfen, oder jetzt auf dieser Reise im Mai 2012 mit Silke, Cornelia, Victor, Nina oder auch Christina eben so genießen, wie ich diese intensive, freudige Zuneigung zwischen Horst und mir genossen habe, die aus bekannten Gründen gewisse Grenzen hatte haben müssen und dennoch dann und wann einer festen Umarmung bedurfte, genau, wie ich das Zusammensein mich Micháli liebe, dass immer wieder aus einer Mischung aus Faszination, guten Schwingungen, großer körperlicher Anziehung und sinnlichem Beisammensein besteht. All diese Begegnungen stehen in unterschiedlicher Intensität mit Zuneigung, Liebe, Sympathie, Freude und Faszination im Zusammenhang.

Es gibt Menschen, die schöne Verbindungen kaputt reden müssen, die Ludwig und mir unsere reine Seelenverbindung absprechen wollen oder die das Bedürfnis haben, die körperliche Anziehung zwischen Micháli und mir herabzureduzieren auf ein oberflächliches Irgendetwas. Ich frage mich dann, warum sie das tun und was sie aus meinen Worten heraus- oder was sie in meine Geschichten hineinlesen, was daran mein Anteil ist und was daran der ihre. Kürzlich las ich auf einem Kalenderblatt „Jeder liest sein Buch und nicht meins, auch wenn ich es geschrieben habe", und ich dachte: „Ja, so ist das wohl." Die Wirkung oder das Empfinden einer Geschichte, eines Buches ist immer das Zusammenspiel zwischen dem erdachten und geschriebenen Wort des Verfassers und den dazu kommenden unterschiedlichen Erwartungen, Gedanken und Gefühlen der Leser. Nicht ohne Grund wird ein und dasselbe Werk zum einen in den Himmel gelobt und zum anderen verrissen. Ein interessantes Thema.

Ich konnte schon immer unterschiedliche Arten von Liebe gut nebeneinander existieren lassen, ohne dass sie in Konkurrenz zueinanderstanden. Und ich konnte sie alle als gut, richtig und wertvoll annehmen, eingeschlossen der Liebe zu mir selbst.

Während unseres Frühstücks meinte Micháli erneut, dass er mich im Winter in Deutschland besuchen kommen wolle. „Maybe I'll come to visit you in wintertime in Germany." Der Winter wäre noch lange hin, warf ich ein und ergänzte, dass, wenn wir uns im Herbst immer noch gut verbunden fühlen würden und er sich den Flug nach Deutschland leisten wolle und könne, er sicher in meinem Haus willkommen sei. Wir schäkerten noch ein wenig herum, zogen uns gegenseitig auf mit poor boy and rich girl, was beides stimmte oder auch nicht. Wir gingen davon aus, dass unsere Zuneigung den Sommer überdauern würde und dass wir somit voller Freude sein dürften, uns im Herbst in Liebe wiederzubegegnen. Plötzlich fiel mir die kleine Pflasterbox ein, die ich in meinem Reiserucksack dabei hatte. Piratenpflaster für die Braut des Piraten in einer schwarzen zigarettenschachtelgroßen Blechdose mit gekreuzten Schwertern. Ich fingerte sie aus dem Seitenfach meines Reiserucksacks, nahm die Pflaster bis auf drei heraus, bat Micháli um einen Zehn-Euro-Schein, steckte ihn in die Box und gab sie ihm mit den Worten:

„This is the beginning for your flight to Germany. Every day a little less beer and every day some money into the box and you'll have enough for the flight and everything! Micháli, you can be my guest, but the way from here to Germany and back is your part!"

Er zog einen weiteren Schein aus seiner Hosentasche, steckte ihn mit einem breiten Grinsen zu dem ersten in die kleine Box und ließ sie mit den Worten „Good idea!" in seiner Hemdentasche verschwinden. „Alter Banause", dachte ich und „kluger Schachzug" und ob er wohl dazu in der Lage sein würde, sich das Geld für den Flug zusammenzusparen. Ich konnte es weder glauben noch anzweifeln, dafür kannte ich ihn zu wenig.

Zeit aufzubrechen. Ich schulterte meinen Reiserucksack und bat Micháli um ein Abschiedsfoto. Er nahm seinen Stuhl, stellte ihn neben meinen, steckte sich eine seiner fertig gedrehten Zigaretten zwischen die Lippen, ließ seine Sonnenbrille von der Stirn auf die Nase rutschen, setzte sich und sagte: „Now!" „Okay, one moment, please!" Ich tauschte meine Brille gegen meine Gleitsichtsonnenbrille, setzte mich samt meines Rucksacks auf die Stuhlkante, nahm meine Kamera in die linke Hand, streckte meinen Arm aus, versuchte ebenso cool zu blicken wie er, zählte „one, two, three", schloss die Lippen und drückte ab. „Good?", fragte er „Yes, I think it's great."

62.

Man muss das, was man nicht mitnehmen oder die, die man nicht haben kann, zurücklassen können. Horst musste mich hier zurücklassen, um zu Hause sein unbeschwertes schönes Leben ohne Zweifel wieder aufnehmen zu können, genauso wie ich Micháli jetzt hier zurücklassen musste, um lust- und friedvoll in meinen ostfriesischen Lieblingsladen zurückkehren zu können. Täten oder könnten wir das nicht, würde uns die Sehnsucht unser bisher als gut empfundenes Leben entweihen, und es würde uns weniger wertvoll erscheinen als zuvor. Das kurzzeitig empfundene und gelebte Zwischenglück hätte dann einen zu hohen Preis.

Als Horst mir vor ein paar Tagen bei unserem letzten Telefonat sagte, dass er mich bei sich trüge, hatte ich ihm gesagt: „Genieße es nur, aber vergiss nicht, mich vor dem Einsteigen ins Flugzeug auf Kreta zurückzulassen." Hier waren wir eine Bereicherung füreinander, Glück-Bringer sozusagen, doch in unserem eigentlichen Leben wären wir unserem Wohlgefühl eher im Weg. Dann und wann aneinander zu denken oder sich an Schönes zu erinnern, ist völlig in Ordnung, aber doch bitte nicht haben wollen. Horst ist Horst, ich bin ich, und Micháli ist Micháli, und so wollte ich jetzt ebenso klug handeln, wie ich es Horst vor ein paar Tagen geraten hatte.

Abschiedsfoto im Kasten. Hände gehalten. Kuss auf die Wangen. Aufgestanden. Noch einmal fest in die Arme genommen und „Adío" gesagt. Es war alles okay. Micháli und ich hatten es jetzt in der Hand, unser Denken in die richtigen Bahnen zu lenken. Ich hatte keine Lust auf Katzenjammer, ich hatte Lust auf ein fröhliches „Adío" und auf eine gewisse Vorfreude auf das, was als Nächstes in meinem Leben geschehen sollte. Ich wollte mich auf zu Hause freuen, wollte mich überraschen lassen, ob Dieter mich vom Flughafen abholen würde, wollte meine letzten Kreta-Stunden genießen und den mir hier liebgewonnenen Menschen Auf Wiedersehen sagen.

Wenn ich einen Ort oder einen Menschen verlasse, dreh ich mich noch einmal um, um in Gedanken noch einmal Tschüss zu sagen. Vielleicht hoffe ich dabei auch auf einen letzten Blick, auf eine letzte kleine Aufmerksamkeit. Als ich mich umdrehte, standen Vanna und Micháli an der blau gestrichenen Reling. Sie aufrecht, er nach vorne gebeugt, mit aufs Geländer gelegten Armen. Als sie mein Umdrehen bemerkten, hob Vanna beide Arme über den Kopf und winkte. Als ich mit einem Arm zurückwinkte, schickte Micháli einen Luftkuss, den ich gerne und mit einem Lächeln erwiderte.

Déspina stand im Durchgang zu ihrem Café-Innenraum. Sie hatte einen Blick auf die gerade einlaufende Fähre. Ihre Tochter Stella räumte Gläser und Tassen von den Terrassentischen. Wir hatten uns in den letzten vier Wochen so weit bemerkt, dass uns ein schweigender Weggang unpassend erschienen wäre. Der junge Mann vom Lebensmittelladen saß wieder auf der Stufe des Seiteneingangs und prüddelte etwas auseinander. Seine Chefin stand in der offenen Ladentür. Auch wir hatten uns an unser Zulächeln gewöhnt und so taten wir es auch jetzt zum Abschied. Manoúsos saß mit seiner Schwester Paulina am Familientisch, während Claudiu die Fischtheke mit frischem Kühleis füllte. „Gehst du oder gehst du?", fragte Claudiu mich mit seinem typisch verschmitzten Lächeln in schönstem Touristenenglisch.

„Are you going, or are you going?" Worauf ich zurückgrinste und sagte: „I am going! I have to take the bus at eleven o'clock to Heráklion for my flight to Germany." „You're going to come back to Chóra Sfakíon, my lady?" „I think so! In my mind Chóra Sfakíon is my hometown of Crete. So what else should I do?"

Ja, was sollte ich anderes tun? Sobald ich einen Fuß auf kretischen Boden setzte, fühlte ich Heimat, was sich bei meinen Aufenthalten in Chóra Sfakíon noch verstärkte. Das meine Verbindung zu dem hier ortsansässigen Taxibootfahrer damit in Zusammenhang stehen könnte, möcht ich nicht bestreiten. Claudiu und ich verabschiedeten uns mit einer königlichen Verbeugung, was Paulina und Manoúsos mit einem Lächeln und leichtem Beifall begleiteten.

Ich querte den Dorfplatz, stieg die Treppe zum Busplatz hinauf, sah, dass der Bus mit schon geöffneten Laderaumklappen bereitstand und legte meinen Rucksack in den mir zugewiesenen Stauraum. Bis zur Abfahrt war es noch 'ne gute halbe Stunde. Ich stieg die Steintreppe wieder hinunter, schlenderte noch einmal bis zur Fähre und zurück, winkte von dort aus dem Diving-Center zu und setzte mich zum Schluss unten auf den gemauerten Sockel der Steintreppe mit Blick auf den Dorfplatz. Am Eingang zum Delfíni stand der nette Kellner, der ohne jede Aufdringlichkeit für die vorbeischlendernden Menschen immer ein Lächeln oder auch ein paar Worte bereithielt. Zwischenzeitlich lehnte er mit beiden Armen oberhalb der aufgestellten Speisetafel aus schwarzem Holz mit bunter Schrift und seitlich angebrachten naturbelassenen Rundhölzern. Ich zoomte ihn so dastehend mit meiner Kamera heran, winkte ihm beim Bemerken mit einem Lächeln zu, schoss ein Foto und lief zu ihm hinüber, um es ihm zu zeigen. Seither kennen auch wir unsere Namen.

Er stellte sich mit: „Brahím, nice to meet you!" vor, was ich gerne mit einem Lächeln, einem Händedruck und den Worten: „Elisabeth", und „nice to meet you, too!" entgegnete.

Ich wählte den mittleren Platz auf der hinteren Bank des Überlandbusses, fragte mich, ob ich weiter an mir wachsen könne, ob mein Herz und meine Seele ohne Schaden mit einer Liebe auf Zeit umgehen könnten und freute mich auf das, was jetzt vor mir lag. Auf Heráklion, den Löwenbrunnen, die kleine Silberschmiede, meinen Heimflug, Dieter, meine Familie, meinen Laden, meine Kunden, meine Freunde, mein Zuhause und mein Buch. Mit meinem Lieblingssatz „Man braucht immer etwas, worauf man sich freut!", hatte ich in den letzten Monaten wahrlich gut gelebt, und daran wollte ich jetzt auch nichts ändern.

Der Fahrer startete den Bus. Ich hörte und fühlte den gleichmäßigen Takt des Motors, nahm das Geräusch und den Rhythmus auf und vermischte es mit meinen Gedanken an gestern, heute und morgen. Alles war gut. Der heutige Tag, die vergangenen vier Wochen, in denen ich hier auf Kreta völlig im Hier und Jetzt gelebt hatte und das morgen beginnende neue Heute, in dem ich es ebenso handhaben wollte. Seit meiner „Wunderheilung", meiner seelischen Befreiung von selbst erdachten und auferlegten Fesseln und Erwartungen, findet mein Leben in der Gegenwart statt. Ich erhoffe nicht mehr das Heil bringende Morgen und verherrliche ebenso wenig das gelebte Gestern, und dennoch habe ich immer etwas in petto, auf das ich mich freuen kann. Kurzfristig gesteckte, erreichbare Ziele, die ich überblicken und selbst händeln kann.

Die Fahrt durch die Berge war schön wie immer. Die ersten Gäste stiegen am Einstieg der Imbros-Schlucht aus. Ich achtete auf Ortsangaben am Straßenrand. Wollte wissen, ob ich bei der letzten Fahrt über die Berge, als ich Horst nur ein kleines Stück des Weges hatte begleiten wollen, das Schild mit der Aufschrift Askifóu übersehen hatte oder ob es wirklich keines gab. Als ich Marions Taverne aus dem Busfenster heraus erblickte, wusste ich, dass es zu diesem Zeitpunkt, von dieser Seite aus, kein Ortsschild gab.

In diesem Frühjahr, den letzten vier Wochen meines Hierseins, hatte ich es nicht geschafft, die Hochebene von Askifóu zu begehen und Marion in ihrer Taverne aufzusuchen. So schrieb ich ihr eine SMS mit herzlichen Grüßen und der Absichtserklärung, sie bei meinem nächsten Kreta-Aufenthalt zu besuchen.

In Vríses gab es einen kleinen Halt. Dieser Bus fuhr weiter nach Chaniá. Der nächste Bus, aus Chaniá kommend, würde von hier über Réthimnon nach Heráklion fahren und wurde in circa zehn Minuten erwartet. Wir Umsteiger nahmen unsere Gepäckstücke aus dem Bustauraum, verteilten uns auf beide Straßenseiten und warteten in aller Ruhe auf unseren nächsten Bus. Der Busstationsvorsteher war wie immer um seine Gäste bemüht. Wir waren seine Schäfchen, er unser Hirte, und so sorgte er dafür, dass alles so war, wie es sein sollte. Gepäck - Fahrkarten - richtiger Bus. Irgendwie hatte ich meinen Irrlauf-Führer vom letzten Herbst geradezu ins Herz geschlossen. Ich mochte es einfach, wie sehr er seinem Beruf, seiner Berufung folgte. Leidenschaften können aus vielem erwachsen. Meine waren von jeher mein Laden mit allem Drum und Dran, seit Langem mein Kreta und seit einiger Zeit mein exzessives Schreiben. Zu den Leidenschaften dieses jungen Mannes gehörte eindeutig seine Arbeit hier im Dreh- und Angelpunkt, dem Bus-Café von Vríses.

Im Bus nach Heráklion saß ich vorne. An der New Road blühte beidseitig der Oleander in leuchtendem Rosé. Ich genoss jedes Wiedererkennen mir bekannter Orte, jedes Gebäude, jede Brücke, jeden Strauch. Ich beobachtete das Treiben am Busbahnhof von Réthimnon, nickte auf der Weiterfahrt ein wenig ein und sah beim Öffnen meiner Augen direkt wieder auf die rotweiß geringelten Schornsteine kurz vor der Stadt. Runter von der New Road, eine Straße links, eine Straße rechts, und schon hielt der Bus in einer der langen Parkbuchten direkt vor dem Busbahnhofsgebäude von Heráklion mit seinen alten grüngestrichenen Holzbänken.

Je vertrauter mir etwas ist, umso mehr liebe ich es. Ich stieg aus dem Bus und brachte meinen Rucksack in die Aufbewahrkammer für Gepäck und sonstiges Allerlei. Ohne eine kleine Verweildauer mag ich diesen Busbahnhof nicht verlassen. Einen Kaffee, ein Eis, eine Zigarette, ein Platz auf der grünen Holzbank und eine SMS an Dieter:

„Bin auf dem Weg nach Hause.
Chóra Sfakíon - Heráklion - Hannover - Ostfriesland.
Steht dein Angebot, mich heute Nacht vom Flughafen abzuholen? Ankomme - Hannover - 0:05 Uhr.
Bist du dann da? Lilli an Dieter."

„Liebe Lilli, wenn du heute kommst, werde ich da sein,
versprochen! Wir seh'n uns gleich nach Mitternacht - Dieter."

63.

Es ist ein gutes Gefühl, wenn alles geregelt ist. Mein Rucksack lag halbsicher in der Aufbewahrkammer am Busbahnhof. Mein Flug ging um 21 Uhr vom Flughafen Níkos Kazantzákis. Dieter würde mich in dieser Nacht in Hannover vom Flieger abholen. Ich würde bei ihm übernachten und am nächsten Tag mit dem Zug weiter gen Heimat fahren. Dort würde mein Schwesterherz mich in Oldenburg am Hauptbahnhof in Empfang nehmen und mich in mein ostfriesisches Zuhause fahren.

Vierzehndreißig. Ich schlenderte in die Stadt. Wollte Heráklions Innenstadt noch einmal aufsaugen. Vertrautes anschauen. Neues entdecken und vor allen Dingen die kleine Silberschmiede aufsuchen, in der ich im Herbst letzten Jahres meinen Ehering gekauft und Horst vor ein paar Tagen eine besondere Herzensgabe für seine Frau Inka gefunden hatte. Für die Veredelung besonderer Gefühle war dieser kleine Laden absolut richtig. Alles, was es hier zu kaufen gab, war auf seine Art einzigartig, genau wie das, was wir mit dem Kauf eines hier erworbenen Erinnerungsstückes bewahren wollen.

Vertraute Wege. Ich lief vom Busbahnhof an dem schräg gegenüberliegenden Luxushotel vorbei, stieg die Treppe zur Parallelstraße hinauf, schaute durch die Fenster des Mittelklassehotels, in dem ich die Geburtstagsnacht zu meinem sechsundfünfzigsten Lebensjahr verbracht hatte, und dachte an das königliche Frühstück mit seinen ein, zwei, drei, vier Gängen in diesem wunderschönen Roofgarden mit Blick auf die Festung und den Hafen von Heráklion. Die Straße, die mich von hier aus auf dem kürzesten Weg zur Haupteinkaufsstraße führte, war wie vor einem halben Jahr hässlich und grau, was die Freude auf mein heutiges Ziel jedoch völlig wettmachte. Ich dachte, ob Horst diesen Weg auch gegangen sein mochte, als er meiner Beschreibung zur Silberschmiede gefolgt war. Und ob ich heute, ohne jeden Druck, ein Zimmer finden zu müssen, wohl in der Lage sein würde, das Hotel Lena, in dem ich im Herbst letzten Jahres eigentlich Quartier hatte nehmen wollen, ausfindig zu machen. Glück ist das, was wir in unserem Kopf dafür halten. Das war schon sonderbar. Horst war längst bei seiner Inka zurück, Micháli vielleicht in den Armen einer anderen oder auch keiner anderen Frau, Ludwig auf dieser Reise erst gar nicht auf Kreta anwesend gewesen, und dennoch fühlte ich mich glücklich. Irgendwann würde ich Ludwig hier auf Kreta wiederbegegnen, und wenn wir beide es wollen würden, wäre ich wieder die kleinste Reisegruppe der Welt und er, ob meines jetzigen Standes, mein höchstpersönlicher königlicher Reiseführer. Als mein Handy klingelte und ich sah, dass es Micháli war, dachte ich vor Annahme des Gesprächs, dass da wohl doch noch keine anderen Frauenarme im Spiel seien, und als er von seiner Sehnsucht sprach und von meiner Rückkehr im Herbst und von seiner Winterzeit bei mir, glaubte ich es noch ein bisschen mehr. Keine Bange, was Micháli anging, glaubte ich immer alles nur zur Hälfte, und dennoch brachte es mich immer ein wenig zum Leuchten.

Für meinen diesmaligen Weg durch Heráklion nahm ich mir Horst zum Begleiter. Ich folgte seinem von mir angenommenen Weg bis zur Silberschmiede, nachdem ich das Hotel Lena ohne Probleme hatte ausfindig machen können. Am Ende der grauen Straße hatte ich die Hauptstraße überquert, die rechts zum Meer und links zum Löwenbrunnen führt. Ich war der weiterführenden Straße geradeaus gefolgt, hatte links das Youth-Hostel bemerkt, die Jugendherberge Heráklions, dann das kleine Hinweisschild mit der Aufschrift Hotel Lena, das am Fallrohr einer Regenrinne befestigt war und in die rechte Seitenstraße wies. Ein schönes kleines Familienhotel, in dritter Generation geführt, mit ordentlichen Zimmern, die auch für mehr als nur eine Nacht wunderbar geeignet sind. Ich folgte Horsts Weg zum Löwenbrunnen. Die Stadtuhr zeigte fünf vor drei. Ich lief, wie ich es ihm beschrieben hatte, die Marktgasse hoch, bog am Ende nach links und wieder nach links und stand alsbald vor der kleinen Silberschmiede. Es war der 19. Mai 2012, ein Samstag, und da war sie, wer hätte das gedacht, ab Mittag fürs Wochenende geschlossen.

Kein Ring - keine Kette - kein Irgendwas.

Als ich weiterging, war Horst verschwunden. Ich schlenderte ein wenig altstadtauswärts, kam an einen großen Platz mit hohen Bäumen mit darunterstehenden Bänken für Buswartende. Nach einer Weile bog ich in eine der rechtsführenden Straßen ein, die mich dem Zentrum wieder näherbrachte. Vor den Buchhandlungen waren Tische aufgestellt, die über und über mit Büchern bedeckt waren. Sie erinnerten mich an den „Welttag des Buches", der jährlich am 23. April stattfindet, und den ich putzigerweise bisher nur außerhalb Deutschlands wahrgenommen hatte. Auf La Palma, Madeira und früher schon auf Kreta in Chaniá. Doch wen wollte das jetzt wundern? War ich in Deutschland, in meinem Laden, meinem kleinen Bücher-Café, in der heimeligen Seitenstraße unserer kleinen Stadt, spielten Welttage aller Art so gar keine Rolle.

Am letzten Nachmittag dieser Reise war ich alleine unterwegs. Allein in dieser großen Stadt mit den vielen Läden, den vielen Büchern und den vielen Menschen, und dennoch fühlte es sich überhaupt nicht alleine an. Im Kopf trug ich meine Geschichten, meine schönen Erlebnisse, meine Erinnerungen, und in den Fensterscheiben der bunten Geschäfte erblickte ich immer wieder mein doppeltes, mein gespiegeltes Ich. Ich sah eine Frau in einem langen schwarzen Kleid, mit dicken Wanderschuhen, einem kleinen schwarzen Rucksack und einem bunten Blumentuch in Ocker, Koralle und Türkis auf schwarzem Grund. Ihre Haare waren hochgesteckt. Wenn ich lachte, lachte sie auch. Schaute ich streng, ohne jede Mimik, blickte sie ebenso. Ich musste an Evita Perón denken, an Melina Mercouri und an Maria Callas. Sie alle hatten einen auffallend aufrechten Gang, trugen ihre langen Haare oft zum Knoten gesteckt, hatten große Nasen, hohe Wangenknochen und wenn sie lachten, ein strahlend breites Lachen. Außerhalb ihres Lachens wirkten sie oftmals stolz, unnahbar, ja - fast arrogant, mit einem Blick, der Widerspruch kaum zulassen wollte.

Die Frau im Spiegel folgte mir, schien mich zu beobachten. Manchmal nahm ich sie als Schatten wahr, dann wieder so klar und deutlich, dass ich selbst ihren schwarz-silbernen Ohrschmuck gut erkennen konnte. Trotz ihrer großen dunklen Sonnenbrille, hinter der sich ihre Augen verbargen, erkannte ich ihren Blick, ihre Gedanken, ihre Seele, ihren Geist. Sie wusste um meine Befindlichkeiten, wusste, dass ich zurück nach Hause fahren würde, mit all meiner Liebe, meiner Freude und meiner Lust an meinem dortigen Tun und dass ich einen Teil von Kreta nach dorthin mitnehmen würde. Genauso, wie ein Stück von mir, ein Teil meiner Seele, auf Kreta zurückbleiben würde.

Ein-, zwei-, dreimal konnte ich sie mit meiner Kamera einfangen. Leicht entrückt, ein wenig verschwommen, immer etwas durchsichtig, wie Seelenwesen es nun einmal an sich haben.

In einer abseits gelegenen Fischtaverne bestellte ich einen griechischen Salat, der es mit dem im Small Paradise nicht im

Ansatz aufnehmen konnte. Dazu zwei Gläser Weißwein - dýa Potíria Krasí aspró. Ich schickte Micháli in der Wartezeit eine Nachricht, dass ich sehr an ihn denke, ihm viele Küsse, pollá filákia, sende und gleich mit dýa Potíria Krasí aspró auf ihn und mich anstoßen würde.

Prompt kam: „Periménete - wait!" zurück,
und einen Augenblick später: „Tóra - now" und „Yámas!"
Und ja, mir liefen ein paar Tränen aus den Augen, und ja,
ich war berührt und voller Sehnsucht
und gleichzeitig doch so voll der Freude.

64.

Ich holte meinen Reiserucksack aus der Aufbewahrkammer am Busbahnhof, rauchte auf der grünen Bank meine Abschieds-Zigarette, überprüfte mein Antlitz im Spiegel hinter der inzwischen grau gestrichenen Schwingtür und schlenderte zur Hauptfahrstraße, von der die Busse zum Flughafen abfahren.

Das verspiegelte Haus stand dort, als ob es auf mich gewartet hätte, genau wie das Buswartehäuschen vor der großen Tankstelle. Warten und dabei gelassen sein, ist eins der schönen Dinge auf Reisen. Der dritte Bus, wenn ich's recht erinnere die Linie 1, fuhr zum Airport. Gegen 18 Uhr stieg ich aus dem Bus. Die Sonne stand noch gut am Himmel, der Schalter für die Gepäckabgabe war noch nicht bereit. Ich holte mir einen Coffee to go. Setzte mich auf eine der Bänke außerhalb des Flughafengebäudes, auf dessen Dach der Schriftzug Níkos Kazantzákis steht, der von mir spontan gewählte Name für meinen nicht vorhandenen zweiten Ehemann.

Sonne, wo war die Sonne?

Ich wollte die letzten Sonnenstunden hier auf Kreta nicht im Schatten verbringen. Ich wählte mir einen Flughafen-Gepäckwagen, legte meinen Reiserucksack quer auf die untere Ablage und den kleinen in den oben angebrachten Korb. Dann zog ich mit allem in die Sonne. Eigentlich brauchte es für mein kleines Gepäck keinen Gepäckwagen. Wollte ich aber einen Sitzplatz für mich dazu, war er genau passend. Ich schob ihn an die Nord-Westseite des Flughafengebäudes, vor den letzten weiß gestrichenen Pfeiler und ließ mich auf dem Gepäckwagen nieder. Strickjacke und Blumentuch zum kleinen Rucksack in den Korb, Bauchtasche auf meinen Schoß, Gesicht in die Sonne.

Letzte kretische Sonnenstrahlen wollten für kühle deutsche Sommertage eingefangen und mitgenommen werden. Ich dachte an Frederick, den kleinen Geschichten-, Farben- und Sonnenstrahlensammler für kalte Wintertage von Leo Lionni, dessen meditatives Dasitzen immer wieder den Eindruck erweckte, als ob er schliefe, während seine Mitmäuse emsig Futter und Stroh zusammenbrachten. Faule Socke hätte sich der eine oder andere Mäusefreund da denken können oder Schmarotzer oder untätiger Mitesser, doch da sie um seine Talente wussten, dachten sie es nicht. Als das Futter zum Ende der Winterzeit zur Neige gegangen und auch das Stroh dünn geworden war, empfanden sie die winterliche Kälte stärker. Nun war Fredericks Zeit gekommen. Er bestieg ein kleines Steinpodest und begann damit, seine Geschichten von bunten Blumen, herumfliegenden Schmetterlingen, von Kirschblüten, Mäuseromanzen und wärmenden Sonnenstrahlen zu erzählen. Je mehr Frederick mit seiner samtenen Stimme erzählte, umso heimeliger, wärmer und gemütlicher fühlte sich das gesamte Mäusewinterquartier für die kleine Mäusebande wieder an. Als er zu Ende erzählt hatte, riefen alle: „Frederick, du bist ja ein Dichter!" worauf er mit roten Wangen antwortete: „Ich weiß es - ihr lieben Mäusegesichter!"

Der Ausgang der ankommenden Fluggäste befand sich ganz in der Nähe meines Sonnenplatzes. Meist orientierten sich die neuen Gäste Richtung Süd-Ost zu den Parkplätzen der wartenden Busse, Taxen und der vorbestellten Mietwagen. Wenige verließen das Flughafengebäude in meine Richtung, und wenn sie es taten, bemerkten sie schnell, dass die entgegengesetzte Seite die richtigere war. Ich wartete entspannt auf das Öffnen der Gepäckschalter für den Flug um 21 Uhr nach Hannover, folgte mit meinen Augen den wenigen Menschen, die den kleinen Umweg um den letzten Pfeiler herumnahmen, tauschte mit einigen einen freundlichen Blick, mit anderen ein paar Worte und mit Philipp und Gabriele ein paar Worte mehr.

Sie waren mit ihren Fahrrädern angereist und suchten nun für die Dauer ihrer Reise eine Unterstellmöglichkeit für ihre Transportkartonagen. Ich empfahl ihnen das kleine Gebäude gleich an der Einfahrt zum Flughafen gegenüber des Tickethäuschens für die Busfahrkarten. Gabriele blieb mit dem Gepäck und den Fahrrädern bei mir. Phillip zog mit den beiden Pappkartons zum Aufbewahrhäuschen. Es war ihre erste Kreta-Reise, die sie von Heráklion über Ágios Nikoláos zur Lassíthi-Hochebene führen sollte und dann weiter nach Iérapetra die Küstenstraße entlang bis Mátala. Am Ende sollte es quer über die Insel zurück nach Heráklion gehen. Ich fand's mutig und toll und wünschte ihnen gutes Gelingen.

Gabriele meinte, dass ich so, wie ich da auf dem Gepäckwagen säße, einen wunderbar entspannten Anblick bot, und fragte, ob sie mich nicht eben fotografieren solle. „Gerne!", gab ich zur Antwort und reichte ihr meine Kamera.

Die Fahrradverpackungen waren untergebracht und Phillip und Gabriele bereit für die erste Etappe zu ihrem ersten Quartier. Auf Wiedersehen und gute Wünsche, und schon gingen wir wieder unserer Wege. Für mich war es der letzte Tag meiner Reise, für Phillip und Gabriele ihr erster. Ich begab mich zum Abfertigungsschalter, übergab dem Förderband meinen Reiserucksack, zeigte der diensthabenden Stewardess meinen Ausweis und meine Ticketnummer und setzte mich nach Erhalt meiner Boardingcard für eine letzte Abschieds-Zigarette vor das Flughafengebäude. In der einen Hand hielt ich die Zigarette, mit der anderen tippte ich Buchstaben in mein Handy:

„Ich flieg dann mal los.
Vergiss mich nicht von hier nach gleich.
Lilli an Dieter."

„Wir seh'n uns um fünf nach Mitternacht.
Freu mich auf dich. Dieter an Lilli."

Keine vier Stunden später landete mein Flieger am Flughafen von Hannover. Die glücklichen Heimkehrer standen allesamt am Gepäcklaufband und warteten auf ihre Koffer und Rucksäcke. Ich verließ das Flughafengebäude, schnupperte hannoversche Stadtluft und lief Dieter direkt in die Arme. Als Dieter mich in Empfang nahm, sagte er etwas, was er in den letzten dreißig Jahren noch nie zu mir gesagt hatte:

„Mein Gott, siehst du gut aus!"
„Danke, aber Elisabeth reicht."

Lachen, Umarmung, Ende des zweiten Teils der Kreta-Erzählung von Elisabeth Katz.
Reisen, leben und lieben auf Kreta.

Platz für Notizen

UND IMMER WIEDER
Einmal Kreta, immer Kreta, das gilt natürlich nicht für alle. Wenn es für alle gelten würde, wär die Insel meines Heimatgefühls vor lauter Übergewicht längst im Libyschen Meer versunken. Drum ist es gut, dass sich unsere Vorlieben unterscheiden. Der eine liebt dies, die andere das und ich liebe Kreta.

Mehr Platz für Notizen

ATOMKRAFT - NEIN DANKE
Dieser Aufkleber zierte im Jahre 1977 mit einem Durchmesser von bestimmt fünfzig Zentimetern die Motorhaube meines grasgrünen R4, mit dem ich als junge Frau mit einer Freundin und ihrem Leonberger innerhalb von sechs Wochen einmal das griechische Festland umrundet habe. Ich genoss meine ersten Spinat-Feta-Teigtaschen und das ganze Griechenland gleich mit dazu.

Noch mehr Platz für Notizen

WARUM KRETA?
Das Leben ist ein einziger Zufall oder auch nicht. Als ich im Jahre 1989 das erste Mal als erwachsene Frau mit meiner Schwester eine Reise in den Süden plante, sollte es auf eine französische Insel im Mittelmeer gehen. Meine Schwester spricht Französisch und so entschieden wir uns für Korsika. Aus welchem Grund auch immer war all das, was sie für uns ausgewählt hatte, nicht buchbar. „Wie wär es denn dann mit Kreta?", war die Frage der netten Reiseverkehrskauffrau daraufhin gewesen, worauf die richtige Antwort meiner Schwester „Kreta - ja, warrum nicht!", mit doppeltem r und Ausrufezeichen hätte lauten müssen. Sie sagte stattdessen aber „Warum nicht?", mit nur einem r und Fragezeichen und rief mich an. „Ja, Kreta, Kastelli-Kissamos, wunderbar, mach das, kenn ich alles, wie das ganze Korsika auch nicht, aber das darf sich gerne ändern. Dreimal K mit Katharina, das kann doch nur gut werden."

Reisen, Leben und Lieben auf Kreta.

Um in den vollen Genuss meiner Kreta-Gefühle zu kommen, empfehle ich das Lesen der Bücher in der Reihenfolge ihres Erscheinens:

Teil 1
Warrum nicht!
Oder: Als mein Leben wieder schön wurde.   7. Oktober 2013

Teil 2
Leidenschaften!
Oder: Alles, was ich brauche.   7. Oktober 2015

Teil 3
Verwachsen!
Oder: Da, wo ich zu Hause bin.   7. Oktober 2017

Kreta-Karte Süd-West, Chóra Sfakíon und umzu

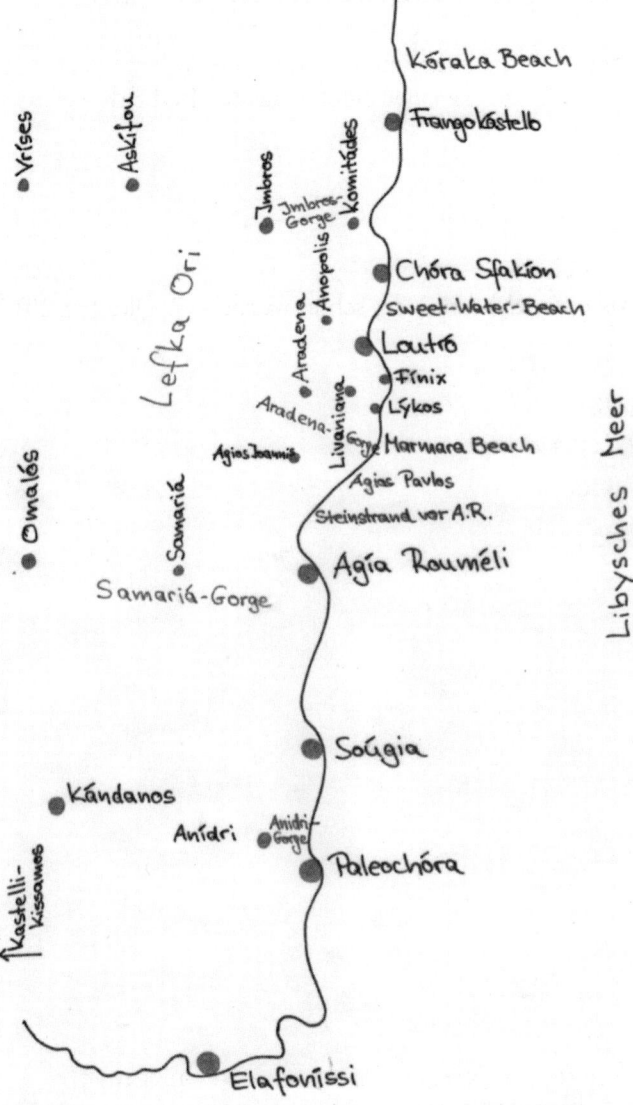

Und nun freu ich mich wieder auf Post:
elisabeth.katz@hotmail.com

Herzlichst Elisabeth Katz.

Schönes
Bücher + Café

Was ist das?

Tja, ein Laden,
der mehr ist als das.
Hier kann man verweilen,
einfach nur einen Kaffee trinken,
die schönsten Geschenke entdecken,
sein Geschirr so zusammenstellen,
oder lassen, dass alles passt.
Ob gelb, rot, blau, grün oder braun,
oder in allen Farben dazwischen.
In uni oder gemustert,
geblümt, getupft, gestreift,
alles ist möglich, alles ist da.
Gläser dazu? Aber gerne! Besteck auch?
Sets, Tischwäsche, Kissen,
Servietten, Kerzen
und sonst noch was?
Gar ein farblich passendes Buch?
Auch das ist möglich!
Natürlich mit gutem Inhalt,
...was sonst!!!
Nach Sonn- und Alltagsgeschirr
wird nicht mehr unterschieden.
Alles ist schön,
alles passt zusammen und
alles ist immer wieder anders,
bringt Freude und tut gut,
...wirklich!!!

Wir freuen
uns auf Sie.
Die Zwei aus dem Hause

Olga Behrends
Wiesmoor - Am Rathaus 3
Tel. 04944-414

Leidenschaften!
Oder: Alles, was ich brauche.
Von Elisabeth Katz.

Autorenportrait

Elisabeth Katz lebt als selbstständige Geschäftsfrau in Ostfriesland. Sie liebt diesen - ihren Laden - seit ihrem vierten Lebensjahr und hält ihn schon immer für ihr persönliches Paradies. Nach dem recht frühen Tod ihrer Eltern übernimmt sie das Geschäft und gestaltet es im Laufe der Zeit mit ihrem Mann nach ihren Vorstellungen. Als ihre beiden Kinder erwachsen sind und in die Welt hinausziehen, tut ihr Ehemann und Familienvater es ihnen gleich. Frei nach dem Motto, das Haus und die Katze behalte ich, lebt sie nun seit vielen Jahren in eigener Regie - unterhält ihre Kunden - schreibt Geschichten und Bücher und verbringt seit geraumer Zeit zwei Monate im Jahr auf Kreta, der Insel ihres Heimatgefühls. Drei Standbeine fürs Glück, wer soll dabei bitte noch umfallen?

Kontaktadresse: elisabeth.katz@hotmail.com